ACCESO GRATIS *a la Lectura en la Nube*

Para visualizar el libro electrónico en la nube de lectura envíe junto a su nombre y apellidos una fotografía del código de barras situado en la contraportada del libro y otra del ticket de compra a la dirección:

ebooktirant@tirant.com

En un máximo de 72 horas laborables le enviaremos el código de acceso con sus instrucciones.

La visualización del libro en **NUBE DE LECTURA** excluye los usos bibliotecarios y públicos que puedan poner el archivo electrónico a disposición de una comunidad de lectores. Se permite tan solo un uso individual y privado.

ACTIVIDADES EXTRACTIVAS Y POLÍTICAS PÚBLICAS: DESAFÍOS NORMATIVOS Y TECNOLÓGICOS PARA EL SECTOR MINERO.

EN CLAVE DEL REGLAMENTO UE DE MATERIAS PRIMAS FUNDAMENTALES

ACTIVIDADES EXTRACTIVAS Y POLÍTICAS PÚBLICAS: DESAFÍOS NORMATIVOS Y TECNOLÓGICOS PARA EL SECTOR MINERO

EN CLAVE DEL REGLAMENTO UE DE MATERIAS PRIMAS FUNDAMENTALES

Directora

Mª Remedios Zamora Roselló

tirant lo blanch
Valencia, 2024

EDITA: TIRANT LO BLANCH
C/ Artes Gráficas, 14 - 46010 - Valencia
TELFS.: 96/361 00 48 - 50
FAX: 96/369 41 51
Email: tlb@tirant.com
www.tirant.com
Librería virtual: www.tirant.es
DEPÓSITO LEGAL: V-3242-2024
ISBN: 978-84-1071-127-3

Si tiene alguna queja o sugerencia, envíenos un mail a: *atencioncliente@tirant.com*. En caso de no ser atendida su sugerencia, por favor, lea en *www.tirant.net/index.php/empresa/politicas-de-empresa* nuestro procedimiento de quejas.

Responsabilidad Social Corporativa: http://www.tirant.net/Docs/RSCTirant.pdf

Índice

TERCERA PARTE: DESAFÍOS TECNOLÓGICOS

Abreviaturas

AA	Aprendizaje Automático
ABM	Modelo(s) basado(s) en agente espacialmente explícito(s) (del inglés, *Agent-Based Model*)
AESA	Agencia Estatal de Seguridad Aérea
AERMOD	American Meteorological Society y U.S. Environmental Protection Agency Regulatory Model
AP	Aprendizaje Profundo
APCS/MLR	Análisis de Componentes Principales Combinado con Regresión Múltiple
ASM	Minería artesanal y en pequeña escala
AVIRIS-NG	Airborne Visible-Infrared Imaging Spectrometer - Next Generation
BA	Bosques Aleatorios
BOE	Boletín Oficial del Estado
°C	Grados centígrados
CBDC	Central Bank Digital Currency
CE	Constitución Española
cm	centímetro
CRM	Recursos Minerales Críticos (del inglés, *Critical Raw Materials*)
CONVEMAR	Convención de las Naciones Unidas para el Derecho del Mar
DART	Discrete Anisotropic Radiative Transfer Model

DFERII	Directiva 2018/2001 relativa al fomento de las energías renovables
DLTs	Distributed Ledger Technologies
DMIE	Directiva 2019/944 sobre normas comunes para el mercado interior de la electricidad
EF	Factor de Enriquecimiento
EIA	Evaluación de Impacto Ambiental
EMSA 2030	Estrategia para una Minería Sostenible en Andalucía 2030
g	gramo
IA	Inteligencia Artificial
Igeo	Índice Geológico de acumulación
IoT	Internet de las cosas (del inglés, *Internet of Things*)
ISBA	International Seabed Authority
Km^2	Kilómetro cuadrado
LED	Light Emitting Diode
Ma	Millones de años
m^2	metro cuadrado
mg	miligramo
mn	millas náuticas
mm	milímetro
LiDAR	Light Detection and Ranging ó Laser Imaging Detection and Ranging
LO 3/2007	Ley Orgánica 3/2007, de 22 de marzo, para la Igualdad Efectiva entre Mujeres y Hombre

LRSC	Ley 22/2011, de 28 de julio, de Residuos y Suelos Contaminados
LRSCEC	Ley 7/2022, de 8 de abril, de Residuos y Suelos Contaminados para una Economía Circular
LSM	Minería a gran escala
MNE	Modelo(s) de Nicho Ecológico
ODS	Objetivos de Desarrollo Sostenible
OIT	Organización Internacional del Trabajo
ONGs	Organizaciones No Gubernamentales
ONU	Organización de las Naciones Unidas
PMI	Política Marítima Integrada
PNIEC	Plan Nacional Integrado de Energía y Clima 2021-2030
RD	Real Decreto
RMPF	Reglamento (UE) 2024/1252 sobre materias primas fundamentales
RGPD	Reglamento General de Protección de Datos
SANT	Sistemas de Aeronaves No Tripuladas
SIG	Sistema(s) de Información Geográfica
SMRNMF	Factorización de Matrices No Negativas Multirregularizada por Subespacios para la Desmezcla Hiperespectral
SOM	Mapas Autoorganizados (*Self-Organizing Maps* en inglés). Es un tipo de red neuronal artificial utilizada para la clasificación y visualización de datos de alta dimensión.
STSJ	Sentencia del Tribunal Superior de Justicia

UE	Unión Europea
UICN	Unión Internacional para la Conservación de la Naturaleza
UNCLOS	United Nations Convention on the Law of the Sea (Convención de las Naciones Unidas sobre el Derecho del Mar)
UNCTAD	Conferencia de las Naciones Unidas sobre Comercio y Desarrollo
VANT	Vehículos Aéreos No Tripulados
ZEE	Zona Económica Exclusiva
ZEPA	Zonas de Especial Protección para las Aves
ZERI	Zero Emissions Research and Initiatives

Prólogo

Muy precisa es la Directora del Grupo de Investigación que nos aporta esta publicación, afirma que estamos ante el cambio de paradigma de la actividad extractiva minera. La consecuencia inmediata se materializa en que puede considerarse amortizada la legislación minera de los años setenta del ante siglo: el rito de las clasificaciones de los recursos mineros, la no lograda integración de la sobrevenida incidencia de los requerimientos ambientales y de los efectos de la protección de espacios naturales, el factor de complicación en la gestión administrativa por la incidencia de la descentralización autonómica y los adversativos intereses municipales. Conjunto de factores que no admite ser calificado como sistema organizado, ha generado conflicto y eludido la coherente tramitación procedimental, en detrimento de la racional utilización de los recursos mineros con los que la naturaleza dotó a la Península Ibérica y a sus adyacentes archipiélagos.

No ha estado en las agendas públicas del Estado Español, ni la actualización de la preconstitucional legislación minera, ni evitar la perdida de inversiones, nacionales e internacionales en el ámbito minero. Los agentes de la minería, a pesar de su acreditada prospectiva y perseverancia profesional, han sido neutralizados por un sector público ajeno a la prospectiva en la gestión de los recursos mineros del conjunto geográfico conceptualizado como España.

El nuevo marco organizativo que se abre para la actividad minera, sobre el que esta monografía aporta todos los referentes, podrá permitir incorporar funcionalidad y eficacia a la gestión de los recursos mineros y comenzar a orientar la gestión pública al objetivo de utilizar con racionalidad los recursos minerales. Tienen autorizada síntesis en las enseñanzas universitarias de Geología: los yacimientos magmáticos e hidrotermales de wolframio y de estaño-niobio-tantalio que forman parte de la gran provincia estanno-wolframífera del Dominio Varisco de Europa occidental; los yacimientos pegmatíticos, hidrotermales y metasomáticos de litio muy bien representados en la Zona Centroibérica del Macizo Ibérico; y los de sulfuros masivos volcanogénicos de cobre y cinc, que constituyen la provincia metalogenética de la Faja Pirítica Ibérica.

Diagnosis que incorpora la prospectiva de los recursos de la plataforma continental, y los minerales radiactivos, que han situado al Estado Español en el ámbito de generador de inseguridad jurídica, por el contenido ideológico de decisiones ministeriales, que han neutralizado su investigación, prospección y explotación. Decisiones que han obviado la declaración del Organismo Internacional de la Energía Atómica, al considerar la Energía Nuclear como un componente clave en la estrategia global para alcanzar la neutralidad del carbono, y que, en contraste con los perjuicios con que son asociados, requiere integrar que, como alternativa a las actividades vinculadas con eventos catastróficos, debiera operar la incorporación de la cláusula de progreso asociada al avance científico y seguridad y que son demandados para tratamientos médicos e investigaciones que exigen aplicaciones radiológicas.

La *summa* de, demoras en la actualización legislativa preconstitucional, en la carencia de respuestas a la necesidad de articular las bases del régimen jurídico de las Administraciones, con desarrollos autonómicos y competencias municipales, y resolver los cruces competenciales ambientales y de espacios naturales protegidos tiene, en el Reglamento Europeo de Materias Primas Fundamentales, la alternativa institucional para el Estado Español o Reino de España como Estado miembro de la Unión Europea. Reglamento inducido por la situación geopolítica internacional, que obliga a la Unión Europea y a sus Estados miembros a posicionarse ante el mercado de minerales estratégicos para poder mantener, como entidad supranacional, las opciones industriales y tecnológicas competitivas con los mercados norteamericano y asiático.

Las aportaciones de los miembros del Grupo de Investigación nos detallan el nuevo paradigma de la investigación, extracción y transformación minera: los compromisos que para los Estados miembros de la Unión Europea implica el Reglamento de Materias Primas Fundamentales y la prospectiva con la que es necesario operar. Que debiera estimular proyectos, en el marco institucional y reglamentario de la Unión Europea, con la intermediación de la Autoridad Internacional de Fondos Marinos, para proyectar a España con los recursos mineros de la plataforma marítima de Canarias, en conjunción con el muy significativo potencial de Portugal, calificado como *Estado Medusa*, por el potencial de su frente costero y la privilegiada articulación oceánica que le permiten sus archipiélagos, en la investigación y explotación de los minerales estratégicos en fondos marinos, con respeto de los Objetivos de Desarrollo Sostenible y determinación en las relaciones internacionales. Reto prospectivo e institucional que requiere del protagonismo interestatal de España y Portugal en el marco de la Unión Europea y que pudiera y debiera ser determinante en la geopolítica minera global.

La superación de la desafortunada *praxis* institucional del Estado Español en la investigación y explotación minera, tiene la alternativa tecnológica, que sintetizan los autores de esta monografía, con la proyección de las empresas mineras y de los órganos administrativos intervinientes en los procedimientos de investigación, extracción y transformación minera, en el poderoso instrumento racionalizador de la Autoridad Independiente, coordinadora de autorizaciones y concesiones de las Materias Primas Fundamentales, con la colaboración instrumental de los Registros Distributed Ledger Technology (DLT), que permitirán configurar la Ventanilla Única en este ámbito y coordinar y articular, mediante una única plataforma, los distintos entes públicos y todos los datos vinculados a agentes privados en garantía del cumplimiento de los requisitos regulatorios.

Registro DLT que suma como instrumentos para su efectiva proyección operativa los algoritmos predictivos de Inteligencia Artificial, Sistemas de Información Geográfica, Teledetección, monitoreo en tiempo real e interoperabilidad de datos, con la contribución de sensores en tierra, satélites y sistema de aeronaves no tripuladas, con el resultado de garantía de la inmutabilidad, integridad, transparencia y trazabilidad de los asientos registrales.

Esta coherente estructura organizativa singulariza la deseable mutación en la organización y gestión pública de la minería, que va a requerir, del Gobierno de España, operar con el criterio estructural y estructurante de la Autoridad Independiente para las actividades de investigación, extracción y transformación de los recursos mineros, con el aval de profesionalidad y probada independencia, posibilitado por mayoría cualificada parlamentaria para nominar al responsable de la Autoridad Independiente responsable de la gestión de los Registros Distributed Ledger Technology (DLT). Nueva metodología de gestión pública para las actividades mineras, que contribuirá a reequilibrar todos los parámetros de la minería, desde la consecución de la eficiencia en la gestión administrativa y la coherente integración de la reutilización de minerales y de residuos, a la restauración de explotaciones y a la racionalización de las actividades laborales en la minería.

Impactante monografía que aporta todos los referentes del nuevo paradigma para la investigación, explotación y transformación de minerales fundamentales para los Estados de la Unión Europea, que se proyectará sobre el conjunto de la minería y, cuyos principios, se erigen en ejemplo para las actividades mineras en todos los continentes, con la implícita invitación para corregir prácticas desviadas en África, Asia e Iberoamérica, que puede implicar un hándicap inicial para los países de la Unión Europea, que el concepto de Globalización tiene que corregir con la convergencia internacional en los principios de la Unión Europea orientados por la dignidad de la persona.

Ángel Sánchez Blanco
Catedrático de Derecho Administrativo,
Emérito de la Universidad de Málaga.

Nuevos desafíos de las actividades extractivas: de lo global a lo local[1]

Mª REMEDIOS ZAMORA ROSELLÓ

Profesora Titular de Derecho Administrativo (Universidad de Málaga).

INTRODUCCIÓN

El sector minero en la década presente está marcado por la transición ecológica y digital en la que nos encontramos inmersos. Garantizar un suministro seguro y sostenible de las denominadas materias primas fundamentales se ha convertido en una prioridad; una sucesión de hechos han potenciado aún más esta preocupación por las materias primas críticas, la crisis

---

1 Esta obra colectiva se enmarca en el proyecto de investigación *Actividades extractivas y políticas públicas: sostenibilidad, transición energética y seguridad* financiado por la Universidad de Málaga, IP: Mª Remedios Zamora Roselló; y en la labor desarrollada en el Grupo de Investigación SEJ174 *Implicaciones normativas del medio ambiente. Estándares ambientales y directriz ambiental*. Además, se ha contado con el apoyo de la Academia Malagueña de Ciencias, a la que agradecemos su colaboración, tanto de los miembros que han participado en esta obra como de su Presidente, Dr. D. Fernando Orellana Ramos.

del COVID19 y la guerra de Ucrania pusieron el foco de atención en la excesiva dependencia de terceros Estados, elemento de especial relevancia en el ámbito de la Unión Europea[2]. En pocos años nos hemos encontrado con un cambio de paradigma en la atención al sector minero, hemos pasado de una etapa en la que la actividad minera parecía olvidada, tan sólo focalizada en la transformación de un sector que vio desaparecer la minería vinculada a los combustibles fósibles, como la minería del carbón; hacia una nueva etapa en la que nuevas materias primas están en el foco de atención, y el autoabastecimiento es un condicionante de primer orden.

Este es el contexto que está marcando la adopción de las propuestas normativas y las políticas públicas que a todos los niveles se están aprobando, desde el ámbito internacional, pasando por la Unión Europea, las iniciativas nacionales, regionales y locales. Por ello, en primer lugar, corresponde poner de relieve que la minería es una actividad de carácter global, puesto que las importaciones y exportaciones de materias primas se encuentran en la base del comercio internacional más relevante para el desarrollo tecnológico y la transición ecológica. La dependencia de terceros Estados es una realidad porque la riqueza en determinados tipos de minerales no está distribuida de forma equitativa. Asimismo, es una actividad global porque está en manos de empresas multinacionales que superan las fronteras estatales y controlan los mercados de materias primas gracias a los yacimientos que explotan de forma simultánea en varios continentes.

En segundo lugar, debemos destacar el componente local de la actividad minera, el impacto directo sobre la comunidad y el espacio en el que se desarrolla. La minería es una actividad que transforma de forma radical el entorno, por lo que exige

---

2 DE LA TORRE PALACIOS, L., ESPÍ RODRÍGUEZ, J. (2022): *Posibles efectos de la guerra Rusia-Ucrania en el mercado de las materias primas: los recursos minerales*, Análisis del Real Instituto Elcano, núm. 49, 2022.

de unos controles y supervisión constantes por parte de la Administración Pública.

Asimismo, es una actividad con un fuerte componente social y ambiental, es una actividad de extremos. Podemos encontrarnos con una oposición radical a una explotación por parte de los colectivos sociales de una localidad, o bien con la recepción con los brazos abiertos a una nueva industria generadora de empleo y riqueza. Si bien, hay una evolución clara, la formación de la ciudadanía y su grado de concienciación también han ido in crescendo en las últimas décadas y, en la actualidad, la presión social se encuentra detrás del fracaso de numerosos proyectos que no contaban con el beneplácito de la ciudadanía directamente afectada.

Por tanto, intereses contrapuestos y, en ocasiones, antagónicos que han de ponerse en juego para decidir un marco normativo y planificador coherente con las necesidades y demandas actuales de protección ambiental, seguridad, salud, transición ecológica y desarrollo energético y tecnológico. La primera reflexión que debemos plantearnos es si las medidas que se están adoptando van en línea con estas prioridades o, en ocasiones, si la pasividad con la que no se está actuando responde a las demandas que se exigen al sector minero.

En abril de 2024 se adoptó el Reglamento de Materias Primas Fundamentales[3]. En este texto se pone de manifiesto el carácter esencial de las materias primas para la transición ecológica y digital, la seguridad, la defensa y el funcionamiento del mercado interior. Después de una larga etapa de abandono

---

3 Reglamento (UE) 2024/1252 del Parlamento Europeo y del Consejo, de 11 de abril de 2024, por el que se establece un marco para garantizar un suministro seguro y sostenible de materias primas fundamentales y por el que se modifican los Reglamentos (UE) n.° 168/2013, (UE) 2018/858, (UE) 2018/1724 y (UE) 2019/1020 (DOUE 1252, de 3 de mayo de 2024).

del sector minero, parece que la Unión vuelve a sus orígenes y abandera el resurgir de las materias primas como una prioridad esencial para hacer frente a los nuevos modelos tecnológicos y económicos. A este respecto corresponde recordar los principios del Pacto Verde Europeo, y su clara dependencia del correcto abastecimiento de materias primas fundamentales y, muchas de ellas, escasas en el ámbito comunitario.

La Unión es muy consciente de la envergadura global de esta problemática. En primer lugar, nos encontramos con un aumento exponencial de la demanda global, que va a ocasionar un claro desfase entre la oferta y la demanda en los próximos años; asimismo, es un sector muy sensible a las tensiones geopolíticas, que hemos visto cómo bloquean el acceso a determinadas materias primas de forma sorpresiva, pudiendo desabastecer los mercados y creando una burbuja en los precios. A esta realidad cabe añadir la carrera por los recursos, como por ejemplo la que ya se empieza a librar vinculada a la minería marina y el aprovechamiento de los recursos existentes en el lecho marino. Y, por último, la presencia de destacados yacimientos en terceros países, en algunos de los cuales no existen garantías suficientes para que los proyectos mineros sean sostenibles y respetuosos con los estándares europeos.

No podemos obviar que en este contexto también se comienza a prestar atención a una nueva vía que apuesta por el decrecimiento, frente a un modelo expansivo en el que se multiplica el consumo de materias primas fundamentales la opción sería contraer el crecimiento. En un momento donde el cambio climático está obligando a una transformación energética y tecnológia, la apuesta es no seguir avanzando en la explotación de los recursos sino en la retracción[4]. Dar un paso atrás o, al

---

4 TURIEL, A. (2022): *Sin energía. Pequeña guía para el Gran Descenso*, Alfabeto, Madrid, 2022, ISBN 978-84-17951-32-0; KALLIS, G., PAULSO, S., D'ALISA, G., DEMARIA, F. (2022): *A favor del decrecimiento*, Ica-

menos, mantenernos en la misma posición, sin que se haya de producir un incremento en el consumo de materias primas.

ATLAS MUNDIAL DE LAS MATERIAS PRIMAS: SU INCIDENCIA EN LAS INICIATIVAS COMUNITARIAS

La Unión Europea conoce de su dependencia externa en el abastecimiento de materias primas esenciales, por ello en el RMPF realiza un llamamiento a las denominadas "asociaciones estratégicas", definidas como un "compromiso entre la Unión y un tercer país de aumentar la cooperación en relación con la cadena de valor de las materias primas que se establece a través de un instrumento no vinculante por el que se disponen acciones concretas de interés mutuo. Las asociaciones estratégicas facilitarán la obtención de resultados beneficiosos para ambos socios, incluida la puesta en común de conocimiento".

---

ria Editorial, 2022, ISBN 9788418826405; KALLIS, G., MASTINI, R., ZOGRAFOS, C. (2024): *Perceptions of degrowth in the European Parliament*, Nature Sustainability 7, págs. 64–72, https://doi.org/10.1038/s41893-023-01246-x, consultado el 5 de marzo de 2024.

Figura 1: Demanda de materias en la Unión Europea (hipótesis de fuerte demanda).

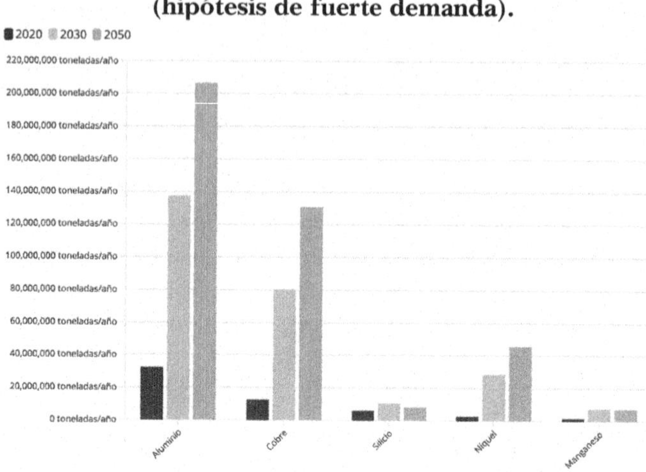

Fuente: *Comisión Europea*

Son varios los objetivos que persiguen estas asociaciones, en primer lugar, nos encontramos con un elemento esencial como es la garantía del suministro. Una prioridad que está detrás de todas las iniciativas comunitarias que se están generando sobre materias primas en los últimos años. Pero, además, es una oportunidad de reforzar el papel de la Unión Europea a nivel global, asentar una posición respecto a su política exterior en zonas que pueden ser calientes ante situaciones de crisis. Existe una clara voluntad de lograr aliados estratégicos que no estén liderados por regímenes autoritarios.

Llegados a este punto corresponde identificar cuáles son los Estados claves para las materias primas. Como ha sido señalado por la doctrina, este grupo no sólo ha de comprender a los productores, también a los países relevantes en la cadena de suministro, y a aquellos otros que tienen capacidad de influencia, capacidad de incidir sobre los mercados. En el primero del grupo citados podemos hacer mención a Brasil, que produce más del 50% mundial de niobio; entre los Estados relevantes en la cadena de suministro se encuentra España, gracias al estroncio. Mientras que, en el último grupo, entre los Estados influyentes, se sitúa China, bajo cuyo control se encuentran buena parte de los depósitos de tierras raras ubicados en el continente africano[5].

En este sentido, es muy importante fomentar la presencia de la Unión en el escenario geopolítico global; y, lo que es aún más relevante, asegurar la aplicación de los valores y principios básicos de la Unión Europea en las relaciones con estos terceros Estados. Uno de los principales elementos definidores de estas asociaciones es que han de ser realizadas en condiciones de igualdad y donde todos los sujetos implicados puedan resultar beneficiados. Por tanto, han de ser asociaciones opuestas a un nuevo colonialismo del siglo XXI; frente a modelos como los potenciados por China en sus explotaciones en el continente africano, la Unión ha de apostar por una asociación basada en la aplicación de los principios del derecho comunitario[6]. La im-

---

5 DE MIGUEL, C., ORTIZ MARCOS, S. (2023): *Aspectos geopolíticos de las materias primas relevantes para la transición energética*, Cátedra de Transición Energética, Universidad Pontifica de Comillas, págs. 3 y ss.

6 Como señala DELAGE: "En el terreno económico, China no sólo cuenta con acceso a recursos naturales y materias primas y a mercados en crecimiento, sino que también ha sabido sacar partido a las necesidades africanas de infraestructuras. El resultado es una relación que, pese a la asimetría entre las partes (África sólo representa un cuatro por cien del comercio y apenas un tres por cien de las inversiones directas de China en el exterior), ha contribuido -por un lado- a promover la transformación económica del continente, al que también ha proporcionado nuevas opciones; y, por otro, a fortalecer la internalización de las empresas chinas y a extender la influencia de la República Popular (…) Mientras europeos y americanos tienden a ver África como una fuente de problemas (migración, terrorismo, inestabilidad política), China ha visto en cambio una oportunidad para la sostenibilidad de su crecimiento y para la proyección de su influencia global". DELAGE, F. (2022): *China en África. Objetivos, instrumentos e implicaciones estratégicas*, Revista UNIS-

periosa necesidad de garantizar el suministro de determinadas materias primas no puede ser una carta blanca para desarrollar acuerdos con Estados que no cumplan los mínimos exigidos.

El Reglamento plantea entre sus objetivos la diversificación de las importaciones para que no exista una dependencia de materias primas estratégicas, con el fin de que ningún tercer Estado sea importador de más del 65% del consumo anual de la Unión en cualquiera de estas materias primas. Además de este objetivo cuantitativo, también se establecen otros elementos, afirmándose que se debería priorizar "la disminución de la dependencia con respecto a socios poco fiables que no comparten los valores de la Unión, el respeto de los derechos humanos, la democracia y el Estado de Derecho".

La realidad es que los países comunitarios dependen en gran medida de socios con los que no comparten valores. Un ejemplo paradigmático son las importaciones de materias primas rusas; a pesar de los paquetes de sanciones que la Unión Europea ha adoptado contra Rusia desde el inicio de la invasión de Ucrania, las materias primas críticas no han sido incluidas, por lo que sólo entre marzo de 2022 y julio de 2023 se importaron por un valor de 13.700 millones de euros[7].

CI / UNISCI Journal, Nº. 60 (Octubre/ October), 2022, pág. 39, ISSN-e 2386-9453, DOI: 10.31439/UNISCI-147. En relación a la posición China en el mercado global de las materias primas estratégicas, FONT, T. (2022): *China, geopolítica y materiales estratégicos,* Papeles de relaciones ecosociales y cambio global, Nº. 156, 2021-2022, págs. 55-66, ISSN 1888-0576.

7 HANSENS, P., MELCHIOR, S., PEIGNÉ M., SCHUMAN, H. (2023): *Europa importa 13.000 millones en materias primas críticas de Rusia al excluirlas de las sanciones,* Investigate Europe, 25 de octubre de 2023. Texto completo disponible en https://www.investigate-europe.eu/es/posts/russia-sanctions-europe-critical-raw-materials-imports, consultado el 29 de enero de 2024.

Figura 2: Cuota de mercado de China y Rusia en las importaciones europeas de materias primas fundamentales en valor (2022).

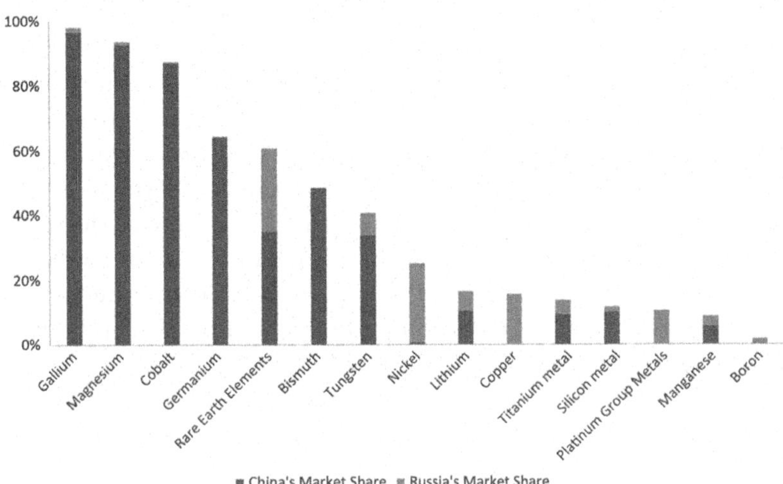

Fuente: GUINEA, O., SHARMA, V. (2023)[8].

La Unión necesita de socios seguros y fiables a medio y largo plazo, los países latinoamericanos son una de las metas para desarrollar este modelo de asociaciones estratégicas[9]. Estas

---

8 GUINEA IBÁÑEZ, O., SHARMA, V. (2023): European Economic Security and Access to Critical Raw Materials: Trade, Diversification, and the Role of Mercosur, European Centre for International Political Economy, Policy Brief N. 9, 2023, págs. 1-28, ISSN 0019-977X, https://ecipe.org/wp-content/uploads/2023/07/ECI_23_PolicyBrief_09-2023_LY05.pdf, consultado el 29 de enero de 2024.

9 Como afirma GUINEA IBÁÑEZ: "la política comercial comunitaria se ha convertido en el segundo violín de la política exterior, energética, y económica de la UE. Sin embargo, en esta transición la UE debe encontrar el equilibrio entre políticas defensivas y ofensivas. Las negociaciones comerciales bilaterales de la UE serán más difíciles de concluir si la UE reduce unilateralmente lo que puede ofrecer a sus socios comerciales (Guinea, 2022). Esto es importante

asociaciones no son una novedad en el ámbito comunitario; a finales de 2020, la Comisión Europea presentó la Comunicación titulada "Resiliencia de las materias primas fundamentales: trazando el camino hacia un mayor grado de seguridad y sostenibilidad". En dicho documento, se destaca la necesidad de fortalecer la autonomía estratégica de la Unión Europea en cuanto al acceso a los recursos, con el propósito de garantizar la seguridad y lograr la neutralidad climática. Para asegurar estos recursos, resulta crucial diversificar las fuentes de suministro, reducir la dependencia, mejorar la eficiencia en el uso de recursos y fomentar la circularidad, además de aumentar la capacidad de suministro interno en la Unión Europea. Esta situación se ha visto agravada por la crisis sanitaria, que evidenció los riesgos asociados a la interrupción en las cadenas de suministro globales. Este desafío se ha exacerbado aún más debido a los problemas logísticos y la actual saturación de las redes de transporte, así como por eventos geopolíticos como la guerra en Ucrania.

Como complemento a este llamamiento de la Comisión, se publicó el informe titulado "Critical Raw Materials for Strategic Technologies and Sectors in the EU – A Foresight Study". Dicho informe constata la vulnerabilidad y la dependencia externa de la Unión Europea en el suministro de minerales, fundamentales para el desarrollo tecnológico vinculado al modelo de digitalización, la promoción de la neutralidad climática y

---

porque los acuerdos de libre comercio también contribuyen a alcanzar objetivos de seguridad nacional —a través de la diversificación de importaciones y reducción de la dependencia comercial— y cambio climático —gracias a las bajadas de las barreras arancelarias y no arancelarias en productos y tecnologías que contribuyen a la lucha contra el cambio climático—". GUINEA IBÁÑEZ, O. (2023): *La autonomía estratégica abierta: nuevas herramientas para un mundo geopolítico*, Información Comercial Española, ICE: Revista de economía, N. 930, 2023, pág. 82, ISSN 0019-977X.

sectores estratégicos, tanto desde la perspectiva de la defensa como del sector aeroespacial.

Los socios de la Unión Europea para garantizar el abastecimiento de materias primas

Este modelo de acuerdos con socios seguros se inició con la asociación sobre materias primas que se firmó con Canadá el 15 de junio de 2021[10]. Estado que cumplía con creces los requisitos que estaba buscando la Unión: un país rico en materias primas fundamentales escasas en territorio comunitario, estable y fiable desde el punto de vista político, económico y social, y con principios y valores para la protección ambiental similares a los previstos en la regulación comunitaria. En definitiva, un aliado natural que abría una nueva vía para garantizar el suministro de materias primas a la Unión Europea; un modelo de acuerdo que asegura el abastecimiento a largo plazo y que no compromete los valores comunitarios.

Tan sólo un mes después de la asociación con Canadá, la Unión Europea y Ucrania sellaban una nueva asociación estratégica. Lógicamente, el escenario de este acuerdo es diverso, lo cual se pone de manifiesto en las áreas principales sobre las

---

10 El Comisario Breton, responsable de Mercado Interior, se pronunció en los siguientes términos en relación a este acuerdo: "This partnership with Canada complements our efforts towards EU's security of supply and diversification of sourcing the raw materials we need for the climate-neutral economy and the twin transition. Canada was a natural choice to set up the first partnership on raw materials. Canada is a like-minded resource-rich country, shares important environmental, social and governance values with the EU and we have CETA, which offered the framework to advance". Información disponible en https://single-market-economy.ec.europa.eu/news/eu-and-canada-set-strategic-partnership-raw-materials-2021-06-21_en?prefLang=es, consultado el 30 de enero de 2024.

que versó el memorando. En el caso ucraniano nos encontramos con la gran ventaja de la cercanía geográfica, pero también con el hándicap de una industria extractiva que necesita de una modernización. Las tres principales áreas en las que se centra el acuerdo: marco político y normativo de la minería, prestando especial atención a las exigencias ambientales, sociales y de gobernanza; mejorar la integración de la cadena de valor de las materias primas fundamentales y las baterías; y la mejora de la cooperación en materia de investigación e innovación. Las actividades y proyectos específicos se desarrollaban en una hoja de ruta en la que destacan las iniciativas vinculadas al desarrollo de un estrategia hipocarbónica y una hoja de ruta para descarbonizar la minería, la extracción y la transformación de materias primas en Ucrania; la mejora de los programas de observación y teledetección para la exploración de nuevos recursos y el seguimiento del comportamiento medioambiental de las minas en funcionamiento y una vez cerradas; y el impulso a la gestión de datos sobre los recursos y las reservas minerales ucranianos.

La invasión rusa de Ucrania paralizó este objetivo; no obstante, debemos destacar que desde algunos sectores se ha señalado el potencial ucraniano para la producción de materias primas esenciales para el desarrollo de un nuevo modelo energético, como uno de los motivos por los que Ucrania es un país tan relevante para Rusia[11]. Por tanto, se ratifica la relevancia de conocer el escenario geopolítico de las materias primas y se

---

11 NAUMENKO, U., VASYLENKO, S. (2022): Prospects of development of lithium resource base in Ukraine, 4th ISPC «International Scientific Discussion: Problems, Tasks and Prospects» (February 19-20, 2022; Brighton, Great Britain), DOI: https://doi.org/10.51582/interconf.19-20.02.2022.072 TOSAS, G. (2022): *La riqueza en litio de Ucrania: un incentivo para la invasión rusa*, Diario La Vanguardia, 23 de marzo de 2022. Texto completo disponible en https://www.lavanguardia.com/internacional/20220323/8145775/ucrania-apun-

refuerza la necesidad de estas asociaciones estratégicas impulsadas desde las instituciones comunitarias.

En enero de 2023 la Presidenta de la Comisión Europea, Úrsula von der Leyen, ya se mostró partidaria de crear un "club de materias primas críticas" entre la Unión Europea y Estados afines, señalando expresamente a Estados Unidos y Ucrania; para poder hacer frente a los monopolios de algunos Estados, como por ejemplo China. Según lo dispuesto en la Comunicación "Un suministro seguro y sostenible de materias primas fundamentales para contribuir a la doble transición", los principios básicos de este Club serían: "incremento de la supervisión del desarrollo del mercado y puesta en común de conocimientos; intensificación de los esfuerzos de exploración; mejora de un entorno propicio para la inversión sostenible; reducción del tiempo necesario para comercializar los proyectos de inversión; facilitación del acceso al mercado, a través de la cooperación en materia de reglamentación; colaboración en el fomento de los derechos laborales y las prácticas socialmente responsables en las cadenas de suministro de materias primas fundamentales; promoción de una economía circular y sostenible que funcione a través de las fronteras e impulso de las capacidades de reciclado de alta calidad; impulso a la innovación en el sector para desbloquear nuevos suministros; y aplicación de un enfoque eficaz y coordinado de preparación y respuesta a las crisis"[12].

---

taba-mayores-potencias-exportadoras-litio-guerra.html, consultado el 13 de febrero de 2024.

12 COMISIÓN EUROPEA, Comunicación de la Comisión al Parlamento Europeo, al Consejo, al Comité Económico y Social Europeo y al Comité de las Regiones. *Un suministro seguro y sostenible de materias primas fundamentales para contribuir a la doble transición,* Bruselas, COM(2023) 165 final, 16 de marzo de 2023.

América Latina es otro de los escenarios donde la Unión Europea ha puesto el foco de atención[13]. En junio de 2023 la

---

13 En este sentido corresponde recordar las palabras de la Presidenta Von der Leyen en su declaración realizada el 14 de junio de 2023 con motivo de su visita a Chile: "permítanme destacar que se necesitan materias primas fundamentales para impulsar la transición verde, pero también la digital. En ambas necesitamos estas materias primas fundamentales. Chile es un muy importante proveedor de litio al mundo, Europa incluida. Se espera que la demanda de litio crezca significativamente en ambos continentes, ya que nos estamos esforzando en descarbonizar nuestras economías. Y en esto las materias primas fundamentales juegan un importante papel. No existe aerogenerador sin litio, por ejemplo; no existe batería sin materias primas fundamentales. Por esta razón hemos acordado que queremos trabajar en una asociación estratégica relativa a las materias primas fundamentales y a toda la cadena de valor. Ambos trabajaremos duramente para que podamos firmar un memorando de entendimiento muy pronto para unir fuerzas. La asociación estratégica permitirá a nuestras empresas trabajar juntas para crear valor añadido local, aquí mismo, en Chile. Como usted ha dicho: otros toman los minerales tras haberlos extraído y los llevan a sus países para transformarlos y, por tanto, se llevan también el valor añadido. Nosotros pensamos de otra manera. Nosotros pensamos que es mucho mejor para las comunidades locales que no solo se haga aquí la minería y la extracción, de manera respetuosa con el medio ambiente, sino que también la transformación y toda la cadena de valor permanezca aquí en Chile. Y en este punto queremos apoyarles. Para ello, promoveremos un abastecimiento y una minería que respeten el medio ambiente y el sustento de sus comunidades. Y trabajaremos con ustedes para desarrollar toda la cadena de valor aquí en Chile. ¿Cuál es nuestro interés? Porque ustedes podrían preguntarse qué interés tenemos en invertir aquí en Chile: deseamos un socio de confianza y afín para esta importante materia prima. Porque hemos tenido la reciente experiencia con un socio no fiable, cuando Rusia cortó el suministro de gas en un 80 % a la Unión Europea durante ocho meses. Y hemos aprendido la lección y, en consecuencia, estamos diversificando, y queremos trabajar muy de cerca con nuestros amigos, con socios afines y con socios fiables". Texto completo de

Comisión presentó "Una nueva agenda para las relaciones entre la UE y América Latina y el Caribe", donde se enfatiza la relevancia de los acuerdos comerciales para el establecimiento de un marco jurídico de base mercantil, transparente y estable para el comercio y la inversión en materias primas entre la Unión y los países de América Latina y el Caribe[14]. Asimismo, se afianza la propuesta de crear un club de materias primas fundamentales, a escala mundial, y con la finalidad de reforzar las cadenas de suministro sostenibles y diversificar el abastecimiento, reuniendo a países consumidores y países ricos en recursos para abordar de forma conjunta los desafíos del sector.

En esta nueva agenda para las relaciones con Latinoamérica y el Caribe debemos destacar las referencias a la cooperación para una transición ecológica justa. En primer lugar, se parte de la realidad de estos Estados, que tienen un gran potencial en materia de biodiversidad, recursos naturales, energías renovables sostenibles, producción agrícola y materias primas fundamentales estratégicas; destacando que contiene el 50% de la biodiversidad del planeta, lo cual es determinante para el equilibrio ecológico del planeta, con especial atención al Amazonas. Por ello, esta región es determinante para la consecución de los objetivos climáticos y medioambientales a nivel global.

Como afirma la Comisión: "A medida que se acelere la transición hacia una economía verde, se prevé que la demanda de materias primas fundamentales aumente exponencialmente.

---

la declaración disponible en https://ec.europa.eu/commission/presscorner/detail/es/statement_23_3287, consultado el 29 de enero de 2024.

14 Debemos destacar que sólo Argentina, Bolivia y Chile poseen el 60% de las reservas de litio globales. COMISIÓN EUROPEA, Comunicación conjunta al Parlamento Europeo y al Consejo. Una nueva agenda para las relaciones entre la UE y América Latina y el Caribe, Bruselas, JOIN(2023) 17 final, 7 de junio de 2023.

El acceso a largo plazo a un suministro seguro y sostenible está tomando forma como un reto compartido para la comunidad mundial. La región de ALC es rica en materias primas fundamentales y desempeñará un papel fundamental a la hora de garantizar una transición oportuna que mejore su capacidad productiva y de exportación, añadiendo valor a los recursos naturales a través de la innovación y la tecnología y de estrictas normas medioambientales, sociales y de gobernanza. Ambas regiones se beneficiarían de una cooperación, un diálogo, una diversificación y una inversión más estrechos para satisfacer la creciente demanda, garantizar un acceso fiable a los recursos, desarrollar y mejorar la resiliencia de las cadenas de valor y garantizar unas normas medioambientales y sociales estrictas".

Figura 3: Minerales usados para la fabricación de vehículos eléctricos en comparación con los empleados para la fabricación de vehículos convencionales. Fuente: IEA (2021)[15].

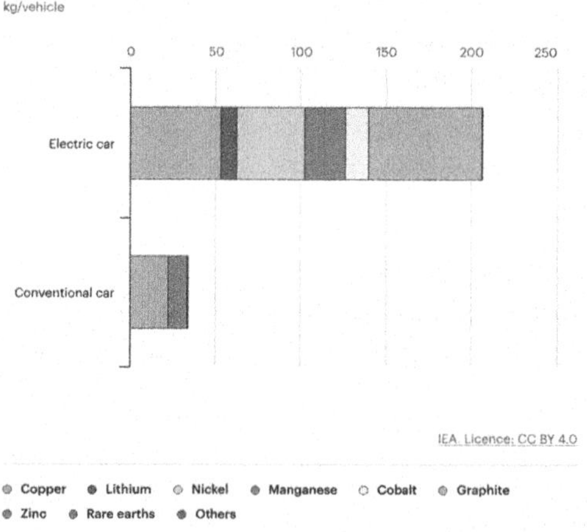

15 IEA (2021): *The Role of Critical Minerals in Clean Energy Transitions*, IEA, París, Licence: CC BY 4.0, https://www.iea.org/reports/the-role-of-critical-minerals-in-clean-energy-transitions, consultado el 14 de febrero de 2024.

Debilidades de la dependencia de terceros Estados

Con estas iniciativas la Unión está asentando un nuevo modelo de mercado de las materias primas. En primer lugar, se focaliza en la búsqueda de Estados afines, a nivel político, social, económico, ambiental; lo ideal es que esta afinidad quede patente en todos estos ámbitos, pero la realidad es que existen disparidades entre los socios elegidos, por lo que en los acuerdos se tratan de limar estas diferencias. En definitiva, se importan materias primas y se exportan los modelos de investigación, desarrollo e innovación que han forjado el modelo de explotación de los recursos minerales en la Unión Europea. Lógicamente, en aquellos Estados con un modelo de explotación pujante y puntero, serán necesarios otros incentivos para poder impulsar asociaciones de beneficio mutuo.

Esta fiabilidad o confianza entre Estados no es un concepto inamovible, sino que se encuentra sujeta a modificaciones a lo largo del tiempo. Si bien podemos encontrarnos con Estados que comparten valores políticos, sociales y ambientales, un cambio de Gobierno puede impulsar el desarrollo de políticas proteccionistas que limiten las exportaciones o fijen nuevas medidas para los acuerdos comerciales. Por tanto, es evidente que estas asociaciones estratégicas no son inmutables ni tienen por qué ser duraderas en el tiempo[16]. Asimismo, debemos destacar que la industria minera está liderada por grandes multinacionales que buscan el cumplimiento de sus propios objetivos y beneficios, más allá de los intereses estatales o regionales; de ahí que no podamos obviar la presión de estos grupos y su relevante papel en el mercado global de las materias primas[17].

---

16 DE MIGUEL, C., ORTIZ MARCOS, S. (2023): *Aspectos geopolíticos de las materias primas relevantes para la transición energética*, Cátedra de Transición Energética, Universidad Pontificia de Comillas, pág. 6.

17 DE LA TORRE PALACIOS, L., ESPÍ RODRÍGUEZ, J. (2023): *Formación de agrupaciones nacionales en el acceso seguro a las materias primas mi-*

En definitiva, nos encontramos con una dependencia del exterior que no puede ser la única vía para garantizar el abastecimiento; no se puede asentar el futuro de la transición energética y tecnológica sobre un pilar tan inestable. De ahí la necesidad de buscar otros pilares que complementan esta realidad.

AUTOABASTECIMIENTO Y CIRCULARIDAD: DE LO GLOBAL A LO LOCAL

Una segunda vía es el autoabastecimiento, y el impulso de las explotaciones mineras requiere de una ordenación previa completa de la minería. Desde la Unión Europea se dan pasos en este sentido, pero van a ser los Estados miembros los responsables finales de ofrecer una respuesta segura y sostenible a los proyectos existentes y futuros[18]. La realidad es que los

---

nerales, Boletín IEEE, N. 31, 2023, ISSN-e 2530-125X, págs. 689-690: "El cambio en las relaciones de poder que supone la variación en los roles de los principales suministradores a lo largo de la cadena traerá consigo, con total seguridad, consecuencias geoestratégicas. No obstante, la posible formación de agrupaciones basadas en el suministro mineral no parece clara. Y esto no es debido a incertidumbres en los flujos exportadores e importadores, ni a las políticas de intervención en las empresas mineras o a las conocidas afinidades entre países. Más bien, la situación está motivada por el oportunismo que suele acompañar a la industria mineral y por la necesaria globalización de una industria cuyo principal insumo, el metal, es un bien natural, con lo que su ubicación viene dada (…) Así pues, parece que se generaliza una situación intermedia: comercio libre pero con regiones afines, esa sería la formación de agrupaciones. A menos que el oportunismo — no olvidemos que principalmente deciden los accionistas de las empresas—, fuerce otras alianzas".

18 En relación a las experiencias desarrolladas en Suecia y Finlandia en el sector de las materias primas, FERNÁNDEZ SCAGLIUSI, M. A. (2024): *El régimen jurídico de la minería en los países nórdicos: en parti-*

recursos geológicos presentes en cada territorio no dependen de políticas de promoción ni de cualquier otra iniciativa.

La Unión Europea también apuesta por otras vías alternativas basadas en la reducción en el consumo de materias primas. Esta disminución puede venir condicionada por un mejor aprovechamiento de los productos gracias a la ampliación de la vida de los materiales y productos. Con esta acción se favorece la reducción de residuos, y también se pueden alcanzar los principios de transición energética y tecnológica con un mejor aprovechamiento de la materia y productos que ya están en el mercado[19]. Al igual que sucede con el autoabastecimiento, la aplicación de los principios de economía circular no es una vía única, pero también es un apoyo para la consecución de los objetivos finales.

Algunos de los principios de la economía circular se encuentran en consonancia con los ideales del decrecimiento ya comentados, una reducción de la producción y el consumo y un alargamiento de la vida útil de las materias primas y los productos. Al igual que en la economía circular, en el decreci-

---

cular, los casos de Suecia y Finlandia, Revista Crítica de Derecho Inmobiliario, N. 801, págs. 171-204, ISSN 0210-0444.

19 Como se afirma en el Informe elaborado por el Banco Mundial *Minerals for Climate Action: The Mineral Intensity of the Clean Energy Transition,* pág. 93: "The demand for base and niche minerals to help build clean energy technologies are expected to rise substantially up to 2050, increasing in both absolute and percentage terms from 2018 production levels. Although clean energy technologies are distinct, they all share a common feature: Higher material intensity in comparison to fossil-fuel-based electricity generation. Regardless of which technology-based mitigation scenario is achieved to keep global warming under 2 degrees or beyond, the rapid and large-scale deployment of renewable energy will lead to significant increases in mineral demand because of how these technologies produce and store electricity".

miento se parte de la necesaria planificación y ordenación, no es simplemente una paralización de la producción y el consumo. Si bien se necesita de un modelo planificado que permita la consecución de los objetivos de sostenibilidad ambiental, justicia social y bienestar, por lo que va más allá de los valores que sustentan la economía circular[20].

El RMPF adoptado por la Unión Europea establece como uno de sus pilares el impulso a una economía de las materias primas fundamentales más sostenible y circular; a este fin incluye un conjunto de normas para que los Estados miembros adopten y apliquen medidas de circularidad y de reducción

---

[20] En la Unión Europea se está tomando conciencia de las posibilidades reales del decrecimiento, más allá de una teoría socioeconómica ya nos encontramos con propuestas de debate político y de investigación académica vinculadas a su aplicación práctica. En 2023 se celebró en el Congreso "Más allá del crecimiento" ("Beyond Growth Conference"), organizado por 20 eurodiputados de formaciones políticas distintas y cuya apertura corrió a cargo de la Presidenta de la Comisión Europea, Úrsula Von der Leyen; mientras que en diciembre del mismo año se celebró la Conferencia "Un plan para un acuerdo social y verde" ("A Blueprint for a Social and Green Deal"), un evento de seguimiento del Congreso que fue organizado en el Parlamento Europeo. Asimismo, desde las instituciones comunitarias se están financiando proyectos de investigación sobre esta temática, como el liderado por los investigadores Giorgos Kallis y Jason Hickel (Instituto de Ciencia y Tecnología Ambientales de la Universitat Autònoma de Barcelona) y la profesora Julia Steinberger (Instituto de Geografía y Sostenibilidad de la Universidad de Lausana) que están trabajando en un proyecto titulado "A Post-Growth Deal" (Un acuerdo posterior al crecimiento). Sobre el auge de este planteamiento en el entorno comunitario, MARTÍNEZ, RULL, E. (2023): *Decrecimiento, la apuesta por reducir el consumo que triunfa en la UE,* Diario La Razón, 17 de noviembre de 2023. Texto completo disponible en https://www.larazon.es/medio-ambiente/decrecimiento-apuesta-reducir-consumo-que-triunfa_20231117655769c832499c00014839b9.html, consultado el 6 de marzo de 2024.

de la huella ambiental de las materias primas fundamentales. En el ámbito comunitario la tasa de reciclado de buena parte de las materias primas fundamentales es muy baja, y los sistemas y las tecnologías de reciclaje no se encuentran adaptadas a sus singularidades. La base van a ser las competencias estatales sobre los sistemas de recogida y tratamiento de residuos, con el fin de alcanzar un crecimiento significativo en los flujos de residuos que presenten un elevado potencial de valorización de materias primas fundamentales.También se presta especial atención a la valorización de materias primas fundamentales a partir de los residuos de extracción; lógicamente nos encontramos con la imperativa participación y directa implicación de la industria extractiva, que habrá también de fomentar estos principios de circularidad[21].

Es una vía compleja que requiere un cambio de mentalidad de la ciudadanía, inversión de la industria y la asunción de nuevos valores de reducción del consumo; si bien es cierto que a su favor podemos destacar que ya tiene una tradición asentada en el entorno comunitario y que son destacados los logros que gracias a esta metodología se han implementado en la última década. A nivel nacional también debemos destacar la "Estrategia a Largo Plazo para una Economía Española Moderna, Competitiva y Climáticamente Neutra en 2050" y la "Estrategia Española de Economía Circular. España Circular 2030", dos textos que hacen hincapié en los principios de la circularidad,

---

21 Sobre la economía circular aplicada al sector minero, BLANCO ÁLVAREZ, F., ESPÍ RODRÍGUEZ, J., HERRERA HERBERT, J., LARREA BASTERRA, M., LÓPEZ JIMENO, C., MARQUÉS SIERRA, A., DE LA TORRE PALACIOS, L., ÁLVAREZ PELEGRY (coord.). (2023): *Las materias primas minerales en la transición energética y en la digitalización. El papel de la minería y la metalurgia*, Real Academia de Ingeniería, ISBN 978-84-95662-88-0, págs. 111 y ss.

si bien la vigente normativa nacional presenta deficiencias[22]. En el texto de la Estrategia a Largo Plazo se pone de relieve el papel esencial del sector industrial en la transición energética, señalando al fomento de la economía circular como una de las principales vías para su consecución. Asimismo, en la "Estrategia de Seguridad Nacional" aprobada por el Consejo de Ministros en febrero de 2022 también se reconoce que la transición hacia una economía descarbonizada va a suponer una mayor competencias por las materias primas y una mayor dependencia de las regiones que tienen capacidades tecnológicas vinculadas a la digitalización y las tecnologías renovables; de ahí que sea clave la reducción de estas dependencias estra-

---

22 Como señala la profesora MORA RUIZ: "la nueva Ley de Residuos ofrece una oportunidad inmejorable para la revisión y actualización del Real Decreto de 2009, e, incluso, yendo un paso más lejos, de establecer una nueva configuración integral de los residuos procedentes de actividades extractivas y su gestión. Ello aportaría seguridad jurídica y redundaría en una aplicación simplificada y efectiva de la normativa, que reforzaría la sustantividad de estos residuos y, sobre todo, podría contribuir al avance de la llamada minería sostenible. La noción de economía circular debería tener entrada en esta nueva ordenación (sea a través de la revisión del Real Decreto de 2009, sea a través de una nueva norma), y formar parte de los fines con los que regular de forma expresa la gestión de los residuos. MORA RUIZ, M. (2023): *Actividades extractivas, gestión de residuos y economía circular: La oportunidad de revisión de un modelo especial ante la nueva Ley de residuos y suelos contaminados para una economía circular, Revista General de Derecho Administrativo,* N. 63, 2023, ISSN-e 1696-9650, págs. 37 y 38. En relación a la implantación de los principios de economía circular en la regulación de los residuos, FERNÁNDEZ DE GATTA, D. (2021): *Avances en la economía circular: nueva legislación sobre residuos y plásticos,* Actualidad Jurídica Ambiental, N. 108, 2021, págs. 1-45, ISSN-e 1989-5666; NOGUEIRA LÓPEZ, A. (2022): *¿Circular o en bucle? La insuficiente transformación de la legislación de residuos,* Revista Aragones de Administración Pública, N. XXI, págs. 11-27, ISSN 1133-4797.

tégicas de materias primas y el fomento de la producción e inversión industrial.

El de la minería es un sector que exige de una ordenación previa de la actividad. A este respecto son la Administración General del Estado y las administraciones autonómicas quienes principalmente deben de abordar esta problemática. En primer lugar, corresponde una actualización y clarificación de la legislación específica. Con una Ley de Minas del año 1973, que se ha ido parcialmente modificando para tratar los cambios sufridos, no se puede hacer frente a la realidad del sector minero en el siglo XXI, a los retos impuestos por la transición energética y tecnológica, a los principios de protección y conservación ambiental actuales, a las demandas de la ciudadanía, y a una industria minera que no es una simple continuación de las ya extintas explotaciones de carbón. Es evidente que el marco normativo debe seguir la realidad y el contexto social, ambiental y económico, y que se sitúa un paso por detrás de los avances; pero en este caso es que la normativa se ha quedado anclada en una realidad que no existe.

Es comprensible que, tras los intentos llevados a cabo en 2022 para la adopción de una nueva legislación específica, se optara por esperar a las directrices que, de forma inminente, se iban a adoptar por parte de la Unión Europea. Pues bien, ya existe el marco comunitario, por lo que no se puede dilatar más el debate y la adopción de una nueva norma de referencia para el territorio nacional; un texto que recoja la realidad del contexto actual y que responda las demandas actuales de materias primas. Es evidente que nos encontramos ante una materia compleja, que presenta numerosas aristas, pero donde la inseguridad jurídica coadyuva a crear un marco de incertidumbre que no ofrece garantías ni a la ciudadanía, ni a las administraciones públicas y, por supuesto, tampoco a la industria. Esta adopción de una nueva Ley de Minas estatal es el primer paso para una gestión adecuada de la ordenación de la minería en España

La Hoja de Ruta de la Administración General del Estado

Mientras nos encontramos con un marco normativo adaptado al contexto actual, sí se han dado pasos a nivel estatal, como la adopción de la "Hoja de ruta para la gestión sostenible de las materias primas minerales"[23]. Este texto es de gran relevancia porque volvió a situar a las materias primas entre las prioridades de la Administración General del Estado, el último instrumento de planeamiento vinculado al sector había sido el Plan Nacional de Abastecimiento de materias primas minerales (1979-1987). Por tanto, desde finales de los años ochenta no había existido un instrumento de planificación estatal para el sector minero, tan sólo existía el listado de las materias primas minerales prioritarias adoptado en 2002[24]. Por consiguiente, la primera valoración de este documento tiene que ser positiva porque define las líneas de actuación y las prioridades estatales sobre esta materia.

---

23 MITECO (2022): *Hoja de Ruta para la gestión sostenible de las materias primas minerales*, p. 30, texto completo disponible en: https://www.miteco.gob.es/content/dam/miteco/es/ministerio/planes-estrategias/materias-primas-minerales/hr-materias-primas-minerales_23-8-22_web_tcm30-544770.pdf , consultado el 14 de febrero de 2024.

24 Real Decreto 647/2002, de 5 de julio, por el que se declaran las materias primas minerales y actividades con ellas relacionadas, calificadas como prioritarias a efectos de lo previsto en la Ley 43/1995, de 27 de diciembre, del Impuesto sobre Sociedades (BOE núm. 173, de 20 de julio de 2002).

Figura 4: Explotaciones en activo de materias primas fundamentales y otras metálicas.

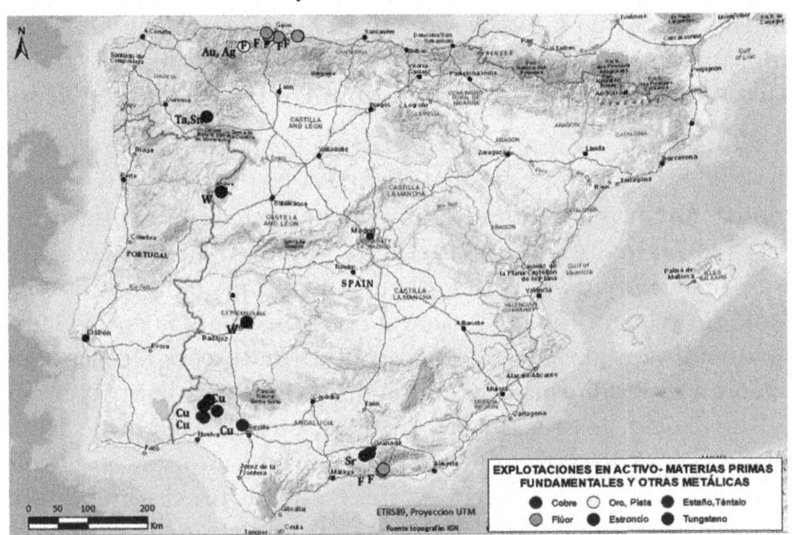

Fuente: Hoja de Ruta para la gestión sostenible de las materias primas minerales (2022).

Las cuatro orientaciones estratégicas de esta Hoja de Ruta son: la apuesta decidida por la eficiencia de los procesos productivos y la economía circular; consolidar la gestión sostenible de las materias primas minerales autóctonas en la industria extractiva española; garantizar la seguridad de suministro y reducir las dependencias estratégicas diversificando el abastecimiento, requiriendo el cumplimiento de los requisitos medioambientales, geoestratégicos y de justicia social, en la importación de materias primas minerales; y fomentar la industria de materias primas minerales estratégicas para la transición energética y digital.

Desde la Hoja de Ruta también se es consciente de la necesidad de mejorar el marco normativo sobre la actividad minera, que permita garantizar un suministro estable y competitivo de materias primas de fuentes nacionales, promueva una mejora de la gobernanza, incluya los objetivos de economía circular, y también mejore la integración de los recursos minerales en los instrumentos de planificación a nivel local y regional. Objetivos muy ambiciosos y complejos que van a requerir de una coordinación de todos lo niveles administrativos para su consecución.

Consideramos que la prioridad en estas acciones regulatorias debe ser la adopción de una nueva Ley de Minas nacional, como ya hemos comentado; una norma que debe configurarse como la piedra angular sobre la que desarrollar un sector minero nacional que permita garantizar la transición energética, ecológica y tecnológica, y que esté en consonancia con la legislación ambiental vigente y con otras normativas específicas que están en estrecha relación con la minería, como la ordenación del territorio, los residuos, las aguas, etc[25]. La Hoja de Ruta, en línea con los instrumentos que ya han adoptado algunas Comunidades Autónomas y también con las previsiones comunitarias, aboga por la simplificación administrativa y la mejora en los procedimientos administrativos mineros, fomentando la agilización y la eliminación de obstáculos; sin olvidar los necesarios mecanismos de control y supervisión, con especial atención al cumplimiento de los niveles de protección exigidos desde la perspectiva medioambiental.

En el ámbito de la revisión del marco legal también resulta determinante la revisión y actualización de la normativa sobre restauración medioambiental de explotaciones mineras, a fin de actualizarlo y establecer una regulación acorde con las pre-

---

[25] MONTOYA MARTÍN, E. (Dir.), y FERNÁNDEZ SCAGLIUSI, M. (Coord.) (2020): *Minería extractiva, planificación territorial y urbanismo,* Tirant lo Blanch, Valencia, 2020, ISBN 978-84-1336-772-9; MONTOYA MARTÍN, E. (Dir.), y FERNÁNDEZ SCAGLIUSI, M. (Coord.) (2021): *Minería y medio ambiente en el siglo XXI: una visión global y de derecho comparado,* Thomson Reuters Aranzadi, Pamplona, 2021, ISBN: 9788413456638.

visiones en materia de cambio climático, economía circular y biodiversidad, así como con los objetivos de la Estrategia Nacional de Infraestructura Verde y de la Conectividad y Restauración Ecológicas.

La legislación minera tampoco puede ser ajena a las estrategias en materia energética, de lucha contra el cambio climático y de seguridad; nos encontramos ante un sector industrial estratégico que exige la creación de cadenas de valor resilientes que puedan hacer frente a los desafíos que la extracción y transformación de materias primas fundamentales va a generar en las próximas décadas.

El esquema constitucional de distribución de competencias y las previsiones de los Estatutos de Autonomía articulan un marco regulatorio y planificador de la minería basado en la coordinación Estado-CCAA. Medidas previstas en la Hoja de Ruta como la adecuada integración de los recursos minerales en la ordenación del territorio y compatibilidad con otros usos del suelo, o la revisión del régimen de inspección y sanción minero-ambiental exigen de la adopción de iniciativas a nivel autonómico. Por tanto, nos encontramos con una materia que va a implicar de forma muy activa al nivel autonómico, y exige de mecanismos de coordinación administrativa eficaces para dotar a nuestro Estado de un régimen minero armonizado y coherente, a la vez que competitivo y seguro.

La economía circular es una de las líneas principales de la Hoja de Ruta, por lo que la primera de las cuatro orientaciones estratégicas que han de dirigir la política nacional de materias primas minerales es la "apuesta decidida por la eficiencias de los procesos productivos y la economía circular". Para su consecución la vía principal es la reducción del consumo a través de mejorar en el diseño, la reutilización y el reciclado; para ello se van a implementar medidas para el impulso de las industrias de materias primas minerales como acto estratégico para la economía ciruclar, el aprovechmianto de escombreras mineras, la puesta en valor de los huecos mineros y el fomento de la rehabilitación e instalaciones de residuos mineros abandonadas.

La respuesta de las Comunidades Autónomas

La ordenación de la minería pasa inexorablemente por el nivel autonómico, con competencias en materia de ordenación del territorio, urbanismo y medio ambiente, algunos de los aspectos clave de esta futura ordenación[26]. A la pasividad estatal se han unido buena parte de las administraciones autonómicas; en una especie de nebulosa, el sector minero parece no existir para los gobiernos y parlamentos autonómicos, si bien las materias primas que se extraen y procesan por parte de la industria se emplean en igual medida en todo el territorio nacional.

Salvando algunas excepciones, las Comunidades Autónomas han obviado a la minería. Si esta realidad hubiera estado acompañada de política alternativas para la disminución del consumo de materias primas básicas podríamos pensar que las iniciativas se habían dirigido hacia estas vías. Pero la realidad ha sido más simple, al sector minero no se le atiende porque genera polémica; por tanto, no se regula desde el nivel autonómico ni tampoco se buscan alternativas que impliquen una transformación política de calado en el ámbito del modelo de consumo. No obstante, hay Comunidades Autónomas que sí han apostado por afrontar esta problemática. En primer lugar, destacan Galicia y Baleares, que con sus luces y sombras adoptaron una legislación específica para el sector minero. Asimismo, corresponde señalar a Andalucía, que ha apostado por un

---

26 En relación a las iniciativas autonómicas adoptadas en esta materia, ZAMORA ROSELLÓ, M.R. (2024): *Minería y Comunidades Autónomas: territorio, sostenibilidad y energía. Especial referencia a Galicia, Baleares y Andalucía,* Tirant lo Blanch, 2024.

modelo de planificación de la minería que ha favorecido el desarrollo del sector.

La Ley de Ordenación de la Minería de Galicia fue la primera norma legal autonómica que se aprobó en nuestro país, y su finalidad principal era la actualización del marco regulador vigente ante las modificaciones institucionales, tecnológicas y ambientales que se había producido en el sector[27]; junto a la oportunidad de dotar a la Comunidad Autónoma de un instrumento normativo que permitiera conciliar el desarrollo minero con el medio ambiente y la ordenación del territorio. Y todo ello, en el contexto de una región, Galicia, donde la minería tiene una gran relevancia socioeconómica.

La última de las iniciativas adoptadas en esta región data de 2023, cuando se adoptó la Agenda de impulso de la minería sostenible de Galicia, que se destina al tejido empresarial y productivo, cuya finalidad es marcar la agenda de la actuación administrativa e industrial para la minería en la próxima década. El objetivo es que el sector minero se convierta en el "aliado estratégico para la modernización de las principales cadenas de valor industriales, asegurando que el proceso de transición ecológica y digital se abastece de manera sostenible con las imprescindibles materias primas autóctonas". La Agenda gallega se articula a través de nueve ejes centrados en la digitalización de la administración minera y del sector empresarial, la mejora de la sostenibilidad, la valorización económica y de los recursos

---

27 Ley 3/2008, de 23 de mayo, de Ordenación de la Minería de Galicia (DO Galicia, de 6 de junio de 2008, núm. 109). DE DIOS VIÉITEZ, M. V., y LÓPEZ SUÁREZ, M. (2012): *Ordenación del territorio y actividad minera en el ámbito de la Comunidad Autónoma de Galicia,* Revista Galega de Administración Pública, núm. 44, 2012, ISSN: 1132-8371; DE DIOS VIÉITEZ, M. V. (2015): *Recursos mineros y ordenación del territorio. Un análisis desde la Comunidad Autónoma de Galicia,* Atelier, 2015, ISBN: 9788415690733.

geológicos, el "riesgo cero" en materia de seguridad y salud laboral, el capital humano, la comunicación y difusión, y la gobernanza y los instrumentos de la Agenda.

El contexto del archipiélago balear presenta unos caracteres propios, ya que nos encontramos un territorio marcado por la insularidad y donde las actividades extractivas se centran en las explotaciones de canteras y salinas. En 2014, Baleares aprobó su propia ley sobre ordenación de la minería, con la finalidad última de dotar a la Comunidad de un modelo sostenible, seguro y racional par las actividades mineras[28]. El devenir del sector minero en el archipiélago ha estado marcado por la conflictividad desde el punto de vista social y ambiental que generan las explotaciones de canteras, lo que ha marcado tanto la adopción de esta norma con rango de ley como los instrumentos de planificación.

En el caso de la Comunidad Autónoma de Andalucía se ha optado por el desarrollo de instrumentos de planificación y, si bien se ha planteado en múltiples ocasiones la oportunidad de elaborar una normativa autonómica con rango de ley en materia de minería, aún no se ha presentado una propuesta definitiva. Desde hace varios años sí ha sido una constante la adopción de instrumentos de planificación que han venido precisando las directrices sobre minería en esta Comunidad.

El último instrumento aprobado ha sido la "Estrategia para una Minería Sostenible en Andalucía 2030", es decir, de nuevo nos encontramos ante un instrumento de planificación y también de nuevo es un instrumento que se adopta superado con creces el periodo de vigencia de la anterior Estrategia. La finalidad de este documento es "avanzar hacia una minería competitiva y responsable como actividad dinámica e innovadora

---

28 Ley 10/2014, de 1 de octubre, de Ordenación minera de las Illes Balears (DO Illes Balears, núm. 138, de 9 de octubre de 2014).

generadora de empleo de calidad y respetuosa con el medio ambiente". La Estrategia se desarrolla en dos etapas, la primera de ellas hasta el año 2026, fecha que se correspondería con una fase intermedia; y la segunda, que abarcaría el trienio 2027-2030.

Otras Comunidades Autónomas como Castilla y León y Castilla-La Mancha también han optado por la elaboración de instrumentos de planificación. En el caso de Castilla y León se adoptó la Estrategia de Recursos Minerales 2017-2021, cuyo principal objetivo era fomentar la creación de riqueza y el empleo en el sector. Se estructuró en cinco ejes: ordenación minero-ambiental, vigilancia y control, valorización económica tanto empresarial como territorial, eficiencia administrativa, y la formación e información; y estaba integrada en el Plan Director de Promoción Industrial y el Plan de Dinamización Económica de los Municipios Mineros de la Comunidad.

Por su parte, la Comunidad Autónoma de Castilla-La Mancha aprobó en 2014 el Plan Estratégico de Recursos Minerales no Energéticos de Castilla-La Mancha. Horizonte 2020 (Permine)[29], con la finalidad de dotar a la región de un instrumento estructurado que permitiera la adecuada planificación y ordenación de las actividades extractivas. Los principales objetivos del Plan fueron: garantizar el acceso a las materias primas, establecer las condiciones marco adecuadas para potenciar un suministro sostenible de materias primas, y fomentar un eficiente aprovechamiento de los recursos en general y promover el reciclaje para el reaprovechamiento de los recursos minerales en la Comunidad Autónoma y disminuir la dependencia relativa de otras regiones. Para su consecución se propusieron

---

[29] Resolución de 12 de noviembre de 2014, de la Consejería de Fomento, por la que se aprueba el Plan Estratégico de Recursos Minerales no Energéticos de Castilla-La Mancha. Horizonte 2020 (Permine), (DO Castilla-La Mancha, núm. 229, de 26 de noviembre de 2014).

cuatro principales líneas de actuación: integración social y ambiental de la actividad minera; actualización y mejora de la gestión en los servicios públicos vinculados al sector minero; actualización en la formación técnica, capacitación laboral y seguridad en el sector minero; y fomento de la actividad minera, innovación y competitividad.

La variedad en los caracteres y necesidades de cada Comunidad Autónoma hacen imprescindible un marco normativo y planificador propio que pueda dar respuesta a sus demandas. Frente a las Comunidades Autónomas más activas, como las ya citadas, nos encontramos con otras regiones donde, a pesar de la relevancia de las materias primas para su desarrollo socioeconómico, aún estén pendientes de abordar esta problemática. En este sentido podemos hacer referencia a la situación de la Comunidad Autónoma del País Vasco, que apenas dispone de materias primas energéticas y minerales, pero donde su sector industrial exporta a otros territorios un importante volumen de materiales metálicos y de productos energéticos; es una Comunidad que necesita importar materias primas puesto que el sector de transformación es muy potente. En un reciente Informe sobre las materias primas críticas y metales clave para la industria vasca se pone de manifiesto la necesidad de elaborar una Estrategia vasca de materias primas y metales clave y un plan de acción, en línea con las propuestas comunitarias y nacionales, con la finalidad de ofrecer los recursos necesarios para garantizar el suministro[30].

---

30 LARREA, M., FERNÁNDEZ, J., CISNEROS, J., ELGORRIAGA, A. (2024): *Materias primas críticas y metales clave para la industria vasca*, Sociedad Pública de Gestión Ambiental (Gobierno Vasco), Instituto Vasco de Competitividad (Fundación Deusto), 2024 https://www.ihobe.eus/publicaciones/materias-primas-criticas-y-metales-clave-para-industria-vasca

La propuesta planteada en este Informe nos parece de gran interés, en especial la referencia a la creación de un listado propio de materias primas críticas y metales clave; sin perjuicio del listado previsto por la Unión Europea, es de interés que cada Comunidad Autónoma identifique claramente su listado específico, en función de sus capacidades de autoabastecimiento y de las necesidades presentes y futuras de su industria. También son muy relevantes las diez propuestas transformadoras, que superan el ámbito de la estrategia y que abarcan por completo los riesgos asociados a las materias primas críticas y los metales clave en la industria vasca. Comprenden medidas de información, monitorización de datos y simulación, integración con organismos y territorios suministradores, acuerdos de estabilización y diversificación de orígenes, medidas de inversión, gestión de riesgos, mejoras en el diseño y en las técnicas de producción, y una importante apuesta por el reciclaje. Un elemento a destacar de esta completa propuesta es que claramente implica al Gobierno Vasco, como principal responsable de buena parte de las actuaciones a desarrollar; pero también a otros agentes, destacando el sector empresarial y la Red Vasca de Ciencia, Tecnología e Innovación. Es una iniciativa ambiciosa pero que en el Informe se estructura con unos principios muy coherentes con las líneas ya trazadas por las políticas comunitarias y con las demandas de una industria muy dependiente del exterior.

Reforzando la administración minera desde el nivel local

Como hemos visto, las directrices comunitarias son muy claras, el autoabastecimiento es una prioridad; y para fomentar esta vía, el marco normativo y planificador a nivel estatal y autonómico tendrá que abordar una ordenación integral del sector minero. Ello debe ir de la mano del impulso y, en algunos supuestos la creación, de una administración minera sólida y dotada de suficientes recursos personales y materiales. Una estructura administrativa fortalecida que pueda dar respuesta a la ciudadanía y a la industria; con un organigrama especializado y con recursos se podría incidir en algunos aspectos que son transversales en todos los instrumentos y documentos adoptados en los últimos años, desde la instituciones comunitarias a los niveles autonómico: la agilización de los procedimientos administrativos mineros.

La resolución rápida y eficaz de estos procedimientos, que afectan a la industria minera, requieren de personal cualificado y medios[31]. Son procedimientos complejos que deben avalar el cumplimiento de los requisitos de seguridad y sostenibilidad exigidos, a la vez que demandan su integración en otras políticas sectoriales, como la ordenación del territorio. En un contexto donde la administración minera suele estar bajo mínimos, difícilmente se podrán alcanzar estas metas. Y sin una administración fortalecida, tanto a la ciudadanía como a la industria le asaltan las incertidumbres. La confianza y fiabilidad a la que hacíamos referencia a propósito de las asociaciones estratégicas con terceros Estados también tienen una dimensión en el nivel más cercano a la ciudadanía.

Cuando nos encontramos ante una industria que, de inicio, es habitual que genere un gran rechazo por parte de las poblaciones afectadas, la fiabilidad y transparencia en la labor de ins-

---

[31] MONTOYA MARTÍN, E. (2022): "Mejora regulatoria y simplificación administrativa como factor de desarrollo sostenible: su aplicación a los procedimientos mineros", en GUICHOT REINA, E. (Dir.), *Retos jurídicos actuales de la administración andaluza: I Jornadas del Instituto Clavero Arévalo en homenaje al profesor Manuel Clavero Arévalo. Sevilla, 23 y 24 de septiembre de 2021,* Instituto Andaluz de Administración Pública, Sevilla, 2022.

pección, supervisión y control de las administraciones públicas debe actuar como garantía para la ciudadanía[32].

Este resultado exige de una implicación y participación directa del nivel local, el nivel administrativo más cercano al ciudadano es el primer filtro de la administración para poner a prueba su fiabilidad frente a proyectos mineros. De ahí la relevancia de los tantas veces olvidados ayuntamientos, cuya labor parece relegada a un segundo plano; si bien son los que van a testar de primera mano la aceptación social de una nueva propuesta. Como ya se ha puesto de manifiesto en otros ámbitos, la transición energética y tecnológica también ha de ser justa y esta justicia pasa por la aceptación social de los proyectos mineros, por la implicación de las poblaciones afectadas en la toma de decisiones sobre cómo se van a explotar los recursos de su territorio. La experiencia demuestra que aquellos proyectos en los que la ciudadanía se ha sentido representada alcanzan una prácticamente plena aceptación social.

---

32 Como se ha afirmado en el Informe elaborado por Naciones Unidas, *Mineral Resource Governance in the 21st Century; Gearing extractive industries towards sustainable development. Summary for policymakers and business leaders* p.50: "Extractive sector governance mechanisms will need to include empowerment and capacity building of local communities and community-level institutions to engage in dialogue with mining companies; internalization within mining companies of the SDLO responsibilities, including adequate capacity to plan, manage, proactively disclose issues relating to the mining project, and address local community issues in a credible and appropriate manner; and new relationships between the stakeholders based on co-responsibilities and transparent risk management and strengthened by robust dispute management and resolution mechanisms.

CONCLUSIONES

La respuesta a los nuevos retos a los que se enfrenta el sector de las actividades extractivas va a estar condicionada por el incremento en el consumo de materias primas minerales. Aplicando los principios básicos de la ley de la oferta y la demanda los Estados están empezando a tomar posiciones en el nuevo tablero geopolítico, donde por un lado se encuentran los países con grandes reservas de estas materias primas y, de otro, los demandantes de las mismas. Pero esta ecuación no es tan sencilla, puesto que son varios los elementos del juego que van a condicionar un nuevo modelo.

Por un lado, las oportunidades que brinda la economía circular pueden reducir el incremento del consumo de materias primas. De forma que nos encontramos con una alternativa más sostenible y que también permitiría reducir la dependencia de terceros Estados; si bien exige una gran inversión y transformación del modelo productivo e industrial. En esta línea, pero un paso más allá, se encontraría la implementación de opciones que no persigan el crecimiento y, por tanto, limiten este incremento en la explotación de las materias primas minerales, porque se reduciría la producción de bienes y el consumo. Es evidente que la extracción de materias primas minerales no va a desaparecer, que sigue siendo consustancial a nuestro modelo de desarrollo, pero está en transformación; nos encontramos ante nuevos sistemas de explotación, nuevas materias primas que explotar y nuevas demandas sociales, ambientales y económicas

En el caso de las materias primas de origen minero entendemos que se necesitaría una matización porque la transición energética y tecnológica también está suponiendo un cambio en las materias primas empleadas, se sustituyen unas materias por otras a la vista de las nuevas necesidades creadas. Por tanto, la consecuencia de un modelo de crecimiento o decrecimiento sostenible también pasaría por esta sustitución de materias primas para alcanzar los objetivos de un desarrollo o abastecimiento climáticamente neutro. En definitiva, esta apuesta por el decrecimiento ofrecería una respuesta parcial a las previsiones de crecimiento desaforado en los consumos de materias primas de los próximos años; a pesar de que se siguiera esta vía podríamos encontrarnos con un incremento, si bien menor, de algunas materias primas que son esenciales para una transformación del modelo energético y tecnológico y que hasta ahora no habían sido objeto de una explotación masiva. Asimismo, la prioridad de los Estados también se encuentra en la inseguridad que les genera la dependencia exterior de materias primas que pueden comprometer la producción de bienes básicos; aún cuando se reduzca el crecimiento, esta tensión se mantendría por la dependencia de terceros países.

De otro lado, el autoabastecimiento, la explotación de nuevos yacimientos, el reaprovechamiento de otros que ya estaban clausurados y la investigación de nuevas tecnologías que permitan reducir la dependencia del exterior a la vez que ponen en valor los recursos propios. Y, por último, los acuerdos con terceros Estados fiables y seguros, con los que se puede establecer una relación de confianza que minimice los riesgos que la dependencia del exterior implica en el abastecimiento.

Todos los niveles administrativos han de estar implicados en estos grandes retos, y la primera clave es dar a conocer esta problemática. Desde el ámbito comunitario se ha puesto de relieve la relevancia de las materias primas para garantizar la seguridad, y la transición ecológica y tecnológica; la diplomacia de las materias primas comienza a dar sus frutos pero es sólo uno de los pilares para garantizar el abastecimiento. Además, como hemos analizado, es un pilar inestable a largo plazo y sobre el que no puede recaer el peso de un nuevo modelo energético y tecnológico, que es el planteamiento que ya reflejan los últimos textos comunitarios. Asimismo, desde la Unión Europea no se puede asumir que los Estados productores no alcancen los mismos estándares de seguridad, sostenibilidad y justicia social que se exige en nuestro entorno. La vía no puede ser la externalización de la extracción de las materias primas minerales bajo cualquier circunstancia; de lo contrario estaríamos ante un doble rasero, muy estricto para las explotaciones en territorio comunitario y muy laxo para las ubicadas en terceros Estados.

A nivel estatal y autonómico consideramos que se puede avanzar más, se están manteniendo únicamente las vías marcadas por las políticas comunitarias y, en numerosas ocasiones ni siquiera estos mínimos. Tanto la Administración General del Estado como las administraciones autonómicas deben abrir sus miras e ir un paso más allá, apostando por alternativas que complementen las necesidades de un modelo minero que necesita de una ordenación y unas políticas a largo plazo que no están suficientemente trazadas y donde los objetivos son parcos y limitados. Son numerosos los temas candentes que afectan al sector minero y sobre los que nos existe una respuesta desde la Administración, que parece mantener un perfil bajo y, en muchas Comunidades Autónomas, inexistentes.

Esta transición que impulsa la demanda de materias primas, que se están convirtiendo en piedras angulares para el desarrollo energético y tecnológico, también ha de cumplir los principos de sostenibilidad y justicia social. En esta línea se debe dar un especial protagonismo a la ciudadanía, pero no sólo a los vecinos de las localidades afectadas directamente por las explotaciones, sino a toda la sociedad. Se debe ser consciente como ciudadano de las implicaciones reales y de los costes de la transición energética y tecnológica, de las debilidades y fortalezas de un modelo de abastecimiento que puede no ser sostenible. Esta participación ciudadana requiere de un esfuerzo por parte de las Administraciones públicas, y de un refuerzo del nivel local a lo largo de todos los procedimientos administrativos vinculados a la minería. Esta implicación no debe ser un trámite más que ralentice los ya de por sí lastrados procedimientos vigentes, sino una implicación de todos los actores desde las primeras fases, que permita dotar de datos, cifras e impactos reales sobre la ciudadanía y el territorio de los proyectos mineros. Buena parte de las propuestas adoptadas para regular y planificar el sector minero, tanto a nivel nacional como autonómico, se focalizan en la industria pero dejan de lado a la ciudadanía, con lo que obvian a los destinatarios finales de la transición energética y tecnológica.

BIBLIOGRAFÍA

BLANCO ÁLVAREZ, F., ESPÍ RODRÍGUEZ, J., HERRERA HERBERT, J., LARREA BASTERRA, M., LÓPEZ JIMENO, C., MARQUÉS SIERRA, A., DE LA TORRE PALACIOS, L., ÁLVAREZ PELEGRY (coord.). (2023): *Las materias primas minerales en la transición energética y en la digitalización. El papel de la minería y la metalurgia,* Real Academia de Ingeniería, ISBN 978-84-95662-88-0.

DE DIOS VIÉITEZ, M. V., y LÓPEZ SUÁREZ, M. (2012): *Ordenación del territorio y actividad minera en el ámbito de la Comunidad Autónoma de Galicia,* Revista Galega de Administración Pública, núm. 44, 2012, ISSN : 1132-8371.

DE DIOS VIÉITEZ, M. V. (2015): *Recursos mineros y ordenación del territorio. Un análisis desde la Comunidad Autónoma de Galicia,* Atelier, 2015, ISBN: 9788415690733.

DE LA TORRE PALACIOS, L., ESPÍ RODRÍGUEZ, J. (2022): *Posibles efectos de la guerra Rusia-Ucrania en el mercado de las materias primas: los recursos minerales,* Análisis del Real Instituto Elcano, núm. 49, 2022.

DE LA TORRE PALACIOS, L., ESPÍ RODRÍGUEZ, J. (2023): *Formación de agrupaciones nacionales en el acceso seguro a las materias primas minerales,* Boletín IEEE, N. 31, 2023, págs. 637-691, ISSN-e 2530-125X.

DE MIGUEL, C., ORTIZ MARCOS, S. (2023): *Aspectos geopolíticos de las materias primas relevantes para la transición energética,* Cátedra de Transición Energética, Universidad Pontificia de Comillas.

DELAGE, F. (2022): *China en África. Objetivos, instrumetnos e implicaciones estratégicas,* Revista UNISCI / UNISCI Journal, N°. 60 (Octubre/ October), 2022, págs. 21-48, ISSN-e 2386-9453, DOI: 10.31439/UNISCI-147.

FERNÁNDEZ DE GATTA, D. (2021): *Avances en la economía circular: nueva legislación sobre residuos y plásticos*, Actualidad Jurídica Ambiental, N. 108, 2021, págs. 1-45, ISSN-e 1989-5666.

FERNÁNDEZ SCAGLIUSI, M. A. (2024): *El régimen jurídico de la minería en los países nórdicos: en particular, los casos de Suecia y Finlandia*, Revista Crítica de Derecho Inmobiliario, N. 801, págs. 171-204, ISSN 0210-0444.

FONT, T. (2022): *China, geopolítica y materiales estratégicos*, Papeles de relaciones ecosociales y cambio global, Nº. 156, 2021-2022, págs. 55-66, ISSN 1888-0576.

GUINEA IBÁÑEZ, O. (2023): *La autonomía estratégica abierta: nuevas herramientas para un mundo geopolítico*, Información Comercial Española, ICE: Revista de economía, N. 930, 2023, págs. 71-83, ISSN 0019-977X.

GUINEA IBÁÑEZ, O., SHARMA, V. (2023): *European Economic Security and Access to Critical Raw Materials: Trade, Diversification, and the Role of Mercosur*, European Centre for International Political Economy, Policy Brief N. 9, 2023, págs. 1-28, ISSN 0019-977X, https://ecipe.org/wp-content/uploads/2023/07/ECI_23_PolicyBrief_09-2023_LY05.pdf

HANSENS, P., MELCHIOR, S., PEIGNÉ M., SCHUMAN, H. (2023): *Europa importa 13.000 millones en materias primas críticas de Rusia al excluirlas de las sanciones*, Investigate Europe, 25 de octubre de 2023. Texto completo disponible en https://www.investigate-europe.eu/es/posts/russia-sanctions-europe-critical-raw-materials-imports, consultado el 29 de enero de 2024.

INTERNATIONAL RESOURCE PANEL UNITED NATIONS (2020): *Mineral Resource Governance in the 21st Century; Gearing extractive industries towards sustainable development. Summary for policymakers and business leaders*, United Nations, https://www.resourcepanel.org/reports/mineral-resource-governance-21st-century, consultado el 16 de febrero de 2024.

INTERNATIONAL BANK FOR RECONSTRUCTION AND DEVELOPMENT/THE WORLD BANK (2020): *Minerals for Climate Action: The Mineral Intensity of the Clean Energy Transition*, https://pubdocs.worldbank.org/en/961711588875536384/Minerals-for-Climate-Action-The-Mineral-Intensity-of-the-Clean-Energy-Transition.pdf, consultado el 16 de febrero de 2024.

IEA (2021): *The Role of Critical Minerals in Clean Energy Transitions*, IEA, París, Licence: CC BY 4.0, https://www.iea.org/reports/the-role-of-critical-minerals-in-clean-energy-transitions, consultado el 14 de febrero de 2024.

KALLIS, G., PAULSO, S., D'ALISA, G., DEMARIA, F. (2022): *A favor del decrecimiento,* Icaria Editorial, 2022, ISBN 9788418826405.

KALLIS, G., MASTINI, R., ZOGRAFOS, C. (2024): *Perceptions of degrowth in the European Parliament,* Nature Sustainability 7, págs. 64–72, https://doi.org/10.1038/s41893-023-01246-x, consultado el 5 de marzo de 2024.

LARREA, M., FERNÁNDEZ, J., CISNEROS, J., ELGORRIAGA, A. (2024): *Materias primas críticas y metales clave para la industria vasca,* Sociedad Pública de Gestión Ambiental (Gobierno Vasco), Instituto Vasco de Competitividad (Fundación Deusto), 2024. Texto completo disponible en https://www.ihobe.eus/publicaciones/materias-primas-criticas-y-metales-clave-para-industria-vasca, consultado el 29 de febrero de 2024.

MARTÍNEZ, RULL, E. (2023): *Decrecimiento, la apuesta por reducir el consumo que triunfa en la UE,* Diario La Razón, 17 de noviembre de 2023. Texto completo disponible en https://www.larazon.es/medio-ambiente/decrecimiento-apuesta-reducir-consumo-que-triunfa_20231117655769c832499c00014839b9.html, consultado el 6 de marzo de 2024.

MONTOYA MARTÍN, E. (2022): "Mejora regulatoria y simplificación administrativa como factor de desarrollo sostenible: su aplicación a los procedimientos mineros", en GUICHOT REINA, E. (Dir.), *Retos jurídicos actuales de la administración andaluza: I Jornadas del Instituto Clavero Arévalo en homenaje al profesor Manuel Clavero Arévalo. Sevilla, 23 y 24 de septiembre de 2021,* Instituto Andaluz de Administración Pública, Sevilla, 2022.

MONTOYA MARTÍN, E. (Dir.), y FERNÁNDEZ SCAGLIUSI, M. (Coord.) (2020): *Minería extractiva, planificación territorial y urbanismo,* Tirant lo Blanch, Valencia, 2020, ISBN 978-84-1336-772-9.

MONTOYA MARTÍN, E. (Dir.), y FERNÁNDEZ SCAGLIUSI, M. (Coord.) (2021): *Minería y medio ambiente en el siglo XXI: una visión global y de derecho comparado,* Thomson Reuters Aranzadi, Pamplona, 2021, ISBN: 9788413456638.

MORA RUIZ, M. (2023): *Actividades extractivas, gestión de residuos y economía circular: La oportunidad de revisión de un modelo especial ante la nueva Ley de residuos y suelos contaminados para una economía circular, Revista General de Derecho Administrativo,* N. 63, 2023, ISSN-e 1696-9650.

NOGUEIRA LÓPEZ, A. (2022): *¿Circular o en bucle? La insuficiente transformación de la legislación de residuos,* Revista Aragones de Administración Pública, N. XXI, págs. 11-27, ISSN 1133-4797.

NAUMENKO, U., VASYLENKO, S. (2022): Prospects of development of lithium resource base in Ukraine, 4th ISPC «International Scientific Discussion: Problems, Tasks and Prospects» (February 19-20, 2022; Brighton, Great Britain), DOI: https://doi.org/10.51582/interconf.19-20.02.2022.072

TOSAS, G. (2022): *La riqueza en litio de Ucrania: un incentivo para la invasión rusa,* Diario La Vanguardia, 23 de marzo de 2022. Texto completo disponible en https://www.lavanguardia.com/internacional/20220323/8145775/ucrania-apuntaba-mayores-potencias-exportadoras-litio-guerra.html, consultado el 13 de febrero de 2024.

TURIEL, A. (2022): *Sin energía. Pequeña guía para el Gran Descenso,* Alfabeto, Madrid, 2022, ISBN 978-84-17951-32-0.

ZAMORA ROSELLÓ, M.R. (2024): *Minería y Comunidades Autónomas: territorio, sostenibilidad y energía. Especial referencia a Galicia, Baleares y Andalucía,* Tirant lo Blanch, 2024.

PRIMERA PARTE

PERSPECTIVA INTERNACIONAL

La geopolítica de los minerales[1]

Mª DEL MAR HIDALGO GARCÍA
Analista principal. Instituto Español de Estudios Estratégicos

INTRODUCCIÓN

Los recursos naturales son la base sobre la humanidad ha construido su bienestar económico y social. El progresivo abandono de los combustibles fósiles para poder alcanzar los compromisos climáticos establecidos conforme al Acuerdo de París y los avances hacia un mundo digital están aumentado la demanda de ciertos minerales. A estos minerales se les considera críticos para poder desarrollar las tecnologías facilitadoras de la descarbonización y de los avances tecnológicos.

Podría afirmarse que si los combustibles fósiles marcaron la geopolítica y los principales conflictos del siglo XX, en el siglo XXI la lucha mundial por los recursos vitales como el agua y

1 Esta publicación se enmarca en el proyecto de investigación *Actividades extractivas y políticas públicas: sostenibilidad, transición energética y seguridad* financiado por la Universidad de Málaga, IP: Mª Remedios Zamora Roselló.

determinados minerales marcarán la competencia entre las potencias en la era de las energías renovables con profundas consecuencias para el comercio mundial de estos recursos naturales.

La pandemia de COVID-19 puso en evidencia la vulnerabilidad de la dependencia de los mercados exteriores en determinados sectores que son considerados estratégicos, así como los efectos negativos que han provocado las disrupciones de suministros en las cadenas de valor esenciales. Esta misma vulnerabilidad también se ha expandido al acceso a determinados minerales que ya son considerados críticos para la descarbonización y estratégicos por su utilización en el sector de la defensa.

La guerra de Ucrania ha añadido una vuelta de tuerca más al problema de la dependencia del exterior de combustibles fósiles, de fertilizantes y de alimentos poniendo en jaque a la seguridad alimentaria mundial y al acceso seguro de energía.

Las grandes potencias se esfuerzan por crear cadenas de suministro seguras para minerales críticos, que son necesarios en el desarrollo de tecnologías de energía verde, economía digital y sistemas de defensa. Las principales economías están evaluando la seguridad de sus cadenas de suministro de minerales y están estableciendo estrategias específicas acordes con sus intereses económicos y geopolíticos en un mundo que avanza hacia la descarbonización y al progreso tecnológico.

La suministro de seguro, accesible y sostenible de estos minerales críticos se encuentra amenazado por múltiples factores entre los que destacan la mayor concentración geográfica de la producción, las incertidumbres tecnológicas y políticas de la demanda, el desajuste entre los cambios en la demanda y el tiempo de desarrollo de los proyectos mineros, los efectos derivados de la disminución de la calidad de los recursos o las repercusiones ambientales y sociales de la explotación minera[2]. Todo ello está generando un escenario mundial en el que la geopolítica va a estar presente en los dos lados de la ecuación oferta-demanda de estos minerales críticos[3].

UNA DEMANDA CRECIENTE

Las tecnologías limpias están impulsando la demanda de determinados minerales necesarios para el desarrollo de turbinas, paneles, imanes y baterías. La capacidad mundial de energía solar fotovoltaica se ha multiplicado casi por 20 en la última década y la de la energía eólica casi se ha cuadruplicado en la última década, impulsada por la caída de los costos y el apoyo político en más de 130 países[4]. Según declaraciones realizadas por Fatih Birol, Director ejecutivo de la Agencia Internacional de la Energía (IEA, por sus siglas en inglés), la alta demanda de minerales críticos puede convertirse en un cuello de botella para la descarbonización ya que los planes de suministro e inversión de hoy para muchos minerales críticos están muy por debajo de lo que se necesitaría para respaldar un despliegue acelerado de paneles solares, turbinas eólicas y vehículos eléctricos[5].

---

2 LOPEZ C. y MATAIX C. (2022): "Las materias primas minerales y la transición energética". CE 209 Minerales: Una cuestión estratégica en el siglo XXI. IEEE.

3 https://www.tendencias.kpmg.es/2021/04/minerales-estrategicos-industria-sostenibilidad/ Consultado el 3 de diciembre de 2023.

4 https://www.iea.org/reports/the-role-of-critical-minerals-in-clean-energy-transitions/mineral-requirements-for-clean-energy-transitions Consultado el 11 de diciembre de 2023.

5 https://www.iea.org/news/clean-energy-demand-for-critical-minerals-set-to-soar-as-the-world-pursues-net-zero-goals Consultado el 3 de diciembre de 2023.

Desde 2010, la cantidad media de minerales necesarios para una nueva unidad de capacidad de generación de energía ha aumentado en un 50% a medida que ha incrementado la participación de las energías renovables en las nuevas inversiones[6]. Teniendo en cuenta el desarrollo de las energía renovables para conseguir alcanzar los objetivos climáticos y avanzar hacia las políticas de autosuficiencia energética que están llevando a cabo la mayoría de las potencias, se estima que la demanda total de determinados minerales aumentará significativamente en las próximas dos décadas a más del 40% para el cobre y los elementos de tierras raras, el 60-70% para el níquel y el cobalto, y casi el 90% para el litio[7]. Los fabricantes de tecnologías de energía limpias necesitarán cuarenta veces más litio, veinticinco veces más grafito, y unas veinte veces más níquel y cobalto en 2040 que en 2020[8].

En el caso de la UE, la Comisión Europea estima que la demanda de tierras raras se multiplicará por diez entre 2020 y 2050 y se necesitarán casi sesenta veces más cantidad de litio y quince veces más de cobalto para alcanzar sus objetivos de descarbonización fijados para ese mismo periodo[9].

Desglosando por tecnologías, la demanda de tierras raras en el sector eólico —en concreto del neodimio y praseodimio—se

---

6 Informe The Role of Critical World Energy Outlook Special Report Minerals in Clean Energy Transitions (IEA, 2021). Disponible en: https://iea.blob.core.windows.net/assets/ffd2a83b-8c30-4e9d-980a-52b6d9a86fdc/TheRoleofCriticalMineralsinCleanEnergyTransitions.pdf Consultado 3 de diciembre de 2023

7 Ibid

8 https://www.iea.org/reports/the-role-of-critical-minerals-in-clean-energy-transitions/executive-summary Consultado 11 de diciembre de 2023

9 https://es.statista.com/temas/9520/minerales-estrategicos-o-criticos-en-el-mundo/#topicOverview Consultado el 11 de diciembre de 2023

triplicará con creces para 2040, impulsada por la duplicación de la capacidad anual y el cambio hacia las turbinas con imanes permanentes especialmente en proyectos eólicos marinos[10].

Por lo que respecta a la expansión de la energía solar se estima que en un escenario de bajas emisiones, la demanda de cromo se multiplique por 75, la de cobre por 68, la de manganeso por 92 y la demanda de níquel por 89 en el período 2020-40[11].

De la demanda total de minerales de todas las fuentes de energía bajas en carbono en 2040, la geotermia representa el 80% de la demanda de níquel, casi la mitad de la demanda total de cromo y molibdeno y el 40% de la demanda de titanio. Con un desarrollo ascendente de la energía geotérmica se estima que la demanda de níquel, cromo, molibdeno y titanio se va cuadriplicar en este sector.

El hidrógeno verde representará el 10% del consumo total de energía para 2050. Un aumento de esta magnitud aumentará la demanda de materiales, como aluminio, cobre, iridio y níquel, platino, vanadio y zinc para respaldar las tecnologías asociadas al hidrógeno[12]. Por lo que respecta a la movilidad, un coche eléctrico típico requiere seis veces más insumos minerales que un coche convencional.

Por lo que respecta a las minerales necesarias para la transformación digital y el desarrollo tecnológico las cifras de demanda futura muestran una demanda también creciente. Se estima que la demanda de cobre de las redes probablemente alcanzará los 13 millones de toneladas para 2030. Se espera

---

10 https://www.iea.org/reports/the-role-of-critical-minerals-in-clean-energy-transitions/mineral-requirements-for-clean-energy-transitions Consultado 11 de diciembre de 2023

11 Ibid

12 https://www.worldbank.org/en/events/2023/01/31/sufficient-sustainable-and-circular-critical-materials-for-scaling-up-hydrogen

que esta cifra siga aumentando hasta alcanzar los 23 millones de toneladas en 2050, lo que convertirá a las redes eléctricas en el principal consumidor de cobre, entre otras tecnologías de transición energética, en el período 2022-2050[13].

Aunque estos aumentos previstos de la demanda de determinados minerales pueden sufrir variaciones a medida que la tecnología pueda proveer de nuevas opciones más eficaces y eficientes en el terreno de las energías limpias, las previsiones muestran que la brecha entre la producción y la demanda de los minerales críticos está aumentando. Esta brecha puede suponer en principal obstáculo para avanzar hacia la descarbonización de las economías. Por este motivo, es necesario realizar un seguimiento más detallado de la evolución de la oferta y la demanda así como de los mercados de estos minerales muchos de los cuales se consideran opacos. En mayo de 2024, la IEA ha publicado su Global Critical Minerals Outlook 2024, teniendo en cuenta la demanda de minerales requeridos por varias tecnologías limpias, y publicará la Revisión del Mercado de Minerales Críticos de forma periódica, como lo hace para el petróleo, el gas, las energías renovables y otras fuentes de energía. Estas actuaciones de la Agencia demuestran que, en la actualidad, no se puede hablar de energías limpias sin considerar la disponibilidad de los minerales necesarios para su desarrollo.

AFRONTAR LA REALIDAD DE UNA PRODUCCIÓN Y PROCESAMIENTO DE MINERALES MUY CONCENTRADOS

El suministro de minerales críticos está determinando la geopolítica mundial de una forma cada vez más relevante. En

---

13 https://asian-power.com/power-utility/news/power-grid-expansion-drive-copper-demand-report Consultado 11 de diciembre

la actualidad la producción de muchos de los minerales necesarios para la transición energética están más concentrados que la de hidrocarburos[14].

Las operaciones actuales de producción y procesamiento de muchos minerales de transición energética se encuentran en un número reducido de países, lo que hace que el sistema sea vulnerable a la inestabilidad política, a los riesgos geopolíticos y a las posibles restricciones a las exportaciones. De todos ellos, China es actualmente uno de los mayores productores y proveedores de minerales críticos y de sus productos procesados. La transición de los combustibles fósiles a las energías limpias hará que la seguridad energética sea mucho más compleja debido al dominio de China sobre el procesamiento de los minerales críticos esenciales para las energías renovables[15].

Esta situación ha generado una gran preocupación en las potencias occidentales, como la UE[16] y EEUU[17] quienes han llegado a considerar esta dependencia como una amenaza para su seguridad. El control global de China sobre los minerales necesarios para la producción de proyectiles de artillería guiados de precisión, sistemas de defensa antimisiles, gafas nocturnas y otras armas de importancia crítica representa una grave amenaza para Estados Unidos, y para la comunidad mundial.

---

14 https://www.energy-observer.org/resources/critical-minerals Consultado 11 de diciembre de 2023

15 https://www.ft.com/content/c3ff5a5b-e410-4b99-b35d-cb5b8058e781 Consultado 11 de diciembre de 2023

16 https://ec.europa.eu/commission/presscorner/detail/en/ip_23_3358 Consultado 11 de diciembre de 2023

17 https://foreignpolicy.com/2022/01/11/us-china-economic-decoupling-trump-biden/ Consultado 11 de diciembre de 2023

En la Estrategia de Seguridad Nacional de EEUU de 2022[18] se identifica a China como "el único competidor con la intención de remodelar el orden internacional y, cada vez más, con el poder económico, diplomático, militar y tecnológico para hacerlo"[19]. Por su parte la UE también ve con preocupación esta dependencia del suministro de materiales críticos y de tecnología de China. La Ley de Materias Primas Fundamentales de la UE establece objetivos ambiciosos para desarrollar fuentes alternativas como parte de los esfuerzos del bloque para reducir su dependencia de China. La UE ha establecido unos objetivos ambiciosos para 2030 para los minerales necesarios en su transición ecológica: el 10 % de las necesidades anuales se extraerán, el 25 % se reciclarán y el 40 % se procesarán en Europa. Además, la UE pretende evitar depender de un único tercer país para más del 65 % de cualquier materia prima crítica[20].

China suministra el 80% de las tierras raras, refina el 68% del níquel del mundo, el 40% de su cobre y el 59% de su litio[21]. Las empresas chinas son propietarias de 15 de las 17 operaciones mineras de cobalto de la República Democrática del Congo[22]. Además posee el 78% de la capacidad mundial de fabricación de baterías para vehículos eléctricos, la mayor par-

---

18 https://www.whitehouse.gov/wp-content/uploads/2022/11/8-November-Combined-PDF-for-Upload.pdf Consultado 11 de diciembre de 2023

19 https://www.whitehouse.gov/wp-content/uploads/2022/10/Biden-Harris-Administrations-National-Security-Strategy-10.2022.pdf Consultado 11 de diciembre de 2023

20 https://www.consilium.europa.eu/en/infographics/critical-raw-materials/ Consultado 11 de diciembre de 2023

21 https://www.esginvestor.net/a-game-of-geopolitical-strategy-critical-minerals/ Consultado 11 de diciembre de 2023

22 https://georgetownsecuritystudiesreview.org/2023/06/01/chinas-monopoly-over-critical-minerals/ Consultado 11 de diciembre de 2023

te de la producción mundial de paneles solares y más de tres cuartas partes de las fábricas de baterías de iones de litio. La participación de China en el refino es de alrededor del 35% para el níquel, del 50% al 70% para el litio y el cobalto, y casi el 90% para las tierras raras[23]. De hecho, solo hay cinco refinerías de tierras raras fuera del territorio chino: Nevada, Malasia, Francia, Estonia, y Australia[24].

Según el informe de 2023 de la Unión Europea sobre CRM, China es el único proveedor mundial de disprosio (100%), neodinio (100%) e itrio (100%). Del mismo modo, China también domina la cadena de suministro de germanio (83%), galio (94%) y grafito natural (67%). Estos CRM son vitales en el sector de la defensa, particularmente para aviones de combate, pero también para misiles o radares.

La extracción de materiales críticos está altamente concentrada en ubicaciones geográficas específicas. Australia (litio), Chile (cobre y litio), China (grafito, tierras raras), la República Democrática del Congo (cobalto), Indonesia (níquel) y Sudáfrica (platino, iridio) son los jugadores dominantes. El procesamiento está aún más concentrado geográficamente: China representa más del 50% del suministro mundial refinado de grafito (natural), disprosio (un elemento de grupo de las tierras raras), cobalto, litio y manganeso[25].

---

23 https://www.miteco.gob.es/content/dam/miteco/es/ministerio/planes-estrategias/materias-primas-minerales/hr-materias-primas-minerales_23-8-22_web_tcm30-544770.pdf Consultado 11 de diciembre de 2023

24 https://www.goldmansachs.com/intelligence/pages/resource-realism-the-geopolitics-of-critical-mineral-supply-chains.html Consultado 11 de diciembre de 2023

25 https://www.iea.org/reports/the-role-of-critical-minerals-in-clean-energy-transitions/mineral-requirements-for-clean-energy-transitions Consultado 11 de diciembre de 2023

La realidad es que frente a la necesidad de avanzar hacia un mundo descarbonizado y digital existe el problema de un suministro seguro de minerales asociados a estas tecnologías. La alta dependencia de China en la actualidad está promoviendo que las potencias occidentales estén diseñando estrategias sa corto y a medio plazo para que alcanzar una masa crítica de extracción, procesamiento y fabricación de todos aquello componentes necesarios para las energías limpias y la digitalización. Mientras tanto, China conservará esa capacidad de mover los hilos del mercado.

El punto de partida para entender el problema actual de la brecha entre la producción y la demanda es considerar que no hay escasez de reservas de minerales para la transición energética sino que las capacidades mundiales, en la actualidad, para extraerlos y refinarlos son limitadas[26]. Los altos niveles de concentración, agravados por cadenas de suministro complejas, aumentan los riesgos que podrían surgir de perturbaciones físicas, restricciones comerciales u otros acontecimientos en los principales países productores.

A medida que aumenta la atención a los materiales críticos, también lo hacen los nuevos descubrimientos de reservas, pero existe el inconveniente del plazo que transcurrido hasta que se pueden explotar comercialmente. Según la IEA, se necesitan 16,5 años de promedio para que un nuevo yacimiento comience su producción y de ese promedio, 12 años se destinan a conseguir los permisos y la financiación. Atendiendo a estos plazos y con el objetivo de alcanzar las emisiones netas cero en 2050, algunos países están acelerando los procedimientos y elaborando iniciativas diplomáticas y políticas para la búsqueda y explota-

---

26 IRENA (2032). Informe World Energy Transitions Outlook 2023: 1.5 °C Pathway, htpps://https://www.irena.org/Publications/2023/Jun/World-Energy-Transitions-Outlook-2023. Consultado 5 de junio de 2024

ción de nuevos yacimientos en lugares hasta ahora inexplorados bien territorios nacional o más allá de sus fronteras.

Las reservas geológicas mineras están distribuidas geográficamente de manera relativamente uniforme, lo que presenta oportunidades para diversificar la oferta. Si hace diez años el 50% de las reservas conocidas de tierras raras estaban localizadas en China, en la actualidad la cifra ha descendido a 34% por el descubrimiento de nuevos yacimientos en Indonesia, Argentina, Australia, Vietnam, Groenlandia y Suecia[27]. Sin embargo, a pesar de la necesidad de evitar la dependencia de China, el tratamiento de las tierras raras plantea serias dificultades para su promoción principalmente por la repercusión sobre el medio ambiente, en términos de consumo de agua, emisiones de carbono y residuos radiactivos que pueden causar el rechazo de las poblaciones locales (Shuang-Liang L. et col, (2023)).

Por lo que respecta al litio, otro elemento indispensable para la transición verde, se ha descubierto recientemente el que podría considerarse como el mayor depósito del mundo en la frontera entre Nevada y Oregón con una cantidad que se sitúa entre las 20 y las 40 millones de toneladas[28]. Mongolia también se está convirtiendo en un objetivo para la exploración y extracción de litio, aparte de sus yacimientos más conocidos de carbón, cobre y oro. Con reservas confirmadas de, al menos 203.000 toneladas de litio, Mongolia se encuentra entre las fuentes potenciales más importantes del mundo[29]. También Norge Mining recientemen-

---

27 https://www.goldmansachs.com/intelligence/pages/resource-realism-the-geopolitics-of-critical-mineral-supply-chains.html Consultado 11 de diciembre de 2023

28 https://www.chemistryworld.com/news/lithium-discovery-in-us-volcano-could-be-biggest-deposit-ever-found/4018032.article Consultado 11 de diciembre de 2023

29 https://canadiandimension.com/articles/view/the-poland-of-northeast-asia-mongolias-lithium-frontier Consultado 11 de diciembre de 2023

te anunció que los depósitos de fosfato, titanio y vanadio encontrados en Noruega podrían abastecer la actual demanda global durante al menos 50 años[30]

Arabia Saudí es otro país en el que China ha puesto expectativas de inversión para la obtención de minerales, aprovechando las ventajas que aquel país está ofreciendo para convertir el sector minero como el tercer sector industrial más importante de su economía en el 2030. Prueba de ello es que en 2020, el Servicio Geológico de China firmó un contrato de exploración geoquímica por valor de 56 millones de dólares con Arabia Saudita, lo que lo convierte en el proyecto de estudio geológico internacional más grande jamás adjudicado a China a través de una licitación internacional[31].

Otros países también presentan grandes reservas de minerales críticos pero sus condiciones de seguridad y la inestabilidad de las instituciones suponen un grave riesgo para la realización de nuevas inversiones como, por ejemplo, sucede en Afganistán. Según los estudios geológicos realizados, Afganistán cuenta con importantes reservas minerales de hierro (2200 millones de toneladas), mármol (3000 millones de toneladas), cobre (30 millones de toneladas), tierras raras (1,4 millones de toneladas) y 2,7 toneladas de oro[32]. También es conocido que Afganistán es conocido por ser el Arabia Saudita del litio[33]. Y todo ello teniendo en cuenta que estas estimaciones se han realizado en un

---

30 https://www.economist.com/europe/2023/06/08/a-huge-norwegian-phosphate-rock-find-is-a-boon-for-europe Consultado 11 de diciembre de 2023

31 https://www.globaltimes.cn/content/1203914.shtml Consultado 11 de diciembre de 2023

32 https://momp.gov.af/sites/default/files/2020-07/MoMP%20Roadmap-1-merged.pdf. Consultado 3 de julio de 2024

33 https://www.nytimes.com/2010/06/14/world/asia/14minerals.html Consultado 11 de diciembre de 2023

30% del territorio por lo que queda un 70% todavía sin saber qué riquezas contiene[34].También la situación de inestabilidad surgida a raíz del golpe de estado ocurrido en febrero de 2021 en Myanmar, ya ha generado preocupaciones sobre la disponibilidad futura de sus tierras raras y ha provocado un aumento en los precios[35]. En ambos casos, el principal perjudicado de la falta de seguridad para explotar la riqueza mineral de ambos países es China, con quien comparten frontera.

Además de estas situaciones de conflicto armado, se estima que más de un tercio de los proyectos minerales relevantes para la transición energética se encuentran en o cerca de territorios indígenas o tierras de agricultores que enfrentan una combinación de riesgo hídrico, conflictos e inseguridad alimentaria. Más del 90% de las reservas y recursos de platino, por ejemplo, se encuentran en o cerca de tierras rurales o de pueblos indígenas que enfrentan estos tres riesgos, seguidos por el molibdeno (76%) y el grafito (74%).[36]

A pesar del esfuerzo realizado para diversificar las fuentes de suministro durante los últimos años, los avances han sido limitados e incluso el nivel de concentración ha aumentado en algunos casos. Con excepción del cobre, se espera que a corto y medio plazo la mayor parte del crecimiento de la producción de litio, níquel y cobalto provenga de los principales productores actuales, lo que implica un mayor grado de concentración

---

34 https://www.reuters.com/article/us-afghanistan-mining/afghanistan-to-develop-3-trillion-in-mining-potential-idUSTRE69O3JP20101025 Consultado 11 de diciembre de 2023

35 https://www.greencarcongress.com/2021/04/20210402-roskill-myanmar.html Consultado 11 de diciembre de 2023

36 https://mc-cd8320d4-36a1-40ac-83cc-3389-cdn-endpoint.azureedge.net/-/media/Files/IRENA/Agency/Publication/2023/Jul/IRENA_Geopolitics_energy_transition_critical_materials_2023.pdf?rev=420aeb58d2e745d79f1b564ea89ef9f8 Consultado 3 de diciembre de 2023

en los próximos años. En estas circunstancias, las perturbaciones físicas o los acontecimientos regulatorios y geopolíticos en los principales países productores pueden tener grandes impactos en la disponibilidad de minerales y, a su vez, en los precios. Sin embargo, esta tendencia podría cambiar a largo plazo a medida que los grandes bloques económicos están adoptando políticas de desarrollo productivo y de relaciones internacionales para asegurarse el suministro de los minerales críticos para llevar cabo la transición verde y digital, especialmente en África y Latino América.

África

África ocupa un papel central en la transición hacia las energías renovables a nivel mundial. Por su riqueza en minerales críticos, el continente africano se ha convertido en un actor potencialmente importante en la cadena de suministro global de minerales esenciales para poder lograr la transición verde y digital a nivel global. La mayoría de los minerales críticos para la fabricación de tecnologías de energía limpia, como el almacenamiento de baterías y los vehículos eléctricos, se encuentran en este continente. Muchos de los minerales necesarios para producirlos, como el cobalto, el litio, el manganeso, el níquel y el grafito, están disponibles en la República Democrática del Congo, Zambia, Sudáfrica, Madagascar, Mozambique, Tanzania o Gabón, entre otros.

África posee alrededor del 19% de las reservas mundiales de metales necesarias para fabricar un vehículo eléctrico y al menos una quinta parte de las reservas mundiales en una docena de minerales críticos para la transición energética[37]. Y esto

---

[37] DIENE P. D., et al. (2022). *Triple Win: How Mining Can Benefit Africa's Citizens, Their Environment and the Energy Transition.* Natural Resource Governance Institute.

es solo es una muestra del potencial que tiene el continente africano ya que según los expertos, los actuales recursos minerales confirmados en África podrían ser la punta del iceberg de su riqueza.

Según las estadísticas de 2023 del Servicio Geológico de los Estados Unidos (USGS, por sus siglas en inglés)[38], la República Popular del Congo, Madagascar y Marruecos tienen alrededor del 50% de las reservas mundiales y producen alrededor del 70% del cobalto, un mineral crítico esencial para la producción de baterías de almacenamiento y electricidad. Guinea-Conakry tiene alrededor del 24% de las reservas mundiales y produce alrededor del 23% de la producción mundial de bauxita, mineral de donde se extrae el aluminio que es clave en la producción de componentes solares fotovoltaicos y los vehículos eléctricos.

Por lo que respecta al Grupo de Metales del Platino (PGM), África posee alrededor del 92% de las reservas globales (Sudáfrica - 90% y Zimbabue - 2%). La producción mundial de platino también está concentrada en ambos países y supone alrededor del 82% de la producción platino a nivel mundial. En cuanto al cromo, Sudáfrica posee alrededor del 36% de las reservas globales y representa alrededor del 44% de la producción global[39].

Las inversiones que ha realizado China en África para la extracción de recursos minerales durante los últimos años le han permitido tener una ventaja respecto a los países occidentales. Para hacer frente a esta ventaja competitiva de China, la UE y EEUU están intensificando esfuerzos en su política exterior

---

38 https://pubs.usgs.gov/periodicals/mcs2023/mcs2023.pdf Consultado 11 de diciembre de 2023

39 https://unctad.org/system/files/non-official-document/edar2023_BP3_en.pdf Consultado 11 de diciembre de 2023

para establecer relaciones comerciales con las naciones africanas ricas en minerales críticos para asegurar el suministro y disminuir el control que tiene China en el continente africano[40]. Sin embargo, el camino no es fácil ya que los intereses empresariales occidentales se han mostrado reacios a invertir en países con gobiernos débiles y con bajas condiciones laborales. En términos de política exterior, el aumento de la presencia de Estados Unidos en África representa un contraataque estratégico a la influencia china, en medio de una guerra comercial en curso entre las dos superpotencias económicas.

La creación de la iniciativa Prosper Africa[41] en un ejemplo del interés del gobierno estadounidense de favorecer inversiones privadas y transacciones comerciales para el crecimiento sostenible del continente. Hasta la fecha, las empresas chinas han podido extender con éxito su influencia en este continente debido al respaldo financiero que recibe de su gobierno. Sin embargo, este modelo está recibiendo cada vez más críticas debido al gran endeudamiento al que se ven sometidos los gobiernos africanos por las inversiones en infraestructuras a gran escala y la falta de retorno de las inversiones hacia las poblaciones locales[42].

En un contexto global de competencia geopolítica entre EEUU y China, Zambia y la República Democrática del Congo se han convertido también en un escenario de la rivalidad por la hegemonía mundial que existe entre ambas potencias. Además

---

40 https://www.atlanticcouncil.org/blogs/new-atlanticist/how-the-us-can-build-better-strategic-partnerships-in-africa-to-secure-critical-minerals/ Consultado 11 de diciembre de 2023

41 https://www.prosperafrica.gov/ Consultado 11 de diciembre de 2023

42 https://www.africanews.com/2021/01/21/the-next-100-days-positioning-africa-at-the-forefront-of-the-biden-administration/ Consultado 11 de diciembre de 2023

de sus extensas reservas de cobalto, la República Democrática del Congo tiene un enorme potencial de energía hidroeléctrica. Por ello, el país se encuentra en una posición única para convertirse en un productor de bajo costo y bajas emisiones de materiales y precursores de baterías de iones de litio[43].

África puede transformarse en un centro mundial de producción de baterías. Para ello será necesario crear un entorno capaz de atraer al sector privado, que cuenta con los conocimientos técnicos y logísticos necesarios para impulsar el sector manufacturero de África, garantizando al mismo tiempo un alto rendimiento de las inversiones.

Para aprovechar esta oportunidad, en 2021 el gobierno de la República Democrática del Congo y la Comisión Económica para África de las Naciones Unidas (CEPA) se unieron con el Banco Africano de Exportación e Importación (Afreximbank), el Banco Africano de Desarrollo, la Corporación Financiera Africana y otras entidades para identificar formas de canalizar inversiones para aumentar la participación de África en la cadena de valor de las baterías de iones de litio vehículos eléctricos y energías limpias.

El desarrollo de cadenas de valor de vehículos eléctricos en países ricos en minerales, como la República Democrática del Congo y Zambia, permitiría a los inversores aprovechar un mercado de vehículos eléctricos en expansión que se prevé que tenga un valor de hasta 57 billones de dólares hasta el 2050[44].

---

43 https://www.afdb.org/en/documents/strengthening-africas-role-battery-and-electric-vehicle-value-chain-volume-14-issue-7. Consultado 14 de julio de 2024

44 https://assets.bbhub.io/professional/sites/24/2431510_BNEFElectricVehicleOutlook2023_ExecSummary.pdf Consultado 11 de diciembre de 2023

También Marruecos firmó en junio de 2023 un acuerdo de 6.400 millones de dólares con el fabricante chino de baterías Gotion High-Tech Co—uno de los diez mayores fabricantes de baterías del mundo—, para la construcción de una fábrica de baterías para vehículos eléctricos en la región de Rabat-Salé-Kénitra[45].

Con esta nueva visión de África como centro mundial de desarrollo de la transición verde y digital, en diciembre de 2022, EEUU firmó un memorando de entendimiento[46] con la República Democrática del Congo y con Zambia para explorar formas de apoyar su plan de desarrollar juntos una cadena de valor de vehículos eléctricos. Las dos naciones centroafricanas son importantes productoras de cobre y cobalto, metales clave en vehículos eléctricos y baterías por lo que se está estudiando la viabilidad de establecer Zonas Económicas Especiales. Las ventajas económicas son indudables ya que una instalación de precursores de baterías en la República Democrática del Congo sería tres veces más barata de lo que costaría una planta similar en los EE. UU. como resultado de la competitividad de los costos y la proximidad a las materias primas.

El llamado corredor Lobito es una de las últimas iniciativas en las que se ha implicado EEUU junto con la UE para contrarrestar el dominio de China sobre el mercado de minerales africanos. La idea es revitalizar una línea ferroviaria centenaria que une minas africanas clave con un puerto del Océano

45 https://elperiodicodelaenergia.com/la-china-gotion-pasa-de-europa-y-construira-su-fabrica-de-baterias-en-marruecos/ Consultado 4 de julio de 2024

46 https://www.state.gov/wp-content/uploads/2023/01/2023.01.13-E-4-Release-MOU-USA-DRC-ZAMBIA-Tripartite-Agreement-Tab-1-MOU-for-U.S.-Assistance-to-Support-DRC-Zambia-EV-Value-Chain--Cooperation-Instrument.pdf Consultado 11 de diciembre de 2023

Atlántico lo que permitirá mejorar el suministro de minerales extraídos de República de Congo, Zambia y Angola[47].

El grafito de Mozambique también es objeto de interés por parte del gobierno de Estados Unidos. En octubre de 2023, se ha aprobado un fondo de 150 millones de dólares para la financiación de un proyecto de extracción y procesado de grafito en el noreste del país[48]. La explotación de níquel de Tanzania también ha recibido el apoyo político por parte de EEUU.

Esta aproximación de occidente y en particular de EEUU hacia el continente africano también se está realizando también a través de alianzas estratégicas como la Alianza para la Seguridad de los Minerales (MSP, por sus siglas en inglés). El MSP es una iniciativa del Departamento de Estado de EEUU que tiene como objetivo ayudar a canalizar la inversión extranjera y la experiencia occidental en las industrias mineras de los países en desarrollo que ayudan a suministrar materias primas clave como el litio, el manganeso y el cobalto.

EEUU también está empleando sus armas diplomáticas para mejorar la gobernanza del sector minero y aumentar la resiliencia de las cadenas de suministro relacionadas con el sector energético. Una de estas iniciativas ha sido la creación en junio de 2019 de la iniciativa ERGI (Energy Resource Governance Initiative).

Las asociaciones estratégicas también se están produciendo de forma bilateral. Estados Unidos y Arabia Saudita están en

---

47 https://ec.europa.eu/commission/presscorner/detail/en/IP_23_5303 Consultado 11 de diciembre de 2023

48 El financiamiento de la Corporación Financiera de Desarrollo Internacional de Estados Unidos (IFC, por sus siglas en inglés) fue otorgado a Twigg Exploration and Mining Lda. Twigg que es una unidad de Syrah Resources Ltd., con sede en Melbourne, Australia, el mayor productor de grafito fuera de China.

conversaciones para asegurar los metales en África necesarios para ayudarlos con sus transiciones energéticas. Una empresa saudí respaldada por el Estado compraría participaciones en activos mineros por valor de 15.000 millones de dólares en países africanos como la República Democrática del Congo, Guinea y Namibia, lo que permitiría a las empresas estadounidenses tener derechos para comprar parte de la producción[49].

Además del interés en la extracción, el bloque occidental pretende dar un nuevo enfoque a la explotación de los recursos minerales africanos al abarcar también el procesamiento y la refinación locales. Frente a la política principalmente extractiva de China, las alianzas occidentales buscan invertir no solo en minerales críticos africanos, sino también que en alcanzar el desarrollo de las comunidades. Todo ello forma parte de una estrategia diplomática más amplia que ha generado nuevos acuerdos centrados en la energía, la seguridad alimentaria, la infraestructura y la conectividad digital. En 2022, EEUU publicó su Estrategia de Estados Unidos hacia el África subsahariana[50], con la que pretende restablecer sus relaciones con sus homólogos africanos, escuchar las diversas voces locales y ampliar el círculo de compromiso para promover sus objetivos estratégicos en beneficio tanto de africanos como de estadounidenses [51] En ella se establece que los EEUU ayudarán a los países africanos a aprovechar sus recursos de minerales críticos y a fortalecer las cadenas de suministro contribuyendo con ello en el desarrollo económico de los países.

---

49 https://www.mining.com/web/us-saudi-arabia-in-talks-to-secure-metals-in-africa-wsj/ Consultado 11 de diciembre de 2023

50 https://www.whitehouse.gov/wp-content/uploads/2022/08/U.S.-Strategy-Toward-Sub-Saharan-Africa-FINAL.pdf Consultado 11 de diciembre de 2023

51 https://www.state.gov/the-u-s-strategy-to-prevent-conflict-and-promote-stability-10-year-strategic-plan-for-coastal-west-africa/ Consultado 11 de diciembre de 2023

Además del interés comercial, este enfoque tiene una componente principal de seguridad por la situación de inestabilidad en la que se encuentran gran parte de estos países. Esta inestabilidad junto con la falta de gobernanza y de marcos regulatorios estables en algunos países hacen que la capacidad de inversión en nuevas infraestructuras pueda verse afectada por los riesgos de aparición de conflictos y de actos terroristas sobre los proyectos de extracción.

La riqueza mineral de África es proporcional a su inestabilidad. Desde 2020, han tenido lugar nueve golpes de Estado en Burkina Faso, Mali, Chad, Guinea-Conakri, Sudán, Níger y Gabón[52]. Ante esta situación de inestabilidad generalizada, África se enfrenta al desafío de seguir atrayendo a corto plazo inversiones para proyectos de minería totalmente nuevos.

Rusia está tratando de aprovechar el aumento de la inestabilidad, ya que algunas naciones buscan redefinir su papel como proveedores de materias primas para Europa y el mundo.

En Malí, una antigua colonia francesa rica en litio y manganeso (ambos fundamentales para la transición energética), el apoyo ruso al nuevo gobierno va de la mano de la retórica anticolonial y los esfuerzos por mantener más ingresos mineros en el país, a través de una auditoría sin precedentes del sector minero y la introducción de un nuevo código minero que podría duplicar los ingresos del Estado. En Guinea, donde se produjo un golpe de Estado en 2021, el gigante ruso del aluminio Rusal ya opera varias minas de bauxita. En junio se supo que planea aumentar la inversión en el país para ayudar a abastecer su nueva planta de alúmina en Rusia[53].

---

52 https://www.newtral.es/golpes-estado-africa/20230901/ Consultado 11 de diciembre de 2023

53 https://www.investigate-europe.eu/posts/europe-suppliers-geopolitical-race-critical-raw-materials Consultado 11 de diciembre de 2023

Malí tenía los mayores presupuestos de exploración el mayor cobre y litio dentro de la región en 2022, evidenciados previamente por las elevadas entradas de inversión extranjera directa durante 2021-22. Sin embargo, en 2023, las inversiones están dirigidas a proyectos ya avanzados y de bajo riesgo[54]. El presidente interino de Malí, Assimi Goita, promulgó una ley que permitirá al gobierno liderado por los militares aumentar su propiedad de las concesiones de oro y recuperar un importante déficit en los ingresos de producción. El nuevo código permitirá a los inversores estatales y locales tomar participaciones de hasta el 35% en proyectos mineros en comparación con el 20% actual, y podría duplicar con creces la contribución del sector al producto interno bruto a alrededor del 20%[55].

El acercamiento de EEUU pretende contrarrestar la presencia consolidada de China que ya ha realizado importantes inversiones en África para asegurar su sumnistro de minerales críticos a través de su Road and Belt Inititiative. En la República Democrática del Congo las entidades chinas poseen o tienen participaciones en casi todas las minas productoras del país. China también forma parte de proyectos de litio en Namibia, Zimbabue y Mali. China también ha mantenido cooperación en el campo de la minería con Sudán por un gran potencial y amplias perspectivas, lo que ha sido calificado como "la edad de oro de la minería sudanesa"[56].

A pesar de este gran despliegue, los resultados obtenidos por los países receptores de la inversión comienzan a no ser del

---

54 https://www.forbes.com/sites/arielcohen/2022/01/13/china-and-russia-make-critical-mineral-grabs-in-africa-while-the-us-snoozes/?sh=4375bace6dc4 Consultado 11 de diciembre de 2023

55 https://www.mining.com/web/mali-president-signs-new-mining-code-in-bid-to-raise-govt-stake/ Consultado 11 de diciembre de 2023

56 http://images.mofcom.gov.cn/sd/201911/20191112060246244.pdf Consultado 11 de diciembre de 2023

todo satisfactorios. Las concesiones contractuales entre China y los países africanos suelen ser opacas, en donde la construcción de infraestructuras se realiza tras someter a los países a una deuda soberana que son incapaces de pagar. Además, la población africana comienza a percibir que los ingresos por la extracción de minerales no repercuten en su beneficio y que las explotaciones mineras no reúnen las condiciones ambientales adecuadas ni tampoco se garantiza la seguridad de los trabajadores. Este discurso poco a poco va afianzándose apoyado también por las narrativas que están empleando las potencias occidentales para fomentar su presencia en el sector minero en África atendiendo a prácticas mineras sostenible seguras y que generan riqueza a la población. Frente a la creación de infraestructuras de China el discurso occidental es la generación de desarrollo de la población como objetivo para promover las explotaciones mineras.

La UE La Unión Europea (UE) está en negociaciones con la República Democrática del Congo, un importante productor mundial de cobre y cobalto, en su intento de diversificar y reforzar su acceso a materias primas críticas. La UE tiene previsto iniciar también conversaciones con otros países africanos. en un futuro próximo, iniciar negociaciones con otros países de la región de los Grandes Lagos, en particular Ruanda, Uganda, Zambia y quizás también Tanzania. Una vez que se firma un acuerdo sobre materiales críticos, se elabora una hoja de ruta conjunta de acciones concretas que deben implementar la UE y el país socio[57]

---

57 https://www.iisd.org/articles/policy-analysis/eu-talks-african-supplies-critical-raw-materials Consultado 11 de diciembre de 2023

América Latina

La riqueza mineral presente en América Latina también es objeto de interés de las potencias económicas. Cada vez existe un mayor reconocimiento del papel clave que desempeñará el continente sudamericano en la transición energética verde.

Por lo que respecta al cobre, Chile y México, controlan el 36,4% de las reservas mundiales y el 40,8% de la producción mundial[58]. De ellos, Chile ocupa una posición destacada ya que en su territorio se sitúa cuatro de las diez minas más grandes del mundo[59].

Además de esta riqueza en cobre, Chile junto con Bolivia y Argentina conforman el denominado "triángulo de litio" que contiene el 60% de todas las reservas del mundo. Más de la mitad de las reservas conocdas de litio a nivel global se encuentran en Chile, sin embargo su producción solo ocupa el 26,4% de la producción mundial[60]. Este desfase es consecuencia de las dificultades para capitalizar las reservas minerales a las que se enfrentan no solo Chile, si no también algunos países latinoamericanos ricos en recursos minerales.

El litio sigue siendo el recurso con el mayor potencial sin explotar que puede fomentar la influencia económica y geopolítica de América Latina. En este contexto, algunos países como Chile, México, Bolivia o Argentina están aumentando la participación estatal o limitando las exportaciones con el objetivo de cambiar el modelo extractivista hacia uno que abarque el desarrollo de una industria nacional que vaya más allá de

---

58 https://www.mining-technology.com/features/critical-mineral-geopolitics-latin-americas-untapped-potential/?cf-view. Consultado 4 de julio de 2024

59 Ibid

60 https://equalocean.com/news/2024051620919 Consultado 5 de julio de 2024

suministro de materias primas. Este giro podría aumentar la influencia geopolítica de América Latina a nivel mundial pero está sembrando dudas en los inversores privados y extranjeros.

Mientras que Bolivia ha incluido la cuestión del Litio en la Constitución, en México, el presidente López Obrador declaró en 2022 los yacimientos de litio de México como propiedad nacional estableciendo una empresa estatal, LitioMx. En línea con esta política en 2023 han continuado las políticas para acelerar la nacionalización[61]. En Chile se está debatiendo sobre la propiedad de la industria de litio y no es descartable la creación de una empresa estatal de litio como ya existe para el cobre.

El interés por desarrollar no solo el procesamiento del litio, sino también su refinamiento es una cuestión que está despertando la atención de los países integrantes del triángulo de litio en donde se ha llegado a plantear la creación de una especie de OPEP. Si además, se amplía el grupo con la capacidad de la industria del automóvil de Brasil y las reservas de litio de México, el resultado sería un potente actor geopolítico con capacidad para marcar sus condiciones en las relaciones con China, EEUU y la UE. Estas tres potencias están ejerciendo una influencia creciente en la región de forma similar a como sucede en África. Por un lado, China está realizando inversiones en Bolivia, Chile y Brasil, tanto en la exploración de litio como en la construcción de plantas de procesamiento. Junto con otros proyectos ya iniciados en otras regiones, China podría asegurarse un tercio de la capacidad minera de litio en el mundo.

EEUU también comienza a aumentar su influencia en el sector minero de América Latina, al igual que la UE cuya dependencia del litio de Chile es de un 78%. El Departamento de Energía de Estados Unidos ha identificado el litio como un

---

61 https://lopezobrador.org.mx/2023/02/18/presidente-decreta-nacionalizacion-del-litio/ Consultado 5 de julio de 2023

material "esencial para la seguridad económica o nacional de Estados Unidos"[62].

Este papel clave que puede jugar América Latina en la transición hacia las energías verdes va a depender de la estabilidad de los países y de las políticas que se lleven a cabo para fomentar la inversión extranjera a la vez que se generan beneficios para la población local. El reciente cambio de gobierno en Argentina puede dar un giro en la unión con sus vecinos. El nuevo enfoque hacia la privatización y la pérdida de control estatal puede hacer que los intereses de Argentina sean divergentes con los de otros componentes del triángulo del Litio. En este contexto el escenario que se presenta podría constituir un debilitamiento del bloque del litio que había mostrado un mayor acercamiento a China para comenzar un nuevo compromiso hacia las potencias occidentales.

Nuevos espacios menos accesibles….por el momento

La búsqueda de materiales críticos como el Ártico, el espacio exterior y las profundidades marinas podría provocar la competencia geopolítica en áreas conocidas que contienen depósitos importantes pero sobre las que ningún país tiene jurisdicción.

A medida que las temperaturas globales continúan aumentando, el hielo del Ártico se está derritiendo y los recursos ocultos debajo son cada vez más accesibles. Siete naciones tienen territorios que se encuentran dentro del Círculo Polar Ártico: Estados Unidos, Canadá, Rusia y los países escandinavos de Suecia, Noruega, Islandia y Dinamarca a través de su territorio

---

62 https://www.spglobal.com/en/research-insights/featured/special-editorial/china-s-global-reach-grows-behind-critical-minerals Consultado 11 de diciembre de 2023

de Groenlandia. El Consejo Ártico, un foro intergubernamental que acoge a representantes de estas naciones, suspendió sus actividades tras la invasión rusa de Ucrania en febrero de 2022, lo que sugiere que la era de la colaboración en el Ártico ha terminado[63]. En la actualidad, el único acuerdo internacional sobre derechos de explotación de minerales de los fondos marinos es la Convención de las Naciones Unidas sobre el Derecho del Mar. Esto significa que una nación tiene derechos sobre los recursos naturales en cualquier plataforma continental que se extienda desde su costa.

En su libro blanco sobre la política del Ártico, publicado en 2018, el gobierno chino estableció planes para establecerse como influyente en la determinación de la política del Ártico. China se define a sí misma como un "estado cercano al Ártico", El Gobierno chino ha bautizado su participación en la región del Ártico como la "Ruta de la Seda Polar", que es una alusión a las rutas comerciales que pretenden seguir tras la adquisición de recursos naturales.

El reclamo legal de China sobre la región difiere de muchas otras naciones debido a su falta de una frontera terrestre con el Ártico, lo que complica sus esfuerzos. Empresas chinas como Shenghe Resources, China Nuclear Hua Sheng Mining, China National Petroleum Corp. y China National Offshore Oil Corporation han intentado expandir sus proyectos mineros en la región, en donde Groenlandia se alza como una zona de gran interés estratégico. Las amplias riquezas naturales de Groenlandia son un activo importante para aprovechar los beneficios de las cadenas de valor globales, mientras busca diversificar su economía de manera sostenible. En la actualidad, la economía de Groenlandia depende de los recursos pesqueros, pero el gobierno ha mostrado su interés en atraer la inversión extranjera para

---

63 https://www.mining-technology.com/features/arctic-mining-svalbard-russia/?cf-view Consultado 11 de diciembre de 2023

la explotación de sus recursos naturales. Por lo que respecta a los recursos minerales, hay dos depósitos clave en los que China está involucrada en Groenlandia que podrían ser una prueba de una mayor participación en el Ártico en el futuro.

China no es el único actor interesado en Groenlandia. La UE ha firmado un Memorando de Entendimiento (MoU) con el Gobierno de Groenlandia para una asociación estratégica para desarrollar cadenas de valor de materias primas sostenibles. De hecho, 25 de las 34 materias primas críticas identificadas por la Comisión como estratégicamente importantes para la industria europea y la transición verde se pueden encontrar en Groenlandia.

A medida que se produzcan los avances tecnológicos, también será posible extraer con más facilidad estos recursos del fondo marino. Cada vez más países consideran la minería de aguas profundas como una oportunidad de desarrollo económico. Recientemente, el gobierno noruego ha propuesto permitir la minería en sus aguas profundas a pesar de las preocupaciones ambientales asociadas[64].

La minería de los fondos marinos profundos no está permitida actualmente en aguas internacionales, pero un número creciente de países la están estudiando como una oportunidad para recuperar depósitos de minerales necesarios para las nuevas tecnologías Aparte de las cuestiones medioambientales que esta modalidad pueda generar, puede surgir también un problema por la competencia geopolítica de unos dominios que pertenecen a la comunidad internacional y sobre los que ningún país tiene jurisdicción.

La Autoridad Internacional de los Fondos Marinos (ISA), de la que forman parte 167 miembros y la UE es el organismo encar-

---

64 https://ec.europa.eu/commission/presscorner/detail/en/IP_23_6166 Consultado 11 de diciembre de 2023

gado de regular la exploración y explotación en el fondo marino internacional. Según la Convención de las Naciones Unidas sobre el Derecho del Mar, las empresas mineras privadas deben ser patrocinadas por un Estado para poder extraer fondos marinos.

La carrera para la explotación de los recursos mineros marino ha empezado y China parece que ocupa el primer lugar aunque también para Japón se abren grandes expectativas en relación a los enormes yacimientos submarinos de tierras raras en las aguas de su zona económica exclusiva .

CONTROLES DE EXPORTACIÓN Y PROTECCIONISMO

La geopolítica mundial está cada vez más determinada por las cadenas globales de suministro de minerales críticos. A corto y medio plazo, a los cortes de suministros derivados de conflictos y/o terrorismo, hay que sumar una tendencia creciente que está produciendo perturbaciones en los mercados y la desconfianza de los inversores. Durante la última década la geopolítica ha impulsado el establecimiento de políticas económicas relacionadas con los minerales críticos, bien mediante un auge del nacionalismo o bien por un mayor control de las exportaciones.

Aquellos países con reservas significativas de minerales críticos y posiciones dominantes en el procesado y fabricación de componentes clave para la transición verde y los avances tecnológicos están utilizando con mayor frecuencia medidas proteccionistas en función de sus intereses geopolíticos. En algunos casos, incluso se podría considerar que los minerales críticos se están empleando como un arma geopolítica[65].

---

65 https://www.ifri.org/en/publications/briefings-de-lifri/chinas-weaponization-gallium-and-germanium-pitfalls-leveraging Consultado 11 de diciembre de 2023

Durante las últimas décadas las medidas para controlar las exportaciones se han quintuplicado en algunos casos por políticas proteccionistas y otras basadas en medidas coercitivas. En relación a las primeras cabe destacar el recorte en las en la exportación de tierras raras llevado a cabo por china alegando motivos de contaminación en 2010. EEUU, Japón y la UE pusieron una demanda ante la OMC que finalmente acabó dando la razón a las tres potencias y obligando a China a volver a exportar los preciados minerales.

En relación a las medidas coercitivas hay que destacar, por su novedad, la restricción de la exportación de tierras raras de China a Japón en 2010 en represalia por las disputas territoriales marítimas. Posteriormente, en 2020 China también cortó el suministro de grafito a Suecia. A estas medidas se han unido recientemente el control de exportaciones de galio y germanio a EEUU en agosto de 2023 China argumenta que esta medida es "para proteger la seguridad y los intereses nacionales"[66].China produce alrededor del 80% del galio y alrededor del 60% del germanio del mundo, según la Alianza de Materias Primas Críticas, pero no vendió ninguno de los elementos en los mercados internacionales desde en el mes del anuncio del control de exportación.

En plena competencia tecnológica fruto de la rivalidad geopolítica, tanto China como EEUU han establecido legislación específica para poder restringir la exportación de materiales y suministros clave alegando motivos de seguridad. Si durante los últimos años, se ha evidenciado cómo el comercio de los minerales críticos y los componentes tecnológicos se han utilizado con intereses geopolíticos, alegar motivos de seguridad para

66 https://edition.cnn.com/2023/07/03/business/germanium-gallium-china-export-restrictions/index.html#:~:text=Gallium%20and%20germanium%20will%20be,the%20country%2C%20the%20statement%20said. Consultado 11 de diciembre de 2023

controlar las exportaciones comerciales viene a confirmar que el suministro de estos materiales es utilizado como un arma en la guerra económica que mantienen ambas potencias.

China ha anunciado que exigirá permisos de exportación para ciertos productos de grafito para proteger la seguridad nacional. Se trata de su última medida para frenar los envíos de minerales que son críticos para la transición energética y puede poner en serias dificultades a los fabricantes mundiales de vehículo eléctricos. La medida de Pekín se produce pocos días después de que el gobierno holandés anunciara nuevas restricciones a las exportaciones de algunos equipos de semiconductores[67].

El grafito, una forma blanda de carbono, es un componente clave de las baterías para vehículos eléctricos y China es el principal productor mundial, representando dos tercios del suministro mundial, según el Servicio Geológico de Estados Unidos (USGS). La medida es el último avance en la batalla global para controlar la tecnología de fabricación de chips, que es vital para todo, desde teléfonos inteligentes y automóviles autónomos hasta computación avanzada y fabricación de armas.

El control de la exportación del galio anunciado por China merece una atención especial por ser un componente crítico para el desarrollo de los semiconductores de tercera generación. La medida, ampliamente vista como una respuesta a las restricciones de Estados Unidos sobre las ventas y transferencias de tecnología a China, afecta a elementos clave dentro de la cadena de suministro del Departamento de Defensa (DoD) de EEUU[68].

---

67 https://www.csis.org/analysis/chinas-new-graphite-restrictions Consultado 11 de diciembre de 2023

68 https://www.csis.org/analysis/understanding-chinas-gallium-sanctions Consultado 11 de diciembre de 2023

Siguiendo el ejemplo de los controles de exportación de China relacionados con los minerales, otros países también están llevando a cabo políticas comerciales similares. Por ejemplo, Zimbabue ha prohibido la exportación de litio en bruto para fomentar el procesado local[69]. Indonesia que produce el 37% de níquel a nivel mundial ha comenzado también a restringir las exportaciones[70]. También Filipinas[71], segundo mayor suministrador de níquel está desincentivando las exportaciones en beneficio de la su industria doméstica. Malasia también ha anunciado la prohibición de exportación de tierras raras aunque solo se aplicará a las materias primas y no a las procesadas ya que lo que se pretende con esta medida es fomentar el procesamiento dentro del país[72]. A estos casos hay que añadir la nacionalización de la industria del litio en Chile y México, anteriormente comentada que están generando inquietud entre los inversores privados.

El dominio por lo minerales críticos se ha convertido en un punto de fricción entre EEUU y China. La alta dependencia del país asiático en el suministro y procesado de materias críticas para la transición verde y digital ha promovido el establecimiento de legislación específica tanto en EEUU como en la

---

69 https://www.globaltradealert.org/state-act/71304/zimbabwe-export-ban-on-unprocessed-lithium Consultado 11 de diciembre de 2023

70 https://asia.nikkei.com/Spotlight/Caixin/Chinese-nickel-miners-in-Indonesia-face-threat-from-falling-prices Consultado 11 de diciembre de 2023

71 https://www.spglobal.com/marketintelligence/en/news-insights/latest-news-headlines/philippines-seeks-to-follow-in-indonesia-s-footsteps-with-nickel-export-ban-74109353 Consultado 11 de diciembre de 2023

72 https://asia.nikkei.com/Economy/Trade/Malaysia-to-allow-exports-of-processed-rare-earths-minister Consultado 11 de diciembre de 2023

UE para asegurar el suministro y comenzar a paliar la vulnerabilidad de la alta dependencia de China.

EEUU aprobó la Ley de Reducción de la Inflacción (IRA, por sus siglas en inglés) que incluye incentivos fiscales y subvenciones para aumentar la fabricación y la producción nacional de tecnologías bajas en carbono. En respuesta a esta política proteccionista[73], la UE aprobó la Ley de Industria Net- Zero que tratará de mejorar las condiciones de inversión en tecnologías de cero emisiones netas con sede en la UE mediante la mejora de información, la reducción de la carga administrativa para la creación de proyectos y la simplificación del proceso de concesión de permisos.

ALIANZAS ESTRATÉGICAS

Estas medidas proteccionistas se complementan con el establecimiento de alianzas estratégicas con países "afines" relacionadas con el suministro y procesamiento de minerales críticos. El creciente reconocimiento de los desafíos asociado con la cadena de suministro de materiales críticos ha estimulado el desarrollo de una serie de iniciativas y marcos regulatorios por parte de gobiernos, empresas y grupos de la sociedad civil. La mayoría de ellos son voluntarios.

Por ejemplo, EEUU y Japón firmaron un acuerdo en el que se comprometen a reforzar las cadenas de suministros y promover las tecnologías relacionadas con las baterías de vehículos eléctricos[74]. La UE también ha establecido una asociación estra-

---

73 https://www.europarl.europa.eu/RegData/etudes/IDAN/2023/740087/IPOL_IDA(2023)740087_EN.pdf Consultado 11 de diciembre de 2023

74 https://ustr.gov/about-us/policy-offices/press-office/press-releases/2023/march/united-states-and-japan-sign-critical-minerals-

tégica con Canadá y también con EEUU para que como aliado, se conceda a la UE un status equivalente al de los socios de libre comercio para que las empresas con sede en la UE puedan recibir subvenciones conforme a la IRA[75].En relación al fortalecimiento de las cadenas de suministro cabe destacar la propuesta de resolución la apertura de negociaciones de un acuerdo con los EE.UU sobre el refuerzo de las cadenas internacionales de suministro de minerales críticos[76]

India también es un socio fundamental para las aspiraciones de EEUU de disminuir su dependencia de China en materias críticas. Recientemente han anunciado una asociación similar a la realizada con Japón. EEUU también ha puesto el punto de mira en Australia. En la actualidad este país extrae más el 53% de litio del mundo pero lo vende, principalmente, a China. Debilitar esta relación comercial es un objetivo de EEUU y para ello ha llegado a un acuerdo con Australia para coordinar sus políticas e inversiones en minerales críticos para apoyar el crecimiento de la industria y su contribución a una economía baja en carbono[77].

En la UE, la Ley de materias primas fundamentales pretende aprovechar las oportunidades que ofrece el mercado interior y las asociaciones exteriores para diversificar y mejorar la resiliencia de las cadenas de suministro de materias primas así como mejorar la circularidad y la sostenibilidad.

---

agreement Consultado 11 de diciembre de 2023

75 https://sciencebusiness.net/news/Sovereignty/eu-and-us-agree-coordinate-green-technologies-incentive-schemes Consultado 11 de diciembre de 2023

76 https://www.europarl.europa.eu/doceo/document/B-9-2023-0366_EN.html Consultado 11 de diciembre de 2023

77 https://www.afr.com/companies/mining/us-targets-china-s-involvement-in-australian-critical-minerals-20231204-p5eou1 Consultado 11 de diciembre de 2023

En la actualidad, existe un amplio mosaico de iniciativas internacionales y transnacionales para lograr cadenas de suministro más responsables, sostenibles y transparentes. A la ya mencionada Asociación para la Seguridad de los Minerales (MSP, por sus siglas en inglés)— para promover la producción, el procesamiento y el reciclaje de minerales críticos con altos estándares ambientales, sociales y de gobernanza (ESG,)—, hay que mencionar la Asociación para la Inversión Global en Infraestructura (PGII)[78] en la que países con ideas afines están trabajando juntos en proyectos específicos de minería, procesamiento y refino, y en mejorar la cooperación internacional en las inversiones. También cabe mencionar la Alianza de Minerales Críticos Sostenibles (*Sustainable Critical Minerals Alliance*) liderada por Canadá y el *Foro de la Asociación para Minerales y materias críticas* propuesta recientemente por la Unión Europea junto con EE.UU.

CONCLUSIONES

La transición energética hacia las energías limpias y el avance hacia la digitalización de la sociedad no se podrá llevar a cabo sin el acceso a determinados materiales necesario para la fabricación de turbinas eólicas, paneles solares o baterías para los coches eléctricos. Además de estos materiales relacionados con las tecnologías limpias, existen otros que son imprescindibles para el sector aeroespacial, de defensa, farmacéutico o tecnológico.

---

[78] https://www.whitehouse.gov/briefing-room/statements-releases/2023/05/20/fact-sheet-partnership-for-global-infrastructure-and-investment-at-the-g7-summit/ Consultado 11 de diciembre de 2023

Uno de los mayores desafíos que enfrentará el sector minero en los próximos años para estos minerales críticos es la brecha entre la producción futura y el aumento de la demanda. Este problema se ve agravado por el hecho de que los depósitos de minerales críticos se concentran en unos pocos países que tienen ricos recursos naturales o una influencia casi monopolística en las cadenas de suministro.

Para evitar una brecha entre la oferta y la demanda de materiales con un alto índice de escasez, aumentar la minería y las capacidades de procesamiento es esencial. La transición energética requiere un aumento espectacular del suministro de materiales esenciales, pero sus cadenas de suministro siguen siendo vulnerables a toda una serie de riesgos geopolíticos entre los que hay que mencionar las guerras y el aumento en las tendencias intervencionistas y proteccionistas por parte de los países exportadores.

La vulnerabilidad de la oferta es el factor clave en el creciente movimiento de los gobiernos que intentan asegurar el acceso a minerales críticos. Ningún país puede aislarse completamente de los riesgos de shocks de precios o interrupciones en el suministro relacionados con materiales críticos, ya que estos factores pueden afectar negativamente al coste y al ritmo de la transición energética. Cada material tiene una geografía comercial única que, vista en conjunto, interconecta múltiples países en una red más amplia de interdependencia.

Las cadenas de suministro de minerales críticos recibirán especial atención debido a su creciente importancia para la transición a la energía verde, los sistemas de defensa y otras aplicaciones de alta tecnología, así como su vulnerabilidad a las perturbaciones de la oferta.

África y Ámerica Latina pueden redefinir su papel como proveedores de materias primas para el mundo aunque ello suponga un escenario de influencia geopolítica entre China y Occidente que puede llegar a la confrontación.

Para afrontar el crecimiento de la demanda de minerales críticos para la transición energética se requiere un enfoque integral. Para ello es necesario la colaboración internacional entre los gobiernos, los actores en el mercado de los minerales, la sociedad civil y las organizaciones internacionales.

BIBLIOGRAFÍA

DIENE, P.D et col. (2022). *Triple Win: How Mining Can Benefit Africa's Citizens, Their Environment and the Energy Transition.* Natural Resource Governance Institute.

SHUANG L.L. et col. *Global rare earth elements projects: New developments and supply chains,* Ore Geology Reviews, Volume 157,2023,

IEA The Role of Critical World Energy Outlook Special Report Minerals in Clean Energy Transition (2021)

IRENA World Energy Transitions Outlook 2023: 1.5°C Pathway, IRENA, 2023.

UE, Ley de Materias Primas Fundamentales (CRMA)

U.S. Geological Survey, 2023, Mineral commodity summaries 2023: U.S. Geological Survey, 210 p., https://doi.org/10.3133/mcs2023.

U.S. Strategy Toward Sub-Saharan Africa. August 2022

EEE (2022), Cuaderno de estrategia 209. *Minerales: una cuestión estratégica en el siglo XXI.* Disponible es: https://www.ieee.es/Galerias/fichero/cuadernos/CE_209_MineralesUna_CuestionEstrategica.pdf

Materias primas estratégicas en la Unión Europea: reflexiones en torno a sus desafíos para la seguridad[1]

ANDRÉS BAUTISTA-HERNÁEZ[2]
Profesor de Derecho Internacional Público (Universidad de Málaga)

---

1 El presente trabajo se enmarca en el proyecto "Actividades extractivas y políticas públicas: sostenibilidad, transición energética y seguridad", financiado por la Universidad de Málaga y dirigido por la Dra. María Remedios Zamora Roselló; en el Proyecto de Investigación PID2021-122143NB-I00, "Medio ambiente, seguridad y salud: nuevos retos del Derecho en el siglo XXI" (MESESA) dirigido por la Dra. María Isabel Torres Cazorla; y en el grupo de investigación SEJ-405 «Cooperación Judicial en el ámbito Penal», financiado por la Junta de Andalucía y dirigido por la Dra. Elena del Mar García Rico. Todas las páginas web de referencia han sido consultadas por última vez el 13 diciembre de 2023.

2 Profesor de Derecho Internacional Público de la Universidad de Málaga; membre associé del Centre de Droit International de Nanterre (CEDIN), Université Paris Nanterre, Francia. Correo electrónico: abautista@uma.es. ORCID ID: 0000-0001-9101-5555.

INTRODUCCIÓN

Las actividades extractivas permiten abastecer a una sociedad de los recursos minerales y los productos necesarios para su normal desarrollo. Debemos ser conscientes de que la fabricación de un coche requiere de entre 1.800 y 30.000 piezas distintas, si tenemos en cuenta la tornillería. Por su parte, un teléfono móvil requiere una amplia gama de materiales como el aluminio, el cobre, el oro, el litio, el vidrio, plásticos, plomo…[3]. De igual forma, determinados minerales o productos son imprescindibles para garantizar una transición ecológica y luchar contra el cambio climático.

Por ello, no sólo los Estados sino también a escala de la Unión Europea (UE) se han preocupado recientemente por garantizar un suministro adecuado de esas materias protegiendo las actividades que integran la cadena de valor como son la extracción, el refinado, la elaboración de productos y finalmente su reciclado[4]. Esto ha motivado la consideración de la actividad extractiva como un sector estratégico tanto para los Estados como, en particular, para la Unión europea. Y ello pese a que la lucha por las materias primas no es reciente; baste recordar la problemática en la regulación de los fondos marinos y sus recursos en el Convenio de NNUU sobre derecho del mar de 1982.

En este campo la UE se enfrenta a un desafío estratégico sin precedentes. Ello dada la necesidad de determinadas materias primas para la consecución de sus objetivos (mercado interior,

---

3 Vid. https://www.statista.com/statistics/270454/top-10-materials-in-a-smartphone/.

4 FERNÁNDEZ-ESPINAR Y LÓPEZ, *L.C.*, "Las actividades extractivas: sector crítico estratégico del nuevo modelo energético", *Actualidad Jurídica Ambiental*, Nº. 121 (Marzo), 2022, ISSN-e 1989-5666, p. 4.

medio ambiente...) que no se extraen en suelo comunitario y donde no hay alternativas fiables o cuyo suministro está en riesgo al importarse desde terceros Estados. Para dar respuesta a estos retos, se ha desplegado por parte de la Organización una serie de planes y de medidas concretas para abordar los aspectos tanto internos como externos.

El objetivo de este trabajo es analizar de forma crítica las medidas comunitarias adoptadas (o en fase de adopción) que pretenden garantizar un suministro estable y seguro de materias primas. Para ello, tras abordar las implicaciones de las materias primas para la seguridad estratégica de la UE y el plan de acción adoptado por el ejecutivo comunitario, analizaremos la coherencia y eficacia de las medidas planteadas en el ámbito de la acción exterior y del mercado interior.

LAS MATERIAS PRIMAS Y SUS IMPLICACIONES PARA LA SEGURIDAD EUROPEA: ¿DOS VIEJOS CONOCIDOS?

El control de determinadas materias primas para el desarrollo de la Unión Europea está indisolublemente unido al surgimiento de ésta. Así, en el preámbulo del primero de los tratados que darían lugar a lo que hoy es la UE se exhortaba el deseo de los Estados fundadores de la Comunidad Europea del Carbón y del Acero (CECA) de "contribuir mediante la ampliación de sus producciones fundamentales a la elevación del nivel de vida y al progreso de las obras de paz"[5]. Con estas palabras no hacían otra cosa que reafirmar la importancia para

---

5 Traducción propia del original francés del *Traité instituant la Communauté européenne du charbon et de l'acier, ensemble trois annexes, trois protocoles et un échange de lettres*, firmado en París el 18 de abril de 1951, ref. TRA19510080, disponible en la base de datos de Tratados de Francia: https://basedoc.diplomatie.gouv.fr/exl-php/recherche/mae_internet___traites.

el desarrollo (incluido el pacífico) de una determinada sociedad, en este caso la europea, de controlar determinados materiales de especial importancia. Del mismo modo, el control de las materias primas incide en aspectos relacionados con la seguridad nacional e internacional. Ello gracias a la evolución del concepto de seguridad desde una perspectiva más militarista propia de la guerra fría, a otra en la que las amenazas difusas, los actores no estatales y la persona forman parte como elementos definitorios del término[6]. De hecho, en la actualidad no resulta extraño observar como nuevos elementos de la realidad como el medio ambiente (particularmente el cambio climático), el abastecimiento de agua o la pandemia por la Covid-19 son tenidos en cuenta a la hora de establecer o analizar políticas de seguridad[7].

---

6 Vid. CASTRO SÁNCHEZ, C., "Hacia un concepto de seguridad en un mundo de cambios", en AMERIGO CUERVO-ARANGO, F. y PEÑARANDA ALGAR, J. (coords.), *Dos décadas de posguerra fría: Actas de las I Jornadas de Estudios de Seguridad de la Comunidad de Estudios de Seguridad "General Gutiérrez Mellado"*, UNED-Instituto General Gutierrez Mellado, Vol. 3, 2009, p. 228.

7 Como se desprende de las publicaciones de expertos sobre estas materias; vid. a título meramente ilustrativo: TORRES CAZORLA, M.I., "Seguridad Hídrica: la normativa de la Unión Europea y su influencia en las relaciones de cooperación trasfronteriza españolas", en GARCÍA RICO, E.M. y TORRES CAZORLA, M.I. (Dirs.), BAUTISTA-HERNÁEZ, A. y PASTOR GARCÍA, A.M. (coords.), *Hacia una identidad europea en materia de seguridad y defensa: ¿realidad o utopía?*, Tirant lo Blanch, 2019, pp. 367-394; HIDALGO GARCÍA, M. del M., "Cambio climático y seguridad: riesgos físicos y geopolíticos", *bie3: Boletín IEEE*, N° 24, 2021, ISSN-e 2530-125X, pp. 303-318; GARCÍA LUPIOLA, A., "Nuevas Estrategias de la Unión Europea para abordar el doble reto de la crisis climática y la dependencia energética». *Cuadernos Europeos de Deusto*, n.° 68 (abril), 2023, pp. 33-67, https://doi.org/10.18543/ced.2697.

La necesidad de los minerales para el desarrollo de las sociedades pasadas, presentes y futuras resulta una obviedad. Sin embargo, algunas de ellas tienen un componente estratégico, es decir, de importancia decisiva[8]. De este modo, determinados minerales son fundamentales para la producción de bienes y servicios cotidianos, como la generación de energía o los relacionados con la tecnología. Por esta misma razón, resultan fundamentales para una correcta transición hacia una economía verde y sostenible[9].

Sin embargo, debemos determinar cuáles sean estos minerales con una importancia mayor que requiera de una especial regulación para garantizar su suministro. Las materias primas fundamentales o recursos minerales críticos (conocidas en inglés como *Critical Raw Materials*), carecen de una definición única. Así, en el ámbito de la Unión Europea, el recientemente aprobado Reglamento (UE) 2024/1252 sobre materias primas fundamentales (en adelante RMPF) distingue entre los términos "materia prima", "materias primas fundamentales" (MPF) y "materias primas estratégicas" (MPE)[10]. Pero, por lo que respecta a las dos últimas, no encontramos una definición al uso de qué deba considerarse cada una de ellas. La norma realiza una definición por referencia al remitir la definición del articulado a los Anexos I y II del reglamento para una concreción

---

8 Siguiendo la noción de "estratégico" del *Diccionario de la Lengua Española*, versión electrónica disponible en https://dle.rae.es.

9 FERNÁNDEZ-ESPINAR Y LÓPEZ, *L.C.*, "Las actividades extractivas…", op. cit., p. 15.

10 Vid. las definiciones en los artículos 2, 3.1 y 4.1 del Reglamento (UE) 2024/1252 del Parlamento Europeo y del Consejo, de 11 de abril de 2024, por el que se establece un marco para garantizar un suministro seguro y sostenible de materias primas fundamentales y por el que se modifican los Reglamentos (UE) n.° 168/2013, (UE) 2018/858, (UE) 2018/1724 y (UE) 2019/1020, DOUE L 2024/1252, de 3.5.2024.

de éstas. Localizados los anejos al Reglamento se nos arroja algo de luz respecto de cuáles pueden ser dichas materias primas singulares y cómo determinar tal carácter. Así, el Anexo I relativo a las MPE establece la metodología para seleccionarlas, indicando que:

> "La importancia estratégica se determinará sobre la base de lo relevante que sea una materia prima para las transiciones ecológica y digital, así como para las aplicaciones en los ámbitos de la defensa y el sector aeroespacial, de conformidad con los criterios siguientes:
>
> a) el número de tecnologías estratégicas que utilizan la materia prima como insumo;
>
> b) la cantidad de la materia prima necesaria para la fabricación de las tecnologías estratégicas pertinentes;
>
> c) la demanda mundial prevista de las tecnologías estratégicas pertinentes"[11].

Por el contrario, a la hora de definir las MPF, tal carácter se define atendiendo a una serie de operaciones matemáticas para determinar su importancia económica, el índice de sustitución por otra materia, el riesgo del suministro o la dependencia de las importaciones[12]. Junto a los elementos defi-

---

11 Vid. Reglamento (UE) 2024/1252 sobre materias primas fundamentales, Anexo I, Sección 2, párr. 1. El precepto no introduce modificaciones sustanciales respecto de la propuesta de la Comisión; vid. COMISIÓN EUROPEA, Propuesta de Reglamento del Parlamento Europeo y del Consejo, por el que se establece un marco para garantizar el suministro seguro y sostenible de materias primas fundamentales y se modifican los Reglamentos (UE) 168/2013, (UE) 2018/858, (UE) 2018/1724 y (UE) 2019/1020, COM/2023/160 final, 16.3.2023, Anexo I, Sección 2, párr. 1

12 Reglamento (UE) 2024/1252 sobre materias primas fundamentales, Anexo II, Sección 2, párrs. 1-6.

nitorios, encontramos en los anexos un listado de las materias consideradas estratégicas y fundamentales para la Comisión, y que recogemos en el cuadro a continuación.

CUADRO 1
Comparación entre Materias Primas Estratégicas vs. Fundamentales

Materias Primas Fundamentales	Materias Primas Estratégicas
Antimonio	Bauxita/alúmina/aluminio
Arsénico	Bismuto
Bauxita/alúmina/aluminio	Boro (calidad de metalurgia)
Barita	Cobalto
Berilio	Cobre
Bismuto	Galio
Boro	Germanio
Cobalto	Litio (calidad de batería)
Carbón de coque	Metal de magnesio
Cobre	Magnesio (calidad de batería)
Feldespato	Grafito (calidad de batería)
Fluorita	Níquel (calidad de batería)
Galio	Metales del grupo del platino
Germanio	*Tierras raras para imanes permanentes (Nd, Pr, Tb, Dy, Gd, Sm y Ce)*
Hafnio	Silicio metálico
Helio	Metal de titanio
Tierras raras pesadas	Wolframio
Tierras raras ligeras	
Litio	

Magnesio	
Manganeso	
Grafito	
Níquel (calidad de batería)	
Niobio	
Fosforita	
Fósforo	
Metales del grupo del platino	
Escandio	
Silicio metálico	
Estroncio	
Tántalo	
Metal de titanio	
Wolframio	
Vanadio	

Fuente: elaboración propia a partir de la información contenida en el Anexo I y II RMPF. Énfasis añadido.

Como puede observarse, a excepción de las tierras raras para imanes permanentes, con elementos del grupo de los lantánidos y actínidos (Nd, Pr, Tb, Dy, Gd, Sm y Ce), todas las materias primas estratégicas son a su vez fundamentales. Esto es, del conjunto de materias primas, para la UE sólo un grupo de 34 son fundamentales, y de este grupo, sólo 17 tienen una especial importancia para ser consideradas estratégicas. Además, cabe destacar que durante la tramitación de la propuesta se ha añadido como MPE la Bauxita junto con la alúmina y el aluminio. También se ha eliminado la referencia "natural" del grafito, con vistas a incluir el grafito sintético en los listados, pese a que su permanencia está sujeta a revisión futura de conformidad con el párr. 3 DEL art. 3.3 del RMPF.

La formulación planteada por la comisión en su propuesta demuestra lo complejo y altamente técnico de la cuestión[13]. Sin embargo, en nuestra opinión, la técnica legislativa de emplear las remisiones para sacar la noción y la metodología para la determinación de las materias fuera del propio articulado y ubicarlas en un anexo resulta cuestionable. La única justificación a nuestro entender estaría en la volatilidad con que una materia puede pasar a ser "materia prima" fundamental o estratégica. Ello implicaría la necesidad de poder modificar fácilmente la norma comunitaria con una simple adición o exclusión en el listado. De hecho, es objetivo de la Comisión el revisar cada tres años las listas de las materias primas estratégicas y fundamentales, de conformidad con los artículos 3.3 y 4.3, respectivamente. Igualmente, se pretende facultar a la Comisión para que pueda modificar los listados (no así las metodologías) contenidos en los Anexos I y II, a través de actos delegados, según los artículos 3.2, 4.2 y 38 del RMPF. Por ello, entendemos que si bien resulta práctico contener el listado de materias en el anexo, y que éste pueda ser modificado más fácilmente sin tener que recurrir al proceso legislativo ordinario de nuevo, la metodología para su determinación debería haberse ubicado en el cuerpo del propio articulado.

---

13 Obsérvese que la metodología ha ido sufriendo modificaciones tras distintas evaluaciones: vid. COMISIÓN EUROPEA, Directorate-General for Internal Market, Industry, Entrepreneurship and SMEs, Pennington, D., Tzimas, E., Baranzelli, C. et al., *Methodology for establishing the EU list of critical raw materials – Guidelines*, Publications Office, 2017, https://data.europa.eu/doi/10.2873/769526; COMISIÓN EUROPEA, Directorate-General for Internal Market, Industry, Entrepreneurship and SMEs, Grohol, M., Veeh, C., *Study on the critical raw materials for the EU 2023 – Final report*, Publications Office of the European Union, 2023, https://data.europa.eu/doi/10.2873/725585.

En esta línea, la determinación de la Comisión de materia prima estratégica se correspondería a un sentido general de lo que supone un mineral crítico. Éste sería, en palabras de FERNÁNDEZ-ESPINAR:

> "aquél que cumple una función esencial en la fabricación de un producto y cuyo suministro es vulnerable bien por crecimiento de la demanda o disminución de la oferta"[14].

Por ello, la importancia de estas MPE para la Unión Europea (y cualquier Estado[15]) radica, por un lado, en su necesidad para la economía y por otro, en la dificultad para acceder a ellos de forma fiable y sin obstáculos[16]. Y es que este tipo de materiales son necesarios para la fabricación de teléfonos móviles, turbinas eólicas, paneles solares o vehículos eléctricos[17], por lo que su importancia es vital para la industria de la Unión o sus políticas medioambientales.

Por lo que respecta a la UE la relación entre MPE y seguridad se vuelve más complicada si cabe. En primer lugar, dado

---

14 FERNÁNDEZ-ESPINAR Y LÓPEZ, *L.C.*, "Las actividades extractivas...", op. cit., p. 16

15 De hecho, para España, uno de los principales retos en la Estrategia de almacenamiento energético es la escasez de las MPF (FERNÁNDEZ-ESPINAR Y LÓPEZ, *L.C.*, "Las actividades extractivas...", op. cit., p. 14). Por ello se acentúan cada vez más la necesidad de llevar a cabo cambios en los mecanismos para acercarnos a una mayor sostenibilidad y energía verdes, como pudo verse con el plan "Next Generation EU" de España (sobre este último vid. PÉREZ DE LAS HERAS, B., "The Spanish recovery plan: assessing its contribution to the green transition in the European Union", *Gestión y Análisis de Políticas Públicas*, Nº. 33, 2023, pp. 6-23. https://doi.org/10.24965/gapp.11207).

16 Vid. https://single-market-economy.ec.europa.eu/sectors/raw-materials/areas-specific-interest/critical-raw-materials_es.

17 Vid. la web del proyecto SCRREEN para más información sobre los MPF su uso y su demanda: https://scrreen.eu/crms-2023/.

que la UE importa la gran mayoría de las materias primas fundamentales, incluidas las estratégicas, tales como tierras raras, litio para baterías o silicio para semiconductores[18]. En segundo lugar, otro problema añadido es, como se ha comentado anteriormente, que estos materiales son fundamentales para la transición digital y verde que pretende la UE. Así, la propia Comisión ha aseverado que "el acceso a los recursos también es una cuestión de seguridad estratégica para la ambición de Europa de sacar adelante el Pacto Verde"[19]. En tercer lugar, la transcendencia de las MPE se acentúa en situaciones de crisis como un golpe de Estado en el Estado productor[20], un conflicto armado, aunque no directo, como la guerra entre Rusia y Ucrania o entre Israel y Palestina; una pandemia mundial como la de la Covid-19; o una catástrofe natural[21]. Y ello por suponer una quiebra o embotellamiento en las cadenas de suministro, o una repentina modificación en los niveles de de-

---

18 Vid. el documento COMISIÓN EUROPEA, *EU measures for critical raw material - Opinion of the Regulatory Scrutiny Board*, SEC(2023) 360, 18.1.2023, p. 1, disponible en https://single-market-economy.ec.europa.eu/publications/european-critical-raw-materials-act_en.

19 COMISIÓN EUROPEA, Comunicación de la Comisión al Parlamento europeo, al Consejo Europeo, al Consejo, al Comité económico y social europeo y al Comité de las regiones, *El Pacto Verde Europeo*, COM(2019) 640 final, 11.12.2019, p. 10.

20 Por ejemplo, el golpe de Estado de Guinea-Conakri de 5 de septiembre de 2021 encendió todas las alarmas, teniendo en cuenta que este país produce entorno a 20 % de la producción mundial de bauxita, necesaria para la fabricación de vehículos; vid. HIDALGO GARCÍA, M. del M., "Aspectos geopolíticos de los minerales estratégicos", en INSTITUTO ESPAÑOL DE ESTUDIOS ESTRATÉGICOS, Minerales: una cuestión estratégica en el siglo XXI, Cuadernos de estrategia, núm. 209, 2022, p. 55.

21 Esta relación entre catástrofes y seguridad internacional es analizada en BAUTISTA-HERNÁEZ, A., *Derecho internacional y gestión de catástrofes: grandes avances y retos pendientes*, Tirant lo Blanch, Valencia, 2021, pp. 34-35.

manda y oferta. En línea con lo anterior, debemos destacar el riesgo para el abastecimiento seguro de estos materiales estratégicos que supone la concentración en manos de un único Estado[22]. La dependencia de Estados como China decisivos en la escena internacional, pero no siempre alineados con los intereses de la UE supone una vulnerabilidad para el suministro.

Los desafíos existentes que se acaban de exponer en materia de seguridad estratégica para la Unión Europea en relación con las MPE requieren una acción concertada desde las distintas instituciones comunitarias para logar las políticas recogidas en los Tratados constitutivos. Las líneas que siguen se consagran a analizar críticamente las distintas respuestas que se han ofrecido por parte de la Unión y su pertinencia respecto de tales retos.

RESPUESTAS DESDE LA UNIÓN EUROPEA

En el ámbito de la UE se pueden dar respuesta a estas cuestiones en las esferas de distintas políticas y acciones tanto internas como externas. En este estudio nos vamos a centrar en dos esferas de actuación: la externa, mediante la Acción Exterior y la Política Exterior y de Seguridad Común, y en concreto lo relativo a la Política Común de Seguridad y Defensa; y la interna, mediante la consecución del mercado interior. Ello sin perjuicio de hacer mención a otras políticas u objetivos conexos relacionados como son el medio ambiente o la protección de los derechos humanos en el marco de la Unión. Las dos políticas analizadas en las páginas que siguen son, a nuestro juicio,

---

22 Como es el caso de China, que ha aumentado en gran medida su presencia en Estados del centro de África donde abundan determinadas MPF; HIDALGO GARCÍA, M. del M., "Aspectos geopolíticos…", *op. cit.*, pp. 58-59.

las que indicen de manera más directa en la regulación de las materias primas estratégicas, sin que ello haya supuesto el mismo nivel de dedicación por parte de las instituciones europeas.

Un Plan de acción sobre materias primas fundamentales: la determinación de objetivos claros pero ambiciosos

Antes de abordar algunas de las principales respuestas ofrecidas por la UE en relación con las materias primas fundamentales, debemos hacer referencia al análisis por parte de la Unión de los retos y oportunidades. El trabajo realizado por la Comisión se publicó en septiembre del 2020 con el sugerente título de Resiliencia de las materias primas fundamentales: trazando el camino hacia un mayor grado de seguridad y sostenibilidad, y bajo la forma de una Comunicación a los colegisladores, incluyendo sus órganos de asistencia[23].

El Plan de acción de la UE sobre materias primas fundamentales incide en la realidad respecto de las MPF, y recalca como factores para determinar la criticidad para la UE su importancia económica y el riesgo del suministro[24]. Del mismo modo, incide en una de las principales debilidades que tiene actualmente la UE, de difícil solución, como es la alta dependencia de las exportaciones de minerales fundamentales. Una

---

23 Nos referimos al documento: COMISIÓN EUROPEA, Comunicación de la Comisión al Parlamento europeo, al Consejo, al Comité económico y social europeo y al Comité de las regiones, *Resiliencia de las materias primas fundamentales: trazando el camino hacia un mayor grado de seguridad y sostenibilidad,* COM(2020) 474 final , 3.9.2020, pp. 6-7.

24 COMISIÓN EUROPEA, Comunicación de la Comisión al Parlamento europeo, al Consejo, al Comité económico y social europeo y al Comité de las regiones, *Resiliencia de las materias primas fundamentales: trazando el camino hacia un mayor grado de seguridad y sostenibilidad,* COM(2020) 474 final , 3.9.2020, p. 3.

imagen representativa de esta dependencia la encontramos en el gráfico 1.

Además, para muchos de estos materiales, existe una concentración de la producción extra-comunitaria, donde los principales productores son también los principales proveedores. Es el caso, por ejemplo, de Brasil (Niobio), China (Barita, Bismuto, Magnesio, Grafito natural), Turquía (Borato) o República Democrática del Congo (Cobalto, Tantalio)[25]. Esto implica que la dependencia no es sólo respecto del Estado que vende, sino que dicho Estado puede controlar la producción, con el consiguiente riesgo para el suministro.

---

[25] COMISIÓN EUROPEA, Comunicación de la Comisión al Parlamento europeo, al Consejo, al Comité económico y social europeo y al Comité de las regiones, *Resiliencia de las materias primas fundamentales: trazando el camino hacia un mayor grado de seguridad y sostenibilidad*, COM(2020) 474 final , 3.9.2020, Anexo 1, pp. 20 y ss.

Gráfico 1
Estados proveedores de materias primas fundamentales a la UE

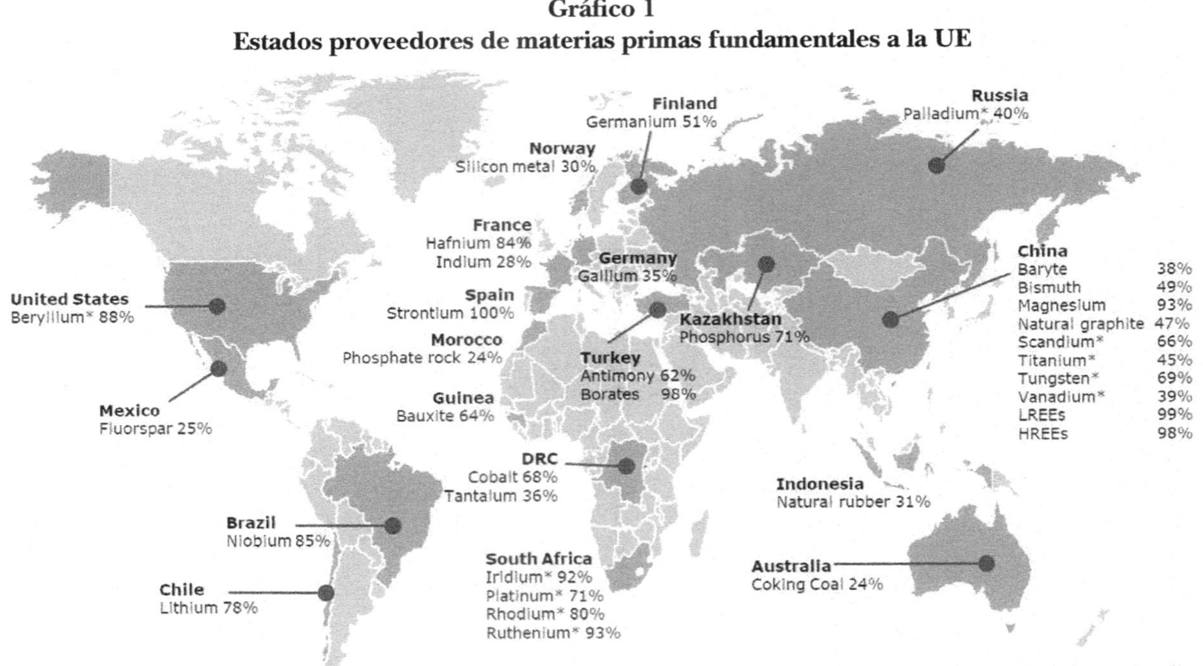

Fuente: Extraído de COMISIÓN EUROPEA, Comunicación de la Comisión al Parlamento europeo, al Consejo, al Comité económico y social europeo y al Comité de las regiones, *Resiliencia de las materias primas fundamentales: trazando el camino hacia un mayor grado de seguridad y sostenibilidad*, COM(2020) 474 final , 3.9.2020, p. 4.

Plasmadas las debilidades o amenazas para el suministro, la Comisión propone en su análisis una serie de medidas en torno a cuatro ejes para garantizar la seguridad estratégica en relación con las materias primas fundamentales.

El primer objetivo implica el desarrollo de *medidas para mejorar las cadenas de valor* resilientes. Aquí se persigue un enfoque más estratégico en el que se eviten interrupciones imprevistas de la fabricación, vías alternativas de suministro y favorecer asociaciones industriales entre los agentes relacionados como la alianza europea sobre materias primas.

Otro de los ejes se refiere a la *reducción la dependencia mediante el uso circular* de productos. Aquí entra en juego el desarrollo de medidas efectivas en relación al reciclaje de productos y la sostenibilidad. La UE es consciente de que una parte de las MPF se puede extraer de residuos o bien disminuir la dependencia exterior permitiendo un adecuado reciclaje de productos. Tal es el caso de las tierras raras fundamentales para las tecnologías de energía renovable. En este sentido, otras instituciones comunitarias como el Parlamento Europeo ya ha indicado que la recuperación de materiales gracias al reciclaje es esencial en la estrategia para incrementar el suministro de MPF[26].

Los dos últimos objetivos están relacionados, pues pretenden mejorar el abastecimiento en dos ámbitos: el interno de la UE y el externo, respecto de terceros Estados. Por un lado se busca *mejorar el abastecimiento interno* de la Unión dada la larga tradición en actividades extractivas con la que cuenta. Sin embargo, éstas no se centran en las MPF o MPE. Por ello se procura explotar mejor los recursos propios de los Estados miembros comunitarios, mejorando y financiando los procesos de locali-

---

26 Vid. PARLAMENTO EUROPEO, Resolución de 24 de noviembre de 2021, *A European strategy for critical raw materials (2021/2011(INI))*, P9_TA(2021)0468, párr. 1

zación y extracción. Algunas de las mejoras tienen que ver, por ejemplo, con la reducción de la carga administrativa para la concesión de licencias[27]. Finalmente, en el ámbito exterior, se busca *diversificar las fuentes extracomunitarias de suministro de las materias primas mediante el libre comercio internacional.*

Los objetivos establecidos en el Plan de acción sobre MPF resultan claros y fruto de un minucioso análisis de la realidad. Además, se concretan en diversas acciones específicas. No obstante, algunos objetivos son, cuanto menos, ambiciosos y relativamente difícil de conseguir. Por un lado, la reducción de la dependencia favoreciendo la producción interna y la mejora de las vías de suministro, podrá incidir en el mejor aprovechamiento de los recursos existentes, pero no aumenta éstos; y la tendencia no es a la reducción de la demanda de tales componentes sino todo lo contrario. Por otro, si bien la reducción de trabas burocráticas es una tendencia que el administrado puede agradecer, no puede hacerse en perjuicio de otros valores dignos de protección como lo son el medioambiente o la salud de las personas. El favorecimiento de las actividades extractivas debe ir de la mano con el respeto a la seguridad de las personas, incluida la medioambiental. En este sentido, podemos ver como la preocupación de la sociedad civil a la hora de regular estas materias difiere. Así pudo verse en las consultas realizadas por la Comisión en la elaboración de Ley Europea de materias primas fundamentales[28]. Las respuestas desvelan que mientras

---

27 COMISIÓN EUROPEA, Comunicación de la Comisión al Parlamento europeo, al Consejo, al Comité económico y social europeo y al Comité de las regiones, *Resiliencia de las materias primas fundamentales: trazando el camino hacia un mayor grado de seguridad y sostenibilidad,* COM(2020) 474 final , 3.9.2020, p. 12.

28 COMISIÓN EUROPEA, Propuesta de Reglamento del Parlamento Europeo y del Consejo, por el que se establece un marco para garantizar el suministro seguro y sostenible de materias primas fundamentales y se modifican los Reglamentos (UE) 168/2013, (UE)

las empresas mostraban su preocupación por los "costes procesales y administrativos y pidieron medidas para simplificar los procedimientos de concesión de autorizaciones y facilitar el acceso a la financiación"; por su parte, los ciudadanos y ONG mostraban su inquietud por las "repercusiones medioambientales y sociales de los proyectos de extracción y procesamiento que carecen de unas garantías medioambientales y sociales adecuadas".

Por su parte, el plan de acción de 2020 sí se preocupa por la cuestión del medio ambiente, como podemos ver en las acciones encaminadas a favorecer la economía circular y la sostenibilidad. Sin embargo, no hace mención de los derechos humanos. Esta no es una cuestión menor, pues recientemente se ha tomado conciencia por la extracción de bauxita, imprescindible para la producción de aluminio, puesto que está ligada a importantes impactos en el medio ambiente y en los derechos humanos de comunidades locales[29].

Expresados los objetivos que se marca la Unión en su Plan de acción, debemos referirnos a las políticas y acciones propias de la UE que de forma natural podrían incidir en la gestión estratégica de las materias primas fundamentales. Para ello, abordaremos el análisis distinguiendo entre las propias del ámbito externo, como son la acción exterior y la Política Exterior y de Seguridad Común (en adelante PESC), y las del ámbito interno, como son las políticas y acciones internas de la Unión, en concreto, el mercado interior.

2018/858, (UE) 2018/1724 y (UE) 2019/1020, COM/2023/160 final, 16.3.2023, p.11.

29 HIDALGO GARCÍA, M. del M., "Aspectos geopolíticos...", *op. cit.*, pp. 53-54.

La vertiente exterior: la autonomía estratégica de la UE en materia de Seguridad y Defensa

En el campo de la PESC y en relación con las materias primas estratégicas, debemos analizar los distintos instrumentos elaborados en su seno y sus repercusiones para la seguridad estratégica. Como es sabido, el ámbito material de la PESC abarca la política exterior de la unión, incluyendo la seguridad, y excluyendo las relaciones exteriores[30]. Así, de conformidad con el Tratado de la Unión Europea (TUE):

> "1. La competencia de la Unión en materia de política exterior y de seguridad común abarcará todos los ámbitos de la política exterior y todas las cuestiones relativas a la seguridad de la Unión, incluida la definición progresiva de una política común de defensa que podrá conducir a una defensa común"[31].

Es precisamente en relación con la seguridad donde se incardina una de las facetas de la PESC, la Política Común de Seguridad y Defensa (PCSD)[32]. Además, tal y como establece el

---

30 MANGAS MARTÍ, A. y LIÑÁN NOGUERAS, D.J., *Instituciones y Derecho de la Unión Europea,* Madrid, Tecnos, 10ª ed., 2020, p. 610.

31 Art. 24 apartado 1 del TUE; versiones consolidadas del Tratado de la Unión Europea y del Tratado de Funcionamiento de la Unión Europea, tras la adopción del Tratado de Lisboa firmado el 13 de diciembre de 2007, DOUE C 202, 7.6.2016.

32 Sobre el desarrollo de esta Política hasta nuestros días puede verse el trabajo de GARCÍA RICO, E.M., "La Política Común de Seguridad y Defensa de la UE: el despertar de una propuesta ambiciosa", en GARCÍA RICO, E.M. y TORRES CAZORLA, M.I. (Dirs.), BAUTISTA-HERNÁEZ, A. y PASTOR GARCÍA, A.M. (coords.), *Hacia una identidad europea en materia de seguridad y defensa: ¿realidad o utopía?,* Tirant lo Blanch, 2019, pp. 31-59; SANZ ROLDÁN, F., "Desarrollo de la política europea de Seguridad y Defensa. Estado actual", *Boletín de Información (Ministerio de Defensa),* ISSN 0213-6864, Nº. 270, 2001.

art. 26 del TUE[33], las instituciones llamadas a ejercer un papel predominante en este ámbito serán las que poseen mayor carácter intergubernamental, como son el Consejo Europeo y el Consejo de la Unión Europea; aunque con papeles no secundarios para el Alto Representante de la Unión para Asuntos Exteriores y Política de Seguridad y los Estados miembros.

Sin embargo, uno de los grandes problemas de la Unión Europea a la hora de establecer una política común de seguridad y defensa son las diferencias entre sus miembros, que se concretan en disparidades notables en la naturaleza de sus Fuerzas Armadas, presupuesto de defensa o nivel de armamento, entre otras[34].

Los principales instrumentos en materia de estrategia de política exterior lo constituyen la vigente Agenda Estratégica para el período 2019-2024[35] adoptada por el Consejo Europeo

---

33 De conformidad con dicho precepto: "1. El *Consejo Europeo* determinará los intereses estratégicos de la Unión, fijará los objetivos y definirá las orientaciones generales de la política exterior y de seguridad común, incluidos los asuntos que tengan repercusiones en el ámbito de la defensa. [...]. 2. Basándose en las orientaciones generales y en las líneas estratégicas definidas por el Consejo Europeo, el *Consejo* elaborará la política exterior y de seguridad común y adoptará las decisiones necesarias para definir y aplicar dicha política. El Consejo y el *Alto Representante de la Unión para Asuntos Exteriores y Política de Seguridad* velarán por la unidad, la coherencia y la eficacia de la acción de la Unión. 3. La política exterior y de seguridad común será ejecutada por el *Alto Representante* y por los *Estados miembros*, utilizando los medios nacionales y los de la Unión" (énfasis añadido).

34 Vid. BALLESTEROS MARTÍN, M.A., "España en el sistema europeo de defensa", IEEE, disponible en https://www.ieee.es/Galerias/fichero/OtrasPublicaciones/Nacional/GBBallesteros_EspanaSistemaEuropeoDefensa.pdf, p. 10.

35 CONSEJO EUROPEO, *Una Nueva Agenda Estratégica 2019 – 2024*, 2019, disponible en https://www.consilium.europa.eu/es/press/press-releases/2019/06/20/a-new-strategic-agenda-2019-2024/.

en su sesión del 20 de junio de 2019; y la Brújula estratégica, aprobada por el Consejo de Asuntos Exteriores y Consejo de Asuntos Exteriores (Defensa) el 21 de marzo de 2022[36]. Este último representa un plan de acción para reforzar la política de seguridad y defensa de la UE para el período 2022-2030[37], y supone una mejora respecto de su predecesora, la Estrategia Global de 2016, puesto que identifica las amenazas de forma mucho más concreta analizando su entorno estratégico y las regiones del planeta que suponen un mayor reto para garantizar la seguridad de la Unión[38].

En sendos instrumentos se persigue dotar a la Unión de la tan ansiada autonomía estratégica, es decir, dotarla de la "capacidad de actuación independiente con medios propios"[39]. Esta noción resulta clave respecto de las materias primas fundamentales y estratégicas. Ello aunque no pocos autores entienden que la Brújula estratégica, pese a buscar el objetivo de la autonomía estratégica, regula la actuación de la UE de forma subsidiaria a la de EEUU, es decir, cuando éste no desee intervenir[40]. Asentado lo anterior, cabría preguntarse qué

---

36 CONSEJO DE LA UE, *Una Brújula Estratégica para la Seguridad y la Defensa – Por una Unión Europea que proteja a sus ciudadanos, defienda sus valores e intereses y contribuya a la paz y la seguridad internacionales*, 7371/22, 21.3.2022, disponible en https://data.consilium.europa.eu/doc/document/ST-7371-2022-INIT/es/pdf.

37 Vid. https://www.consilium.europa.eu/es/meetings/fac/2022/03/21/.

38 PARADA MARTÍNEZ, M., *La Brújula Estratégica: ¿un documento más para el momento oportuno?*, documento de Opinión del IEEE, 62/2023, 19 de junio de 2023, disponible en https://www.ieee.es/en/Galerias/fichero/docs_opinion/2023/DIEEEO62_2023_MANPAR_Brujula.pdf, p. 5.

39 PARADA MARTÍNEZ, M., *La Brújula Estratégica… op. cit.*, p. 7.

40 Vid. PONTIJAS CALDERÓN, J.L., *La Brújula Estratégica de la Unión Europea*, documento de Análisis del IEEE, nº. 45, 2021, disponible

establecen sendos instrumentos estratégicos sobre las materias primas.

Por un lado, la Agenda estratégica, respondiendo al mandado de los Tratados sólo muestra las líneas generales sobre la materia. No obstante, destaca la importancia de la transformación digital para conseguir la "soberanía digital" de la UE. La cuestión de las tecnologías es crítica, como han reflejado recientemente el Parlamento europeo en su resolución de 9 de mayo de 2023[41], reconociendo: "la necesidad urgente, destacada en la hoja de ruta, de identificar tecnologías críticas para la seguridad y la defensa de la Unión, manteniendo al mismo tiempo la flexibilidad necesaria para el desarrollo y la aplicación de tecnologías innovadoras y disruptivas; subraya que la propuesta de un enfoque estratégico coordinado a escala de la Unión en materia de tecnologías críticas para la seguridad y la defensa, que debe adoptarse desde un principio, es el camino adecuado para avanzar" (párr. 2); al tiempo que alertaba del "peligro de una dependencia excesiva respecto a las materias primas no procedentes de la UE, y recomienda que se redoblen los esfuerzos para evitarlo" (párr. 10).

Además, ésta hace referencia a la economía circular y la transición ecológica, aunque centrada en que se lleve a cabo de forma justa con especial atención a las cuestiones sociales. Como se observa, la Agenda no incide de forma directa sobre la producción de MPF o MPE, pero sí de forma inditecta pues refleja el desafío que supone el desarrollo de las nuevas tecnologías, incluida la digital, así como el cambio a una pro-

---

en: https://www.ieee.es/Galerias/fichero/docs_analisis/2021/DIEEEA45_2021_JOSPON_Brujula.pdf, p. 13.

41 PARLAMENTO EUROPEO, Resolución de 9 de mayo de 2023, *sobre las tecnologías críticas para la seguridad y la defensa: situación y desafíos futuros (2022/2079(INI))*, P9_TA(2023)0131.

ducción respetuosa con el medioambiente[42]. Para el adecuado desarrollo de estos ámbitos resulta fudamental una correcta estrategia que garantice un suministro de materias primas fundamentales.

Por su parte, la Brújula estratégica identifica como amenazas y desafíos emergentes transnacionales la competencia por los recursos naturales. Además, y para el interés de nuestro trabajo, incide en los desafíos en materia de seguridad respecto del acceso a las materias primas básicas[43]. Por lo tanto, sí se hace eco de forma directa de la importancia estratégica de determinadas materias primas, aunque las denomine "básicas". Para hacer frente a tales amenazas la Brújula se establece en torno a cuatro pilares: actuar, invertir, trabajar de manera asociativa y garantizar la seguridad. Todos ellos van a incidir en la gestión estratégica de materias primas fundamentales.

Así, el desarrollo de instrumentos de análisis y respuesta a las amenazas se podrá plasmar en el análisis continuo y ágil de las necesidades y recursos en relación con las MPF. Del mismo modo, el trabajo asociativo incide de forma directa en la nece-

---

42 Como podrá observarse, el medioambiente refleja una preocupación transversal, enlazada en distintos sectores, incluido el relativo a los conflictos armados. La relación entre medio ambiente y conflictos armados preocupa desde el punto de vista del Derecho internacional desde hace décadas y se ha visto acentuada con los recientes trabajos desde la Comisión de Derecho Internacional de Naciones Unidas; vid. NACIONES UNIDAS, *Proyecto de principios sobre la protección del medio ambiente en relación con los conflictos armados*, 2022, aprobado por la Comisión de Derecho Internacional en segunda lectura en su 73° período de sesiones, doc. A/77/10, pp. 104 y ss.

43 CONSEJO DE LA UE, *Una Brújula Estratégica para la Seguridad y la Defensa – Por una Unión Europea que proteja a sus ciudadanos, defienda sus valores e intereses y contribuya a la paz y la seguridad internacionales*, 7371/22, 21.3.2022, disponible en https://data.consilium.europa.eu/doc/document/ST-7371-2022-INIT/es/pdf, p. 12.

sidad de establecer puentes de contacto con otros Estados u Organizaciones internacionales[44]. Junto con las Naciones Unidas o la OTAN, destacamos la importancia de fortalecer el diálogo y la cooperación con socios regionales y si fuera necesario a nivel bilateral. De ahí la importancia de identificar primero las necesidades y canales de suministro de MPF, y de establecer relaciones fluidas con los socios suministradores.

Dentro de este trabajo participativo podríamos incluir dos facetas que son claves a nuestro juicio para una gestión de las MPF en consonancia con las acciones encomendadas en los Tratados a la Unión. Por un lado, la posibilidad de gestión y compra conjunta por parte de la UE de dichas materias primas. Como ya se demostró durante la pandemia de la Covid-19, la capacidad y "el poder" de actuación en la escena internacional de la Unión es mucho mayor que el de uno sólo o un grupo de sus Estados miembros. Esta actuación conjunta reflejaría una verdadera solidaridad mutua[45] entre los Estados pues permitiría compensar las debilidades de uno con las fortalezas de otro.

Por otro lado, podemos ver como la UE emplea sus competencias en materia de acción exterior para la consecución de sus objetivos en la gestión de materias primas. Así, se ha empleado la llamada "diplomacia medioambiental" para reforzar y diversificar las fuentes de MPF, asegurando así la seguridad energética de la Unión[46].

---

[44] COMISIÓN EUROPEA, Comunicación de la Comisión al Parlamento europeo, al Consejo, al Comité económico y social europeo y al Comité de las regiones, *Resiliencia de las materias primas fundamentales: trazando el camino hacia un mayor grado de seguridad y sostenibilidad*, COM(2020) 474 final , 3.9.2020, p. 5.

[45] La solidaridad en el marco de la PESC aparece recogida en el art. 24.3 del TUE.

[46] CONSEJO DE LA UE, *Council conclusions on Climate and Energy Diplomacy*, 9 Marzo 2023, 7248/23, párr. 36.

De igual modo, podemos observar como la UE ha desplegado su actuación mediante la adopción de acuerdos comerciales con Estados donde abundan este tipo de materias primas, en correspondencia con lo establecido en el Plan de Acción de 2020[47]. Estas medidas son coherentes con la política comercial de la UE, donde se incardinan los distintos acuerdos comerciales que ha suscrito con varios de Estados individualmente (Japón, Australia, Nueva Zelanda) o en bloques (como el Mercosur), y que se basan en postulados de libre comercio recogidos en los principios de la Organización Mundial del Comercio (OMC)[48].

Especial mención debemos hacer en el marco de la cooperación con terceros Estados al establecimiento de las "asociaciones estratégicas". Éstas se configuran como el

> "compromiso entre la Unión y un tercer país, o un país o territorio de ultramar, de aumentar la cooperación en relación con la cadena de valor de las materias primas que se establece *a través de un instrumento no vinculante* por el que se disponen acciones de interés mutuo que facilitan la obtención de resultados beneficiosos para la Unión y el tercer país o países o territorios de ultramar de que se trate" (énfasis añadido)[49].

---

47 En particular, cuando se indica que el Plan deberá permitir "diversificar el suministro a través de un abastecimiento sostenible y responsable desde terceros países, reforzando el comercio abierto regulado de materias primas y eliminando las distorsiones al comercio internacional"; vid. COMISIÓN EUROPEA, Comunicación de la Comisión al Parlamento europeo, al Consejo, al Comité económico y social europeo y al Comité de las regiones, *Resiliencia de las materias primas fundamentales: trazando el camino hacia un mayor grado de seguridad y sostenibilidad*, COM(2020) 474 final , 3.9.2020, p. 8.

48 Vid. https://www.consilium.europa.eu/es/policies/trade-policy/trade-agreements/.

49 Tal y como se define en el art. 2 apartado 63 del RMPF.

Un ejemplo de éstas es la establecida entre la Unión Europea y Ucrania, mediante el Memorando de Entendimiento de 13 de julio de 2021[50]. Sin embargo, resulta cuestionable la eficacia de este tipo de instrumentos para conseguir los objetivos propuestos por el Plan de acción. La razón, en nuestra opinión, se encuentra en la debilidad que presentan esta tipología de acuerdos, y que no es otra que la ausencia de carácter vinculante. Estos pactos se corresponden a lo que la legislación española ha definido como "acuerdos internacionales no normativos"[51], y que son meras declaraciones de intenciones o arreglos políticos. Son los llamados pactos de caballeros (*Gentlemen's agreements*) o Memorandos de Entendimiento (MoU, por sus siglas en inglés), y cuyo cumplimiento y efectividad quedan sometidos a la buena voluntad de las partes. Por ello, con esta configuración de las asociaciones estratégicas, habrá que acudir a los tratados comerciales si se persigue un mecanismo más eficaz.

---

50 Memorandum of Understanding between the European Union and Ukraine on a Strategic Partnership on Raw Materials de 13 de julio de 2021, disponible en https://ec.europa.eu/docsroom/documents/46300?locale=en.

51 "Acuerdo de carácter internacional no constitutivo de tratado ni de acuerdo internacional administrativo que se celebra por el Estado, el Gobierno, los órganos, organismos y entes de la Administración General del Estado, las Comunidades Autónomas y Ciudades de Ceuta y Melilla, las Entidades Locales, las Universidades públicas y cualesquiera otros sujetos de derecho público con competencia para ello, que contiene declaraciones de intenciones o establece compromisos de actuación de contenido político, técnico o logístico, y no constituye fuente de obligaciones internacionales ni se rige por el Derecho Internacional"; art. 2 letra c de la Ley 25/2014, de 27 de noviembre, de Tratados y otros Acuerdos Internacionales, BOE Nº.228, de 28.11.2014.

La vertiente interna: la salvaguarda del mercado interior mediante la Ley Europea de Materias Primas Fundamentales

La cuestión de las materias primas esenciales parecería estar relegada a las políticas relacionadas con la seguridad exterior o internacional, propias de la PESC y su PCSD. Sin embargo, también se ha preocupado de dar acomodo a estas inquietudes en el ámbito de las acciones "intramuros" como es el mercado interior de la Unión[52]. Ello cuenta con una fortaleza clara, y es lo avanzado que se encuentran estas materias en el proceso de integración. Lo que se traduce en una mayor y mejor regulación por parte de la Unión y, desde el punto de vista normativo, la utilización del procedimiento legislativo ordinario y la aproximación de las legislaciones nacionales mediante actos jurídicos de la Unión de forma generalizada[53].

Es precisamente en el marco del mercado interior de la UE donde se ha aprobado la conocida como Ley Europea de materias primas fundamentales o ECRM (por sus siglas en inglés de *European Critical Raw Materials Act*), para dar respuesta a la aspiración de garantizar un suministro interno de MPF. Para ello, se ha planteado una propuesta ambiciosa que utiliza la herramienta de la aproximación de las legislaciones nacionales para adoptar medidas coordinadas entre los socios comunitarios. La categoría jurídica empleada, en consonancia, es la de

---

52 Como demuestra que la información de la Comisión sobre materias primas fundamentales se aloje en la sección relativa al mercado interior, industria, emprendimiento y Pymes: https://single-market-economy.ec.europa.eu/sectors/raw-materials/areas-specific-interest/critical-raw-materials_es.

53 De conformidad con el art. 114 del Tratado de Funcionamiento de la Unión Europea; versiones consolidadas del Tratado de la Unión Europea y del Tratado de Funcionamiento de la Unión Europea, tras la adopción del Tratado de Lisboa firmado el 13 de diciembre de 2007, DOUE C 202, 7.6.2016.

Reglamento del Parlamento Europeo y del Consejo, adoptado por el procedimiento legislativo ordinario entre ambos colegisladores[54]. El objetivo del acto propuesto es el de:

> "mejorar el funcionamiento del mercado interior mediante el establecimiento de un marco que garantice el acceso de la Unión a un suministro seguro, resiliente y sostenible de materias primas fundamentales, entre otras vías, mediante el fomento de la eficiencia y la circularidad a lo largo de toda la cadena de valor" [55].

El Reglamento lo componen cuarenta y nueve artículos estructurados en nueve capítulos, a los que se acompaña cinco anexos. De este proyecto cabe destacar los siguientes aspectos: de forma preliminar, señalar que el reglamento propuesto regula cuestiones pertenecientes a diversas políticas a pesar de fundamentarse en las normas sobre mercado interior. Y ello porque la relación entre la política de medio ambiente, y el Pacto Verde europeo, y el mercado interior, con la norma propuesta resulta evidente[56]. Esta importancia transversal se reflejó en las distintas comisiones del Parlamento europeo que participaron en su tramitación: asuntos exteriores, desarrollo, comercio internacional, medioambiente, salud pública y salud alimentaria, mercado interior…[57].

---

54 Véase la tramitación del Procedimiento 2023/0079/COD disponible en la página web de Eur-Lex en: https://eur-lex.europa.eu/legal-content/ES/HIS/?uri=CELEX:52023PC0160&qid=1701720971507.

55 Art. 1 apartado 1 del RMPF. Vid. igualmente la p. 8 de la propuesta de la Comisión.

56 Vid. https://commission.europa.eu/strategy-and-policy/priorities-2019-2024/european-green-deal/green-deal-industrial-plan/european-critical-raw-materials-act_es.

57 Vid. la página del observatorio legislativo sobre el procedimiento 2023/0079(COD); https://oeil.secure.europarl.europa.eu/oeil/popups/ficheprocedure.do?reference=2023/0079(COD)&l=en.

En consonancia con los objetivos trazados en el plan de acción, la norma se propone incidir en distintas esferas, como son robustecer la cadena de valor de las MPF, diversificar los orígenes de las importaciones para reducir las dependencias estratégicas, mejorar las capacidades para hacer frente a variaciones en el suministro, y garantizar la libre circulación de las MPF en el mercado interior garantizando una protección adecuada al medio ambiente y la sostenibilidad[58].

El Reglamento regula de forma pormenorizada las distintas categorías de materias primas relevantes para la Unión europea, distinguiendo entre las materias primas fundamentales y las materias primas estratégicas. La pertenencia a una u otra clasificación implica la adopción de distintas medidas. Así, referidas a las materias primas estratégicas, se regula el reconocimiento de proyectos estratégicos (art. 6) que tendrán carácter prioritario (art. 10), la facilitación de las evaluaciones de impacto ambiental y autorizaciones (art. 12), la atracción de inversiones (art. 15), etc. Respecto de las materias primas fundamentales, de número mayor, se incluyen medidas para analizar su suministro y realizar pruebas de resistencia cada 3 años para reducir los riesgos de alteraciones (art. 20), entre otras medidas. También crea el Comité Europeo de Materias Primas Fundamentales, formado por los Estados miembros y la Comisión para asesorar a ésta y permitir una mayor cooperación y coordinación en la aplicación del Reglamento (art. 36). Finalmente, también destacamos el papel que se otorga al establecimiento de las "asociaciones estratégicas" que permi-

---

58 COMISIÓN EUROPEA, Propuesta de Reglamento del Parlamento Europeo y del Consejo, por el que se establece un marco para garantizar el suministro seguro y sostenible de materias primas fundamentales y se modifican los Reglamentos (UE) 168/2013, (UE) 2018/858, (UE) 2018/1724 y (UE) 2019/1020, COM/2023/160 final, 16.3.2023, p. 2.

tan cooperar con terceros estados suministradores de materias primas (art. 37).

Otro aspecto a destacar es que el Reglamento presenta en su Anexo I la 5ª actualización de la lista de MPF[59] basado en el estudio elaborado por la Comisión en 2023[60]. A la lista de 34 materias primas fundamentales, el Parlamento ha propuesto añadir una más, el aluminio[61]. Finalmente, en la versión aprobada del Reglamento, se decidió incorporar a la bauxita dos sustancias que se extraen de ésta: la alúmina y el aluminio (vid. Cuadro 1 de este trabajo). La primera es un óxido con múltiples aplicaciones; la segunda, es el elemento químico puro que todo ciudadano conoce.

Por último, señalar que la Unión es consciente de que su dependencia exterior de las materias primas es casi insalvable, y se propone diversificar la procedencia[62], reduciendo así el riesgo de disfunciones en el suministro. Cabe destacar cómo

---

59 Vid. https://single-market-economy.ec.europa.eu/sectors/raw-materials/areas-specific-interest/critical-raw-materials_es.

60 Vid. COMISIÓN EUROPEA, Directorate-General for Internal Market, Industry, Entrepreneurship and SMEs, Grohol, M., Veeh, C., *Study on the critical raw materials for the EU 2023 – Final report*, Publications Office of the European Union, 2023, https://data.europa.eu/doi/10.2873/725585.

61 PARLAMENTO EUROPEO, Enmiendas aprobadas por el Parlamento Europeo el 14 de septiembre de 2023 sobre la propuesta de Reglamento del Parlamento Europeo y del Consejo por el que se establece un marco para garantizar el suministro seguro y sostenible de materias primas fundamentales y se modifican los Reglamentos (UE) 168/2013, (UE) 2018/858, (UE) 2018/1724 y (UE) 2019/1020 (COM(2023)0160 – C9-0061/2023 – 2023/0079(COD)), P9_TA(2023)0325.

62 Dicha dependencia se refleja en la necesidad reconocida de aumentar la producción de materias primas aunque limitada a la disponibilidad de los recursos geológicos (Considerando 11 del RMPF). No obstante, la referencia explícita a la dependencia de la UE de las

en las enmiendas introducidas por el Parlamento europeo en primera lectura se ha recalcado esta idea al indicar "procurando en particular reducir las dependencias directas e indirectas respecto a socios poco fiables"[63]. El inciso final mencionando a "socios poco fiables", se referiría a los terceros Estados de los que dependemos en nuestras importaciones pero que "no comparten los valores de la Unión, el respeto de los derechos humanos, la democracia y el Estado de Derecho"[64]. Se trata, en nuestra opinión, de una referencia velada a China o Rusia, con quienes mantenemos relaciones comerciales pero que los últimos acontecimientos como la guerra con Ucrania o entre Israel y Palestina han hecho que la UE tenga que replantearse las alianzas estratégicas previas.

REFLEXIONES FINALES

A modo de conclusión indicamos a continuación las reflexiones a las que hemos llegado tras la realización del presente trabajo.

La Unión Europea ha sabido identificar con previsión un problema estratégico de gran calado como es el suministro de determinadas materias primas de valor esencial para el normal

---

importaciones ha sido eliminada de la propuesta (vid. considerando 3 de la Propuesta de la Comisión).

63 Vid. PARLAMENTO EUROPEO, Enmiendas aprobadas por el Parlamento Europeo el 14 de septiembre de 2023 sobre la propuesta de Reglamento del Parlamento Europeo y del Consejo por el que se establece un marco para garantizar el suministro seguro y sostenible de materias primas fundamentales y se modifican los Reglamentos (UE) 168/2013, (UE) 2018/858, (UE) 2018/1724 y (UE) 2019/1020 (COM(2023)0160 – C9-0061/2023 – 2023/0079(COD)), P9_TA(2023)0325.

64 Enmienda propuesta al art. 1, apartado 2, letra b*) in fine*; *ibid.*

desarrollo de las sociedades que la integran. Para ello le ha servido las experiencias pasadas como la pandemia de la Covid-19 que señaló las grandes vulnerabilidades de las cadenas de suministro y producción bajo determinadas circunstancias.

Los trabajos realizados por la Comisión desde el año 2011[65] hasta la actualidad han permitido identificar los problemas y abordar posibles soluciones ante semejante cuestión. Sin embargo, más allá del impulso en el estudio y, en su caso, en la norma aprobada, se requiere de un papel activo de todas las instituciones europeas para acometer un problema que es transversal y que incide en varios de los objetivos fijados por el Tratado de la Unión Europea, como el promover el bienestar de los pueblos europeos, fomentar la justicia y protección social, contribuir a la seguridad[66] y el desarrollo sostenible.

Las medidas propuestas, y que hemos analizado, en los ámbitos de la acción exterior e interior de la Unión permiten corroborar este papel activo de las distintas instituciones en el marco de sus respectivas competencias. Así, el Consejo europeo y el Consejo deberán continuar en la línea de garantizar las mejores relaciones posibles con terceros Estados productores de materias primas fundamentales, aunque previsiblemente se traduzca en "hacer de la necesidad virtud" y asociarse con "socios poco fiables", pero de los cuales dependemos en la actualidad. Es un síntoma de la *realpolitik* que predomina en estos ámbitos.

---

65 COMISIÓN EUROPEA, Comunicación de la Comisión al Parlamento europeo, al Consejo, al Comité económico y social y al Comité de las regiones, *abordar los retos de los mercados de productos básicos y de las materias primas*, COM(2011) 25 final, 2.2.2011.

66 Vid. COMISIÓN EUROPEA, Comunicación conjunta al Parlamento Europeo y al Consejo, *Una nueva perspectiva sobre el nexo entre clima y seguridad: Abordar los efectos del cambio climático y la degradación del medio ambiente en la paz, la seguridad y la defensa*, doc. JOIN(2023) 19 final, 28.6.2023.

En el marco de las medidas adoptadas para proteger un mercado interior de materias primas fundamentales y estratégicas, el Reglamento aprobado da cumplida respuesta a las principales preocupaciones que abordaba el Plan de acción sobre materias primas fundamentales, no sólo en lo relativo a garantizar el suministro y buen funcionamiento a través del mercado interior, sino también abordando la gobernanza en la materia permitiendo una aplicación descentralizada pero coordinada de las medidas[67].

En definitiva, el objetivo marcado desde 2020 por y para la UE es el de estructurar *un camino hacia un mayor grado de seguridad y sostenibilidad* en relación con las materias primas consideradas fundamentales, y particularmente las estratégicas. Pero debemos ser conscientes de que un parámetro no se conseguirá adecuadamente sin el otro. En este campo juegan un papel fundamental la protección del medio ambiente. Por ello deben reforzarse las medidas para garantizar una economía circular de los productos pues permitiría por un lado reducir los residuos contaminantes y por otro, reducir la necesidad de materia prima al emplear las ya extraídas.

BIBLIOGRAFÍA

BALLESTEROS MARTÍN, M.A., "España en el sistema europeo de defensa", IEEE, disponible en https://www.ieee.es/Galerias/fichero/OtrasPublicaciones/Nacional/GBBallesteros_EspanaSistemaEuropeoDefensa.pdf.

---

67 A pesar de ello, existe una creciente preocupación por el poco papel que se les concede a las Entidades Locales, que son las administraciones más cercanas al ciudadano, en materia de minería; vid. ZAMORA ROSELLÓ, M.R. (2024): Minería y Comunidades Autónomas: territorio, sostenibilidad y energía. Especial referencia a Galicia, Baleares y Andalucía, Tirant lo Blanch, 2024, p. 252.

BAUTISTA-HERNÁEZ, A., (2021) *Derecho internacional y gestión de catástrofes: grandes avances y retos pendientes,* Tirant lo Blanch, Valencia, 2021.

CASTRO SÁNCHEZ, C., (2009) "Hacia un concepto de seguridad en un mundo de cambios", en AMERIGO CUERVO-ARANGO, F. y PEÑARANDA ALGAR, J. (coords.), *Dos décadas de posguerra fría: Actas de las I Jornadas de Estudios de Seguridad de la Comunidad de Estudios de Seguridad "General Gutiérrez Mellado",* UNED-Instituto General Gutierrez Mellado, Vol. 3, 2009, pp. 203-228.

COMISIÓN EUROPEA, Comunicación de la Comisión al Parlamento europeo, al Consejo, al Comité económico y social y al Comité de las regiones, *abordar los retos de los mercados de productos básicos y de las materias primas,* COM(2011) 25 final, 2.2.2011.

COMISIÓN EUROPEA, Directorate-General for Internal Market, Industry, Entrepreneurship and SMEs, Pennington, D., Tzimas, E., Baranzelli, C. et al., *Methodology for establishing the EU list of critical raw materials – Guidelines,* Publications Office, 2017, https://data.europa.eu/doi/10.2873/769526.

COMISIÓN EUROPEA, Comunicación de la Comisión al Parlamento europeo, al Consejo Europeo, al Consejo, al Comité económico y social europeo y al Comité de las regiones, *El Pacto Verde Europeo,* COM(2019) 640 final, 11.12.2019.

COMISIÓN EUROPEA, Comunicación de la Comisión al Parlamento europeo, al Consejo, al Comité económico y social europeo y al Comité de las regiones, *Resiliencia de las materias primas fundamentales: trazando el camino hacia un mayor grado de seguridad y sostenibilidad,* COM(2020) 474 final, 3.9.2020.

COMISIÓN EUROPEA, *EU measures for critical raw material - Opinion of the Regulatory Scrutiny Board,* SEC(2023) 360, 18.1.2023, disponible en https://single-market-economy.ec.europa.eu/publications/european-critical-raw-materials-act_en.

COMISIÓN EUROPEA, Directorate-General for Internal Market, Industry, Entrepreneurship and SMEs, Grohol, M., Veeh, C., *Study on the critical raw materials for the EU 2023 – Final report,* Publications Office of the European Union, 2023, https://data.europa.eu/doi/10.2873/725585.

COMISIÓN EUROPEA, *Propuesta de Reglamento del Parlamento Europeo y del Consejo, por el que se establece un marco para garantizar el suministro seguro y sostenible de materias primas fundamentales y se modifican los Reglamen-*

tos (UE) 168/2013, (UE) 2018/858, (UE) 2018/1724 y (UE) 2019/1020, COM/2023/160 final, 16.3.2023.

COMISIÓN EUROPEA, Comunicación conjunta al Parlamento Europeo y al Consejo, *Una nueva perspectiva sobre el nexo entre clima y seguridad: Abordar los efectos del cambio climático y la degradación del medio ambiente en la paz, la seguridad y la defensa,* doc. JOIN(2023) 19 final, 28.6.2023.

CONSEJO DE LA UE, *Una Brújula Estratégica para la Seguridad y la Defensa – Por una Unión Europea que proteja a sus ciudadanos, defienda sus valores e intereses y contribuya a la paz y la seguridad internacionales,* 7371/22, 21.3.2022, disponible en https://data.consilium.europa.eu/doc/document/ST-7371-2022-INIT/es/pdf.

CONSEJO DE LA UE, *Council conclusions on Climate and Energy Diplomacy,* 9 Marzo 2023, 7248/23.

CONSEJO EUROPEO, *Una Nueva Agenda Estratégica 2019 – 2024,* 2019, disponible en https://www.consilium.europa.eu/es/press/press-releases/2019/06/20/a-new-strategic-agenda-2019-2024/.

FERNÁNDEZ-ESPINAR Y LÓPEZ, *L.C.,* (2022) "Las actividades extractivas: sector crítico estratégico del nuevo modelo energético", *Actualidad Jurídica Ambiental,* Nº. 121 (Marzo), 2022, ISSN-e 1989-5666, pp. 5-41.

GARCÍA LUPIOLA, A., (2023) "Nuevas Estrategias de la Unión Europea para abordar el doble reto de la crisis climática y la dependencia energética». *Cuadernos Europeos de Deusto,* n.º 68 (abril), 2023, pp. 33-67, https://doi.org/10.18543/ced.2697.

GARCÍA RICO, E.M., (2019) "La Política Común de Seguridad y Defensa de la UE: el despertar de una propuesta ambiciosa", en GARCÍA RICO, E.M. y TORRES CAZORLA, M.I. (Dirs.), BAUTISTA-HERNÁEZ, A. y PASTOR GARCÍA, A.M. (coords.), *Hacia una identidad europea en materia de seguridad y defensa: ¿realidad o utopía?,* Tirant lo Blanch, 2019, pp. 31-59.

HIDALGO GARCÍA, M. del M., (2021) "Cambio climático y seguridad: riesgos físicos y geopolíticos", *bie3: Boletín IEEE,* Nº 24, 2021, ISSN-e 2530-125X, pp. 303-318.

HIDALGO GARCÍA, M. del M., (2022) "Aspectos geopolíticos de los minerales estratégicos", en INSTITUTO ESPAÑOL DE ESTUDIOS ESTRATÉGICOS, Minerales: una cuestión estratégica en el siglo XXI, Cuadernos de estrategia, núm. 209, 2022, pp. 17-59.

Ley 25/2014, de 27 de noviembre, de Tratados y otros Acuerdos Internacionales, BOE Nº.228, de 28.11.2014.

MANGAS MARTÍ, A. y LIÑÁN NOGUERAS, D.J., (2020) *Instituciones y Derecho de la Unión Europea*, Madrid, Tecnos, 10ª ed., 2020.

Memorandum of Understanding between the European Union and Ukraine on a Strategic Partnership on Raw Materials de 13 de julio de 2021, disponible en https://ec.europa.eu/docsroom/documents/46300?locale=en.

NACIONES UNIDAS, *Proyecto de principios sobre la protección del medio ambiente en relación con los conflictos armados*, 2022, aprobado por la Comisión de Derecho Internacional en segunda lectura en su 73º período de sesiones, doc. A/77/10, pp. 104 y ss.

PARADA MARTÍNEZ, M., (2023) *La Brújula Estratégica: ¿un documento más para el momento oportuno?*, documento de Opinión del IEEE, 62/2023, 19 de junio de 2023, disponible en https://www.ieee.es/en/Galerias/fichero/docs_opinion/2023/DIEEEO62_2023_MANPAR_Brujula.pdf.

PARLAMENTO EUROPEO, Resolución de 24 de noviembre de 2021, *A European strategy for critical raw materials (2021/2011(INI))*, P9_TA(2021)0468.

PARLAMENTO EUROPEO, Resolución de 9 de mayo de 2023, *sobre las tecnologías críticas para la seguridad y la defensa: situación y desafíos futuros (2022/2079(INI))*, P9_TA(2023)0131.

PARLAMENTO EUROPEO, Enmiendas aprobadas por el Parlamento Europeo el 14 de septiembre de 2023 sobre la propuesta de Reglamento del Parlamento Europeo y del Consejo por el que se establece un marco para garantizar el suministro seguro y sostenible de materias primas fundamentales y se modifican los Reglamentos (UE) 168/2013, (UE) 2018/858, (UE) 2018/1724 y (UE) 2019/1020 (COM(2023)0160 – C9-0061/2023 – 2023/0079(COD)), P9_TA(2023)0325.

PÉREZ DE LAS HERAS, B., (2023) "The Spanish recovery plan: assessing its contribution to the green transition in the European Union", *Gestión y Análisis de Políticas Públicas*, Nº. 33, 2023, pp. 6-23. https://doi.org/10.24965/gapp.11207.

PONTIJAS CALDERÓN, J.L., (2021) *La Brújula Estratégica de la Unión Europea*, documento de Análisis del IEEE, nº. 45, 2021, disponible en: https://www.ieee.es/Galerias/fichero/docs_analisis/2021/DIEEEA45_2021_JOSPON_Brujula.pdf.

Reglamento (UE) 2024/1252 del Parlamento Europeo y del Consejo, de 11 de abril de 2024, por el que se establece un marco para garantizar un suministro seguro y sostenible de materias primas fundamentales y por el que se modifican los Reglamentos (UE) n.° 168/2013, (UE) 2018/858, (UE) 2018/1724 y (UE) 2019/1020, DOUE L 2024/1252, de 3.5.2024.

SANZ ROLDÁN, F., (2001) "Desarrollo de la política europea de Seguridad y Defensa. Estado actual", *Boletín de Información (Ministerio de Defensa)*, ISSN 0213-6864, N°. 270, 2001.

TORRES CAZORLA, M.I., (2019) "Seguridad Hídrica: la normativa de la Unión Europea y su influencia en las relaciones de cooperación trasfronteriza españolas", en GARCÍA RICO, E.M. y TORRES CAZORLA, M.I. (Dirs.), BAUTISTA-HERNÁEZ, A. y PASTOR GARCÍA, A.M. (coords.), *Hacia una identidad europea en materia de seguridad y defensa: ¿realidad o utopía?*, Tirant lo Blanch, 2019, pp. 367-394.

ZAMORA ROSELLÓ, M.R. (2024): Minería y Comunidades Autónomas: territorio, sostenibilidad y energía. Especial referencia a Galicia, Baleares y Andalucía, Tirant lo Blanch, 2024.

Los recursos minerales submarinos en la zona[1]

VÍCTOR DÍAZ-DEL-RÍO ESPAÑOL
Academia Malagueña de Ciencias

INTRODUCCIÓN

A los efectos de lo que vamos a tratar en este capítulo, me referiré a los recursos minerales que se localizan aguas afuera de la jurisdicción nacional de los estados ribereños y que, en atención a la Convención Internacional sobre el Derecho del Mar (UNCLOS, United Nations Convention on the Law of the Sea), están gestionados por la Autoridad Internacional de los Fondos Marinos (ISBA, International Seabed Authority) que es un organismo autónomo vinculado a la ONU con sede en Kingston (Jamaica).

---

1 Esta publicación se enmarca en el proyecto de investigación *Actividades extractivas y políticas públicas: sostenibilidad, transición energética y seguridad* financiado por la Universidad de Málaga, IP: Mª Remedios Zamora Roselló.

La ISBA tiene como misión, garantizar la protección eficiente del medio marino de los efectos nocivos que puedan surgir como consecuencia de las actividades que se realicen sobre el fondo marino. Este inmenso y profundo espacio submarino -que se denomina la Zona en la reglamentación internacional-, es patrimonio común de la humanidad y posee una riqueza mineral incalculable que se extiende por el 54% de la superficie total del fondo de los océanos del mundo. España se adhirió a la UNCLOS (CONVEMAR son sus siglas en español) el 20/12/1996 (BOE 14/02/1997, pp: 4966-5055).

La ISBA (a fecha 18/05/2023, está compuesta por 168 estados miembros más la Unión Europea) se gestiona de manera muy eficiente a través de una estructura compartimentada pero muy permeable y bien coordinada por su secretaría general. Los órganos de gestión fundamentales son: la Secretaría, la Asamblea General, el Consejo, la Comisión Jurídica y Técnica, el Comité de Finanzas y la Empresa (representada por la Secretaría, quién ha nombrado un Representante Especial en el año 2019; no es operativa en la actualidad, pero tiene el mandato de realizar actividades en la Zona directamente).

Es interesante señalar que no todos los estados, tanto ribereños como sin litoral, que tienen representación en la ONU la tienen también en la ISBA, pues para ello se exige la firma y ratificación por parte de sus parlamentos, y son muchos los que no cumplen esta doble condición. Uno de los casos más notables entre los ribereños, y que sin embargo es muy activo en el Consejo donde tiene voz, es el de los Estados Unidos de América que no es signatario de UNCLOS, ya que en su legislación se contempla el derecho a establecer bajo su jurisdicción ciertas zonas de alta mar contiguas a sus costas, además de otras causas vinculadas a sus límites, que entran en colisión con el texto de la Convención. Pero hay más estados que teniendo litoral no son signatarios, pues tienen conflictos con terceros países o bien guardan reservas sobre el contenido del texto, como son Venezuela, Siria, Perú, Israel y Eritrea. Otra singularidad son los que sin tener litoral marítimo tampoco son signatarios, como son: Andorra, San Marino, Kazajistán, Kirguistán, Turkmenistán, Uzbekistán, Tayikistán y Sudán del Sur. Existen también estados miembros que han firmado la Convención pero que no la han ratificado, e incluso estados observadores y ONGs que pueden nombrar representantes para participar en las deliberaciones del Consejo cuando se trate de materias que les afecten, o dentro del ámbito de sus actividades, pero no podrán tomar parte en las decisiones. Pues bien, a pesar de todas estas diferencias en los status de cada estado, ello no les impide disfrutar de ese patrimonio común de la humanidad que son los recursos minerales submarinos existentes en la Zona (ISBA, 2023).

Antes de sumergirnos en el asunto que nos interesa, conviene preguntarse, ¿existen recursos minerales submarinos en áreas bajo jurisdicción nacional o son exclusivos de La Zona? Sin pretender alargarnos en la respuesta, sí que conviene señalar que el fondo marino que circunda los continentes tiene abundantes y variados recursos minerales cuyo origen hay que buscarlo, en su mayor parte, tierra adentro. Es fácil imaginar la cantidad de minerales que acarrean los ríos y que alcanzan la mar para formar tales depósitos. En consecuencia, están vinculados a procesos continentales, como la erosión y la meteorización de las rocas. Forman placeres y depósitos sedimentarios en el litoral o en la plataforma continental. Son, por lo general, ricos en metales como el bario, cromo, oro, hierro, titanio, torio, tungsteno o circonio, aunque también existen depósitos de gases hidratos (Díaz-del-Río *et al.*, 2014) o petróleo, sulfuros y fosforitas, etc. Poseen un gran interés económico, razón por la cual constituyen unas reservas que, en caso de necesidad, se pueden prospectar y explotar, al igual que se hace con los recursos energéticos (gas y petróleo). Al encontrarse bajo las aguas jurisdiccionales de los diferentes estados con límites marinos, su explotación dependerá única y exclusivamente de las decisiones que tomen sus gobiernos.

Estos recursos, cuya investigación está siempre activa -ocasionalmente pueden compartir espacio con otros recursos, como por ejemplo los biogenéticos-, nos llevan a prospectar zonas profundas del talud continental (área submarina localizada frente a la ruptura de pendiente de la plataforma) donde la lenta acumulación de depósitos sedimentarios de procedencia continental en un ambiente submarino (sedimentos transportados hasta la base del talud mediante corrientes de turbidez, por lo que reciben el nombre de turbiditas), pueden generar nuevos compuestos hidrogenéticos de alto valor estratégico. Sabemos, por ejemplo, que la erosión de los granitos alcalinos y las pegmatitas (un tipo de roca filoniana formada por materiales que han ascendido desde el manto terrestre y que pueden ser ricas en wolframio y estaño, al igual que en minerales de interés gemológico como el topacio, turmalina o aguamarina) generan extensos placeres que se acumulan al pie de los márgenes continentales, localizados particularmente en los depósitos de abanico frente a los canales de desagüe de los cañones y valles submarinos. Un buen ejemplo de ello son los cañones submarinos formados en el margen continental de Galicia, que podrían contener importantes concentraciones de óxidos de niobio o de tántalo.

Pero la gran riqueza mineral se encuentra más allá de las aguas jurisdiccionales de los estados ribereños. Son los "minerales estratégicos" que son objeto de permanente controversia por causa de su posible explotación y que se encuentran en la Zona. Los tres grupos más importantes cuya exploración ya ha sido regulada por la ISBA son: (1) nódulos polimetálicos (ricos en manganeso, níquel, cobalto, hierro, cobre, iridio, uranio, litio, tierras raras -p.e.: neodimio y disprosio-, y otros) (ISBA, 2013), (2) costras ferromanganésicas ricas en cobalto (ricas en platino, hierro, cerio, molibdeno, paladio, rutenio, osmio, vanadio, telurio y otros) (ISBA, 2012) y, (3) sulfuros polimetálicos (ricos en cobre, hierro, zinc, plata, oro, platino, níquel, indio, tierras raras y otros) (ISBA, 2010).

A diferencia de los minerales genéticamente vinculados a procesos continentales anteriormente citados, estos tres grupos derivan de procesos que tienen su origen en el fondo marino, fundamentalmente relacionados con la apertura oceánica, o bien son de origen mixto, fruto de la combinación de procesos continentales y de cuenca oceánica (hidrogenéticos). Tratando de buscar un símil didáctico podríamos imaginar que los nódulos polimetálicos se presentan como una extensa plantación de patatas sobre el fondo oceánico, mientras que las costras polimetálicas lo hacen como un grueso tapiz que recubre las cumbres y faldas de algunos montes submarinos, y por último los sulfuros polimetálicos son como resistentes chimeneas que expulsan nubes de vapor producidas en el interior de la corteza terrestre. Es fácil comprender pues que la actividad minera no necesitaría, por el momento, perforar galerías en las rocas del sustrato para explotar los yacimientos minerales submarinos, sino que se extraerían de la misma superficie del fondo. Esta es la razón por la que su impacto podría ser terriblemente perjudicial para la vida marina, no solo en el área de extracción sino también en la circundante (Díaz-del-Río, 2018).

Así pues, la ISBA tiene una gran cantidad de trabajo por hacer del que ya ha realizado una parte sustantiva, pues ha discutido durante las últimas décadas los reglamentos que deben de regir las actividades de prospección y exploración de los tres principales grupos de recursos minerales existentes en la Zona. A su vez, a fecha 31/01/2023, ha realizado 30 contratos de exploración con diversos consorcios, con una duración de 15 años (19 para nódulos, 7 para sulfuros y 4 para costras). Para darnos una idea de lo que esto supone, baste con mencionar que las localizaciones de los contratos que hace la ISBA (La Empresa en términos contractuales) ocupan una superficie total de unos 2.2 millones de km^2 y se distribuyen por el Océano Pacífico, Océano Índico y la Dorsal Atlántica Centro-Oceánica. Para el caso de los nódulos polimetálicos, se concede a cada consorcio el derecho exclusivo de explorar un área inicial de 150.000km^2 durante los primeros ocho años de contrato y finalizado ese tiempo, la mitad del área inicial de exploración deberá ser abandonada a criterio de los contratistas. No menos impresionante son las dimensiones finales de cada una de las concesiones: 75.000km^2 para los nódulos polimetálicos; 10.000km^2 para los sulfuros polimetálicos; 3.000km^2 para las costras polimetálicas ricas en manganeso y cobalto. Asimismo, los Estados miembros que patrocinan y participen en cada proyecto, tienen la obligación de preservar y proteger el ambiente marino, así como controlar la contaminación del medio procedente de cualquier fuente utilizada, evaluando por ello los efectos potenciales de las actividades a desarrollar durante y posteriormente a las fases de exploración y explotación.

Cierto es que los contratos permiten, única y exclusivamente, la investigación sobre la existencia de yacimientos minerales, y más particularmente el estudio de los factores ambientales, técnicos, económicos y comerciales a tener en cuenta para el caso de que se conceda licencia para su explotación. Pero, no es menos cierto que todas estas actividades no conceden ningún derecho exclusivo sobre los yacimientos explorados. A pesar de ello, no han sido menores las fricciones entre los estados patrocinadores de estos contratos y la ISBA, hasta el punto de que muy recientemente las amenazas veladas de un estado promotor que parecía querer iniciar unilateralmente la explotación de nódulos polimetálicos, provocaron la reacción inmediata de la secretaría general de la ISBA conminándole a reconvenir su actitud o, en caso contrario, se le penalizaría retirándole la concesión contratada. Pero las tensiones continúan, pues los precios de los metales y tierras raras continúan en ascenso, junto con el agotamiento de recursos en continente, lo que amenaza a algunos países con entrar en una grave crisis económica e industrial por un posible desabastecimiento del mercado.

Todo este escenario podría revolucionar el mercado de minerales, particularmente en el caso de que, como es previsible, algunos recursos continentales estén próximos a su agotamiento, al tiempo que el reciclado (economía circular) de equipamientos que los utilizan no resuelve la demanda de algunos elementos. Fijémonos por un momento en el COLTAN que es un mineral estratégico para poder impulsar los avances tecnológicos. Algunos elementos presentes en la Columbita (niobio, hierro, manganeso y otros) y la Tantalita (tántalo, hierro, manganeso y otros), que se presentan con mayor profusión en el denominado COLTAN -que es una combinación de ambos minerales: COLumbita y TANtalita-, se encuentran en los fondos marinos profundos con una abundancia inimaginable que podría proveer al mercado de minerales durante siglos. Por el momento el 80% de las reservas mundiales de COLTAN se encuentran en el Congo, mientras que los mayores productores son Australia, Brasil, Canadá y China que controlan el mercado. Algunos arguyen que las necesidades de la industria de altas tecnologías (comunicación o energéticas) podrían ser satisfechas con una mayor disponibilidad de esta materia prima que provendría de la explotación de los yacimientos minerales submarinos, con lo que podría reducirse, entre otros asuntos, la conflictividad social que genera la explotación del COLTAN y la excesiva dependencia de los principales productores.

¿CÓMO SE DISTRIBUYEN LOS FONDOS MARINOS ENTRE LAS NACIONES?

Todo este escenario someramente esbozado podría cambiar drásticamente en el momento en el que se aprueben las extensiones de la plataforma continental que han ido solicitando los diversos estados ribereños tras la presentación de sus respectivos informes preceptivos. Para comprender la razón por la que los diversos estados miembros, así como el mundo de la industria y los economistas miran al mar, es conveniente tener presente las subdivisiones del espacio marítimo que estable la Convención de la ONU sobre el Derecho del Mar (Parte VI, UNCLOS,1982), y las oportunidades que ofrece un provechoso incremento de la superficie de la plataforma continental. Es evidente que parte sustantiva de la riqueza mineral que se acumula en el fondo oceánico de la Zona, quedará repartida entre los estados que se beneficien de la extensión de sus plataformas.

Los límites marinos con diferente grado de jurisdicción se miden desde las líneas de base recta establecidas en la costa (se trazan uniendo cabos adyacentes mediante líneas rectas siguiendo determinados criterios establecidos por UNCLOS). Así frente a la costa se encuentra el Mar Territorial, que es el área comprendida desde la línea de base hasta las 12 millas náuticas (mn) sobre el cual cada Estado ribereño tiene derecho de soberanía sobre el espacio aéreo, el agua, suelo y subsuelo marino. Hasta las 24mn se denomina Zona Contigua, y hasta las 200mn se denomina la Zona Económica Exclusiva (ZEE) sobre la cual el Estado tiene soberanía para la exploración, explotación, conservación y administración de los recursos naturales vivos y no vivos (minerales y recursos energéticos) en sus aguas, suelo y subsuelo marino.

Más allá de las 200mn se denomina la Plataforma Continental (en sentido jurídico), cuyo límite se puede llegar a ampliar (tal y como señala el artículo 76 de UNCLOS, previa presentación de una solicitud a la Comisión de Límites de la ONU aportando las características de ese límite junto a toda la información científica y técnica ad hoc) hasta las 350mn, dentro de la cual cada Estado tiene derechos para explorar y explotar recursos naturales del suelo y subsuelo marino. Finalmente, el resto de los fondos marinos constituyen la Zona, que se considera patrimonio común de la Humanidad y que quedaría bajo el control exclusivo de la ISBA. La posibilidad de que cada estado ribereño pueda explotar los yacimientos minerales que se encuentren en el área ocupada por la extensión de su ZEE abre un sinfín de especulaciones sobre la riqueza que a cada uno le pueda generar la existencia de yacimientos minerales submarinos y, por extensión, revolucionaría el ranking resultante de los países productores de minerales estratégicos y tierras raras.

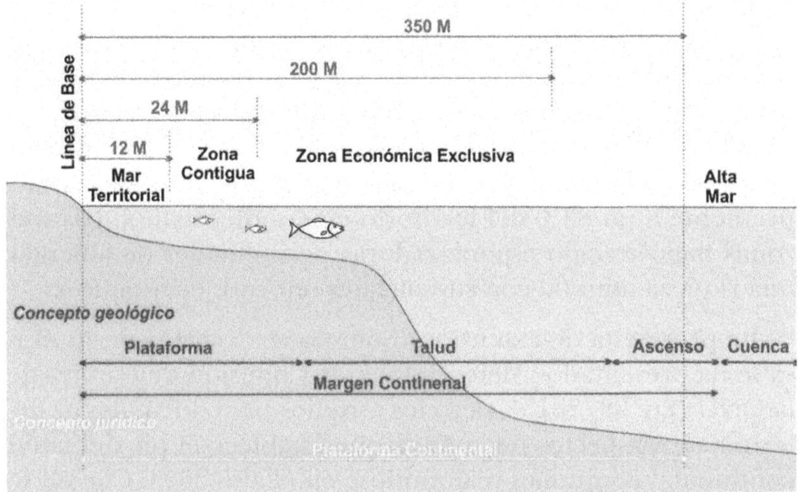

Límites marítimos conforme a la Convención de Naciones Unidas sobre el Derecho del Mar (Palomino, 2018). Se aprecia gráficamente la diferencia entre el concepto jurídico (en amarillo) y geológico (en morado) de plataforma continental.

A pesar de que España todavía no ha presentado ninguna solicitud de exploración a la ISBA, ello no obsta para que tenga claros intereses por conseguir ampliar su plataforma continental hasta las 350mn, lo cual le proporcionaría oportunidades de exploración y explotación sin recurrir a licencias otorgadas en la Zona. La potencialidad que ofrecen los casi 6.000km de costa para poder adquirir derechos de exploración y explotación de los recursos naturales del suelo y subsuelo marino en la zona susceptible de ser ampliada, es una oportunidad única para expandir el territorio nacional e incrementar nuestra competitividad en el mercado de minerales estratégicos. Con esta finalidad se han emprendido, en el año 2011, importantes estudios geológicos, geomorfológicos e hidrográficos del talud continental, ascenso continental y cuenca profunda que circundan el territorio nacional.

España ha dividido su área potencial de ampliación de la Plataforma Continental en tres sectores: (1) mar Cantábrico, (2) Galicia y (3) Islas Canarias. En base a los estudios que dan soporte a estas propuestas, podría ampliar una cantidad próxima a los 425.000km^2 a su soberanía sobre los fondos marinos (79.000km^2 en el Cantábrico; 50.000km^2 frente a Galicia y unos 296.000km^2 entorno a Canarias), lo que equivaldría prácticamente a un 83% del territorio emergido español. Las tres zonas han ofrecido esperanzadoras posibilidades de albergar una riqueza mineral con sustanciales retornos económicos.

La propuesta de extensión (Somoza *et al.*, 2015) de su ZEE ya se ha presentado y defendido en la Comisión de Límites de la ONU (26/08/2015), pero los estudios para documentar determinados aspectos de la línea que establece el pie del talud continental continúan realizándose en el año 2023. Con ellos, se pretende reforzar esta formulación al tiempo que se siguen analizando muestras del fondo marino para conocer con mayor detalle la composición del sustrato que lo forma. En este sentido ya sabemos, por ejemplo, que en el entorno a las islas Canarias existe un conjunto de montes submarinos de origen volcánico -algunos formados hace unos 140 Millones de años (Ma)- que albergan depósitos de elementos estratégicos y tierras raras con concentraciones superiores a las que poseen muchos yacimientos existentes en continente. Estudios recientes (Marino *et al.*, 2023) ofrecen datos de la riqueza de las costras ferromanganésicas ricas en cobalto. Alcanzan entre 4 y 10cm de espesor y van recubriendo varios de estos montes submarinos en un lento proceso que se ha venido desarrollando a lo largo de varios millones de años (entre 12 y 75Ma), con una tasa de crecimiento comprendida entre 3.3 y 8.3mm/Ma (Yeo *et al.*, 2019).

En esta carrera por conocer el fondo de los océanos y mares que rodean los continentes, se han dado casos verdaderamente paradigmáticos en los que, en caso de aprobarse dicha ampliación, se podría revertir la influencia económica de muchos países en el mundo. Uno de los casos más singulares en Europa es el de Portugal que, en el supuesto de ser aprobada su solicitud de ampliación a 350mn, pasaría a conformar lo que podríamos llamar un "Estado Medusa" en el que el 97% del territorio nacional estaría constituido por las aguas marinas. Pensemos que la superficie continental de Portugal es de 92.391km^2, con una superficie marítima de 1.727.408km^2. La extensión de su Plataforma Continental le haría alcanzar los 3.877.408km^2 de superficie (40 veces mayor que la superficie continental). A la vista de la ingente cantidad de recursos minerales submarinos que previsiblemente existen en el área, Portugal podría convertirse en una potencia económica capaz de dominar el mercado de muchos minerales estratégicos y tierras raras. No es ocioso insistir en el hecho de que le corresponderían zonas muy extensas de la dorsal atlántica y de la cuenca oceánica profunda, donde la riqueza y diversidad de recursos es muy notable.

LOS RECURSOS MINERALES SUBMARINOS FUERA DE LA JURISDICCIÓN NACIONAL

Ya se ha dicho con anterioridad que la Convención de las Naciones Unidas sobre el Derecho del Mar (Montego Bay, Jamaica, 10/12/1982) establece que la Autoridad Internacional de los Fondos Marinos (ISBA, 1994) está facultada para regular la prospección, exploración y explotación de los recursos minerales de la Zona Internacional de los Fondos Marinos (Patrimonio común de la Humanidad) y la protección del medio marino de los efectos nocivos que se puedan derivar de tales actividades. Hablamos de recursos minerales que son entre 25 y 300 veces más ricos que los existentes en continente y que, en algunos casos como el del telurio pueden llegar a ser hasta 50.000 veces superiores a los continentales (algunos de ellos, de carácter estratégico, próximos a agotarse). Para ello, la ISBA acuerda una serie de reglamentos vinculantes (de minuciosa y lenta elaboración y discusión) que son analizados cuidadosamente por la Comisión Jurídica y Técnica y por el Consejo, y finalmente aceptados o rechazados por la Asamblea General. La gran preocupación que domina entre los Estados miembros, aparte del interés en participar en el reparto de la ingente riqueza que esconde el fondo del océano, es la existencia de previsibles riesgos ambientales que derivarían de la explotación minera. Pero este es un paso que aún no se ha dado y que habrá de darse, y que, a buen seguro, acarreará un sinfín de discusiones con enfoques muy diferentes e intereses muy diversos.

Veamos de forma sintética los recursos que, hasta el momento, se han reglamentado para proceder exclusivamente a su prospección y exploración:

Nódulos polimetálicos.

Consisten en concreciones globulares con un diámetro medio que oscila entre 1 y 20cm. Yacen parcialmente enterrados sobre el lecho marino de algunas llanuras abisales en fondos que oscilan, preferentemente, entre los 4.000m y 5.500m. Se forman por una combinación de procesos hidrogenéticos y diagenéticos de precipitación mineral que se acumula alrededor de un núcleo duro y que, por lo general, poseen una tasa de crecimiento medio inferior a 20mm/Ma. Una de las fuentes de los metales que los componen es la erosión de los continentes, pues no es menor la influencia del transporte de grandes cantidades de elementos disueltos debido a la acción de los ríos. Tampoco es desdeñable el transporte que realizan los aerosoles ricos en elementos en suspensión que el viento levanta y mueve a modo de inmensas nubes de polvo que terminan precipitando, en gran medida, en la superficie del mar para, posteriormente, decantarse lentamente hasta que alcanzan el fondo marino. Pero los que resultan de mayor influencia son los aportes de elementos disueltos procedentes de fuentes hidrotermales, como sucede también en los sulfuros polimetálicos. Se originan por la expulsión de fluidos muy calientes a través de las grandes fracturas existentes en las dorsales oceánicas, o bien en las zonas de subducción y volcanismo submarino donde la presencia de fluidos circulando por el interior de la corteza o incluso el manto terrestre, pueden facilitar su ascenso y expulsión brusca a muy elevadas temperaturas. La formación y el lento crecimiento de estos depósitos, permite la acumulación de una gran cantidad de otros óxidos y metales valiosos en la estructura misma de los óxidos.

Parte de su interés reside en el hecho de que se desarrollan formando diversas capas mineralizadas con muy alto contenido en elementos estratégicos (metales en estado prácticamente puro, lo que facilita su procesado industrial para separar sus componentes), fundamentalmente cobre, níquel, manganeso, cobalto, titanio y hierro, así como cantidades variables de otros elementos trazas y tierras raras. Invocando el símil que se mencionó anteriormente, podríamos imaginarlos como patatas con una estructura interna propia de la cebolla, en las que cada capa representa un tipo diferente de mineralización. Son muy abundantes en amplias zonas de la llanura abisal de algunos océanos (por encima de los 3.000m de profundidad media) y se consideran una fuente de recursos minerales económicamente rentable, debido a su abundancia en zonas bien identificadas y exploradas. Su composición y enriquecimiento en diferentes metales de gran valor en el mercado hacen de estos recursos una fuente muy atractiva para los intereses mineros de muchos países.

En el Océano Pacífico Central se encuentra el área de mayor potencialidad extractiva, la denominada "zona de fractura

Clarion-Clipperton". Se trata de una inmensa superficie del fondo oceánico profundo, de unos seis millones de kilómetros cuadrados de extensión. Está comprendida entre dos inmensas fracturas de la corteza oceánica de dirección este/oeste que, prácticamente, recorren el océano Pacífico desde Norte América hasta Asia. Ambas fracturas son fácilmente reconocibles en los mapas que representan el relieve del fondo marino en todo el mundo. Aunque la cantidad y proporción de los elementos que los forman varían considerablemente dentro de un mismo nódulo, al igual que entre nódulos de diferentes tamaños o bien regiones y cuencas oceánicas, sigue siendo muy necesario intensificar los estudios geoquímicos para evaluar su interés económico en los mercados. La concentración de metales en los nódulos varía de un océano a otro, si bien los valores se mueven en rangos moderados. Quizás el caso que llame más la atención sea la concentración en oro que poseen los nódulos del Atlántico que quintuplican el valor que alcanzan en el Pacífico y en el Índico; o el del paladio, cuyo contenido es nueve veces mayor en el Pacífico que en el Atlántico y el Índico. En términos de abundancia los datos recogidos hasta el momento son más homogéneos. Sirva de ejemplo la estima que se hace para el océano Pacífico, donde puede haber una acumulación de nódulos de 10kg/m^2 con una concentración media de 3kg/m^2 de Manganeso, 80g/m^2 de Cobre, 25mg/m^2 de Cobalto y 0.2kg/m^2 de Níquel.

Su potencial explotación con los métodos que se han propuesto hasta el momento (succión y bombeo a la superficie), eliminaría el sustrato duro del fondo abisal (no continuo y muy lento de generarse), provocando la pérdida de hábitats que coexisten con los nódulos. La eliminación de los primeros centímetros de sedimento depositado en las cuencas profundas (fangos hemipelágicos fundamentalmente) y la turbidez que generaría la remoción del sedimento no es un elemento de menor preocupación. El alcance de los impactos dependerá en gran medida de la tecnología de explotación minera que se utilice, si bien desaparecerán las especies vivas cuyo hábitat sea el sedimento sobre el que yacen los nódulos.

Sulfuros polimetálicos

Los sulfuros polimetálicos contienen importantes cantidades de oro, plata, zinc, plomo, cobre y cobalto. Se originan por la emisión de fluidos hidrotermales a muy altas temperaturas característicos de las zonas de expansión oceánica (sobre todo las dorsales oceánicas), o en los lugares de actividad volcánica submarina. En atención a la temperatura de los fluidos expulsados, se pueden dividir en dos grupos: (1) chimeneas negras (>350°C), y (2) chimeneas blancas (<350°C). Por lo general las chimeneas blancas tienen un menor contenido en metales que las negras. Ocasionalmente, algunos focos de emisión pueden compaginar la formación de chimeneas negras y blancas, circunstancia que propicia la mayor riqueza en algunos metales estratégicos que precipitan con mayor abundancia y pureza a bajas temperaturas.

La circulación de fluidos hidrotermales por el interior de la corteza oceánica (principalmente agua marina que por efecto de la elevada presión hidrostática penetra en el interior de las rocas, a través de las fracturas y fisuras, de manera que puede recorrer varios kilómetros hasta que es expulsada al exterior) es el principal proceso que determina la precipitación de minerales. Los fluidos hidrotermales sobrecalentados se expanden térmicamente a lo largo de su recorrido por el interior de las rocas y van capturando metales en disolución de forma que se van enriqueciendo, generando nuevos productos a medida que ascienden hasta alcanzar el fondo. Una vez que encuentran un punto de fuga son eyectados a gran presión y elevada temperatura (por encima de los 400°C) en el fondo del océano (que oscila entre 1°C y 3°C) produciéndose un choque térmico que libera los diferentes elementos presentes en los fluidos. El enfriamiento súbito de este flujo sobrecalentado produce la precipitación sobre el fondo de los elementos diluidos, generando los depósitos minerales que adquieren las características formas de chimeneas de muy diverso desarrollo, tanto en grosor como en altura y complejidad (frecuentemente: pirrotina, pirita, esfalerita, calcopirita y bornita, o incluso cantidades significativas de galena y oro nativo).

La composición y proporción de metales en los sulfuros masivos varía mucho de una zona a otra en función del contexto geológico en el que se encuentren. Por ejemplo, hay sustanciales diferencias entre los porcentajes en peso de las mineralizaciones de la Dorsal Atlántica a las existentes en el arco volcánico del océano Pacífico: hierro (26.4% y 6.2%); zinc (8.5% y 16.5%); bario (1.8% y 7.2%); arsénico (235% y 845%); plata (113% y 217%); oro (1.2% y 4.5%), etc. A pesar de ello, la inmensa riqueza mineral que poseen hace de los sulfuros metálicos un recurso muy atractivo para su explotación. Sin embargo, uno de los principales inconvenientes que poseen, a diferencia de los nódulos polimetálicos que se extienden por amplias superficies del fondo, es que los lugares en los que se encuentran no forman un yacimiento muy extenso, pues depende de la actividad de la emisión de los fluidos que no es constante en el tiempo. Así, las exploraciones se han dirigido hacia la búsqueda de lugares de emisión que no resultan ser, por lo general, de dimensiones superiores a los de un estadio de futbol. Cierto es que puede haber varios lugares próximos, pero esto dificulta en extremo la estrategia de la futura explotación.

Las experiencias que se han llevado a cabo en la exploración de sulfuros polimetálicos en aguas bajo la jurisdicción de los países que la han patrocinado, indican que las medidas ambientales de reparación tras la extracción ofrecen algunas sorpresas, como es la rápida velocidad de generación de nuevas chimeneas en lugares que ya han sido explotadas (cabe preguntarse entonces si es apropiado el término "recursos no renovables") con rápida colonización de las especies características. Es bien sabido que la extinción natural de un foco de emisión produce el colapso de la comunidad que se desarrolla en su entorno pues su subsistencia depende de los flujos geoquímicos que se eyectan al fondo del océano desde la corteza oceánica. Son especies oportunistas que de forma natural aparecen y desaparecen dependiendo de la actividad geológica. Sin embargo, si la explotación minera de sulfuros abarcara zonas mucho más amplias y profundas, o bien en focos aislados con fauna potencialmente endémica, podría producirse un importante riesgo para la biodiversidad.

Costras ferromanganésicas ricas en cobalto.

Al igual que en el caso de los nódulos polimetálicos, las costras ferromanganésicas proceden de la lenta precipitación de los metales disueltos en la columna de agua. Consisten en superficies similares a los enlosados compuestos por óxidos de hierro-manganeso (de unos 25cm de espesor medio) que se pueden formar en las cumbres de ciertos montes submarinos (incluso se han detectado en algunos flancos), volcanes, guyots e incluso en algunas planicies a profundidades comprendidas entre 400m y 4.000m. Nunca se forman en lugares donde exista sedimentación que recubra las rocas. Los espesores más elevados se han observado en cumbres de montes submarinas situadas a profundidades que oscilan entre los 800m y 1.500m. Su espesor aumenta a una velocidad lenta de 1mm a 6mm por millón de años. Contienen concentraciones muy variables, pero elevadas, de telurio, cobalto, vanadio, níquel, itrio, rutenio, rodio, paladio y varias tierras raras.

Su exploración es extremadamente lenta por la complejidad que encierra. Un dato que puede dar idea de ello es que de los 30.000 montes que aproximadamente se tienen registrados en el océano Pacífico, solamente unos pocos han sido prospectados con fines mineros. Por otra parte, el océano Atlántico y en el Índico tienen menos montes submarinos y aún son menos los que han sido prospectados. Las estimaciones de la ISBA indican que unos 6,35 millones de km^2 del fondo oceánico estarían recubiertas de cortezas ferromanganésicas -aproximadamente el 1.7% de la superficie del fondo-, lo que reportaría una cantidad de 1 billón de toneladas de cobalto. Queda todavía mucho espacio submarino por investigar y no serán pocas las sorpresas que nos depare esta investigación.

La principal preocupación sobre la explotación minera de las costras es que supondría la eliminación irreversible, a corto/medio plazo, de los recursos biológicos que viven vinculados de las costras. Aunque la explotación minera de las costras puede ser mucho más localizada que la de los nódulos, la distribución de las especies bentónicas de los montes submarinos también puede estar mucho más restringida y este rasgo les imprime una mayor singularidad.

LA MINERÍA SUBMARINA EN LA ZONA

Hay que tener en cuenta que los océanos y mares marginales cubren el 71% de la superficie de la Tierra y que la mayor parte de sus fondos permanecen aún inexplorados. Sabemos positivamente que las zonas exploradas del fondo marino guardan una ingente cantidad de minerales de gran valor para la construcción de componentes tecnológicos con fuerte demanda en el mercado. Las valoraciones económicas de esta riqueza submarina, predominantemente alejada de las aguas jurisdiccionales de los diversos estados ribereños, representan la mayor reserva existente en el Planeta de muchos de los metales estratégicos. Sirva de ejemplo el hecho de que las reservas evaluadas en los yacimientos submarinos suponen el 96% del cobalto, el 84% del níquel o el 79% del manganeso, lo que representan cifras inimaginables para las áreas emergidas. Si nos referimos solo a estos metales recordemos que se emplean en industrias químicas y de alta tecnología: células fotovoltaicas y solares, superconductores, microprocesadores, sistemas láser avanzados, catalizadores, baterías y potentes imanes, así como herramientas de corte.

Existen otros recursos minerales diferentes de los tres que hemos analizado (nódulos, sulfuros y costras), sobre los que la ISBA no ha desarrollado todavía ningún tipo de reglamentación, pero sobre los cuales ya ha habido estados que han mostrado interés por iniciar la discusión sobre su posible utilización. Entre ellos podemos citar los sedimentos metalíferos hidrotermales, los depósitos relacionados con los sulfuros polimetálicos, depósitos ricos en metales del grupo del platino, níquel y cromo, o bien los recursos energéticos (petróleo y gases hidratos). Los estudios de impacto ambiental en estos yacimientos específicos son a todas luces insuficientes, pero revelan, en todos los casos, daños importantes sobre la biota de profundidad, por ello su regulación parece que se demorará todavía algunos años. Baste con citar que el uso de lodos de perforación para la explotación de petróleo podría generar un impacto muy grave en el entorno a los puntos de extracción, lo que produciría una peligrosa contaminación química muy destructiva para la diversidad bentónica del entorno. Otros estudios ponen de manifiesto la multiplicidad de riesgos geológicos y ambientales (algunos catastróficos) que se podrían derivar de la explotación de los gases hidrato, así como los efectos destructivos que tendría sobre la biota asociada a los hidratos y los subproductos que genera su expulsión.

Las corrientes de opinión más recientes y que han estado más presentes en los medios de comunicación -que casualmente son las defensoras del inicio inmediato de la minería submarina de los nódulos polimetálicos-, han cuestionado la mimería intensiva que se practica en tierra firme, incidiendo en los riesgos de los lodos contaminantes o los estragos paisajísticos que ha causado y los impactos que ha dejado sobre la superficie de la Tierra, con profundas cicatrices que se hunden en los relieves y que serán imposibles de disimular. La invocación a la "transición verde" y la "revolución tecnológica verde" les lleva a establecer comparaciones entre el precio ambiental que hemos de pagar por una extracción de minerales estratégicos en continente -que es perfectamente evaluable-, con el que habría de pagarse por una explotación en el fondo del océano de los mismos minerales, y en cantidades similares. Es evidente que este último aspecto es estrictamente especulativo pues se basa en las previsiones de impacto ambiental que los propios contratistas han realizado explorando el fondo oceánico en cada una de sus concesiones y que, según las opiniones de los expertos, son todavía insuficientes.

Uno de los asuntos que se apuntan como más graves es el concerniente a la amenaza que supone para los diversos organismos que todavía son desconocidos para la ciencia. Pero, por causa de la tecnología de explotación que se propone utilizar, no es menor el problema que causaría la removilización del carbono orgánico que se podría liberar de los depósitos superficiales submarinos en el momento de la extracción -o el que se encuentre en las aguas intersticiales que circulan por el interior de los sedimentos-, y que alcanzaría la atmósfera en su camino de ascenso a lo largo de la columna de agua. Esta circunstancia incrementaría la temperatura de la atmósfera y acentuaría la crisis climática. Es más, la succión de la capa superficial del fondo marino donde se encuentran los nódulos polimetálicos provocaría unas nubes de sedimento en suspensión que producirían la asfixia de los ecosistemas profundos (bentónicos y nectobentónicos) y su inmediata destrucción, provocando a su vez la perturbación de las redes tróficas y los consiguientes perjuicios sobre los recursos vivos y las pesquerías. Más aún, tras el bombeo de todo ese material succionado desde el fondo marino hasta el buque operador, y su posterior lavado a bordo, se produciría una inmensa cantidad de material detrítico que tendría que volver a eyectarse cerca del fondo, a una profundidad suficiente como para que las nubes de fango que se formen tengan mayor facilidad de decantarse bajo los efectos de las corrientes que gobiernen la dinámica de las aguas en profundidad. El problema, sin lugar a duda, no es menor.

¿Asumiría la sociedad dicho impacto como consecuencia del precio que el Planeta ha de pagar para poder suministrar la materia prima que demanda la producción de bienes de consumo? Cierto es que, gracias a la sensibilidad ambiental desarrollada por la sociedad en los últimos tiempos, se ha producido un cambio sustancial en los modos de explotación de los recursos energéticos y minerales, buscando siempre el menor impacto posible y el mayor respeto a la Naturaleza. Sin embargo, esta percepción del impacto de la minería en el sistema ambiental no ha servido para que la sociedad se conciencie de su irracional e "insaciable demanda" de minerales estratégicos que su consumismo requiere para satisfacer sus necesidades. En consecuencia, la inevitable explotación minera se convierte en uno de los peores enemigos de la Naturaleza y una de las actividades malignas que conviene evitar o, lo que es peor aún, procurar que la realicen terceros países en vías de desarrollo. En lenguaje actual, la minería ha perdido la guerra de la información, y en lo que respecta a la minería submarina, la imagen aún es más reprobable. Por ello, para contrarrestar este efecto convendría que los contratistas intensificaran los estudios de impacto ambiental y mejoraran la tecnología de explotación buscando minimizar los impactos.

La educación ambiental aún tiene mucho camino que recorrer. Son muy pocas las personas que, con un vehículo eléctrico o un móvil, o bien una tableta en sus manos, sean conscientes de la huella ecológica que su fabricación ha dejado en su recorrido hasta llegar al mercado. Menor es la atención que prestan a la injustificable explotación de seres humanos que su extracción y comercialización ha generado en algunos países en vías de desarrollo (véase la explotación de COLTAN en El Congo). Pensemos que cada móvil que tenemos en nuestras manos necesita para la fabricación de sus componentes al menos trece minerales ricos en metales estratégicos y tierras raras. No menor es la necesidad que tiene la fabricación de paneles solares o los ordenadores y lámparas LEDs. Toda la tecnología moderna depende de estos recursos. Nos encontramos pues en un punto en el que para defender la "economía verde", o la "revolución verde" según los economistas más visionarios, tendremos que mirar al océano antes de que se agoten los recursos en continente y diseñar una explotación sostenible de la riqueza mineral submarina, que es considerablemente superior a la continental. La senda que hay que transitar es inexorablemente inevitable, pues son muchos los minerales estratégicos que están a punto de agotarse en las cuencas mineras sin existir reservas -más que en el fondo oceánico- que puedan satisfacer el mercado tecnológico al ritmo que impone su demanda.

El reto es pues muy claro e ineludible a corto plazo: tendremos que explotar los recursos minerales submarinos. Pero todavía estamos a tiempo de realizar una planificación sostenible y respetuosa con el ecosistema marino, salvaguardando la diversidad biológica y respetando determinadas zonas que representen santuarios de especies emblemáticas, a pesar de la riqueza mineral que el sustrato marino pueda tener. Los nuevos horizontes de la minería están bajo el mar y a ello habrá que dedicar grandes esfuerzos para adquirir el suficiente conocimiento científico que permita prever las consecuencias adversas de dicha explotación.

Hasta la fecha -asunto que ya se ha mencionado con anterioridad-, la ISBA solamente autoriza la prospección y exploración de recursos minerales submarinos. Por ello, la minería en la Zona es una cuestión meramente especulativa sobre la que hay mucha información disponible, pero que a todas luces resulta insuficiente. No es el caso de las explotaciones mineras en la zona económica exclusiva de algunos países en los que ciertos consorcios mineros realizan esta actividad con grandes rendimientos, siendo objeto de gran atención por parte de terceros países ya que su experiencia puede ser aplicable a otras zonas.

Un caso que concitó gran interés en el mundo de la minería submarina fue el de la compañía multinacional *Nautilus Minerals* de matriz canadiense, que tenía una concesión en Papúa Nueva Guinea y que por cuestiones financieras y otros asuntos relacionados con el impacto ambiental y la respuesta social, quebró y tuvo que abandonar la fase de explotación antes de iniciarse. El área minera explorada consistió en un yacimiento de sulfuros masivos polimetálicos ricos en cobre de alta calidad (con leyes de 7.2% muy superior a las de tierra que rondan el 0.5%, por lo que se consideran altamente rentables), plata, zinc y oro. Dichos metales están asociados a un sistema de emisiones hidrotermales marinas próximas a la isla que se descubrió en el año 1985. Contrariamente a lo que se suponía hasta entonces, se observó que el crecimiento y desarrollo de las chimeneas mineralizadas de sulfuros masivos lo hacían rápidamente en función de la ubicación del foco de emisión. Así se observaron crecimientos rápidos de días a meses, lo que llegó a albergar esperanzas de producciones más elevadas de las reales, antes al contrario que los depósitos sedimentarios polimetálicos de sulfuros masivos que requieren miles de años para acumularse (ISBA, 2004). La empresa utilizó maquinaria pesada para fracturar el sustrato rocoso en el que se localiza el yacimiento y extraer material mediante bombas de absorción, impulsándolo a través de tubos hasta los buques de apoyo. Posteriormente se transportaban hasta las plantas de tratamiento y separación de las fases minerales. Pero, a pesar del fracaso cosechado, supuso un paso importante en la valoración de esta actividad industrial submarina de la que se extrajeron no pocas enseñanzas.

El avance en la investigación tecnológica y la introducción de nuevos productos de alta tecnología en el mercado dependen íntimamente del suministro de elementos (básicamente metales) que se extraen de las cuencas mineras. Más aún, se esperan mejoras notables de rendimiento y reducción de costes con la introducción de nuevos materiales y tecnologías de fabricación y explotación. Buena prueba de ello son los diversos dispositivos utilizados habitualmente (teléfonos móviles, cables de fibra óptica, paneles solares, tabletas, etc.) que requieren del suministro de elementos extraídos de minerales estratégicos y que incrementarán su demanda a tenor de las previsiones de producción que necesitan para satisfacer el mercado. Sirva de ejemplo el caso de la energía fotovoltaica (Gómez Expósito, 2023) cuya producción a nivel mundial se ha multiplicado por 20 entre los años 2010 y 2020, pasando de un 0.15% al 3.2% de la producción eléctrica. En el año 2021, la potencia fotovoltaica global acumulada superó a la eólica, con unas expectativas de crecimiento que permitirá duplicar su potencia cada tres años superando así a la hidráulica antes de 2025. En España será la principal fuente de electricidad antes de 2030. Se confía en que se intensifique el despliegue de células bifaciales (o tecnologías más avanzadas como las células multiunión que conseguirían eficiencias que duplicarían a las convencionales), construidas de forma que sean fotosensibles por ambas caras, lo cual permitiría aprovechar cualquier radiación indirecta que pueda llegar a la cara posterior de las placas, pero exigiría mayor consumo de minerales. Estas placas utilizan, entre otros elementos: silicio, telurio, cadmio, selenio, cobre, indio, galio, titanio, que son muy abundantes en los recursos minerales submarinos. La mayor disponibilidad de estos elementos extraídos del fondo marino disminuiría los gastos de producción de nuevas placas fotovoltaicas, al tiempo que minimizaría los efectos del agotamiento progresivo de recursos en continente.

¿Debemos iniciar la explotación de estos minerales estratégicos ante el riesgo de que se agoten en continente? Esta cuestión es de candente actualidad después de que un Estado insular de la Micronesia tan desconocido para muchos como es Nauru (21km^2 y 12.500 habitantes), pusiera "patas arriba" toda la planificación sobre la que la ISBA lleva trabajando desde hace décadas. Pues bien, Nauru ha propuesto a la ISBA el inicio inmediato de la explotación de los nódulos polimetálicos en la zona del Océano Pacífico denominada "Clarion-Clipperton", donde patrocina una concesión liderada por la empresa NORI (Nauru Ocean Resources Inc., filial de la compañía canadiense TMR) aprobada por la ISBA en el año 2011 para la exploración durante 15 años de un área reservada (la primera concesión que la ISBA firmó con una SIDS -Small Island Developing States-). Tal es la circunstancia actual que, hasta una revista de gran influencia en la sociedad, como es *The Economist* (2023), ha escrito un editorial al respecto invocando una toma de decisiones rápida que pueda tranquilizar a los mercados ante la escasez de determinados minerales estratégicos que se explotan en continente y que son significativamente abundantes en ciertas zonas del fondo marino.

Por otra parte, todos los países tratan de escapar de la dependencia de proveedores de materias primas críticas (minerales estratégicos y tierras raras) que, en gran medida, están controlados por China. Así, países como Japón (que destaca por su sector tecnológico, gran consumidor de tierras raras) o Noruega, Estados Unidos, Australia, han tomado iniciativas para explotar minerales estratégicos en aguas bajo su jurisdicción. Japón destaca en esta senda innovadora desarrollando tecnología submarina de última generación que le permita bombear a la superficie los 230 millones de toneladas de nódulos polimetálicos y los varios millones de toneladas de tierras raras (itrio, europio, terbio o disprosio) que posee bajo sus aguas jurisdiccionales a unos 6.000m de profundidad.

CONCLUSIÓN

No me cabe duda que, si solamente invocamos razones de mercado, la decisión que habría que tomar sería la de proceder al inmediato inicio de las explotaciones de los nódulos polimetálicos. Pero la decisión a tomar no depende solamente de ellas, por muy urgente que sea la necesidad de disponer de tales minerales, sino que la razón primordial es de naturaleza ambiental. Los científicos tienen serias y razonables dudas sobre los impactos que puede causar la extracción de los nódulos polimetálicos del fondo del Pacífico, a pesar de que hay abundantes estudios científicos sobre los ecosistemas que ocupan la zona, tanto bentónicos como nectobentónicos y pelágicos. La principal controversia consiste en la interpretación que unos y otros hacen de los estudios de impacto ambiental que prevén, entre otras amenazas, una suerte de "tormentas de fango en suspensión" que asfixiarían la vida submarina más allá de la zona de explotación.

En lo que respecta a las especies que habitan los fondos o aquellas cuya supervivencia está vinculada a ellos, el asunto aún se complica más. La desaparición de los depósitos sedimentarios formados a lo largo de millones de años causaría estragos en la biodiversidad del océano. Sabemos que desaparecerían especies que no son únicas, pero también sabemos con certeza que con ellas desaparecerán especies que aún no conocemos (hace muy pocos días conocíamos el hallazgo de vida escondida y aislada en cavidades bajo las chimeneas de las dorsales oceánicas); y no hablamos solo de macrobiota sino también de microorganismos que se han revelado como una fuente fundamental para combatir determinadas enfermedades graves. Son los llamados recursos biogenéticos en los que la ciencia tiene depositadas grandes esperanzas. En este sentido, las Naciones Unidas continúan trabajando para encontrar el marco jurídico que permita garantizar el buen estado de salud de los océanos en las aguas situadas fuera de las jurisdicciones nacionales. Así, el pasado 19 de junio de 2023, los 193 estados miembros adoptaron un acuerdo jurídicamente vinculante sobre la biodiversidad marina, con el fin de disponer de un enfoque común para su protección y conservación. Muy probablemente este acuerdo, y algunos otros ya firmados, permitirán introducir nuevas herramientas de gestión que reduzcan las amenazas que surgen de la extracción de la riqueza mineral submarina y de otras actividades que se puedan desarrollar sobre el fondo del océano.

La encrucijada en la que se encuentra la ISBA a la hora de tomar decisiones, no afectará solamente a la industria minera, y por extensión a la economía mundial, sino que lo hará a la sociedad entera comprometiendo a las generaciones venideras. Entonces, a la vista de las incertidumbres que aún planean sobre la explotación de ciertos recursos submarinos, ¿no resultaría más prudente priorizar el principio precautorio antes que decantarse por alimentar la insaciable glotonería del mercado?

BIBLIOGRAFÍA

ANÓNIMO (2004). Marine Mineral Resources Scientific Advances and Economic Perspectives. *United Nations Division for Ocean Affairs and the Law of the Sea, Office of Legal Affairs, and the International Seabed Authority* (Edts.), 118 pp.

ANÓNIMO (2021). Small Island Developing States and The Law of the Sea: An Ocean of Opportunity. *International Seabed Authority*, 33pp.

AUTORIDAD INTERNACIONAL DE LOS FONDOS MARINOS (ISBA) (2010). Reglamento sobre prospección y exploración de sulfuros polimetálicos en la Zona. 51pp.

AUTORIDAD INTERNACIONAL DE LOS FONDOS MARINOS (ISBA) (2012). Reglamento sobre prospección y exploración de costras de ferromanganeso con alto contenido de cobalto en la Zona. 50pp.

AUTORIDAD INTERNACIONAL DE LOS FONDOS MARINOS (ISBA) (2013). Reglamento sobre Prospección y Exploración de Nódulos Polimetálicos en la Zona. 48pp.

AUTORIDAD INTERNACIONAL DE LOS FONDOS MARINOS (ISBA) (2023). Sitio web: https://www.isa.org.jm/

BOE 14/02/1997, https://www.boe.es/eli/es/ai/1982/12/10/(1)

DÍAZ-DEL-RÍO, V., RUEDA, J.L., FERNÁNDEZ-SALAS, L.M., BRUQUE, G., GONZÁLEZ-GARCÍA, E., LÓPEZ-GONZÁLEZ, N., LÓPEZ-RODRÍGUEZ, F.J., PALOMINO, D., RITTIEROTT, C., SÁNCHEZ-LEAL, R.F., VÁZQUEZ, J.T., FARÍAS, C., FERNÁNDEZ-ZAMBRANO,

A., OPORTO, T., MARINA-UREÑA, P., SÁNCHEZ-GUILLAMÓN, O., GARCÍA-MUÑOZ, M., URRA, J., JIMÉNEZ, D.; LUQUE, V., ALFARO, B., (2014). Los volcanes de fango del Golfo de Cádiz. Proyecto LIFE+INDEMARES. Ed.: *Fundación Biodiversidad del Ministerio de Agricultura, Alimentación y Medio Ambiente.* 130 pp.

DÍAZ-DEL-RÍO, V. (2018). Las ciencias del océano. Ejemplos de su utilidad. *Boletín de la Academia Malagueña de Ciencias,* vol. XX: 39-49.

GÓMEZ EXPÓSITO, A. (2023). La luz como fuente de energía. Electricidad fotovoltaica. En: *Luz y Vida. Conmemorando el día internacional de la luz.* Benito Valdés y Enrique F. Hita (Edts.). *Instituto de Academias de Andalucía,* pp.: 59-66.

SOMOZA, L., VÁZQUEZ, J.T., MOYA, A., MEDIALDEA, T., PAREDES, M., LEÓN, R., FERNÁNDEZ-SALAS, L.M., GONZÁLEZ, F.J., PALOMINO, D., Equipo Científico-Técnico de la Ampliación de España al Oeste de las Islas Canarias (2015). Presentación parcial de datos e información sobre los límites de la Plataforma Continental de España al oeste de las islas Canarias, conforme a la parte VI y el anexo II de la Convención de las Naciones Unidas sobre el Derecho del Mar. (http://www.un.org/depts/los/clcs_new/submissions_files/esp77_14/esp_2014_es.pdf)

MARINO, E., GONZALEZ, F.J., KUHN, T., MADUREIRA, P., SOMOZA, L., MEDIALDEA, T., LOBATO, A., MIGUEL, C., REYES, J., OESERF, M. (2023). Factors controlling rare earth element plus yttrium enrichment in Fe–Mn crusts from Canary Islands Seamounts (NE Central Atlantic). *Marine Geology,* 464: 107144.

PALOMINO, D. (2018). El día que estuve en la ONU. *Blog de Oceánicas,* https://oceanicas.ieo.es/el-dia-que-estuve-en-la-onu/

THE ECONOMIST (2023). Deep Sea Mining: Give Nodules the Nod, pp.: 13.

YEO, IA, HOWARTH, S.A., SPEARMAN, J., COOPER, A., CROSSOUARD, N., TAYLOR, J., TURNBULL, M., MURTON, B.J. (2019). Distribución y controles hidrográficos de las costras de ferromanganeso: Monte submarino Trópico, océano Atlántico. *Mineral Geol. Rev.,* 114: 103131.

Las actividades extractivas en el sur global desde la perspectiva de los Derechos Humanos y de la protección de las generaciones futuras[1]

SIMONA FANNI
Profesora Sustituta Interina de Derecho Internacional Público (Universidad de Sevilla).

INTRODUCCIÓN

La pandemia de COVID-19 que ha sacudido el mundo y la humanidad en los últimos años, ha revelado la fragilidad de nuestra relación con la Naturaleza y, sobre todo la exigencia de modificar radicalmente nuestro sistema productivo y nuestro paradigma energético. De hecho, ya a partir de la década de

---

1 Esta publicación se enmarca en el proyecto de investigación *Actividades extractivas y políticas públicas: sostenibilidad, transición energética y seguridad* financiado por la Universidad de Málaga, IP: Mª Remedios Zamora Roselló.

los Años 70, la comunidad internacional ha empezado a tomar conciencia del impacto del sistema económico que había caracterizado especialmente los países del Norte Global a partir de la Revolución Industrial. Un sistema fundamentado en la imparable explotación de los recursos naturales que nuestro Planeta ofrece, especialmente los recursos fósiles, había manifestado su incompatibilidad con la sostenibilidad, la justicia distributiva y la conservación del medioambiente y de la biodiversidad. Fue justamente en el año 1972 cuando la comunidad internacional dio el primer, elocuente paso hacia el reconocimiento de las iniquidades y las asimetrías de la relación entre el sistema económico y productivo que se perpetuaba y la integridad y la sobrevivencia de "nuestra casa común"[2]. En efecto, la Declaración de Estocolmo sobre el "Medioambiente Humano" es considerada la primera herramienta internacional en consagrar un enfoque basado en los derechos humanos con respecto a las cuestiones medioambientales, una perspectiva que se ha progresivamente convertido en un componente constante de las más destacadas herramientas internacionales de derecho ambiental, tales como la Convención Marco de Naciones Unidas sobre el Cambio Climático, de 1992, y su Protocolo de Kyoto, del año 1997, y el más reciente Acuerdo de París entrado en vigor en el año 2016.

Sin embargo fue el "Informe de la Comisión Mundial sobre el Medio Ambiente y el Desarrollo. "Nuestro futuro común""[3], también conocido como "Informe de Brundtland", que en el año 1987 formuló el concepto de "desarrollo sostenible", de-

---

2 HOLY FATHER FRANCIS (2015): *Encyclical Letter Laudato Si' Of The Holy Father Francis On Care For Our Common Home*, Rome, 2015.

3 WORLD COMMISSION ON ENVIRONMENT AND DEVELOPMENT (1987): *Report of the World Commission on Environment and Development: Our Common Future*, United Nations General Assembly document A/42/427, 1987, 41.

finiéndolo como "la satisfacción de las necesidades de la generación presente sin comprometer la capacidad de las generaciones futuras para satisfacer sus propias necesidades". Esta conceptualización encarna la idea de la equidad intergeneracional que, según se comentó desde la doctrina, "describes fairness in access to and use of planetary resources across time"[4]. La equidad intergeneracional, en efecto, se caracteriza por su alcance *cross-generational*[5], que se articula en la solidaridad dirigida hacia el futuro, y que implica – según la lógica de la justicia distributiva – un uso de los recursos naturales que tenga en consideración la "preservación de la vida en la Tierra" y la "protección del medio ambiente", para recordar las palabras de la UNESCO en la "Declaración sobre las Responsabilidades de las Generaciones Actuales para con las Generaciones Futuras", del año 1997[6]. En este sentido, la equidad intergeneracional apunta a definir la relación entre las generaciones actuales y las generaciones futuras, a las que la humanidad ac-

---

4 SLOBODIAN, L. (2020): *Defending the Future: Intergenerational Equity in Climate Litigation,* The Georgetown Environmental Law Review, N. 32, 2020, ISSN: 1042-1858, págs. 569-589, 571. Sobre el concepto de equidad intergeneracional – que el presente estudio analiza más detenidamente en la sección 2 – véanse también: BROWN WEISS, E. (2021): Intergenerational Equity en *Max Planck Encyclopedia of Public International Law,* Oxford, Oxford University Press, 2021. IGLESIAS MÁRQUEZ, D., FELIPE PÉREZ, B., MARTÍNEZ HERNÁNDEZ L. (coord.) (2018): *Rethinking Sustainable Development in Terms of Justice: Issues of Theory, Law and Governance,* Newcastle upon Tyne, Cambridge Scholars Publishing, 2018, págs. 6-21, ISBN (10): 1-5275-1137-5, ISBN (13): 978-1-5275-1137-8, Preface.

5 Según recuerda D'ALOIA, A. (2019): *Bioetica ambientale, sostenibilità, teoria intergenerazionale della Costituzione,* BioLaw Journal-Rivista di BioDiritto, N. 2, 2019, págs. 645-678, ISSN: 2284-4503, pág. 646.

6 UNESCO (1997): *Declaración sobre las Responsabilidades de las Generaciones Actuales para con las Generaciones Futuras,* 12 de Noviembre de 1997, https://es.unesco.org/about-us/legal-affairs/declaracion-responsabilidades-generaciones-actuales-generaciones-futuras.

tual tiene la "responsabilidad de legar un planeta que en un futuro no esté irreversiblemente dañado por la actividad del ser humano"[7]. También la UNESCO ha hecho hincapié en el desarrollo sostenible, en cuanto concepto referencial para informar un paradigma productivo y un modelo de uso de los recursos naturales coherente con la equidad intergeneracional, la solidaridad y la justicia distributiva. De todas formas, en concreto, el concepto de desarrollo sostenible se ha entendido desde una óptica preminentemente antropocéntrica[8], inclinado hacia la explotación conforme a las exigencias humanas, más bien que basado en la armonía entre los seres humanos y la Naturaleza en su conjunto. De hecho, según se observó desde la doctrina, "[s]peaking of sustainable development is an exercise in ambiguity"[9], y el concepto se ha utilizado también para perpetuar patrones económicos inicuos.

En concreto, la relación entre la humanidad, su modelo económico y productivo, por un lado, y los recursos naturales, por el otro, se ha caracterizado por la explotación: las actividades extractivas representan un ejemplo eficaz y elocuente en este sentido. A este respecto, las Naciones Unidas han reconocido que "natural resources – notably fossil fuels – have underpinned our global economic system, shaping geopolitics and

---

7 *Ibid.*, art. 4.

8 JARIA-MANZANO, J. (2018): Sustainability and Justice: A Constitution of Fragility en IGLESIAS MÁRQUEZ, D., FELIPE PÉREZ, B., MARTÍNEZ HERNÁNDEZ L. (coord.), *Rethinking Sustainable Development in Terms of Justice: Issues of Theory, Law and Governance,* cit., págs. 6-21, 10.

9 IGLESIAS MÁRQUEZ, D., FELIPE PÉREZ, B., MARTÍNEZ HERNÁNDEZ L. (coord.) (2018): *Rethinking Sustainable Development in Terms of Justice: Issues of Theory, Law and Governance,* cit., pág. 74, and Preface.

the course of human development"[10]. La perpetuación de este paradigma económico y productivo ha tenido un alarmante impacto, causando un creciente deterioro ambiental, así como una injusta asimetría entre el Norte Global y el Sur Global. El análisis realizado por el Banco Mundial revela datos elocuentes, al aclarar que "[c]urrently, mineral resource extraction plays a dominant role in the economies of 81 countries that account for a quarter of global GDP, half of the world's population and nearly 70 per cent of those living in extreme poverty"[11]. En concreto el impacto perjudicial de las actividades extractivas puede exacerbarse en el Sur Global – por ejemplo: la contaminación ambiental y la apropiación de las tierras pueden llegar a afectar a los pueblos indígenas y sus tierras ancestrales[12]; las comunidades locales pueden sufrir de la explotación económica y social, así como de la exclusión del acceso apropiado al suministro de energía[13] y a oportunidades tales como "income generation activities and poverty alleviation"[14].

En general, la intensa explotación de los recursos extractivos en el Sur Global se debe a múltiples factores, que han hecho esta dimensión atractiva para las empresas, que gene-

---

10 UNITED NATIONS (2021): *Transforming Extractive Industry for Sustainable Development*, New York, 2021, pág. 3. Also see: IRENA - INTERNATIONAL RENEWABLE ENERGY AGENCY (2019): *A New World. The Geopolitics of Transformation*, Abu Dhabi, 2019.

11 UNITED NATIONS (2021): *Transforming Extractive Industry for Sustainable Development*, cit., pág. 3, con referencia a THE WORLD BANK (2019): *Extractive Industries: Overview*, 2021, www.worldbank.org/en/topic/extractiveindustries/overview.

12 UNITED NATIONS (2021): *Transforming Extractive Industry for Sustainable Development*, cit., págs. 6-7.

13 Véase: BOMBAERTS, G., JENKINS, K., SANUSI, Y.A., GUOYU W. (coord.), *Energy justice across borders*, Berlin, Springer, 2020, ISBN 978-3-030-24020-2.

14 *Ibid.*, pág. 137.

ralmente proceden del Norte Global. De hecho, a menudo, los estándares laborales y ambientales son más flojos que en el Norte Global[15] y, en concreto, un factor de indudable relevancia es la elevada disponibilidad de los recursos extractivos en el Sur Global, una riqueza que ha llevado al fenómeno de "la paradoja de la abundancia"[16]. Las Naciones Unidas han descrito esta situación sosteniendo que la paradoja de la abundancia ha "atrapado" "developing countries into patterns of primary product export specialization, constituting a barrier to long-term economic development"[17].

---

15 UNITED NATIONS (2021): *Transforming Extractive Industry for Sustainable Development*, cit., pág. 3.

16 UNITED NATIONS (2021): *Transforming Extractive Industry for Sustainable Development*, cit., pág. 3. ADDISON, T. (2020): *Extractives for Development (E4D)- Risks and Opportunities*, UNU-WIDER, 2020, https://www.wider.unu.edu/project/extractives-development-e4d-%E2%80%93-risks-and-opportunities, consultado el 6 de julio de 2024. Si bien no sea reciente, véase también: GLOBAL INITIATIVE AGAINST TRANSNATIONAL CRIME, *The paradox of plenty: mineral trafficking, conflict and crime*, 6 de julio de 2013, https://globalinitiative.net/analysis/the-paradox-of-plenty-mineral-trafficking-conflict-and-crime/, consultado el 6 de julio de 2024.

17 De hecho, "[o]f the 72 countries classified as low or middle-income countries in 2019, 63 had increased their dependence on extractive industries for growth over the preceding two decades, with low value added, accompanied by a declining share of exports of manufactures with greater technological intensity". Véase: UNITED NATIONS (2021): *Transforming Extractive Industry for Sustainable Development*, cit., pág. 3. Las Naciones Unidas han recordado que también otros factores tienen un impacto relevante y exacerban tanto la paradoja de la abundancia como la explotación, por ejemplo, la falta de un adecuado marco jurídico, la asimetría contractual entre las empresas y las autoridades locales durante la negociación y la implementación de los acuerdos que concluyan, y en fin situaciones complejas tales como "important weaknesses related to governance and revenue management – such as illicit financial flows, corruption, governance deficits, and revenue mismanagement". Véase: UNI-

Se estima que la explotación de los recursos extractivos en el Sur Global podrá conocer un ulterior incremento. Eso no solo se debe al hecho de que "[w]hile Europe and North America once played a dominant role in the production of metals and other commodities, the extraction of resources has increasingly moved to developing countries, including China"[18], según resaltó el "Policy Brief: Transforming Extractive Industries for Sustainable Development" de las Naciones Unidas, sino también a la creciente necesidad de los metales y los minerales "críticos" para la promoción de la transición energética. De hecho, la riqueza del Sur Global no se destaca solamente por la gran disponibilidad de los recursos fósiles que ha tradicionalmente alimentado la voracidad de nuestro – insostenible – sistema productivo y económico, sino también por la gran disponibilidad de recursos tales como cobre, níquel, cobalto, grafito y tierra raras con la que esta dimensión del mundo cuenta[19]. Desde la doctrina, se ha emblemáticamente hablado de una "rush for the mineral resources needed to build solar arrays, wind turbines, and batteries"[20], es decir, una carrera, para asegurarse estos recursos cruciales, que afecta trasversal-

---

TED NATIONS (2021): *Transforming Extractive Industry for Sustainable Development*, cit., pág. 9. See TEREFE TUCHO, G. (2020): The Impacts of Policy on Energy Justice in Developing Countries, en BOMBAERTS, G., JENKINS, K., SANUSI, Y.A., GUOYU W. (coord.), *Energy justice across borders*, cit. págs. 137 ss., que proporciona una serie de ejemplos interesantes, como el de Tanzania.

18 UNITED NATIONS (2021): *Transforming Extractive Industry for Sustainable Development*, cit., pág. 3.

19 "The production of minerals such as cobalt, graphite and lithium could increase by nearly 500 per cent by 2050 in response to growth for clean energy technologies", UNITED NATIONS (2021): *Transforming Extractive Industry for Sustainable Development*, cit., págs. 13-14.

20 SOURGENS, F.G. (2022): *Energy Lessons from the Ukraine Crisis*, EJIL:Talk!, 24 de febrero de 2022, https://www.ejiltalk.org/energy-lessons-from-the-ukraine-crisis/, consultado el 6 de julio de 2024.

mente y de forma generalizada al Sur Global. En este sentido, la "rush to cobalt" en la República Democrática del Congo es un ejemplo paradigmático[21], así como Latinoamérica se destaca porque "[t]he region already produces large quantities of lithium, which is needed for batteries, and copper and underpins the expansion of renewables and electricity networks"[22]. A este respecto, se estima que Bolivia tenga la primera reserva mundial de litio[23], del que también Argentina, Chile[24] y Méxi-

---

21 SOURGENS, F.G. (2022): *Energy Lessons from the Ukraine Crisis,* cit. Véase también CIMMINELLA, M. (2023): *La transizione verde spinge la domanda di minerali critici nel mondo,* La Repubblica, 9 de Octubre de 2023, https://www.repubblica.it/economia/rapporti/energitalia/trasformazione/2023/10/09/news/la_transizione_verde_spinge_la_domanda_di_minerali_critici_nel_mondo-417372602/, consultado el 6 de julio de 2024. La situación ya se manifestaba hace años: LISK, F., BESADA, H., MARTIN, P. (2015): *Regulating Extraction in Africa: Towards a Framework for Accountability in the Global South,* Governance in Africa, 2(1), 2015, págs. 1-12, DOI: http://dx.doi.org/10.5334/gia.ah.

22 BERNAL, A., HUSAR, J., BRACHT, J. (2023): *Latin America's opportunity in critical minerals for the clean energy transition,* International Energy Agency, 7 de abril de 2023, https://www.iea.org/commentaries/latin-america-s-opportunity-in-critical-minerals-for-the-clean-energy-transition, consultado el 6 de julio de 2024.

23 RAMOS, D.(2023): *Bolivia hikes lithium resources estimate to 23 million tons,* Reuters, 20 de Julio de 2023, https://www.reuters.com/markets/commodities/bolivia-hikes-lithium-resources-estimate-23-mln-tons-2023-07-20/ consultado el 6 de julio de 2024; EL PERIÓDICO DE LA ENERGÍA, *Bolivia presume de tener la primera reserva mundial de litio con 23 millones de toneladas,* El Periódico de la Energía.com, 21 de Julio de 2023, disponible en: https://elperiodicodelaenergia.com/bolivia-presume-tener-primera-reserva-mundial-litio-23-millones-toneladas/, consultado el 6 de julio de 2024.

24 Argentina, Bolivia y Chile han sido denominados "el triángulo del litio", por contar con alrededor del 60% de la cantidad global de litio. AHMAD, S. (2020): *The Lithium Triangle: Where Chile, Argentina,*

co tienen algunas de las mayores reservas del mundo[25]. Puesto que, según se destacó desde la doctrina, el Informe "Climate Change 2022: Mitigation of Climate Change" del International Panel on Climate Change (IPCC) ha afirmado que "achieving the goal of limiting global warming consistently with the Paris Agreement is dependent on the implementation of the energy transition, and the international community has urged States to phase out fossil fuels and reduce their emissions" [26], la comunidad internacional no puede prescindir de una reconsideración adecuada, justa, coherente con los derechos humanos y la justicia intergeneracional – y como, se afirma posteriormente en el presente estudio, intrageneracional – para abordar las actividades extractivas en el Sur Global.

En esta óptica, el propósito del presente estudio consiste en explorar la creciente *climate litigation wave*, es decir, la creciente ola de litigio climático que viene difundiéndose en los Tribunales tanto del Norte Global como del Sur Global y en la jurisprudencia de los órganos internacionales de derechos humanos, que se caracteriza por utilizar los derechos humanos como parámetro para evaluar la acción estatal en el campo de la lucha contra el cambio climático y por la incorporación de la *narrative* de la equidad intergeneracional, y que en algunos casos se ha enfocado expresamente en las actividades extractivas. La sección 2 se enfoca justamente en este análisis, haciendo hinca-

---

and Bolivia Meet, Harvard Law Review, 15 de enero de 2020, https://hir.harvard.edu/lithium-triangle/, consultado el 6 de julio de 2024.

25 LA REPÚBLICA, *Bolivia, Chile y Argentina son países clave para la producción de litio en el mundo,* La República, 6 de Febrero de 2023, https://www.larepublica.co/globoeconomia/bolivia-chile-y-argentina-son-paises-clave-para-la-produccion-de-litio-en-el-mundo-3538271, consultado el 6 de julio de 2024.

26 INTERNATIONAL PANEL ON CLIMATE CHANGE (IPCC) (2022): *Report 'Climate Change 2022: Mitigation of Climate Change'*, 2022, págs. 55, 628 ss., y especialmente el Capítulo 6.

pié en las generaciones futuras y en como los Tribunales y – si bien en una medida más limitada – los órganos internacionales de derechos humanos han venido definiendo la responsabilidad estatal en relación con su protección, incorporando también la dialéctica de la conservación del medioambiente y de la biodiversidad, a través un innovador enfoque centrado en la interrelación entre los derechos humanos y las obligaciones de mitigación estatales con referencia al cambio climático, en el cuadro del derecho internacional ambiental. En este sentido, se resalta como los órganos judiciales, en los diferentes niveles, han resaltado la conexión entre las obligaciones estatales de mitigación y la eliminación progresiva de los combustibles fósiles, los cual reviste una importancia fundamental en el marco de las actividades extractivas, especialmente en el Sur Global. Además, se pone de relieve la paulatina afirmación de una concepción novedosa de extraterritorialidad de las obligaciones estatales en la dimensión de los derechos humanos, tal y como fue afirmada por la Corte Interamericana de Derechos Humanos y acogida por el Comité de los Derechos del Niño en el paradigmático caso *Sacchi et Al.* En este contexto, se hace también referencia a los esfuerzos para abordar el tema del *locus standi* de las generaciones futuras, a la luz de los obstáculos que se derivan de la que Derek Parfit definió como la "non-identity" de esta categoría. A la luz del análisis crítico de esta fascinante jurisprudencia llevado a cabo en la sección 2, la sección 3 desarrolla una reflexión sobre la posible incorporación de estos logros en el marco del Sur Global, haciendo especial hincapié en el papel que pueden desempeñar los sistemas de derechos humanos. En particular, se considera como la teoría de la soberanía sobre los recursos naturales pueda ser beneficiosa para la promoción de una visión sólida para un uso sostenible de los recursos en el Sur Global, con especial referencia tanto a los combustibles fósiles y su gradual eliminación, como a los recursos críticos para la implementación de la transición energética. Desde este punto de vista, se considera también la valiosa incorporación de la extraterritorialidad de los derechos humanos, con el propósito de teorizar soluciones para definir una responsabilidad estatal en términos de debida diligencia y el deber de proteger de los Estados, y para teorizar, posiblemente, un reparto más justo de la responsabilidad relativa a las emisiones de gas de efecto invernadero relacionadas con las actividades extractivas, que tenga en consideración de una forma más justa los paradigmas de la *production-based accountability* (PBA) y de la *consumption-based accountability* (CBA). Finalmente, se formulan algunas breves consideraciones conclusivas.

UNA NOVEDOSA *CLIMATE LITIGATION WAVE*: LA NARRACIÓN DE LAS GENERACIONES FUTURAS COMO PARADIGMA PARA LAS OBLIGACIONES ESTATALES CLIMÁTICAS Y DE DERECHOS HUMANOS

A partir de la histórica sentencia pronunciada por el Tribunal Supremo holandés en el asunto *Urgenda*[27], en el año 2016, una imparable ola de litigio climático ha venido difundiéndose a nivel global. En general, esta jurisprudencia se caracteriza por utilizar los derechos humanos y los derechos constitucionales como parámetro para evaluar la idoneidad de la acción estatal – por ejemplo, una ley u otro tipo de medida – o la inacción estatal, con referencia a la lucha contra el cambio climático, haciendo hincapié en las obligaciones de mitigación[28], contempladas por el derecho internacional ambiental y, especialmente, por el Acuerdo de París. En particular, los Tribuna-

27 Hoge Raad, *Staat der Nederlander v. Urgenda*, 20 de diciembre de 2019, ECLI:NL:HR:2019:2006 (en adelante *Urgenda*).

28 La jurisprudencia considerada aborda también las obligaciones de adaptación que, de todas formas, van más allá del alcance y de la perspectiva de este estudio.

les han venido "asking state and corporate actors to reduce greenhouse gas emissions and redress the harms associated with the impacts of climate change"[29], una tendencia[30] que empieza a afirmarse también en la jurisprudencia internacional de derechos humanos.

El protagonismo del lenguaje de los derechos humanos se puede encontrar variamente articulado en este escenario jurisprudencial: por ejemplo, algunas decisiones han incorporado la idea que los tratados de derechos humanos constituyen una fuente de las obligaciones de mitigación. Esta visión ha sido sostenida desde la doctrina por autores como Michael Burger y Jessica Wentz, que han afirmado que existe un "growing consensus that a mitigation obligation does exist under international human rights law"[31].

---

29 SAVARESI, A., SETZER, J. (2022): *Rights-based litigation in the climate emergency: mapping the landscape and new knowledge frontiers,* Journal of Human Rights and the Environment, N. 1, 2022, págs. 7-34, ISSN: 17597188, págs. 7-34, 7.

30 En este sentido, se han destacado algunos rasgos, que en general, caracterizan el enfoque en el Norte Global y en el Sur Global, puesto que "the trends in Global South climate litigation reflect the priorities of the jurisdiction in which the action is commenced [...], [and] while a number of landmark cases of strategic climate litigation in the Global North are targeted at driving governmental ambition on climate change, litigants from the Global South are more likely to use litigation to compel governments to enforce existing policies for mitigation and adaptation, attempting to overcome implementation constraints", según aclaran SETZER, J., BENJAMIN, H. (2019): *Climate Litigation in the Global South: Constraints and Innovations,* Transnational Environmental Law, N. 9(1), 2019, págs. 77-101, ISSN: 2047-1025, págs. 77-101, 79.

31 BURGER, M., WENTZ, J. (2015): Climate Change and Human Rights en FAURE M. (coord.), *Elgar Encyclopedia of Environmental Law,* Cheltenham, Edward Elgar Publishing, 2015, págs. 198-212, ISBN: 978 1 78643 698 6, pág. 205.

Esta visión ha sido adoptada en una reciente e interesante sentencia que procede del Sur Global. De hecho, en el caso *PSB et Al. c. Brasil*, el Tribunal Supremo de Brasil ha afirmado que "los tratados de derecho ambiental consisten en una especie del género de los tratados de derechos humanos y que, por lo tanto, gozan de un estatuto supranacional"[32], haciendo hincapié en las obligaciones de mitigación de la emisión de gas de efecto invernadero, a raíz de su impacto sobre las generaciones futuras por su contribución tanto al cambio climático como al calentamiento global. En este sentido, la combustión de los combustibles fósiles ha sido explícitamente destacada en cuanto factor causante de las emisiones[33]. En esta óptica, el Tribunal Supremo de Brasil, ha puesto de relieve la exigencia de una reconsideración de nuestro sistema productivo y de consumo, en virtud del desarrollo sostenible tal y como definido en el Informe de Brundtland, haciendo hincapié en las generaciones futuras y la preservación de su capacidad de satisfacer sus necesidades. Posteriormente, el Tribunal dio un paso más al afirmar el *poder-dever* del "Poder Público"[34] de defender, preservar y restaurar un medioambiente ecológicamente equilibrado para las generaciones presentes y futuras. Este "poder-deber" es *impuesto*[35], según aclara el Tribunal, por el art. 225 de la Constitución brasileña que prevé justamente el *derecho*[36] a un medioambiente ecológicamente equilibrado. El lenguaje utilizado por el Tribunal Supremo de Brasil en la sentencia *PSB et Al.* es elocuente, en cuanto contribuye a definir la relación que la humanidad y el Estado tienen con las generaciones futuras en el plan jurídico y, por lo tanto, contribuye a forjar el conte-

---

32 *PSB et al. v Brazil*, Supreme Court of Brazil, ADPF 760 (2020), párra. 17 (en adelante *PBS et Al.*)

33 *PSB et al. v Brazil*, cit., véanse los párras. 6 y 7.

34 *PSB et al. v Brazil*, cit., párra. 16.

35 Énfasis añadido por la autora.

36 Énfasis añadido por la autora.

nido normativo de la equidad intergeneracional, sin pasar por alto otro importante componente en la dimensión temporal, es decir, la equidad intrageneracional. Esta última se refiere a la equidad entre las generaciones que conviven actualmente, según la óptica mencionada anteriormente de la estructura *cross-generational* de la humanidad y la visión de Hans Jonas, según el que la humanidad no está constituida por sujetos coetáneos, sino por personas de todas edades[37].

La *climate litigation wave* no ha pasado por alto la naturaleza *cross-generational* de la humanidad, con especial referencia a las generaciones jóvenes que padecerán intertemporalmente los perjuicios del cambio climático y de un empleo inicuo de los recursos. En el caso *Sharma*[38], la Federal Court of Australia ha tenido la oportunidad de abordar la equidad intrageneracional, justamente con referencia a las actividades extractivas, dado que los jóvenes demandantes solicitaban una *injunction* de la Corte para que el Ministro del Ambiente no aprobara la ampliación de la mina de carbono de Whitehaven Vickery, en el marco del "Environment Protection and Biodiversity Conservation Act"[39]. La Corte llegó a afirmar un novedoso *duty of*

---

37 JONAS, H. (2002): *Il principio responsabilità. Un'etica per la civiltà tecnologica*, Torino, Einaudi, 2002, ISBN: 9788806164430, pág. 115.

38 Véanse *Sharma by her litigation representative Sister Marie Brigid Arthur v Minister for the Environment* [2021] FCA 560, 27 de mayo de 2021, (en adelante, *Sharma*) y *Sharma by her litigation representative Sister Marie Brigid Arthur v Minister for the Environment* (No 2) [2021] FCA 774, VID 607 of 2020, 8 de julio de 2021, párra. 58. Cabe recordar la interesante experiencia de la Comunidad Autónoma de Andalucía y de su Estatuto de Autonomía. A este respecto, véase ZAMORA ROSELLÓ, M.R. (2024): Minería y Comunidades Autónomas: territorio, sostenibilidad y energía. Especial referencia a Galicia, Baleares y Andalucía, Tirant lo Blanch, 2024, págg. 191 ss.

39 Véase el sitio web: http://climatecasechart.com/non-us-case/raj-seppings-v-ley/, consultado el 6 de julio de 2024.

care – estatal – de *common law,* sosteniendo que "[t]he [Minister for the Environment] has a duty to take reasonable care . . . to avoid causing personal injury or death to persons who were under 18 years of age and ordinarily resident in Australia at the time of the commencement of this proceeding arising from emissions of carbon dioxide into the Earth's atmosphere"[40]. De hecho, según se resaltó desde la doctrina, la Corte había considerado la consecuencias "catastróficas" que se derivarían de "digging up and burning coal [that] will exacerbate climate change and harm young people in the future"[41].

En algunos casos, un *duty of care* del Estado hacia las generaciones futuras se encuentra en el marco constitucional[42], lo cual encaja en un panorama más amplio caracterizado por la existencia de *future-oriented Constitutions* y de Constituciones

---

40 *Sharma by her litigation representative Sister Marie Brigid Arthur v Minister for the Environment* (No 2) [2021] FCA 774, VID 607 of 2020, 8 de julio de 2021, párra. 58. Si bien la Full Federal Court of Australia no haya confirmado esta importante decisión, la sentencia de la Federal Court sigue representado una referencia elocuente.

41 Véase el ánalisis de *Sharma* disponible en: http://climatecasechart.com/non-us-case/raj-seppings-v-ley/, consultado el 6 de julio de 2024; also see PEEL, J,. MARKEY-TOWLER, R. (2021): *A Duty to Care: The Case of Sharma v Minister for the Environment [2021] FCA 560,* Journal of Environmental Law, N. 3(33), 2021, págs. 727-736, DOI: http://dx.doi.org/10.2139/ssrn.4052062.

42 De hecho, la mayoria de l.a textos constitucionales a nivel mundial ha incorporado una referencia explicita a las generaciones futuras, puesto que "[c]onsidering the 193 UN member states, Kosovo, Palestine, and Taiwan, 41% (81 out of 196) of constitutions explicitly referenced future generations as of 2021", según destacó ARAÚJO, R., KOESSLER, L. (2021): *The Rise of the Constitutional Protection of Future Generations,* Legal Priorities Project Working Paper Series, N. 7, 2021, págs. 1-45, DOI: http://dx.doi.org/10.2139/ssrn.3933683.

que contienen *ecological generational justice clauses*[43]. En el renombrado caso *Neubauer*[44], el Tribunal Constitucional alemán ha abordado lo que desde la doctrina se ha eficazmente definido "sustainable development made justiciable"[45] (así como la cuestión de la "expansión temporal de la libertad"[46]). El Supremo Tribunal ha basado su decisión sobre los derechos fundamentales que "oblige the legislator to manage the CO2 emission reductions that are constitutionally required under Art. 20a [of the Basic Law]"[47], el que contiene justamente el *duty of care* hacia las generaciones futuras. En virtud de esta visión, el Tribunal Constitucional alemán ha afirmado que "one generation must not be allowed to consume large portions of the CO2 budget while bearing a relatively minor share of the reduction effort, if this would involve leaving subsequent generations with a drastic reduction burden and expose their lives to serious losses of freedom"[48].

---

43 D'ALOIA, A. (2019): *Bioetica ambientale, sostenibilità, teoria intergenerazionale della Costituzione*, BioLaw, cit., págs. 651 ss.

44 *Neubauer, et al. v. Germany*, Bundesverfassungsgericht [BVerfG], 24 March 2021, Case No. BvR 2656/18/1, BvR 78/20/1, BvR 96/20/1, BvR 288/20 (en adelante *Neubauer*).

45 Véase: BÄUMLER J. (2021): *Sustainable Development made justiciable: The German Constitutional Court's climate ruling on intra- and inter-generational equity*, EJIL:Talk!, 8 de junio de 2021, https://www.ejiltalk.org/sustainable-development-made-justiciable-the-german-constitutional-courts-climate-ruling-on-intra-and-inter-generational-equity/, consultado el 6 de julio de 2024.

46 DE ARMENTERAS CABOT, M. (2023): *¿Es posible la protección «intertemporal» de la libertad? A vueltas con la sentencia del Tribunal Constitucional alemán en el caso Neubauer*, Revista de Estudios Políticos, 30 de junio de 2023, pág. 187-215, https://recyt.fecyt.es/index.php/RevEsPol/article/view/100808/73358, consultado el 6 de julio de 2024.

47 *Neubauer*, cit., párra. 192.

48 *Neubauer*, cit., párra. 192.

A nivel internacional, el Comité de Derechos Humanos (CDH), en el caso *Billy Daniel*[49], ha descrito el alcance de la obligaciones intergeneracionales estatales en términos de sostenibilidad, al reconocer que "environmental degradation, climate change and unsustainable development constitute some of the most pressing and serious threats to the ability of present and future generations to enjoy the right to life" y que los Estados *deberían*[50] adoptar medidas específicas para "address the general conditions in society"[51] que pueden plantear una amenaza directa para el derecho a la vida o a vivir con dignidad. Con un lenguaje aún más marcado, en el caso *Sacchi et Al. c. Argentina et Al.*, el Comité de los Derechos del Niño (CDN) ha aclarado que en virtud de la más elevada vulnerabilidad de las jóvenes generaciones[52], "children are entitled to special safeguards, including appropriate legal protection, [and that] States have *heightened obligations*[53] to protect children from foreseeable harm"[54]. La visión afirmada por esta jurisprudencia,

49 *Billy Daniel et Al. v. Australia*, Human Rights Committee, CCPR/C/135/D/3624/2019 (22 de septiembre de 2022), (en Adelante *Billy Daniel et Al.*).

50 El texto de la decisión en inglés utiliza el condicional *should*, a pesar de que anteriormente el CDH reconozca explícitamente "the *obligation* of States parties to respect and ensure the right to life extends to reasonably foreseeable threats and life-threatening situations", *Billy Daniel et Al.*, párra. 8.3, énfasis añadido.

51 *Billy Daniel et Al.*, cit., párra. 8.3.

52 Committee on the Rights of the Child, *Chiara Sacchi, et al v Argentina, Brazil, France, Germany and Turkey*, CRC 104/2019-108/2019 (23 September 2020), (en Adelante *Sacchi et. Al.*), párra. 10.13, en el que el Comité de los Derechos del Nió aclaró que "both in terms of the manner in which they experience such effects as well as the potential of climate change to affect them throughout their lifetime, in particular if immediate action is not taken".

53 Énfasis añadido.

54 *Sacchi et Al.*, cit., párra. 10.13.

que moldea el lenguaje de los derechos y de las obligaciones de mitigación de los Estados según la equidad intergeneracional e intrageneracional, es de fundamental importancia para dirigirse a las actividades extractivas, especialmente incorporando la lógica del desarrollo sostenible. La existencia de una conexión subyacente a este cuadro ha sido reconocida por las Naciones Unidas, al afirmar que "[o]n a global scale fossil fuels accounts for a staggering 73 per cent of the world's greenhouse gas emissions, placing the spotlight of climate mitigation efforts squarely on extractive industries"[55].

De todas formas, hay otro paradigma que la *climate litigation wave* ha adoptado para dirigirse al desarrollo sostenible en la óptica de la intertemporalidad e intratemporalidad de la humanidad y de la equidad, y que describe la relación entre el ser humano y su entorno natural que forja el uso de los recursos naturales según la lógica de la conservación. Esta visión, que se puede encontrar en algunas interesantes decisiones de los Tribunales del Sur Global[56], ha sido explícitamente articula-

---

55 UNITED NATIONS (2021): *Transforming Extractive Industry for Sustainable Development,* cit., pág. 7, con referencia a *Climate Watch* y su *Historical GHG Emissions,* www.climatewatchdata.org/ghg-emissions?breakBy=sector&calculation=ABSOLUTE_VALUE&chartType=percentage&end_year=2018§ors=total-excluding-lucf&source=CAIT&start_year=1990, consultado el 6 de julio de 2024.

56 Supreme Court of Pakistan, *D. G. Khan Cement Company v. Government of Punjab,* C.P.1290-L/2019, 15 de Abril de 2021, párra. 19, (en adelante *Khan*), en el que la Corte afirma emblemáticamente que: "For our children, and our children's children, and all those yet to come, we must love our rivers and mountains and reconnect with the long and life-giving cycles of nature. To us there is no conflict between environmental protection and development because our answer would be sustainable development. Sustainable development means development that meets the needs of the present generation without compromising the ability of future generations

da según el lenguaje de la solidaridad por la Corte Constitucional de Colombia, en el caso *Demanda Generaciones Futuras v. Minambiente* ("*Generaciones Futuras*")[57]. En su sentencia, la Suprema Corte ha afirmado que "los derechos ambientales de las futuras generaciones se cimentan en el i) deber ético de la solidaridad de la especie ii) en el valor intrínseco de la naturaleza"[58]. La Suprema Corte ha afirmado una concepción ecocéntrica-antrópica, en virtud de la que el ser humano y las generaciones futuras forman parte del ecosistema y de la naturaleza, siendo la "conservación de la naturaleza", esencial para "mantener [por siempre] la vida de los seres humanos"[59]. De ello, se ha desprendido una "relación jurídica obligatoria de los derechos ambientales de las generaciones futuras", que se expresa a través de una "prestación de no hacer, cuyo efecto se traduce en una limitación de la libertad de acción de las generaciones presentes", lo cual se traduce en una "actitud de cuidado y custodia de los bienes naturales y del mundo humano futuro"[60]. El leguaje de la sentencia *Generaciones Futuras* y los casos que se han destacado anteriormente recuerdan a la teoría elaborada por Edith Brown Weiss desde la doctrina en

---

to meet their needs and it is in step with our constitutional values of social and economic justice". *Shrestha v. Office of the Prime Minister et al.*, Supreme Court of Nepal, December 25, 2018, Decision no. 10210), párra. 2, p. 12, párra. 5, p. 13, párra. 6. Esta visión fue propuesta, hace casi treinta años, en una de las sentencias más innovadoras y fascinantes en el panorama de litigio ambiental, es decir, *Minors Oposa v. DENR*, Supreme Court of the Philippines, 33 I.L.M. 173 (1994) (en adelnate *Minors Oposa*), pág. 7.

57 Corte Suprema de Justicia [C.S.J.] [Supreme Court], Sala Civ., *Demanda Demanda Generaciones Futuras v. Minambiente ("Generaciones Futuras")*, 5 de abril de 2018, STC4360-2018, Radicación no. 11001-22-03-000-2018-00319-01 (Colom.) (en adelante *Generaciones Futuras*).

58 *Ibid.*, párra. 5.3, pág. 19.

59 *Ibid.*, párra. 5.3, pág. 20.

60 *Ibid.*, párra. 5.3, pág. 21.

los comienzos de los Años 90, y que representa un hito en la definición de la equidad intergeneracional e intrageneracional[61]. La visión de Edith Brown Weiss se fundamenta en la afirmación de la existencia de "rights and obligations", que se articulan en los "principles of options, quality and access", y que se podrían también definir "planetary rights and obligations held by each generation"[62]. Con particular referencia a la decisión de la Corte Constitucional de Colombia en el caso *Generaciones Futuras*, se puede destacar también otro rasgo común, es decir la idea que las generaciones futuras representen los "destinatarios, tributarios y titulares" de los bienes naturales que parece coherente con la concepción del *trust* de Brown Weiss[63]. Esta concepción, juntamente con la visión unitaria y harmónica entre la humanidad presente y venidera y la naturaleza en su conjunto, han repercutido también en la esfera procesal, especialmente en relación con el *locus standi* de las generaciones futuras y la solución de su *non-identity* teorizada por Derek Parfit[64], lo cual desempeña un papel fundamental en su contribución a la justiciabilidad del desarrollo sostenible[65] y que puede ser crucial para abordar las actividades extractivas

---

[61] De hecho, la definición de equidad intergeneracional elaborada por Edith Brown Weiss fue mencionada por el Secretario General delas Naciones Unidas en su Informe "Intergenerational solidarity and the needs of future generations".

[62] BROWN WEISS, E. (1992): *In Fairness To Future Generations and Sustainable Development*, American University International Law Review, N. 8(1), 1992, págs. 19-26, pág. 23.

[63] *Ibid.*, pág. 20.

[64] PARFIT, D. (1986): *Reasons and Persons*, Oxford, Oxford University Press, 1986, ISBN: 9780198249085.

[65] Según afirmaba Edith Brown Weiss "[s]ustainable development is inherently an intergenerational question as well as an intragenerational question [...] [and] relies on a commitment to equity with future generations", BROWN WEISS, E. (1992): *In Fairness To Future Generations and Sustainable Development*, cit., pág. 19.

en el Sur Global. Un emblemático ejemplo de la incorporación de la lógica del *trust* público para otorgar protección a las generaciones futuras, se encuentra en la decisión *Robinson Township v. Commonwealth*[66], donde la Supreme Court of Pennsylvania afirmó que "[t]he Commonwealth's obligations as trustee to conserve and maintain the public natural resources for the benefit of the people, including generations yet to come, create a right in the people to enforce the obligations"[67]. La Corte Constitucional de Colombia, en *Generaciones Futuras*, consideró procedente la acción de tutela, después de aclarar que uno de los requisitos para su procedencia consiste en la "conexidad entre la vulneración de derechos colectivos y la violación a uno u otros de tipo primario, fundamental e individual, de modo que la transgresión de los primeros, ocasione la afectación de los segundos"[68]. No se trata de una visión aislada en el Sur Global, que cuenta con un precedente importante en campo del litigio ambiental, que remonta a la década de los Años 90, es decir, la renombrada sentencia de la Corte Suprema de Filipinas *Minors Oposa*[69]. En esta decisión. La Suprema Corte ofreció una fascinante y pionera visión fundamentada en la unidad entre la humanidad presente y futura y la Naturaleza, al afirmar que el *locus standi* de los jóvenes demandantes, es decir los "[p]etitioners minors [...] [as] represent[atives] [of] their generation as well as generations yet unborn" estribaba en el principio de equidad intergeneracional[70]. La idea de una generalizada

---

66 *Robinson Twp. v. Commonwealth*, 83 A.3d 901, 974 (Pa. 2013), consistently with article 27(1) of the Constitution of Pennsylvania, which provides that "Pennsylvania's public natural resources are the common property of all the people, including generations yet to come".

67 SLOBODIAN, L. (2020): *Defending the Future: Intergenerational Equity in Climate Litigation*, cit., págs. 569-589, 580 ss.

68 *Generaciones Futuras*, cit., Consideraciones, pág. 11.

69 *Minors Oposa*, cit.

70 *Minors Oposa*, cit., pág. 8.

legitimación procesal, fundamentada en el amplio concepto de "clase", inclusivo de las generaciones presentes y futuras, fue ulteriormente aclarada por el Juez Feliciano en su *Separate Concurring Opinion,* en virtud de la posibilidad de beneficiar de la presentación de la acción[71]. Es particularmente interesante resaltar que la visión de fondo de la decisión de la Suprema Corte fue justamente que "the rhythm and harmony of nature" que incluye "the judicious disposition, utilization, management, renewal and conservation of the country's [...] natural resources to the end that their exploration, development and utilization be equitably accessible to the present as well as future generations"[72]. Se trata paradigmáticamente, según aclaró el Tribunal Supremo de Pakistan en el caso *Khan,* de "restore and repair and care for the planetary home that will take care of our offspring", y de entender que el desarrollo – verdaderamente – sostenible es capaz de reconciliar el desarrollo y la protección ambiental, conforme a los valores constitucionales de justicia económica y social. Significativamente, el Tribunal afirma que este proceso es funcional a la construcción de la *climate democracy,* coherentemente con el *Rule of Law.*[73]

Esta visión consiente la justiciablidad, según los derechos humanos y constitucionales, del uso de los recursos naturales, incluso a través de las actividades extractivas. Además, el cuadro de la justiciabilidad, tan crítico y estratégico, viene enrique-

---

71 En particular, el Juez Feliciano aclaró que "[b]ecause of the very broadness of the concept of 'class' here involved – membership in this 'class' appears to embrace everyone living in the country whether now or in the future – it appears to me that everyone who may be expected to benefit from the course of action petitioners seek to require public respondents to take, is vested with the necessary locus standi", *Minors Oposa,* pág. 16, Separate Concurring Opinion of Judge Feliciano.

72 *Minors Oposa,* cit., pág. 8.

73 *Khan,* cit., párra. 19.

ciéndose a través de una novedosa jurisprudencia promovida justamente por los Tribunales del Sur Global, que se enfoca en la protección de la Naturaleza, en virtud de su reconocimiento como sujeto de derechos y que cuenta con el *locus standi.* Si bien esta fascinante jurisprudencia quede fuera del específico alcance del presente estudio, merece ser recordada porque, en concreto, ha otorgado protección a la Naturaleza incluso en el campo de las actividades extractivas, a la luz de los derechos de la Naturaleza, la conservación del medio ambiente y de la biodiversidad, la *stewardship* de los recursos naturales, y un enfoque precautorio interesante – tal y como la aplicación del criterio *in dubio pro ambiente o in dubio pro Natura*[74]. Los Tribunales de Latinoamérica son los autores y protagonistas de esta jurisprudencia, destacándose la Corte Constitucional de Ecuador – con su decisión en el caso *Los Cedros* [75]– y, de nuevo, la Corte Constitucional de Colombia – con sus sentencia en el caso *Rio Atrato*[76].

De todas formas, la protección de las generaciones futuras se puede asegurar no sólo en la dimensión intertemporal – intratemporal, con referencia a las generaciones jóvenes – sino también en el ámbito de la dimensión espacial. Es elocuente que ambas esferas hayan recibido reconocimiento en las sabias palabras del Juez Cançado Trindade, cuando afirmó que "[h]uman solidarity manifests itself not only in a spatial dimension [...] but also in a temporal dimension – that is, among the generations who succeed each other in the time, taking the past,

---

74 Corte Constitucional de Colombia, *Rio Atrato* Decisión T-622/16 de 10 de Noviembre de 2016 (en Adelante *Rio Atrato*), párra. 7.39.

75 Corte Constitucional del Ecuador, Sentencia No. 22- 18-IN/21, (sobre "Inconstitucionalidad de las disposiciones del Código Orgánico del Ambiente y su reglamento") (en adelante *Los Cedros*).

76 *Rio Atrato,* cit.

present, and future altogether"[77]. El reconocimiento de la dimensión espacial, en particular, de la extraterritorialidad de las obligaciones estatales inherentes a los derechos humanos en el ámbito del cambio climático, especialmente en relación con la mitigación, puede desempeñar un papel crucial para la promoción de un enfoque equitativo, justo y solidario para abordar las actividades extractivas en el Sur Global. A este respecto, se destaca la concepción de jurisdicción estatal extraterritorial elaborada por la Corte Interamericana de Derechos Humanos en la renombrada Opinión Consultiva OC-23/17, sobre "Medio Ambiente y Derechos Humanos", y basada en el ejercicio del "control efectivo sobre las actividades llevadas a cabo que causaron el daño y consecuente violación de derechos humanos [a nivel transfronterizo]"[78], que se deriva de una amplia aplicación del principio de la debida diligencia[79]. Esta concepción, que ha sido compartida por el CDN en el

---

77 *Bamaca-Velasquez v. Guatemala*, Judgment, Inter-Am. Ct. H.R. (ser. A) No. 11.129, párra. 23 (2002), (Separate Opinion of Trindade, J.).

78 Inter-American Court of Human Rights, Advisory Opinion OC-23/17 of November 15, 2017 Requested by the Republic of Colombia: The Environment and Human Rights, Inter-American Court of Human Rights (IACrtHR), 15 de noviembre de 2017, para. 104(h), https://www.corteidh.or.cr/docs/opiniones/seriea_23_ing.pdf, consultado el 6 de julio de 2024. En particular, la Corte aclaró que: "Frente a daños transfronterizos, una persona está bajo la jurisdicción del Estado de origen si media una relación de causalidad entre el hecho que ocurrió en su territorio y la afectación de los derechos humanos de personas fuera de su territorio. El ejercicio de la jurisdicción surge cuando el Estado de origen ejerce un control efectivo sobre las actividades llevadas a cabo que causaron el daño y consecuente violación de derechos humanos".

79 BERKES, A. (2018): *A New Extraterritorial Jurisdictional Link Recognised by the IACtHR*, EJIL:Talk!, 28 de marzo de 2018, https://www.ejiltalk.org/a-new-extraterritorial-jurisdictional-link-recognised-by-the-iacthr/, consultado el 6 de julio de 2024.

caso *Sacchi et Al.*,[80] puede ser valiosa con vistas a la construcción de un enfoque equitativo y sostenible en relación con el Sur Global desde varios puntos de vista: ante todo, para la definición de una *accountability* más equitativa y justa en materia de emisiones, conforme a un apropiado equilibrio entre la PBA y la CBA; además, para abordar la compleja dimensión de las empresas extractivas.

LOS HORIZONTES DE LAS ACTIVIDADES EXTRACTIVAS EN EL SUR GLOBAL A LA LUZ DE LA *CLIMATE LITIGATION WAVE*

Los elocuentes resultados conseguidos por la jurisprudencia sobre la equidad intergeneracional e intrageneracional que se ha analizado en la sección anterior se podrían generalizar en el marco de las actividades extractivas, según demuestra de forma específica el caso *Sharma*. Este enfoque se podría aplicar en el marco del Sur Global, lo cual sería beneficioso para prevenir "[s]peaking of sustainable development [from being] an exercise in ambiguity"[81], y hasta fomentado oportunidades tales

80 Véanse, en particular: *Sacchi et. Al.*, párra. 10.10 (donde el CDN afirmó que "in accordance with the principle of common but differentiated responsibility, as reflected in the Paris Agreement, the collective nature of the causation of climate change does not absolve the State party of its individual responsibility that may derive from the harm that the emissions originating within its territory may cause to children, whatever their location"), y párra. 10.11.

81 IGLESIAS MÁRQUEZ, D., FELIPE PÉREZ, B., MARTÍNEZ HERNÁNDEZ L. (coord.) (2018): *Rethinking Sustainable Development in Terms of Justice: Issues of Theory, Law and Governance*, cit., pág. 74, and Preface.

como "income generation activities and poverty alleviation"[82], de una forma intertemporal y extraterritorial.

En esta óptica, se podría identificar un paradigma interesante para fortalecer y ampliar los resultados obtenidos por la *climate litigation wave* "intertemporal" en el principio de la soberanía permanente sobre los recursos naturales (PSPRN), puesto que la doctrina ha expresamente resaltado en su ámbito específicas obligaciones inherentes tanto al principio de equidad intergeneracional e intrageneracional como al principio del uso sostenible de los recursos[83]. Este principio fue teorizado en el ámbito del proceso de descolonización para afirmar el derecho de los países en vía de desarrollo[84] y su población a "enjoy and exploit the resources and to [...] [avoid] unfair legal arrangements under which earlier the foreign countries and investors had acquired title to exploit the resources"[85]. Conforme a su intrínseca conexión con el derecho a la autodeterminación[86], el PSPRN puede contribuir a la definición de una visión fundamentada en los derechos humanos en relación con el uso de los recursos extractivos en el Sur Global, que encarne una lógica de empoderamiento de los

---

82 BOMBAERTS, G., JENKINS, K., SANUSI, Y.A., GUOYU W. (coord.), *Energy justice across borders*, cit., pág 137.

83 SHAH, K. (2019): *Analysis of Doctrine of Permanent Sovereignty over Natural Resources*, 11 de febrero de 2019, DOI: http://dx.doi.org/10.2139/ssrn.3326636.

84 El PSPRN fue proclamado en la Resolución 1803 (XVII), aprobada por la Asamblea General de las Naciones Unidas el 14 de diciembre de 1962, y titulada "Soberanía permanente sobre los recursos naturales".

85 Ibid., pág. 2.

86 TESHOME, R.G. (2022): *The Draft Convention on the Right to Development: A New Dawn to the Recognition of the Right to Development as a Human Right?*, Human Rights Law Review, N. 22, 2022, págs. 1-24, ISSN: 1461-7781, pág. 9.

países de esta área del mundo y sus poblaciones, susceptible de reflejar el *capability approach* teorizado por el laureado Nobel Amartya Sen. Desde este punto de vista, el Sur Global presenta un cuadro robusto, propicio a la incorporación y al desarrollo de esta visión, por sus propias características y no sólo a la luz de la contundencia de los resultados conseguidos en el contexto de la ola de litigio climático analizada anteriormente.

Desde esta perspectiva, un cuadro significativo se observa en el marco del sistema africano de protección de los derechos humanos. En efecto, la Carta Africana sobre los Derechos Humanos y de los Pueblos (CAfrDHP o "Carta de Banjul") contempla explícitamente el derecho al desarrollo, en el art. 22, y el derecho de los pueblos a disponer libremente de sus riquezas y recursos naturales, en el art. 21[87]. A este respecto, en el caso *Endorois*[88], la Comisión Africana de Derechos Humanos y de

---

[87] El art. 24 contiene una interesante formulación del derecho al ambiente, según la que "los pueblos tendrán derecho a un entorno – en la versión inglés, *environment* – general satisfactorio favorable a su desarrollo". La coherencia de este conjunto de previsiones ha sido aclarada desde la doctrina, que ha puesto de relieve la "falsidad" de la dicotomía o contraposición entre el medio ambiente y el desarrollo, en cuanto "an understanding of development which does not take account of the environmental aspects is untenable in the long run". Véase BOSHOFF E. (2021): *Rethinking the premises underlying the right to development in African human rights jurisprudence,* Review of European, Comparative and International Environmental Law, N. 31(1), 2021, págs. 27-37, DOI: https://doi.org/10.1111/reel.12423, pág. 27.

[88] CLARIDGE, L. (2010): *Landmark Ruling Provides Major Victory to Kenya's Indigenous Endorois,* in *Briefing paper for Minority Rights Group International,* 2010, https://www.refworld.org/pdfid/4ca571e42.pdf, consultado el 6 de julio de 2024; véase también: ASHAMU, E. (2011): *Centre for Minority Rights Development (Kenya) and Minority Rights Group International on Behalf of Endorois Welfare Council v Kenya: A Landmark Decision from the African Commission,* Journal of African Law, N. 2 (55), 2011, págs. 300-313, ISSN: 00218553.

los Pueblos (ComAfrDHP) ha proporcionado una orientación crucial, al reconocer que "the outcome of development should be empowering and improving the capabilities and choices of the people involved"[89]. Este enfoque, que refleja la idea de empoderamiento propugnada por Amartya Sen, parece propicia para la incorporación del leguaje de – y de las obligaciones relativas a – la equidad intergeneracional e intrageneracional, así como del PSPRN. De esta forma, en virtud de una interpretación intertemporal, las obligaciones estatales podrían incluir el *capacity-building* para las poblaciones locales, que sería útil para promover oportunidades tales como "income generation activities and poverty alleviation"[90], beneficiosas también para las generaciones futuras así como para la entera comunidad presente. Resonarían, en esta idea, los principios de "opciones, calidad y acceso" teorizados por Edith Brown Weiss.

Además, la ComAfrDHP ha proporcionado una orientación útil en relación con la explotación de los recursos fósiles y la *rush for the mineral resources* necesarias para promover la transición energética, al aclarar que el derecho a la propiedad "should not be interpreted in a way that prevents the State from granting any type of concession for the exploration and extraction of natural resources"[91]. A este respecto, se podría sugerir la definición de un régimen de concesión de los permisos de extracción de estos recursos fundamentado en los derechos humanos, y que sea beneficioso para la población

---

89 TESHOME, R.G. (2022): *The Draft Convention on the Right to Development: A New Dawn to the Recognition of the Right to Development as a Human Right?*, cit., p. 13..

90 BOMBAERTS, G., JENKINS, K., SANUSI, Y.A., GUOYU W. (coord.), *Energy justice across borders*, cit., pág 137.

91 *Centre for Minority Rights Development (Kenya) and Minority Rights Group International on behalf of Endorois Welfare Council v. Kenya*, 276/2003, African Commission on Human and Peoples' Rights, 4 February 2010, párra. 264 (en adelante *Endorois*)

afectada en la actualidad e intertemporalmente. Esta visión resulta ser respaldada por un documento de *soft law* de gran relevancia, adoptado por la ComAfrDHP, justamente con referencia a la dimensión de las actividades extractivas, es decir, los "State Reporting Guidelines and Principles on Articles 21 and 24 of the African Charter relating to Extractive Industries, Human Rights and the Environment". Este documento proporciona una orientación valiosa, por dilucidar el contenido de las obligaciones estatales y el alcance de los derechos en los que se enfoca. Haciendo específica hincapié en las generaciones futuras, ante todo, la ComAfrDHP, ha reconocido que la sostenibilidad y la equidad intergeneracional implican que "people are protected from activities having the effect of degrading or spoiling the soil, water, fauna and flora and the air of the physical environment"[92]. Además, la Comisión ha incorporado la *narrative* de las generaciones futuras con respecto a la descripción del contenido del *duty to fulfil* o deber de realizar estatal inherente a las operaciones de las industrias extractivas, que implica "steps" tales como "the collection and judicious investment of the revenues and proceeds from the exploitation of natural resources", que a su vez incluyen "investment in benefits to future generations"[93].

Esta perspectiva, se podría desarrollar de forma más amplia en los Tribunales de todo el Sur Global, donde podría ser fructuosamente incorporada en el proceso de construcción de una *climate democracy*[94] y, hasta una global extractive democracy.

---

92 African Commission On Human and Peoples' Rights (2021): *State Reporting Guidelines and Principles on Articles 21 And 24 of the African Charter relating to Extractive Industries, Human Rights and the Environment,* 2021, https://achpr.au.int/en/node/845, párra. 28 (en adelante *State Reporting Guidelines and Principles*), consultado el 6 de julio de 2024.

93 *State Reporting Guidelines and Principles,* cit., párra. 54.

94 *Khan,* cit.

En concreto, trascendiendo el contexto africano, el proceso de construcción de la *climate democracy* ha sido promovido por los Tribunales asiáticos, que han proporcionado "judicial support for the achievement of sustainable development" [95]. La referencia al PSPRN y a la idea de desarrollo propugnada en el caso *Endorois*, podría ser particularmente beneficiosa en el marco de los litigios que, en Asia, "use the courts to enforce legislation regarding the licensing of polluting activities"[96]. Se podrían, de esta forma, estructurar específicos deberes estatales de protección intergeneracionales, intrageneracionales y de conservación de una forma parecida al caso *Neubauer* y, aún más crucialmente, *Sharma*, lo cual sería valioso para preservar los derechos de las comunidades locales sobre los recursos extractivos, incluso con referencia a la protección del medio ambiente y la conservación, además de reforzar la protección frente a la explotación de las empresas extractivas extranjeras, especialmente del Norte Global. La promoción constante de un semejante enfoque en la jurisprudencia de los Tribunales asiáticos, a nivel nacional, sería particularmente valiosa para la construcción de una perspectiva regional común. En efecto, a diferencia de Europa, América y África, Asia no cuenta con un órgano regional de derechos humanos, con lo cual el papel de los Tribunales nacionales resulta ser aún más decisivo. Además estas Cortes han demostrado su tendencia a impulsar un estimulante diálogo judicial, esencial para la construcción de una sólida y coherente visión regional.

Los Tribunales nacionales de Latinoamérica han demostrado ser algunos de los principales protagonistas de la promoción de la sostenibilidad, tanto en virtud de la equidad inter-

---

95 SETZER, J., BENJAMIN, H. (2019): *Climate Litigation in the Global South: Constraints and Innovations*, cit., pág. 19.

96 SETZER, J., BENJAMIN, H. (2019): *Climate Litigation in the Global South: Constraints and Innovations*, cit., pág. 11

generacional e intrageneracional, como a través del lenguaje de los derechos de la Naturaleza y su indisoluble unión con la dimensión humana. Sin embargo, la incorporación del PSPRN podría ser valioso para el fortalecimiento de los resultados conseguidos en relación con las actividades extractivas, consolidando la narración de la conservación y de la intertemporalidad de las obligaciones estatales. La incorporación de este enfoque, que refleja una visión que viene creciendo a nivel regional, podría también ser útil para la jurisprudencia de la Comisión Interamericana de Derechos Humanos (ComIDH) y de la Corte Interamericana de Derechos Humanos (CIDH), destacando que, en su Resolución 3/2021, la propia ComIADH ha claramente reconocido que "States must comply with all their human rights and environmental obligations in the context of mining activities for energy transition purposes given that the transition to a low-carbon future requires the extraction of minerals necessary for the construction of products and infrastructure that allow the operation of the renewable energy matrix"[97].

Actualmente, la ComIDH y la CIDH pueden contar con una significativa jurisprudencia que se ha enfocado en las actividades extractivas (no sólo en relación con los recursos fósiles), en general en el marco de la protección de los pueblos indígenas. La incorporación de la equidad intergeneracional e intrageneracional podría ser valiosa para respaldar los resultados conseguidos por la jurisprudencia interamericana, que de momento ha utilizado el lenguaje de las generaciones futuras con referencia a la transmisión de la identidad cultural de los

---

[97] Inter-American Commission on Human Rights (IACHR) (2021): *Resolution 3/2021 "Climate Emergency: Scope of Inter-American Human Rights Obligations"*, 31 de diciembre de 2021 (en adelante *Resolution n. 3/2021*), párra. 55.

pueblos indígenas a las generaciones futuras[98], especialmente en relación con la protección de las tierras ancestrales y de los recursos naturales. En esta óptica, y mediante la incorporación, además, del PSPRN, se podría consolidar la conservación del medio ambiente y de los recursos naturales[99], así como de la biodiversidad, incrementando cualitativa y cuantitativamente la protección otorgada y, sobre todo, generalizándola más allá de la dimensión de los pueblos indígenas. Sería, además, una oportunidad para introducir la conceptualización del desarrollo sostenible, tan crucial para el cuadro de los recursos extractivos fósiles y con vistas a la promoción sostenible de la transición energética. El contexto es favorable, si bien el sistema interamericano no prevea expresamente el derecho al desarrollo. De hecho, la jurisprudencia interamericana ha adoptado un enfoque proactivo e innovador, en virtud del que ha logrado proteger un articulado catálogo de derechos, incluso cuando no son explícitamente contemplados en el sistema interamericano, tal y como el derecho al agua[100]. Es interesante

---

98 Véase la decisión de la Corte Interamericana de Derechos Humanos en el caso *Sawhoyamaxa Indigenous Community v. Paraguay*. Véase: Inter-American Commission of Human Rights, *Indigenous Peoples, Afro-Descendent Communities, and Natural Resources: Human Rights Protection in the Context Extraction, Exploitation, and Development Activities*, OEA/Ser.L/V/II, Doc. 47/15, 31 de diciembre de 2015, párra. 230 (en adelante Inter-American Commission of Human Rights, *Indigenous Peoples, Afro-Descendent Communities, and Natural Resources: Human Rights Protection in the Context Extraction, Exploitation, and Development Activities*).

99 Véase, por ejemplo, el interesante razonamiento jurídico de la Corte Interamericana de Derechos Humanos en relación con los pueblos indígenas y los recursos naturales en el caso *Saramaka People v. Suriname.*

100 Tal y como explica Inter-American Commission of Human Rights, *Indigenous Peoples, Afro-Descendent Communities, and Natural Resources: Human Rights Protection in the Context Extraction, Exploitation, and De-*

recordar que, en la óptica de la efectividad de los remedios judiciales, en el caso *Llhaka Honat*, la Corte ha proporcionado un elocuente ejemplo de "justiciability of implicit rights"[101], en relación con el derecho a un medio ambiente sano y su justiciabilidad. En concreto, la viabilidad del enfoque propuesto resulta ser respaldada por las perspectivas que la CIDH ha venido expresando: en el antes mencionado caso *Llhaka Honat*, la Corte ha afirmado que el concepto de "seguridad alimentaria" se relaciona con el de "sostenibilidad", que entraña "la posibilidad de acceso a los alimentos por parte de las generaciones presentes y futuras"[102]. En la misma decisión, la CIDH ha demostrado su abertura hacia la narración de los derechos de la

---

velopment Activities, cit., al aclarar que "The IACHR has established that, although the right to water is not expressly recognized in the inter-American system, its various instruments establish a series of rights that are linked to access to water and its various dimensions, such as those referring to the conditions of water availability, quality, and accessibility without any discrimination" (haciendo referencia al IACHR, Annual Report 2015, Chapter 4.A – Access to Water in the Americas: An Introduction to the Human Rights to Water in the Inter-American System), párra. 26, pág. 12, nota 2.

[101] PATARROYO, P. (2020): *Justiciability of 'implicit' rights: Developments on the right to a healthy environment at the Inter-American Court of Human Rights*, EJIL:Talk!, 11 de mayo de 2020, https://www.ejiltalk.org/justiciability-of-implicit-rights-developments-on-the-right-to-a-healthy-environment-at-the-inter-american-court-of-human-rights/, consultado el 6 de julio de 2024.

[102] Corte Interamericana de Derechos Humanos, *Caso Comunidades Indígenas Miembros de la Asociación Lhaka Honhat (Nuestra Tierra) vs. Argentina*, Sentencia de 6 de Febrero de 2020, (Fondo, Reparaciones y Costas), párra. 220 (en adelante *Llhaka Honat*), párra. 220. En este sentido, se podría recordar que el propio concepto de desarrollo no se limita a abarcar la esfera ambiental, sino comprende una multitud de dimensiones coesenciales al desarrollo humano de la persona, que comprende también el acceso a los recursos básicos para la sobrevivencia.

Naturaleza y la armonía de su unidad con la esfera humana, al sostener que "[s]e trata de proteger la naturaleza", no solo por su "utilidad" o "efectos" respecto de los seres humanos, "sino por su importancia para los demás organismos vivos con quienes se comparte el planeta"[103].

Volviendo a enfocar la atención en el Sur Global en general, sin embargo, se pueden teorizar ulteriores dimensiones en las que la equidad intergeneracional e intrageneracional así como el PSPRN podrían exitosamente incorporarse. Ante todo, la incorporación de este enfoque podría contribuir a la definición del contenido de las obligaciones estatales de proteger en virtud del principio de la debida diligencia, que puede desempeñar un papel decisivo para fundamentar la responsabilidad internacional del Estado, según afirmó la ComIDH, "not because of the act itself, but because of the lack of due diligence to prevent the violation or to respond to it as required by the Convention"[104]. Este enfoque puede ser decisivo para estructurar específicas obligaciones estatales en relación con la esfera de las actividades extractivas y las violaciones de los derechos humanos que sus actividades pueden causar, puesto además que la responsabilidad internacional estatal puede surgir "in specific circumstances for [the] [...] omission to act with the necessary due diligence to protect individuals from human rights violations committed by private actors"[105]. Por ejemplo, los Estados deberían adoptar un cuadro normativo

---

103 *Llhaka Honat*, cit., párra. 203.

104 Inter-American Commission of Human Rights, *Indigenous Peoples, Afro-Descendent Communities, and Natural Resources: Human Rights Protection in the Context Extraction, Exploitation, and Development Activities*, cit., párra. 46.

105 Inter-American Commission of Human Rights, *Indigenous Peoples, Afro-Descendent Communities, and Natural Resources: Human Rights Protection in the Context Extraction, Exploitation, and Development Activities*, cit., párra. 49.

adecuado para proteger la población del impacto de las actividades extractivas, tomando en apropiada consideración las consecuencias intertemporales y el perjuicio intrageneracional e intergeneracional que se derivaría de un empleo o una explotación insostenible de los recursos. El PSPRN sería crucial para devolver a las comunidades afectadas el empoderamiento que les corresponde con respecto a los recursos naturales, especialmente extractivos, en virtud de la protección de los derechos humanos, lo cual incluiría también una forma de justicia procedimental, a través de una efectiva participación en los procesos decisionales inherentes a la concesión de permisos a las empresas extractivas. En este sentido, sería imprescindible incluir cláusulas y previsiones esenciales para asegurar la justicia distributiva, inmediata y futura, mediante inversiones adecuadas en el desarrollo de las comunidades en términos laborales, de servicios e infraestructuras. Una visión que cumpliría con el *capability approach* teorizado por Amartya Sen, y coherente con la perspectiva de la ComAfrDHP antes mencionada con respecto a la obligación estatal de proveer, que incluiría en concreto "the collection and judicious investment of the revenues and proceeds from the exploitation of natural resources", que a su vez comprenden "investment in benefits to future generations"[106]. Además, dichas inversiones deberían promover tanto la construcción de infraestructuras "climate-resiliant", formas de energía que no produzcan un efecto contaminante así como la reducción del empleo de fuentes de energía fósiles[107]. Una ulterior herramienta que podría ser estratégica consiste en la introducción de adecuadas cláusulas en los acuerdos de inversión, por ejemplo, específicas *non-precluded measures clauses.* Este tipo de disposiciones consentiría la integración de un equilibrio entre los intereses públicos, tan-

---

106 *State Reporting Guidelines and Principles*, cit., párra. 54.

107 *Resolution 3/*2021, cit., párra. 56.

to humanos como ambientales, y los intereses precipuamente financieros de los inversores. En concreto, se podría asegurar una protección apropiada a los derechos humanos de las comunidades afectadas desde un punto de vista dinámico, en el caso de que el impacto de las actividades extractivas se revelara progresivamente insostenible en la realidad.

Además, conforme al principio de la debida diligencia, los Estados podrían definir un cuadro normativo para la sostenibilidad, por ejemplo, coherentemente con la idea de *carbon budget* intergeneracional basada en un *duty to protect* hacia las generaciones futuras tal y como se afirmó en el caso *Neubauer*. En concreto, una estrategia viable podría consistir en la inclusión de la contribución de las empresas a la generación de emisiones de gases de efecto invernadero en los "planes de acción nacionales sobre las empresas y los derechos humanos"[108]. En este marco, se podrían establecer específicos deberes de respetar los derechos humanos para las empresas extractivas, incluso la reducción de las emisiones. De hecho, la idea de que las empresas extractivas tengan un deber de reducir las emisiones que generan ha empezado a emerger en el marco del derecho internacional de los derechos humanos, tal y como se observa en la Resolución núm. 3/2021 de la ComIDH[109], y viene constituyendo el interesante núcleo de una jurisprudencia nacional inspirada en el exitoso caso *Milieudefensie v. Royal Dutch Shell*, en el que el Tribunal de Distrito de la Haya ha ordenado al gigante de la industria extractiva Royal Dutch Shell que reduzca

108 *Resolution 3/2021*, cit., párra. 43.

109 *Resolution 3/2021*, cit., párra. 44. Asimismo, la ComAfrDHP ha sostenido que, en razón de la "high extent of power del que disponen las empresas, especialmente las multinacionales, ellas tienen también "resultant and corresponding higher level of duty of both due diligence and care". *State Reporting Guidelines and Principles*, cit., párra. 58.

sus emisiones globales de carbono de sus niveles de 2019 en un 45% para 2030.

Desde la perspectiva de la extraterritorialidad, se podría estructurar un enfoque valioso coherente con la solidaridad humana espacial resaltada por el Juez Cançado Trindade, y reconsiderar la forma de la que los recursos naturales, especialmente fósiles y los metales y minerales "críticos", "underpin[...]] our global economic system, shaping geopolitics and the course of human development"[110]. Este enfoque se podría fundamentar en el principio de la debida diligencia, a la luz de la concepción innovadora elaborada por la CIDH en su Opinión Consultiva OC-23/17. En particular, la CIDH ha adoptado una concepción extraterritorial de la jurisdicción estatal basada en el ejercicio del "control efectivo sobre las actividades llevadas a cabo que causaron el daño y consecuente violación de derechos humanos [a nivel transfronterizo]"[111], que se deriva de una amplia aplicación del principio de la debida diligencia[112]. En virtud de este concepto de extraterritorialidad, se podría promover la reconsideración de los paradigmas de responsabilidad basados en la producción y en el consumo de los recursos extractivos – respectivamente, las antes mencionadas PBA y CBA – en relación con las emisiones generadas.

---

110 UNITED NATIONS (2021): *Transforming Extractive Industry for Sustainable Development*, cit., pág. 3. Véase también: IRENA - INTERNATIONAL RENEWABLE ENERGY AGENCY (2019): *A New World. The Geopolitics of Transformation*, cit.

111 Inter-American Court of Human Rights, Advisory Opinion OC-23/17 of November 15, 2017 Requested by the Republic of Colombia: The Environment and Human Rights, Inter-American Court of Human Rights (IACrtHR), 15 November 2017, para. 104(h), https://www.corteidh.or.cr/docs/opiniones/seriea_23_ing.pdf, consultado el 6 de julio de 2024.

112 BERKES, A. (2018): A New Extraterritorial Jurisdictional Link Recognised by the IACtHR, cit.

De momento, en el marco del derecho internacional ambiental, prevalece un modelo basado en la PBA, que favorece los países del Norte Global, que importan una gran cantidad de recursos extractivos del Global Sur, no sólo fósiles sino también minerales y metales críticos que serán crecientemente necesarios para la promoción de la transición energética. La responsabilidad estatal se podría estructurar de las siguientes formas. Ante todo, valorizando la CBA, y las emisiones generadas por la combustión o el empleo de los recursos extractivos importados. Además, desde la doctrina, se ha sugerido que se podría extender la noción de "control efectivo" a los daños causados por "companies and other entities domiciled on the [...] territory [of the States] with operations *overseas*[113] which contribute to climate change, [como por ejemplo] via fossil fuel extraction elsewhere or its financing"[114]. Se trata de una perspectiva ambiciosa que, sin embargo, puede encontrar cierta fundamentación en el escenario universal de los derechos humanos, puesto que el Comité de Derechos Económicos, Sociales y Culturales (CDESC), en su reciente Observación General núm. 26 (2022) relativa a los derechos sobre la tierra y los derechos económicos, sociales y culturales, ha afirmado que "los Estados partes deberán adoptar las medidas necesarias para impedir que los actores no estatales [tales como las empresas extractivas] sobre los que puedan tener alguna influencia cometan violaciones de los derechos humanos en el extranjero"[115]. Además, sería coherente con el "mechanism for

---

113 Énfasis añadido.

114 CLARK, P., LISTON, G., KALPOUZOS, I. (2020): *Climate change and the European Court of Human Rights: The Portuguese Youth Case*, EJIL:Talk!, 6 de octubre de 2020, https://www.ejiltalk.org/climate-change-and-the-european-court-of-human-rights-the-portuguese-youth-case/, consultado el 6 de julio de 2024.

115 Comité de Derechos Económicos, Sociales y Culturales (2022): Observación General núm. 26 (2022) relativa a los derechos sobre

emission accounting [under the Paris Agreement, that] was not meant to detract from the well-established 'no-harm principle' of international law [...] [, which] prohibits States from knowingly conducting or permitting activities within their jurisdiction or control which cause transboundary harm to the environment in other States or to the properties or persons therein"[116], según se puso de relieve desde la doctrina. En concreto, justamente con referencia al Acuerdo de Paris, un reparto más equitativo y justo de la PBA y de la CBA se podría implementar a través de las contribuciones determinadas a nivel nacional (NDCs, con el acrónimo en inglés) que, deberían incorporar el lenguaje de los derechos humanos, según han destacado el CDESC[117] y la ComIDH, con especial referencia a los planes climáticos y relativos a la transición energética[118]. De hecho, desde la doctrina, una académica tan prestigiosa

---

la tierra y los derechos económicos, sociales y culturales, E/C.12/GC/26, 24 de enero de 2023, párra 42.

116 SANDVIG, J., DAWSON, P., TJELMELAND, M. (2021): *Can the ECHR Encompass the Transnational and Intertemporal Dimensions of Climate Harm?*, EJIL:Talk!, 23 de junio de 2021, https://www.ejiltalk.org/can-the-echr-encompass-the-transnational-and-intertemporal-dimensions-of-climate-harm/, consultado el 6 de julio de 2024.

117 El CDESC ha "suggested that '[i]n order to act consistently with their human rights obligations,' States parties should revise the nationally determined contributions (NDCs) to global mitigation action that they have communicated under the Paris Agreement", en el Committee on Economic, Social and Cultural Rights (CESCR) (2018): *Statement: Climate Change and the International Covenant on Economic, Social and Cultural Rights*, párra. 6, UN Doc. E/C.12/2018/1 (31 de octubre de 2018).

118 *Resolution 3/*2021, cit., párra. 2: "[t]hose states in the region that have passed legislation on climate change and energy transition and those that have made a commitment to develop and update their Nationally Determined Contributions (NDCs) must incorporate a human rights approach into their construction and implementation".

como Diane Desierto[119] ha resaltado la importancia de la incorporación de un enfoque basado en los derechos humanos a la hora de definir los NDCs, especialmente por parte de los mayores emisores, en particular, Estados Unidos, China y la Unión Europea – solo esta última, de momento, ha integrado los derechos humanos en la *EU Energy Union Governance Regulation.* La incorporación de una perspectiva fundamentada en los derechos humanos en la elaboración de los NDCs, según la visión que el presente estudio propone, sería coherente con el Preámbulo del Acuerdo de París y las normas hermenéuticas contempladas por el Convenio de Viena sobre el Derecho de los Tratados, especialmente su art. 31.2[120]. A este respecto, Diane Desierto ha observado que el hecho de que la referencia a los derechos humanos sea contenida en el Preámbulo apunta a remarcar que estos deberes forman parte del objeto y de los propósitos del Acuerdo de París. Por lo tanto, se podría sugerir la integración del lenguaje de la equidad intergeneracional e intrageneracional, del PSPRN y de la justicia distributiva en el propio tejido del Acuerdo de París, especialmente en relación con las obligaciones estatales de mitigación y reducción de las emisiones de gases de efecto invernadero. Un semejante enfoque podría ser estratégico para la construcción de un futuro justo y solidario entre el Sur Global y el Norte Global en la dimensión de las actividades extractivas.

---

119 DESIERTO, D. (2021): *Just Transitions in Climate Change Actions: Are States Respecting, Promoting, and Considering Human Rights Obligations in Setting and Implementing NDCs?,* EJIL:Talk!, 8 de octubre de 2021, https://www.ejiltalk.org/respecting-human-rights-obligations-in-climate-change-actions-are-states-evaluating-ndcs-human-rights-impacts/, consultado el 6 de julio de 2024.

120 En efecto, el art. 31.2 de la CVDT prevé que “Para los efectos de la interpretación de un tratado, el contexto comprenderá [...] su preámbulo [...]”.

CONCLUSIONES

En su renombrada obra "El corazón de las tinieblas", Joseph Conrad afirma que "La conquista de la tierra [...] no es tan hermosa cuando la miras demasiado detenidamente".

Las sabias palabras que informaban la crítica que Conrad dirigía a la voracidad del colonialismo, parecen no haber perdido su significado más de 120 años después. De todas formas, el propósito que el presente estudio ha perseguido ha sido hallar un paradigma, un cuadro normativo y ético, que podría preservar el Sur Global de las tinieblas de la voracidad implacable del actual paradigma económico y productivo.

Si bien, según las Naciones Unidas observaron, "natural resources – notably fossil fuels – have underpinned our global economic system, shaping geopolitics and the course of human development"[121], con el papel protagonista de las actividades extractivas, la ola de litigio climático ha venido demostrando que un camino alternativo es posible para el futuro. La narración de las generaciones futuras, la equidad intergeneracional e intrageneracional, la afirmación creciente de la idea de que un "growing consensus that a mitigation obligation does exist under international human rights law"[122] han paulatinamente definido un marco normativo valioso, basado en los derechos humanos y en los derechos constitucionales, susceptible de preservar el Sur Global de la "paradoja de la abundancia".

Nuestra sociedad global se encuentra en una prometedora época, en la que "hablar de desarrollo sostenible" podría dejar

---

121 UNITED NATIONS (2021): *Transforming Extractive Industry for Sustainable Development*, cit., pág. 3. Also see: IRENA - INTERNATIONAL RENEWABLE ENERGY AGENCY (2019): *A New World. The Geopolitics of Transformation*, cit.

122 BURGER, M., WENTZ, J. (2015): Climate Change and Human Rights, cit., pág. 205.

de ser un "exercise in ambiguity". La imparable ola de litigio climático, que constituye también el motor para la realización de la solidaridad humana en el plan espacial, intrageneracional e intergeneracional, según enfatizaron las sabias palabras del Juez Cançado Trindade[123], viene forjando un nuevo lenguaje, una nueva gramática de la sostenibilidad y su justiciabilidad. Se trata de una tendencia que se afirma crecientemente en los Tribunales de todo el mundo, trascendiendo la dimensión nacional hacia la esfera internacional de los órganos de derechos humanos, promoviendo la visión del desarrollo humano como empoderamiento holístico de las personas, de las comunidades y de los países, conforme al *capability approach* prestigiosamente teorizado por el laureado Nobel Amartya Sen.

El *duty to protect* las generaciones futuras, la observancia de los límites de nuestro *carbon budget,* la armonía que celebra la fusión entre la Naturaleza y las humanidades de todos los tiempos, pasados, presentes y futuros, describen la sustancia jurídica de esta visión. La jurisdicción extraterritorial estatal establece un marco de responsabilidad entre humanidades geográficamente lejanas, definiendo la responsabilidad del Estado en virtud de una más amplia concepción de la debida diligencia justificada por el "control efectivo" sobre las actividades que procuren daños y violaciones de derechos humanos con una trascendencia transfronteriza. Se trata, por lo tanto, de una imprescindible e improrrogable responsabilidad, que deberá proteger el Sur Global también de una insostenible explotación de sus minerales y metales críticos necesarios para la transición energética, más allá de los recursos fósiles.

El Sur Global, sus Tribunales nacionales y sus sistemas regionales de derechos humanos tienen la oportunidad y la capacidad de ser protagonistas de un futuro diferente, renovador

---

123 *Bamaca-Velasquez v. Guatemala,* Judgment, Inter-Am. Ct. H.R. (ser. A) No. 11.129, párra. 23 (2002), (Separate Opinion of Trindade, J.).

del actual paradigma económico y productivo. Es necesario, para lograr este ambicioso objetivo, consolidar la narración de las generaciones futuras, de la equidad intertemporal, y promover el PSPRN, que puede eficazmente devolver a las comunidades el control sobre los recursos naturales, para que su empleo sea sostenible y se traduzca en oportunidades y *capacity building* para el presente y el futuro. De hecho, recordando las palabras de Daniel Augenstein, la forma de la que actualmente "sovereignty structures the relationship between global resource exploitation and the localization of human rights in the international order of states", sitúa "international human rights law in an area of tension between national political self-determination and the global economic exploitation of natural resources"[124]. La integración del PSPRN, en la óptica que el presente estudio sugiere, tiene justamente como objetivo resolver esta tensión, y devolver a los derechos humanos, moldeados por la perspectiva de la trascendente equidad intertemporal y extraterritorial, su ontológica vocación de universalidad en la crucial esfera de las actividades extractivas. Desde este punto de vista, se han propuesto una multiplicidad de paradigmas y soluciones en la reflexión que se ha desarrollado, y que finalmente podrían contribuir a construir no sólo una *climate democracy*, en la palabras del Tribunal Supremo de Pakistán en el caso *Khan*, sino una *global extractive democracy*, que promueva eficazmente una justicia distributiva y participativa.

Para contribuir a la construcción de una *global extractive democracy*, un escenario interesante y prometedor, actualmente en evolución, procede también del Norte Global. El caso Neubauer representa un hito en este sentido, y no se pueden pa-

---

124 AUGENSTEIN, D. (2016): *Paradise Lost: Sovereign State Interest, Global Resource Exploitation and the Politics of Human Rights*, The European Journal of International Law, N. 3, págs. 669–691, ISSN 0938-5428, véase el Abstract.

sar por alto ante el Tribunal Europeo de Derechos Humanos (TEDH), si bien, hasta la fecha no siempre vienen teniendo éxito los crecientes casos de litigio climático que vienen multiplicándose en Estrasburgo. Sin embargo cabe destacar que este caso habría podido tener un impacto particularmente relevante para el Sur Global. De hecho, el Tribunal Europeo de Derechos Humanos (TEDH) ha aprovechado sólo algunas de las oportunidades ofrecidas por la proliferación del litigio climático. Por un lado, en el caso KlimaSeniorinnen c. Suiza, por primera vez el TEDH ha condenado a un Estado parte del Convenio Europeo de Derechos Humanos por no haber protegido el derecho a la vida y el derecho a la vida privada y familiar de las demandantes, debido a la falta de adopción por parte de Suiza de un cuadro normativo o administrativo finalizado a limitar el aumento de la temperatura a 1,5 grados Celsius por encima de los niveles preindustriales. Por otro lado, el TEDH ha considerado inadmisible el caso Duarte Agostinho and Oth. v. Portugal and Oth., que habría podido ser un "game-changer" para la justicia intrageneracional, la extraterritorialidad y para una potencial reconsideran del equilibrio entre PBA y CBA, a la luz de las cuestiones planteadas por los jóvenes demandantes portugueses. En concreto, los Jueces de Estrasburgo consideraron que no había base para extender la jurisdicción extraterritorial de los Estados demandados más allá de Portugal, y que en este último país los demandantes no habían agotado los recursos internos. De todas formas, puesto que el dinamismo judicial de las jóvenes generaciones aparece imparable, cabe recordar el potencial del caso por si una oportunidad semejante vuelva a plantearse en el futuro en Estrasburgo, así como para poner de relieve la intrínseca y beneficiosa conexión global de la climate litigation wave De hecho en el caso *Duarte Agostinho and Oth. v. Portugal and Oth.*, los jóvenes demandantes habían pedido al TEDH que se pronunciara sobre la responsabilidad estatal relacionada con las "overseas emissions", es decir, según se resaltó desde la doctrina, "[...]the import of goods containing "embodied" carbon and [...] the contributions to emissions abroad of entities domiciled within their respective jurisdictions (e.g. via fossil fuel extraction elsewhere or its financing)"[125]. Se ha tratado de una excelente e inédita oportunidad de abordar y, posiblemente, fomentar la transformación de una paradigma enfocado en la PBA en un paradigma que incluya la CBA. Además, el TEDH habría podido abordar la cuestión fundamental de la legitimación de las "víctimas potenciales" – en este caso, las generaciones jóvenes – reconociendo que son "directly concerned by the situation and have a legitimate personal interest in seeing it brought to an end'"[126], debido al cambio climático y al dramático papel causal de las actividades extractivas a este respecto. La orientación que, de esta forma, se habría podido proporcionar, hubiese podido ser muy útil para enriquecer y consolidar los resultados conseguidos actualmente por la ola de litigo climático en relación con el *locus standi*, especialmente para aquellos sistemas – tal y como, por ejemplo, el sistema africano de derechos humanos – que con diferencia del sistema interamericano no admiten las acciones populares. Desde Estrasburgo, de todas formas, podría todavía proceder otra decisión crucial: en el caso *Soubeste and Oth. v. Austria and Oth.*, el TEDH ha sido llamado a pronunciarse sobre la compatibilidad de los compromisos estatales de protección de los derechos humanos con la calidad de parte del Tratado sobre la Carta de la Energía. Se trata de una tipología de examen compleja y sensible, jurídica y políticamente, para el TEDH. De todas formas, de momento, es significativo que emerja una visión ca-

---

125 CLARK, P., LISTON, G., KALPOUZOS, I. (2020): Climate change and the European Court of Human Rights: The Portuguese Youth Case, cit., con referencia a la Application sometida al TEDH en el caso *Duarte Agostinho*, párra. 20(iv).

126 KELLER, K., HERI, C. (2002): *The Future is Now: Climate Cases Before the ECtHR*, Nordic Journal of Human Rights, N. 40(1), 2022, págs. 153-174, ISSN: 1891-8131, pág. 156.

paz de cuestionar los compromisos estatales en el campo de las inversiones, la promoción de la transición energética así como la gradual eliminación de los recursos fósiles a la luz de las obligaciones de derechos humanos.

La necesidad de la eficiente construcción de una *global extractive democracy* es aún más evidente al observar las dificultades que encuentran teorías como el *forum necessitatis,* y la aplicación de herramientas nacionales que podrían contrastar las violaciones extraterritoriales de los derechos humanos. En este sentido, el norteamericano *Alien Tort Statute* representa un ejemplo paradigmático, especialmente a la luz de la decepcionante interpretación restrictiva proporcionada por la Corte Suprema de Estados Unidos en el caso *Kiobel*[127] y en el caso *Nestlé,* por lo cual la doctrina ha hablado del "Alien Tort Statute's Jurisdictional Universalism in Retreat"[128]. En la High Court de Londres, el caso *ClientEarth v. Shell's Board of Directors,* que apuntaba a la afirmación de la responsabilidad de los Directores de Shell por la violación de sus obligaciones relativas a la estrategia climática de la empresa, no ha conseguido el mismo éxito que el caso *Milieudefensie v. Royal Dutch Shell.*

La construcción de una *global extractive democracy* sería crucial también para enfrentarse con estos obstáculos, y asegurar la afirmación de la responsabilidad de las empresas, especialmente cuando sus actividades se sitúan en el Sur Global. Demuestran la viabilidad de este propósito tanto el éxito del antes

---

127 Para profundizar el interesante caso *Kiobel,* véase la reflexión crítica desarrollada por AUGENSTEIN, D. (2016): *Paradise Lost: Sovereign State Interest, Global Resource Exploitation and the Politics of Human Rights,* cit.

128 ANDERSON, K. (2012-2013): "Kiobel v. Royal Dutch Petroleum: The Alien Tort Statute's Universalism in Retreat, CATO Supreme Court Review, págs. 149-185," Se debería poner el título del artículo en cursiva.

mencionado caso *Milieudefensie v. Royal Dutch Shell*, como la creciente atención dedicada al ecocidio y a los ecocrímenes, que en algunos países como Bélgica se ha traducido en la adopción de específicas respuesta normativas. Además, se ha propuesto la inclusión del ecocidio en el Estatuto de la Corte Penal Internacional como crimen internacional.

Finalmente, no se puede pasar por alto que la dimensión geográfica de los desafíos viene creciendo: se debate sobre la minería en aguas profundas, y sobre los retos que se plantearán para los recursos minerales de la Antártida cuando, a partir del año 2048, será posible que cualquiera de las Partes Consultivas del Tratado Antártico convoque una conferencia de revisión del funcionamiento del Protocolo de Madrid sobre Protección del Medio Ambiente. En 2022, en la prestigiosa revista *Nature*, se publicó un fascinante artículo titulado "The burning of fossil fuels is making Antarctica darker"[129]. Sin embargo, la ola de litigio climático ha demostrado que tenemos una oportunidad concreta para prevenir un futuro de "tinieblas" para las actividades extractivas en el Sur Global.

BIBLIOGRAFÍA

ADDISON, T. (2020): *Extractives for Development (E4D)- Risks and Opportunities*, UNU-WIDER, 2020.

AFIONIS, S., SAKAI, M., SCOTT, K., BARRETT, J., A. GOULDSON, A. (2017): *Consumption-based carbon accounting: does it have a future?*, WIREs Climate Change, N. 8, 2017, págs. 1-19, ISSN: 1757-7799.

---

129 CORDERO, R.R., FERON, S. (2022): *The burning of fossil fuels is making Antarctica darker*, Sustainability, 2 de febrero de 2022, https://sustainabilitycommunity.springernature.com/posts/the-burning-of-fossil-fuels-is-making-antarctica-darker, consultado el 6 de julio de 2024.

AHMAD, S. (2020): *The Lithium Triangle: Where Chile, Argentina, and Bolivia Meet,* Harvard Law Review, 15 de enero de 2020, https://hir.harvard.edu/lithium-triangle/, consultado el 6 de julio de 2024.

ARAÚJO, R., KOESSLER, L. (2021): *The Rise of the Constitutional Protection of Future Generations,* Legal Priorities Project Working Paper Series, N. 7, 2021, págs. 1-45, DOI: http://dx.doi.org/10.2139/ssrn.3933683.

ASHAMU, E. (2011): *Centre for Minority Rights Development (Kenya) and Minority Rights Group International on Behalf of Endorois Welfare Council v Kenya: A Landmark Decision from the African Commission,* Journal of African Law, N. 2 (55), 2011, págs. 300-313, ISSN: 00218553.

AUGENSTEIN, D. (2016): *Paradise Lost: Sovereign State Interest, Global Resource Exploitation and the Politics of Human Rights,* The European Journal of International Law, N. 3, págs. 669–691, ISSN 0938-5428.

BÄUMLER J. (2021): *Sustainable Development made justiciable: The German Constitutional Court's climate ruling on intra- and inter-generational equity,* EJIL:Talk!, 8 de junio de 2021, https://www.ejiltalk.org/sustainable-development-made-justiciable-the-german-constitutional-courts-climate-ruling-on-intra-and-inter-generational-equity/, consultado el 6 de julio de 2024.

BERKES, A. (2018): *A New Extraterritorial Jurisdictional Link Recognised by the IACtHR,* EJIL:Talk!, 28 de marzo de 2018, https://www.ejiltalk.org/a-new-extraterritorial-jurisdictional-link-recognised-by-the-iacthr/, consultado el 6 de julio de 2024.

BERNAL, A., HUSAR, J., BRACHT, J. (2023): *Latin America's opportunity in critical minerals for the clean energy transition,* International Energy Agency, 7 de abril de 2023, https://www.iea.org/commentaries/latin-america-s-opportunity-in-critical-minerals-for-the-clean-energy-transition, consultado el 6 de julio de 2024.

BOSHOFF E. (2021): *Rethinking the premises underlying the right to development in African human rights jurisprudence,* Review of European, Comparative and International Environmental Law, N. 31(1), 2021, págs. 27-37, DOI: https://doi.org/10.1111/reel.12423.

BROWN WEISS, E. (1992): *In Fairness To Future Generations and Sustainable Development,* American University International Law Review, N. 8(1), 1992, págs. 19-26.

BROWN WEISS, E. (2021): Intergenerational Equity en *Max Planck Encyclopedia of Public International Law,* Oxford, Oxford University Press, 2021.

BURGER, M., WENTZ, J. (2015): Climate Change and Human Rights en FAURE M. (coord.), *Elgar Encyclopedia of Environmental Law*, Cheltenham, Edward Elgar Publishing, 2015, págs. 198-212, ISBN: 978 1 78643 698 6.

CLARIDGE, L. (2010): *Landmark Ruling Provides Major Victory to Kenya's Indigenous Endorois*, in *Briefing paper for Minority Rights Group International*, 2010, https://www.refworld.org/pdfid/4ca571e42.pdf, consultado el 6 de julio de 2024.

CLARK, P., LISTON, G., KALPOUZOS, I. (2020): *Climate change and the European Court of Human Rights: The Portuguese Youth Case*, EJIL:Talk!, 6 de octubre de 2020, https://www.ejiltalk.org/climate-change-and-the-european-court-of-human-rights-the-portuguese-youth-case/, consultado el 6 de julio de 2024.

CORDERO, R.R., FERON, S. (2022): *The burning of fossil fuels is making Antarctica darker*, Sustainability, 2 de febrero de 2022, https://sustainabilitycommunity.springernature.com/posts/the-burning-of-fossil-fuels-is-making-antarctica-darker, consultado el 6 de julio de 2024.

D'ALOIA, A. (2019): *Bioetica ambientale, sostenibilità, teoria intergenerazionale della Costituzione*, BioLaw Journal-Rivista di BioDiritto, N. 2, 2019, págs. 645-678, ISSN: 2284-4503.

DE ARMENTERAS CABOT, M. (2023): *¿Es posible la protección «intertemporal» de la libertad? A vueltas con la sentencia del Tribunal Constitucional alemán en el caso Neubauer*, Revista de Estudios Políticos, 30 de junio de 2023, pág. 187-215, https://recyt.fecyt.es/index.php/RevEsPol/article/view/100808/73358, consultado el 6 de julio de 2024.

DESIERTO, D. (2021): *Just Transitions in Climate Change Actions: Are States Respecting, Promoting, and Considering Human Rights Obligations in Setting and Implementing NDCs?*, EJIL:Talk!, 8 de octubre de 2021, https://www.ejiltalk.org/respecting-human-rights-obligations-in-climate-change-actions-are-states-evaluating-ndcs-human-rights-impacts/, consultado el 6 de julio de 2024.

GALLARATI, F. (2022): *Il contenzioso climatico di tono costituzionale: studio comparato sull'invocazione delle costituzioni nazionali nei contenziosi climatici*, BioLaw Journal-Rivista di BioDiritto, N. 2, 2022, págs. 157-181, ISSN: 2284-4503.

LISK, F., BESADA, H., MARTIN, P. (2015): *Regulating Extraction in Africa: Towards a Framework for Accountability in the Global South*, Governance in Africa, 2(1), 2015, págs. 1-12, DOI: http://dx.doi.org/10.5334/gia.ah.

JARIA-MANZANO, J. (2018): Sustainability and Justice: A Constitution of Fragility en IGLESIAS MÁRQUEZ, D., FELIPE PÉREZ, B., MARTÍNEZ HERNÁNDEZ L. (coord.), *Rethinking Sustainable Development in Terms of Justice: Issues of Theory, Law and Governance*, Newcastle upon Tyne, Cambridge Scholars Publishing, 2018, págs. 6-21, ISBN (10): 1-5275-1137-5, ISBN (13): 978-1-5275-1137-8.

JONAS, H. (2002): *Il principio responsabilità. Un'etica per la civiltà tecnologica*, Torino, Einaudi, 2002, ISBN: 9788806164430.

KELLER, K., HERI, C. (2002): *The Future is Now: Climate Cases Before the ECtHR*, Nordic Journal of Human Rights, N. 40(1), 2022, págs. 153-174, ISSN: 1891-8131.

PATARROYO, P. (2020): *Justiciability of 'implicit' rights: Developments on the right to a healthy environment at the Inter-American Court of Human Rights*, EJIL:Talk!, 11 de mayo de 2020, https://www.ejiltalk.org/justiciability-of-implicit-rights-developments-on-the-right-to-a-healthy-environment-at-the-inter-american-court-of-human-rights/, consultado el 6 de julio de 2024.

PARFIT, D. (1986): *Reasons and Persons*, Oxford, Oxford University Press, 1986, ISBN: 9780198249085.

PEEL, J,. MARKEY-TOWLER, R. (2021): *A Duty to Care: The Case of Sharma v Minister for the Environment [2021] FCA 560*, Journal of Environmental Law, N. 3(33), 2021, págs. 727-736, DOI: http://dx.doi.org/10.2139/ssrn.4052062.

SANDVIG, J., DAWSON, P., TJELMELAND, M. (2021): *Can the ECHR Encompass the Transnational and Intertemporal Dimensions of Climate Harm?*, EJIL:Talk!, 23 de junio de 2021, https://www.ejiltalk.org/can-the-echr-encompass-the-transnational-and-intertemporal-dimensions-of-climate-harm/, consultado el 6 de julio de 2024.

SAVARESI, A., SETZER, J. (2022): *Rights-based litigation in the climate emergency: mapping the landscape and new knowledge frontiers*, Journal of Human Rights and the Environment, N. 1, 2022, págs. 7-34, ISSN: 17597188.

SETZER, J., BENJAMIN, H. (2019): *Climate Litigation in the Global South: Constraints and Innovations*, Transnational Environmental Law, N. 9(1), 2019, págs. 77-101, ISSN: 2047-1025.

SHAH, K. (2019): *Analysis of Doctrine of Permanent Sovereignty over Natural Resources*, 11 de febrero de 2019, DOI: http://dx.doi.org/10.2139/ssrn.3326636.

SHAPOVALOVA, D. (2020): *Arctic Petroleum and the 2°C Goal: a Case for Accountability for Fossil-Fuel Supply*, Climate Law, N. 3(10), 2020, págs. 282-307, ISSN: 1878-6553.

SHARIATI, A.A., TEILLET, L. (2022): *COP27 did not seize the opportunity to open the debate around States' greenhouse gases emissions accountability*, International Law Blog, 19 de diciembre de 2022, https://internationallaw.blog/2022/12/19/cop27-did-not-seize-the-opportunity-to-open-the-debate-around-states-greenhouse-gases-emissions-accountability/, consultado el 6 de julio de 2024.

SLOBODIAN, L. (2020): *Defending the Future: Intergenerational Equity in Climate Litigation*, The Georgetown Environmental Law Review, N. 32, 2020, ISSN: 1042-1858, págs. 569-589.

SOURGENS, F.G. (2022): *Energy Lessons from the Ukraine Crisis*, EJIL:Talk!, 24 de febrero de 2022, disponible en: https://www.ejiltalk.org/energy-lessons-from-the-ukraine-crisis/, consultado el 6 de julio de 2024.

TEREFE TUCHO, G. (2020): The Impacts of Policy on Energy Justice in Developing Countries, en BOMBAERTS, G., JENKINS, K., SANUSI, Y.A., GUOYU W. (coord.), *Energy justice across borders*, Berlin, Springer, 2020, ISBN 978-3-030-24020-2, págs. 137-154.

TESHOME, R.G. (2022): *The Draft Convention on the Right to Development: A New Dawn to the Recognition of the Right to Development as a Human Right?*, Human Rights Law Review, N. 22, 2022, págs. 1-24, ISSN: 1461-7781.

ZAMORA ROSELLÓ, M.R. (2024): *Minería y Comunidades Autónomas: territorio, sostenibilidad y energía.* Especial referencia a Galicia, Baleares y Andalucía, Tirant lo Blanch, 2024.

SEGUNDA PARTE

POLÍTICAS PÚBLICAS Y DESAFÍOS NORMATIVOS

Igualdad de género y actividades extractivas[1]

ESTHER RANDO BURGOS

Profesora Permanente Laboral (acred. PTU) de Derecho Administrativo. Universidad de Málaga

INTRODUCCIÓN

Uno de los grandes retos de la sociedad actual es alcanzar la tan proclamada igualdad de género o, al menos, avanzar en su efectiva implementación para lograr que la misma sea una rea-

1 Esta publicación es parte del Proyecto de investigación en Estudios de género, inclusión y sostenibilidad social de la Universidad de Málaga, titulado “Brecha de género y discapacidad. la urgente necesidad de respuestas en perspectiva transversal desde las Administraciones públicas a una doble desigualdad” del II Plan Propio de Investigación, Transferencia y Divulgación Científica de la Universidad de Málaga.

lidad y no un discurso de diversa índole o con diferentes fines que, en no pocas ocasiones, poco tienen que ver con la misma.

Ahora bien, para recorrer este camino es preciso una adecuada inclusión de la cuestión en los múltiples ámbitos en los que se encuentra presente. No en vano, debe recordarse desde ya el carácter transversal que la igualdad de género representa y cómo, en mayor o menor medida, incide en múltiples sectores pero también en no pocas políticas públicas.

Por su parte, y en otro contexto, la crisis climática, el elevado coste de la energía o la reducción, incluso agotamiento, de algunas materias primas, nos trasladan a un ritmo vertiginoso a un nuevo escenario. Aparejado a lo anterior, la firme apuesta por un desarrollo sostenible como "remedio" para paliar los convulsos cambios que en diferentes escenarios acaecen. Desarrollo sostenible que se articula en tres dimensiones fundamentales: social, ambiental y económica.

De la puesta en relación de las dos cuestiones señaladas, igualdad de género y economía – en concreto, y en lo que al presente trabajo interesa, el sector económico de las actividades extractivas – resulta que convergen la perspectiva social y económica del citado principio de desarrollo sostenible. Lograr una mayor inclusión o mitigar el agotamiento de los recursos – como ya dijera la hoy derogada Ley del Suelo de 2007, "el suelo, además de un recurso económico, es también un recurso natural, escaso y no renovable", cuestión perfectamente extrapolable a otros tantos ámbitos como, en lo que aquí ocupa, el recurso económico que constituyen las actividades extractivas, recurso, de igual forma, natural, escaso y no renovable pero, además, que se viene enfrentando desde hace décadas al agotamiento de alguno de sus principales recursos, son sólo alguna de las problemáticas que se deben poner sobre la mesa ante la incipiente necesidad de respuestas por parte de nuestro ordenamiento jurídico.

Y en este escenario, parece muy adecuado comenzar a apostar de manera decidida por implementar la sostenibilidad en un sector tan vulnerable como lo es el de las actividades extractivas. Ahora bien, la dimensión social de la sostenibilidad o la sostenibilidad social, frente a otras con mayor protagonismo y consiguiente desarrollo, como la ambiental, resulta en la práctica la que menor desarrollo viene teniendo. Y nos referimos a la sostenibilidad social desde el punto y hora en que uno de sus principales ejes se encuentra en el pretendido reto de lograr una efectiva y real igualdad de género.

Las cuestiones anteriores hacen adecuado conocer en qué medida y cómo se viene articulando la incorporación de la igualdad de género a un sector económico caracterizado por la escasa presencia de la mujer y en el que, a la postre, su visibilidad ha sido prácticamente inexistente, nos referimos al sector de las actividades extractivas. Analizar el estado que presenta la cuestión, los avances que tienen lugar en el binomio igualdad de género-actividades extractivas, incluso, plantear propuestas que coadyuven a la integración de ambas, parecen, a día de hoy y en el escenario actual, cuestiones claves precisadas de análisis y renovados planteamientos. De ahí que el objeto del presente trabajo venga dado por profundizar en el citado binomio o lo que es lo mismo, cómo se viene articulando a nivel normativo y también práctico la inclusión de la perspectiva de género en el ámbito de las actividades extractivas. Una cuestión prácticamente obviada hasta el momento pero no por ello precisada de análisis, lo que anima a profundizar en la misma.

LA DIMENSIÓN DE GÉNERO COMO PRINCIPIO TRANSVERSAL

Contexto de partida

Una de las características principales cuando se habla de igualdad de género es su carácter transversal. La propia Ley Orgánica 3/2007, de 22 de marzo, para la Igualdad Efectiva entre Mujeres y Hombre, para siguientes menciones LO 3/2007, señala como una de sus mayores novedades la prevención de conductas discriminatorias y la previsión de políticas activas dirigidas a hacer efectivo el principio de igualdad, lo que, como reconoce en su exposición de motivos, implica "necesariamente una proyección del principio de igualdad sobre los diversos ámbitos del ordenamiento de la realidad social, cultural y artística en que pueda generarse o perpetuarse la desigualdad", de ahí, como también establece, que la consideración de la dimensión transversal de la igualdad se instituya en "seña de identidad del moderno derecho antidiscriminatorio", postulando incluso como principio fundamental del propio cuerpo legal.

Ahora bien, como ya señaláramos, la denominada transversalidad de la igualdad de género, cuenta ya con una dilatada trayectoria, estando referido, en lo esencial "a lo que tanto desde la ONU como desde la propia UE se ha implementado con el nombre de *mainstreaming*. El *mainstreaming* de género es la estrategia de aplicación de las políticas de igualdad entre mujeres y hombres, o lo que es lo mismo, es la integración de las políticas de género en las demás políticas sectoriales, de ahí su carácter transversal pues no es una cuestión exclusiva que se circunscriba a cuestiones específicas de género"[2].

---

2 RANDO BURGOS, E. (2023): *Mujer y Administración Pública: políticas públicas e igualdad de género*, Atelier, Barcelona.

Como se verá con más detenimiento a continuación, el *mainstreaming* o principio de transversalidad de género ha de estar presente en las diferentes políticas públicas, no sólo en las políticas orientadas al logro de la igualdad de género sino que se hace extensivo al conjunto de políticas sectoriales que desde un punto de vista sectorial y, en mayor o menor medida, inciden en las misma. Y en este punto las actividades extractivas, no son ni deben ser ajenas a ello pues, ha de insistirse, el logro de una real y efectiva igualdad de género conlleva la actuación conjunta y comprometida así como el despliegue de acciones desde los diferentes y múltiples ámbitos en que la misma está presente.

Marco internacional y comunitario

Propiamente el *mainstreaming* de género aparece como estrategia o mecanismo de actuación – también denominado "*gender mainstreaming*" o "*transversalidad*" – para alcanzar la igualdad entre hombres y mujeres, que se incorpora, propiamente en el seno de la Declaración y la Plataforma de Acción de Beijing, de hecho la plataforma de acción identifica los ámbitos de especial preocupación, tales como la educación, la salud, la pobreza, el medio ambiente, pero también, y en lo que aquí ocupa, la economía, entre otros tantos[3].

---

3 No obstante, se ha de puntualizar que, el concepto en sí mismo contaba ya con antecedentes en documentos adoptados en el seno de la III Conferencia Mundial de la Mujer, celebrada en Nairobi en el año 1985. Así lo recuerda GIMÉNEZ ARMENTIA, indicando que "El hecho de que la igualdad entre hombres y mujeres tuviese cabida en la agenda de Naciones Unidas, ya no exclusivamente en el campo de las cuestiones específicas de la mujer, sino que integrará las demás políticas sectoriales, demuestra que el "mainstreaming" se venía gestando tanto en las distintas agencias y organismos de la ONU como en los propios Gobiernos de sus Estados Miembros. El "mainstreaming", uno de los avances de la Conferencia de Pekín,

Por su parte, en el año 1997, el Consejo Económico y Social de las Naciones Unidas – ECOSOC –, se encargó de definir el concepto de la transversalización de la perspectiva de género como aquella que:

> "Transversalizar la perspectiva de género es el proceso de valorar las implicaciones que tiene para los hombres y para las mujeres cualquier acción que se planifique, ya se trate de legislación, políticas o programas, en todas las áreas y en todos los niveles. Es una estrategia para conseguir que las preocupaciones y experiencias de las mujeres, al igual que las de los hombres, sean parte integrante en la elaboración, puesta en marcha, control y evaluación de las políticas y de los programas en todas las esferas políticas, económicas y sociales, de manera que las mujeres y los hombres puedan beneficiarse de ellos igualmente y no se perpetúe la desigualdad. El objetivo final de la integración es conseguir la igualdad de los géneros".

De manera más reciente, ONU Mujeres publicaba el documento denominado "Transversalización de género en los objetivos de desarrollo sostenible – Agenda 2030"[4], en el que se pone de manifiesto cómo además de contar con su propio ODS, el ODS 5 "Lograr la igualdad entre los géneros y el empoderamiento de todas las mujeres y niñas", el mismo está presente, dada su transversalidad, en la práctica totalidad de ODS. Como señala el documento:

> "Los Objetivos y las metas son de carácter integrado e indivisible y conjugan las tres dimensiones del desarrollo sostenible: económica, social y ambiental.

---

es entendido como la integración de la perspectiva de género en todos los campos de actividad y en todas las actividades de la vida». En GIMÉNEZ ARMENTIA, P. (2007): "Un estudio de la IV Conferencia Mundial sobre las mujeres", *Revista Comunicación y Hombre*, N. 3, págs. 82-93.

4 ONU Mujeres (2017): "Transversalización de género en los Objetivos de Desarrollo Sostenible – Agenda 2030". ONU.

Del total de indicadores de los ODS, 110 deben desagregarse por sexo, mientras que 53 son indicadores relevantes para la igualdad de género (14 de los cuales pertenecen al ODS 5). Esta realidad representa un gran desafío para los países de la región y requiere de una inversión sostenida en la generación y análisis de nuevos datos".

Como punto de inflexión a nivel europeo, en el año 1996 es cuando se institucionaliza el *mainstreaming* de género[5], convirtiéndose en uno de los actores más influyentes en la promoción de la estrategia así como en el fomento de la reflexión en torno a los requisitos, necesidades y oportunidades que ello implica[6]. Poco después, en 1997, a través del Tratado de Ámsterdam se ratifica el compromiso incorporando en la misión y los objetivos de la comunidad la potenciación de la igualdad entre mujeres y hombres -artículo 2- así como la eliminación de las desigualdades en todas sus actividades -artículo 3-.

Interesa la conceptualización dada por el Consejo de Europa al *mainstreaming* de género como:

> "El *mainstreaming* de género es la organización (la reorganización), la mejora, el desarrollo y la evaluación de los procesos políticos, de modo que una perspectiva de igualdad de género se incorpore en todas las políticas, a todos los niveles y en todas las etapas, por los actores normalmente involucrados en la adopción de medidas políticas"[7].

---

5 COMUNICACIÓN DE LA COMISIÓN EUROPEA (1996); "Integrar la igualdad de oportunidades entre mujeres y hombres en el conjunto de las políticas y acciones comunitarias" (COM (1996) 67 final) de 21/02/1996.

6 INSTITUTO DE LA MUJER (2007): "Protocolo de implantación de *Mainstreaming* de Género", Unidad Técnica Proyecto Calíope.

7 CONSEJO DE EUROPA (1998). *Mainstreaming de género: marco conceptual, metodología y presentación de «buenas prácticas»: informe final de las actividades del Grupo de Especialistas en «Mainstreaming» (EG-S-MS).* Estrasburgo (1998); Madrid: Instituto de la Mujer (1999).

Otro de los referentes en el marco de la Unión Europea, vino dado por la Agenda Social Europea, en el año 2001, fruto del Consejo Europeo de Lisboa, y en la que se refuerza el objetivo de igualdad entre mujeres y hombres en el empleo, destacando la aplicabilidad del *mainstreaming* como herramienta para su consecución.

Marco estatal

El derecho a la igualdad de género tiene, en nuestro ordenamiento jurídico, su reconocimiento constitucional en varios preceptos, si bien existen dos a los que es adecuado prestar particular atención. Nos referimos a los artículos 9.2. y 14 de la Constitución Española, en adelante CE. El artículo 9.2. viene a consagrar la obligación de los poderes públicos de promover las condiciones para que la igualdad del individuo y de los grupos en que se integran sean reales y efectivas, estableciendo un doble mandato que se dirige, por un lado, a los poderes públicos en general y, por otro, el derecho del individuo en tanto tal a gozar del derecho a la igualdad de manera real y efectiva. No en vano, señala que "Corresponde a los poderes públicos promover las condiciones para que la libertad y la igualdad del individuo y de los grupos en que se integra sean reales y efectivas; remover los obstáculos que impidan o dificulten su plenitud y facilitar la participación de todos los ciudadanos en la vida política, económica, cultural y social". Por su parte, el artículo 14 de la CE es el encargado de reconocer la igualdad de todos los españoles sin que pueda prevalecer discriminación alguna ni por ninguna causa, además de proclamar la igualdad ante la ley, con carácter general, y fijar la misma como límite insoslayable al que han de atender todos los poderes públicos en su actuación. A tal fin, el citado artículo 14 de la CE, establece que "Los españoles son iguales ante la ley, sin que pueda prevalecer discriminación alguna por razón de nacimiento, raza, sexo, religión, opinión o cualquier otra condición o circunstancia personal o social”[8].

Pese al claro mandato contenido en la CE en aras al desarrollo, mediante ley, del principio de igualdad, no existe en nuestro ordenamiento jurídico un cuerpo legal encargado de dar cumplimiento a ello. La razón parece evidente, la amplitud que engloba el propio concepto igualdad que se incardina en múltiples ámbitos, entre ellos la propia igualdad de género y buena muestra de la misma, como ya se indicaba, la transversalidad presente en ella[9].

Ahora bien, sí que paulatinamente se han ido promulgando diferentes cuerpos legales centrados en el desarrollo de la igualdad desde diferentes perspectivas. Valga como ejemplo, y en lo que aquí ocupa, destacar que uno de los primeros desarrollos legislativos vino dado precisamente por desarrollar las previsiones del artículo 14 de la CE en relación con la previsión del artículo 39.1. del propio texto constitucional que recono-

---

8 ALONSO GARCÍA, en relación al artículo 14 de la CE destaca que el mismo establece dos categorías o tipos de posibles desigualdades, tratando con la última dicción del precepto de proteger cualquier tipo de desigualdad que, con carácter general, pueda tener lugar. Destaca, en dicho sentido, el autor como “contiene pues, dos tipos de posibles desigualdades: la basada en razones de nacimiento, raza, sexo, religión… donde se ha concretado más el tipo de desigualdad constitucionalmente prohibido, y una cláusula general: «cualquier otra condición o circunstancia personal o social»”, indicando, además, en relación a la segunda, como esta generalidad de la cláusula al indicar “cualquier otra circunstancia o condición personal o social” debe ponerse en relación con la cláusula introductoria “los españoles son iguales ante la ley”, lo que viene a denominar como “cláusula general de desigualdad”. En ALONSO GARCÍA, E. (1983): “El principio de igualdad del artículo 14 de la Constitución Española”, *Revista de Administración Pública,* núm. 100-102, págs. 21-92.

9 Véase RANDO BURGOS, E. (2023): *Mujer y Administración Pública: políticas…* op. cit.

ce el deber de los poderes públicos de asegurar la protección social, económica y jurídica de la familia, junto al artículo 9.2. de la CE. Nos referimos a la Ley 39/1999, de 5 de noviembre, para promover la conciliación de la vida familiar y laboral de las personas trabajadoras.

Ciertamente la igualdad en el empleo y en sus diferentes manifestaciones, constituyen una cuestión a la que se ha dedicado gran atención. Con la Ley 39/1999 se trasponía al ordenamiento jurídico español dos directivas europeas en la materia: la Directiva del Consejo 92/85/CEE, de 19 de octubre de 1992, relativa a la aplicación de medidas para promover la mejora de la seguridad y de la salud en el trabajo de la trabajadora embarazada que haya dado a luz o en período de lactancia, así como la Directiva del Consejo 96/34/CE, de 3 de junio de 1996, relativa al Acuerdo Marco sobre el permiso parental celebrado por la UNICE, el CEEP y la CES que prevé el permiso parental y la ausencia del trabajo por motivos de fuerza mayor como medio para conciliar la vida profesional y familiar y promover la igualdad de oportunidades y de trato entre hombres y mujeres. Una de las principales aportaciones de esta Ley es que vino a introducir cambios legislativos en el ámbito laboral para que los trabajadores y trabajadoras pudiesen participar en la vida familiar, otorgando con ello, como la misma reconoce en su exposición de motivos, "un nuevo paso en el camino de la igualdad de oportunidades entre mujeres y hombres".

Ahora bien, el cuerpo legal fundamental en la materia es LO 3/2007. Si bien la Ley en su conjunto se instituye, como se decía, en referente en la materia, existen dos de sus títulos que tienen particular relevancia a lo que es el objeto del presente trabajo. Nos referimos al título II, dedicado a las políticas públicas para la igualdad, y al título IV, encargado de regular el derecho al trabajo en igualdad de condiciones.

Precisamente en el marco del título II, y dentro de los principios generales de las políticas públicas para la igualdad, el artículo 15 se encarga de regular la "transversalidad del principio de igualdad de trato entre mujeres y hombres", indicando que:

> "El principio de igualdad de trato y oportunidades entre mujeres y hombres informará, con carácter transversal, la actuación de todos los Poderes Públicos. Las Administraciones públicas lo integrarán, de forma activa, en la adopción y ejecución de sus disposiciones normativas, en la definición y presupuestación de políticas públicas en todos los ámbitos y en el desarrollo del conjunto de todas sus actividades".

Su manifestación más evidente viene dada por las diferentes políticas públicas que la LO 3/2007 se encarga de regular en el marco de lo que denomina "acción administrativa para la igualdad". Materias como educación; creación y producción artística e intelectual; salud; sociedad de la información; deportes; desarrollo rural; políticas urbanas de ordenación territorial y vivienda; política española de cooperación para el desarrollo; contratos con las Administraciones públicas; o subvenciones, son algunas de las políticas públicas que la LO 3/2007 se encarga de regular por su incidencia directa en la igualdad de género.

Pero, junto a lo anterior, "el derecho al trabajo en igualdad de oportunidades" se instituye en otro de los ejes centrales de la LO 3/2007. Se centra, de esta forma, en cuatro ejes fundamentales. En primer lugar, "la igualdad de trato y de oportunidades en el ámbito laboral", recogiendo medidas concretas como el Programa de mejora de la empleabilidad de las mujeres o la promoción de la igualdad en la negociación colectiva. En segundo lugar, aborda el binomio igualdad y conciliación, reconociendo los derechos de conciliación de la vida personal, familiar y laboral "en forma que fomenten la asunción equilibrada de las responsabilidades familiares, evitando toda discriminación basada en su ejercicio", reconoce el artículo 44 de la LO 3/2007, a la vez que establece el permiso y la prestación por maternidad y por paternidad, ambos en los términos previstos en la normativa laboral y de seguridad social, si bien este último orientado a contribuir a un reparto más equilibrado de las responsabilidades familiares. En tercer lugar, se regulan los denominados planes de igualdad en las empresas, conceptuado como el "conjunto de medidas, adoptadas después de realizar un diagnóstico de situación, tendentes a alcanzar en la empresa la igualdad de trato y de oportunidades entre mujeres y hombres y a eliminar la discriminación por razón de sexo". En cuarto lugar y último lugar, se crea el distintivo para las empresas en materia de igualdad, cuyo objeto responde al reconocimiento a aquellas empresas que destaquen por la aplicación de políticas de igualdad de trato y de oportunidades con sus trabajadores y trabajadoras, pudiendo ser utilizado en el tráfico de la empresa y con fines publicitarios.

La LO 3/2007, muestra su compromiso, dada la relevancia que presenta, por la igualdad de género en el empleo y, en general, en la economía, consciente del relevante papel que la mujer ostenta en el desarrollo de la misma. De esta forma, en su exposición de motivos reconoce expresamente cómo "Resulta necesaria, en efecto, una acción normativa dirigida a combatir todas las manifestaciones aún subsistentes de discriminación, directa o indirecta, por razón de sexo y a promover la igualdad real entre mujeres y hombres, con remoción de los obstáculos y estereotipos sociales que impiden alcanzarla. Esta exigencia se deriva de nuestro ordenamiento constitucional e integra un genuino derecho de las mujeres, pero es a la vez un elemento de enriquecimiento de la propia sociedad española, que contribuirá al desarrollo económico y al aumento del empleo".

Este compromiso debe acentuarse más, si cabe, en sectores económicos como el de las actividades extractivas en el que las mujeres por un lado, representan un porcentaje inferior a los hombres y, por otro, las desigualdades entre hombres y mujeres se incrementa, como se veía con anterioridad y está expresamente reconocido en los diferentes documentos internacionales en la materia.

IGUALDAD DE GÉNERO Y ACTIVIDADES EXTRACTIVAS

Actividades extractivas: notas de contexto

Las actividades extractivas, en sentido propio, representan un ámbito esencial desde el punto de vista económico, fundamentalmente por su relevancia en el aporte de materias primas y el peso que representa en la economía[10]. Ello lleva a que cuenten con una regulación específica en la que se parte de su consideración como actividad industrial y en la que se otorga un tratamiento particular a los recursos mineros.

En términos de ocupación laboral y la consiguiente presencia de mujeres y hombres en este sector económico, hay que atender a los últimos datos publicados por el Instituto Nacional de Estadística (INE), referidos a la ocupación por rama de actividad, que reflejan cómo las mujeres representan un 0,1% del porcentaje del total nacional respecto al empleo total de personas del mismo sexo en las industrias extractivas, de hecho se encuentra entre las ramas con menor porcentaje de ocupación en España[11]. Frente a ello, si bien ligeramente superior,

---

10 La Estadística Minera de España 2021, destaca la diversidad geológica presente en España lo que hacen de nuestro país un territorio en el que existen yacimientos de muy diferentes rocas y minerales, dando lugar a una variada e importante producción minera. Además, señala datos ejemplificativos de la situación de España por su riqueza minera, dentro de la Unión Europea, tales como: es el único productor de sepiolita y celestina; primer productor de espato-flúor y de yeso; segundo de magnesita y de sales potásicas; segundo/tercer productor de mineral de cobre; y sexto productor de bentonita. MINISTERIO PARA LA TRANSICIÓN ECOLÓGICA Y EL RETO DEMOGRÁFICO (2023): "Estadística Minera de España 2021", Secretaría General Técnica, Centro de Publicaciones, (p. 7).

11 INE (2022): "Mujeres ocupadas por rama de actividad". Disponible https://www.ine.es/ss/Satellite?L=es_ES&c=INESeccion_C&cid=1

tampoco en este sector productivo la presencia de hombres es significativa, representando únicamente un 0,2%.

Como destaca la profesora Mora Ruiz, citando a Moreu Carbonell[12], recordando los antecedentes normativos en nuestro país, el autor ya destacaba de manera temprana que "el régimen jurídico dispuesto por la Ley 22/1973, de 21 de julio, de Minas descansa en la articulación de un dominio público que cumple funciones ordenadoras, más que funciones protectoras, como consecuencia de que los recursos mineros no se consideran recursos naturales susceptibles de protección por la vía de esta institución"[13]. Pese a lo anterior, la autora destaca cómo los intereses ambientales, sin embargo, no se encontraban en el centro de la ordenación jurídica de la actividad extractiva, ello, pese a que por parte de la jurisprudencia constitucional ya se había reconocido la necesidad de sujeción de la actividad a normas ambientales. Ahora bien, sí destaca cómo ha evolucionado la regulación de la actividad extractiva desde su perspectiva ambiental, incorporando, por un lado, aspectos como el sometimiento a técnicas ambientales de control, como la Evaluación de Impacto Ambiental y, por otro, esencial, centrándose en la gestión de los denominados recursos mineros y la rehabilitación de los espacios, propiciando la necesidad de una visión integral de la actividad que incorpora, incluso, el momento posterior al cierre y clausura de la instalación minera, ello en el contexto del Real Decreto 975/2009, de 12 de

---

259931459725&p=1254735110672&pagename=ProductosYServicios%2FPYSLayout (última consulta 15/10/2023).

12 MOREU CARBONELL, E. (2001): *Minas. Régimen jurídico de las actividades extractivas*, Tirant lo Blanch, Valencia.

13 MORA RUIZ, M. (2023): "Actividades extractivas, gestión y economía circular: la oportunidad de revisión de un modelo especial ante la nueva Ley de residuos y suelos contaminados para una economía circular", *Revista General de Derecho Administrativo*, N. 63.

junio de gestión de los residuos de las actividades extractivas y rehabilitación del espacio afectado por actividades mineras[14].

Estos antecedentes aproximan a la necesidad de dar respuesta de forma renovada a la gestión de los residuos procedentes de las actividades mineras por la gravedad de los problemas ambientales a que los mismos pueden dar lugar y su incidencia en el territorio[15]. De ahí, el relevante papel de la recientemente aprobada Ley 7/2022, de 8 de abril, de Residuos y Suelos Contaminados para una Economía Circular, para sucesivas menciones LRSCEC, que deroga a su antecesora, la Ley 22/2011, de 28 de julio, de Residuos y Suelos Contaminados, en adelante LRSC, y que aboga como objetivo prioritario en materia de residuos por la reducción al mínimo de los efectos negativos que la generación y gestión de los residuos genera en la salud humana y en el medio ambiente, a la vez que, en consonancia con los propios principios de la economía circular, apuesta por hacer un uso eficiente de los recursos, con una apuesta estratégica decidida del conjunto de las Administraciones públicas, junto a la implicación y compromiso de los agentes económicos y sociales.

No en vano, desde la Unión Europea viene siendo una constante desde hace décadas la adopción de medidas dirigidas a prevenir o evitar los riesgos generados por la gestión de los residuos sobre la salud humana y sobre el medio ambiente. Como destacaba la profesora Zamora Roselló, "ya en el año 2006 la Unión Europea adoptó una Directiva (en referencia a la Directiva 2006/21/CE sobre la gestión de los residuos de industrias extractivas) para el establecimiento de un conjunto de medidas que previnieran o evitaran, en la medida de lo posible, los

---

14 Ibid.

15 Para una perspectiva de conjunto, véase MONTOYA MARTÍN, E. (dir.), (2020): *Minería extractiva, planificación territorial y urbanística*, Tirant Lo Blanch, Valencia.

riesgos para la salud humanada y el medio ambiente derivados de los residuos de las industrias extractivas"[16]. De manera más reciente, Fernández-Espinar López, enfatiza en cómo "las actividades extractivas constituyen un sector estratégico esencial en la transformación renovable del nuevo modelo energético que impulsa de forma ambiciosa la Unión Europea mediante numerosos instrumentos normativos y estratégicos en los últimos cinco años desde el Acuerdo de París hasta la reciente aprobación de la propuesta del paquete legislativo *´Fit for 55`* y la Ley Europea del Clima, con el objetivo de la neutralidad climática en 2050"[17].

La doctrina se ha encargado del análisis de los recursos extractivos, así como de las luces y sombras en nuestro ordenamiento jurídico y del contexto europeo de referencia, sin obviar la reciente LRSCEC[18]. Ahora bien, en lo que al presente

---

16 ZAMORA ROSELLÓ, M.R. (2012): "Los residuos generados por la industria extractiva: virtudes y deficiencias del marco regulador", *Revista Vasca de Administración Pública. Herri-Arduralaritzako Euskal Aldizkaria,* N. 94, pp. 271-317 (p. 277). Véase, de manera más reciente, sobre el particular la obra de ZAMORA ROSELLÓ, M.R. (2024): *Minería y Comunidades Autónomas: territorio, sostenibilidad y energía. Especial referencia a Galicia, Baleares y Andalucía,* Tirant lo Blanch, 2024.

17 FERNÁNDEZ-ESPINAR LÓPEZ, L.C. (2022): "Las actividades extractivas: sector crítico estratégico del nuevo modelo energético", *Actualidad Jurídica Ambiental,* N. 121, pp. 5-41.

18 Sobre la cuestión, véase, entre otros, los trabajos de ZAMORA ROSELLÓ, M.R. (2011): "Reflexiones en torno al sector minero: propuestas comunitarias sobre la industria extractiva no energética", en SÁNCHEZ BÁNCO, A. DOMÍNGUES-BERRUETA DE JUAN, M.A. y RIVERO YSERN (coords.) *El nuevo derecho administrativo: libro homenaje al prof. Dr. Enrique Rivero Ysern,* Ratio Legis Librería Jurídica, Salamanca; BLASCO HEDO, E. y MUYO REDONDO, B. (2013): *La nueva Ley de residuos y suelos contaminados,* CIEMAT; FERNÁNDEZ SCAGLIUSI. M.A (coord.). y MONTOYA MARTÍN, E. (dir.). (2020): *Minería extractiva: planificación territorial y urbanismo,* Tirant

trabajo interesa, ni la LRSCEC, ni la LRSC y, como era de esperar, tampoco la legislación en materia de minas, contienen referencias explícitas a la igualdad de género en el contexto de las mismas.

Referentes internacionales

Con independencia de otros documentos, de manera reciente, en el año 2021, la Organización Internacional del Trabajo, en lo sucesivo OIT, publicada el documento "La mujer en la minería"[19], en el que se aborda, como su propia denominación adelanta, el importante papel que la mujer desarrolla y ha venido desarrollando en este sector de actividad económica. Un trabajo novedoso pues se trata de uno de los sectores en los que tradicionalmente ha sido el hombre el que ha jugado un papel predominante y en el que las mujeres, como señala el mismo, "pese a su importante contribución a la extracción de materias primas y recursos valiosos, a menudo se han visto excluidas de la minería subterránea y de muchos otros tipos, y actualmente siguen siendo víctimas de la discriminación y afrontando obstáculos al trabajo decente en el sector minero",

---

Lo Blanch, Valencia; FERNÁNDEZ SCAGLIUSI. M.A (coord.). y MONTOYA MARTÍN, E. (dir.). (2021): *Minería y medio ambiente en el siglo XXI: una visión global y de derecho comparado*, Navarra, Thomson Reuters Aranzadi; FERNÁNDEZ DE GATTA, D. (2021): "Avances en la economía circular: nueva legislación sobre residuos y plásticos", *Actualidad Jurídica Ambiental*, N. 108, pp. 1-45; MORA RUIZ, M. (2022): "La gestión de los residuos (artículos 23 a 27)", *Revista Aragonesa de Administración Pública*, N. extraordinario 21, pp. 249-281; NOGUEIRA LÓPEZ, A. (2022): "¿Circular o en bucle? La insuficiente transformación de la legislación de residuos?, *Revista Aragonesa de Administración Pública*, N. extraordinario 21, pp. 11-27.

19 ORGANIZACIÓN INTERNACIONAL DEL TRABAJO (2021): *La mujer en la minería. Hacia la igualdad de género*, Departamento de Políticas Sectoriales, Organización Internacional del Trabajo, Ginebra.

ello pese, a como recoge, representar hasta una tercera parte de la fuerza de trabajo en el caso de la minería artesanal y en pequeña escala, en contraposición a la minería en gran escala, en que las mujeres rara vez superan el 10% de los trabajos mineros, trabajos predominantemente en puestos administrativos. Sin obviar otro dato ilustrativo que el informe revela "En muchos países, la ley prohíbe que las mujeres desempeñen algunas funciones y trabajen en determinados tipos de explotaciones, sobre todo en las subterráneas"[20].

El estudio se realiza en respuesta a una recomendación sobre el tema por parte del Grupo de trabajo tripartito del mecanismo de examen de las normas y a petición del Consejo de Administración para que el mismo pueda considerar "medidas de seguimiento adecuadas para abordar cualquier dificultad que se plantee a las mujeres trabajadoras en el sector de la minería, también a fin de determinar la necesidad de prestar asistencia técnica específica", con el propósito de "ayudar a los gobiernos, los empleadores y los trabajadores en los países mineros a llevar a cabo la tarea de revisión y actualización de la legislación superada que tienen ante sí, y a formular y aplicar

---

20 A mayor abundamiento, el documento en relación a lo anterior, señala como "hasta hace poco, esta práctica discriminatoria se hallaba reflejada en las normas internacionales del trabajo y, más concretamente, en el Convenio sobre el trabajo subterráneo /mujeres, 1935 (núm. 45), el cual todavía se halla vigente en 68 Estados Miembros. Sin embargo, tras un examen exhaustivo de los convenios y las recomendaciones en materia de seguridad y salud en el trabajo, la cuarta reunión del Grupo de trabajo tripartito del mecanismo de examen de las normas (celebrada en Ginebra del 17 al 21 de septiembre de 2018), recomendó que el Convenio núm. 45 se clasificara como superado. En su 334.a reunión, que tuvo lugar en octubre y noviembre de 2018, el Consejo de Administración de la Oficina Internacional del Trabajo aceptó la recomendación e inscribió en el orden del día de la 113.a reunión (2024) de la Conferencia Internacional del Trabajo un punto relativo a la derogación del Convenio" (p. 4).

un conjunto de políticas y medidas integradas y coherentes para promover la igualdad de género y el trabajo decente en la materia".

Tras remontarse al papel que la mujer ha tenido en la minería, tanto históricamente, como las funciones en la minería en gran escala y en la minería artesanal y en pequeña escala, así como la mujer en las comunidades mineras, el informe aborda los retos y oportunidades en materia de trabajo decente, finalizando, a modo de recomendaciones con unas propuestas de medidas futuras para la OIT y para sus propios miembros.

Se está ante un sector en el que convergen por un lado, la escasa presencia de la mujer, al menos, en la minería de gran escala, relegada a funciones indirectas relacionada con la misma (tareas administrativas, apunta el informe), y, por otro, un sector de actividad caracterizado por la desigualdad entre hombres y mujeres. De ahí el interés por los retos y oportunidades que el mismo señala en materia de "trabajo decente", lo que según la propia OIT se define como:

> "Un trabajo que sea productivo y que genere un ingreso digno, seguridad en el lugar de trabajo y protección social para las familias, mejores perspectivas de desarrollo personal e integración a la sociedad, libertad para que la gente exprese sus opiniones, organización y participación en las decisiones que afectan sus vidas, e igualdad de oportunidad y trato para todas las mujeres y hombres"[21].

No en vano, como también recoge el informe, el "trabajo decente" se ha convertido en un objetivo universal y se ha integrado en la Agenda 2030 para el Desarrollo Sostenible, sustentando en cuatro pilares inseparables e interrelacionados que se refuerzan mutuamente: la creación de empleo, la protección social, los derechos en el trabajo y el dialogo social,

---

[21] Ibid. (p. 30).

con la igualdad de género y la no discriminación como objetivos transversales. Precisamente, a partir de los anteriores, "los retos y oportunidades en materia de trabajo decente" que el documento plantea giran en torno a cuatro ámbitos: empleo, protección social, principios y derechos fundamentales en el trabajo y normas internacionales del trabajo y diálogo social.

En relación al primero, el empleo, entendido por el mismo como el punto de partida de las políticas y las acciones destinadas a generar más y mejor empleo para las mujeres en los países mineros es la eliminación de las barreras estructurales que afrontan las mujeres, y ello, a partir de tres medidas concretas que propone:

> "- derogar la legislación y eliminar las prácticas culturales que estén basadas en estereotipos de género o que perpetúen los roles de género tradicionales, limiten el tipo de trabajo que pueden hacer las mujeres o su libertad de circulación, o agraven la discriminación, la violencia y el hostigamiento por motivos de género en el lugar de trabajo;
>
> promulgar y aplicar leyes y políticas para promover la igualdad de oportunidades y de trato para que las mujeres participen en la vida económica, social y cívica, la igualdad de remuneración por un trabajo de igual valor y la seguridad social y la protección de la maternidad, y prevenir la discriminación, la violencia y el acoso y proteger a las mujeres y los hombres contra dichos fenómenos;
>
> facilitar la transición de los trabajadores y las unidades económicas de la ASM a la economía formal mediante políticas y medidas que protejan a los trabajadores informales y promuevan la formalización de empresas sostenibles, en consonancia con la Recomendación sobre la transición de la economía informal a la economía formal, 2015 (núm. 204)".

En el marco del segundo de los retos y oportunidades que propone el documento, la protección social, el informe parte del relevante papel que el hecho de que las mujeres puedan gozar de idénticas oportunidades a los hombres en este sector, dependerá en gran medida de la capacidad de los gobiernos, los empleadores y los trabajadores para promover el trabajo decente y la protección social en el sector minero. Protección social que entiende incluye: el tiempo de trabajo[22]; los salarios[23]; la violencia y el acoso por razón de género; la seguridad

---

22 El documento evidencia las notables diferencias entre los países en este sentido, tanto en el número de horas de trabajo de cada turno; el número de turnos por rotación; el número de horas de trabajo en un período determinado y el tiempo libre previsto, así como el número de horas extraordinarias trabajadas, no en vano depende, en gran medida, de la regulación por ley con que cuenta cada país, a la vez que reconoce que existe poca o ninguna información sobre el horario de trabajo de las mujeres y los hombres de la minería artesanal y en pequeña escala, en adelante ASM, (p. 39).

23 Pese a que se está ante un sector en el que los salarios promedios suelen ser más elevados que los promedios nacionales a nivel intersectorial, las diferencias salariales entre mujeres y hombres son un problema centenario. A tal fin refleja algunos ejemplos como Australia (donde señala que "el salario básico de una trabajadora a tiempo completo en la industria minera era un 10,4 por ciento inferior al de sus homólogos masculinos en 2020" o Rwanda, donde "las mujeres ganan en torno a un 25 o 30 por ciento menos que los hombres por las mismas actividades de acarreo o bateo"). En suma, refleja, como la disparidad salarial continúa persistiendo en el sector minero (p. 40-41).

y salud en el trabajo[24]; la protección de la maternidad[25]; los trabajadores migrantes[26]; y la seguridad social[27].

---

24 Tras exponer reveladores datos, el informe recuerda el papel de los gobiernos, los empleadores y los trabajadores en la promoción de la seguridad y salud en todas las operaciones mineras, recordando que las mismas están establecidas en el Convenio sobre Seguridad y Salud en las Minas de 1995, así como enfoques y medidas dirigidas a eliminar y reducir los riesgos para la seguridad, la salud y el bienestar, como las recogidas en las "recomendaciones prácticas de la OIT sobre seguridad y salud en las minas de carbón subterráneas y sobre seguridad y salud en minas a cielo abierto" (p. 47).

25 Sobre la cuestión recuerda el informe el Convenio sobre los trabajadores con responsabilidades familiares, 1985 (núm. 156). También la Recomendación sobre seguridad y salud en las minas, 1995 (núm. 183) que acompaña al Convenio sobre seguridad y salud en las minas, 1995 (núm. 176), que establece una cuestión de particular relevancia para las mujeres en la minería en el párrafo 21 c), al indicar: "cuando se hayan identificado riesgos y peligros para la función reproductora, [se deberían adoptar] medidas de formación y disposiciones técnicas y de organización específicas, incluidos, según proceda, el derecho al traslado a otras tareas sin pérdida de salario, especialmente durante períodos, como el embarazo y la lactancia, en que el organismo es más vulnerable a los riesgos".

26 También se expone como el sector de la minería, de manera tradicional, ha atraído a un importante segmento de trabajadores poco cualificados en busca de mejores oportunidades de trabajo. Si bien reconoce que no existen muchos datos sobre el particular, apunta a diversos estudios de casos que señalan que "la migración en las explotaciones de la ASM tiene lugar al margen del control estatal y sin tener en cuenta la protección del medio ambiente, las normas nacionales e internacionales del trabajo, ni los derechos humanos, en particular los derechos del niño y de la mujer" (p.49).

27 Tras un detallado análisis sobre la seguridad social en el ámbito de la minería, el informe concluye que "los gobiernos deberían otorgar prioridad al establecimiento de sistemas nacionales de protección social robustos, integrales y sostenibles en los que se hallen incluidos los trabajadores con cualquier tipo de empleo y que tengan en cuenta la necesidad de adaptar los mecanismos existentes a las nece-

De los anteriores, destaca la violencia y acoso por razón de género como uno de los mayores problemas que afrontan las mujeres que trabajan en las mismas. Como datos en los que se sustenta el documento, una encuesta realizada en Canadá en el año 2017 en la que participaron 540 trabajadores con cargos directivos en el ámbito de la minería que reveló que el 47% habían sido víctimas de acoso[28]; un informe de GIZ 2020 que recoge en el caso de la ASM, como el 74% de las mujeres en la zona oriental de la República Democrática del Congo han sido víctimas de violencia sexual; o el informe de auditoría social sobre Sudáfrica, realizado por ActionAid en 2018, en el que se refleja que el 40% de las mujeres entrevistadas "habían indicado que solo era posible conseguir trabajo en el sector minero por medio de favores sexuales".

Estos devastadores datos que reflejan una lamentable situación pueden ser debidos, como concluye el documento, a razones como la hipermasculinidad en la cultura minera o la lejanía y el relativo aislamiento de las explotaciones mineras, lo que aumenta la vulnerabilidad de las mujeres a este tipo de violencia. De ahí que apunte que "aunque existan estrategias a favor de la igualdad de oportunidades y otra legislación, es preciso acompañarlas de instrumentos de control y sanción más robustos para proteger a las mujeres que trabajan en estrecho contacto con una fuerza de trabajo predominantemente masculina"[29].

---

sidades y circunstancias de los grupos de trabajadores con formas de trabajo más inestables y de quienes afrontan desafíos particulares, como las mujeres".

28 Cita el informe el trabajo de PELTIER-HUNTLEY, J. (2019): *Closing the Gender Gap in Canadian Mining: An Interdisciplinary Mixed Methods Study*, Tesina de grado, Universidad de Saskatchewan.

29 ORGANIZACIÓN INTERNACIONAL DEL TRABAJO (2021): *La mujer en la minería…* op. cit. (p. 44).

El tercero de los retos y oportunidades que recoge el informe son los "principios y derechos fundamentales en el trabajo, y normas internacionales del trabajo". Parte el informe señalando la Declaración de la OIT relativa a los principios y derechos fundamentales en el trabajo, del año 1998 y se centra en lo que denomina "cuatro grupos de principios y derechos en el trabajo", a saber, la libertad de asociación, la libertad sindical y el derecho de negociación colectiva, la eliminación del trabajo forzoso u obligatorio, la abolición del trabajo infantil y la eliminación de la discriminación en materia de empleo y ocupación[30].

El cuarto y último de los retos y oportunidades es el diálogo social. Parte reconociendo que "unas buenas relaciones laborales y un diálogo social efectivo contribuyen a la buena gobernanza en el lugar de trabajo, al trabajo decente, al crecimiento económico inclusivo y a la democracia para las mujeres y hombres. El diálogo social resulta imprescindible para gestionar los retos y las oportunidades de la industria minera tanto ahora como en el futuro". El informe enfatiza en cómo el diálogo social, incluida la negociación colectiva, adopta diversas formas y se producen en diferentes niveles en función del contexto y la tradición de cada país. Diferencia, así, entre la minería a gran escala, en lo sucesivo LSM, en la que "el principal objetivo de los sindicatos y de los empleadores es superar complejos problemas tecnológicos y de mercado, mantener la competitividad empresarial y lograr mejores condiciones de empleo y de trabajo" y la minería artesanal y en pequeña escala, en adelante ASM, en la que, en cambio, "el diálogo social está menos desarrollado y suele incluir a otros interlocutores, como cooperativas, organizaciones de base comunitaria y organizaciones no gubernamentales"[31].

---

[30] Ibid. p. 51.

[31] Ibid. p. 55.

Ahora bien, junto a los anteriores, resulta esencial, en aras a avanzar y lograr una efectiva igualdad de género en el sector de la minería desde una escala mundial, como lo hace el informe de la OIT, las propuestas que el mismo plantea, junto a un conjunto de medidas de la OIT y de sus miembros, se establecen los llamados "ámbitos de asistencia técnica", orientados a ayudar a los mandatarios a promover la igualdad de género y el trabajo decente en el sector minero, para lo que se señala que la Oficina Internacional del Trabajo puede llevar a cabo lo siguiente:

- Normas internacionales del trabajo y principios y derechos fundamentales en el trabajo. A tal fin plantea las siguientes líneas de actuación:

> "(a) Tal como recomienda el Grupo de trabajo tripartito del mecanismo de examen de las normas, ayudar a los Estados Miembros interesados en ratificar y aplicar el Convenio sobre seguridad y salud en las minas, 1995 (núm. 176), y sobre todo a los 98 Estados Miembros que habían ratificado el Convenio sobre el trabajo subterráneo (mujeres), 1935 (núm. 45), ya superado, para proteger a todas las mujeres y los hombres contra las enfermedades y los accidentes del trabajo derivados de las operaciones de la LSM y de la ASM,11 entre otras cosas, analizando la situación y las deficiencias de la legislación, las políticas y los programas vigentes.
>
> (b) Ayudar a gobiernos, empleadores y trabajadores a aplicar los repertorios de recomendaciones prácticas de la OIT Seguridad y salud en las minas de carbón subterráneas, Seguridad y salud en minas a cielo abierto y Seguridad y salud en minas de superficie en pequeña escala: manual para proteger a todas las mujeres y los hombres en la LSM y en la ASM.
>
> (c) Promover el respeto por los principios y derechos fundamentales en el trabajo en todos los Estados Miembros, incluida la eliminación de la discriminación en materia de empleo y ocupación, y la promoción del principio de igualdad

de remuneración por un trabajo de igual valor en el sector minero"[32].

- Asesoramiento en materia de políticas y asistencia técnica. Articulado, de igual forma, a través de distintas acciones, tales como:

  "(d) Ayudar a los países mineros a promulgar y aplicar leyes y políticas para promover la igualdad de oportunidades y de trato para que las mujeres participen en la vida económica, social y cívica; promover la igualdad de remuneración por un trabajo de igual valor; garantizar una protección social sostenible y una protección de la maternidad, junto a infraestructuras y servicios públicos asistenciales; promover un mejor reparto de las responsabilidades entre mujeres y hombres, y prevenir y proteger a mujeres y hombres contra la discriminación, la violencia y el acoso, en particular en el caso de las comunidades indígenas y tribales.

  (e) Promover la derogación de la legislación y la eliminación de las prácticas culturales que limiten el tipo de trabajo que pueden hacer las mujeres o su libertad de circulación, y que perpetúen la discriminación, la violencia o el acoso laboral por motivo de género.

  (f) Ofrecer asesoramiento de políticas y asistencia técnica a los gobiernos, en consulta con las organizaciones de empleadores y de trabajadores, para ampliar la protección social a las mujeres y a los hombres en el sector minero mediante un enfoque integral, entre otras cosas, haciendo extensiva la cobertura mediante mecanismos adaptados a las necesidades y circunstancias particulares de los distintos tipos de trabajadores en las operaciones mineras formales e informales, tanto en pequeña como en gran escala.

  (g) Ofrecer asesoramiento en materia de políticas y asistencia técnica a los gobiernos y a las organizaciones de empleadores y de trabajadores para llevar a cabo nuevos programas

---

32 Ibid. p. 61.

con el fin de erradicar el trabajo infantil y el trabajo forzoso en la ASM.

(h) Ayudar a gobiernos, empleadores y trabajadores a formular y aplicar políticas, estrategias y medidas coherentes para facilitar la transición a la economía formal de las empresas, las cooperativas y los trabajadores de la ASM en la economía informal.

(i) Ayudar a los gobiernos y a las organizaciones de empleadores y de trabajadores a formular y aplicar estrategias para subsanar los déficits de competencias existentes y futuros, entre otras cosas previendo las necesidades futuras en materia de competencias e invirtiendo más en el desarrollo de competencias y en el aprendizaje permanente en el sector"[33].

- Fomento de la capacidad. Línea para la que también se prevén diferentes acciones por el informe, en concreto:

"(j) Fomentar las capacidades y mejorar la coordinación de las funciones, en ocasiones separadas, de los inspectores del trabajo, la minería y la seguridad social en el ámbito de la actividad de los ministerios del trabajo y la minería para que las inspecciones tengan más en cuenta las cuestiones de género y se amplíen con el fin de proteger a las mujeres y a los hombres en la ASM, sobre todo en los territorios mineros alejados y en los países mineros de ingresos bajos.

(k) Fomentar la capacidad de las organizaciones de empleadores y de trabajadores en el sector minero para ofrecer un mayor apoyo a sus miembros con el fin de promover la igualdad de género tanto en la LSM como en la ASM, entre otras cosas mediante una representación equilibrada de las mujeres y de los hombres en sus mecanismos de gobernanza interna.

---

[33] Ibid. p. 61-62.

(l) Ayudar a las oficinas nacionales de estadística a recabar más y mejores datos desglosados por sexo y a generar mejores estadísticas de género sobre la LSM y la ASM en materia de empleo, salarios y disparidad salarial entre hombres y mujeres, accidentes mortales, lesiones y enfermedades profesionales, tiempo de trabajo, cobertura de seguridad social y otros temas importantes.

(m) Generar una mayor comprensión de los retos y oportunidades que se plantean en relación con el trabajo decente de las mujeres y los hombres en la ASM, a nivel mundial y nacional, en respuesta a las solicitudes de los Estados Miembros.

(n) Analizar las funciones y el trabajo de las mujeres como contratistas, subcontratistas y proveedoras, así como las dinámicas de género presentes en las comunidades mineras locales, sobre todo en los países mineros de bajos ingresos, e identificar soluciones para mejorar sus oportunidades y abordar las repercusiones negativas para las mujeres.

(o) Generar una mayor comprensión de la influencia que tienen el cambio climático, los cambios demográficos, la globalización, los avances tecnológicos y la consiguiente transición a economías digitales y circulares con bajas emisiones de carbono, en las oportunidades y los retos relacionados con el trabajo decente de las mujeres y los hombres en la minería en gran y pequeña escala, las comunidades mineras y los países mineros, con miras a ofrecer opciones basadas en datos objetivos para facilitar una transición justa a los gobiernos, los empleadores y los trabajadores"[34].

En definitiva, este informe de la OIT se instituye en todo un completo referente en un ámbito al que, hasta el momento, escasa atención se ha prestado, el binomio desigualdad-minería y se hace, además, desde el seno de un referente internacional como es este organismo.

---

34 Ibid. p. 62.

Siquiera someramente es adecuado hacer referencia, también en el plano internacional a las iniciativas que desde el Banco Mundial, a través del Banco Interamericano de Desarrollo, en adelante BID, y el Fondo Fiduciario de Donantes Múltiples para un Apoyo Programático Global a las Industrias Extractivas, conocido como EGPS por sus siglas en inglés, se vienen desarrollando. Entre las más recientes, la Conferencia Global de Petróleo, Gas y Minería sobre Género, celebradas en marzo de 2021, bajo el lema "Llegar a la igualdad en un mundo cambiante, explorará la igualdad de género en los sectores del petróleo, el gas y la minería", o la creación de un grupo especial dentro del BID, el Grupo Especial de Minería, Energía Geotérmica e Hidrocarburos, MGH, encargado de trabajar con los gobiernos, la industria y la sociedad civil en América Latina y el Caribe, en tanto principales fuentes a nivel mundial de minerales y metales, además de principales productores de recursos naturales como el cobre, el litio, el mineral de hierro, el oro, la plata o el zinc, entre otros tantos. No en vano, el sector extractivo -minería, petróleo y gas- representan en torno al 5% del PIB regional y más del 50% de las exportaciones totales de la región.

Pues bien, uno de los pilares de MGH es la igualdad de género en el sector extractivo, consciente de que "mientras que los hombres experimentan más beneficios laborales y financieros de las extractivas, las mujeres experimentan más riesgos, lo que genera brechas de desigualdad de género más amplias y, por tanto, obstaculiza las oportunidades de desarrollo sostenible". Por ello, MGH se encarga de apoyar los esfuerzos de sus socios en aras a promover la igualdad de género en el sector extractiva de América Latina y el Caribe a través de diferentes estrategias centradas en:

> "Reducir la brecha de género para que las mujeres accedan a las oportunidades socioeconómicas de las industrias extractivas, incluidas sus cadenas de suministro.

Abordar la violencia de género, incluso en las áreas de influencia de los proyectos extractivos.

Producir conocimiento y datos sobre los impactos de género de la industria y los beneficios de los enfoques de igualdad y diversidad de género para los actores públicos y privados del sector.

Mejorar la capacidad y la agencia de la mujer en la gobernanza del sector a nivel nacional y subnacional.

Difundir la conciencia, desarrollar la capacidad y movilizar a las partes interesadas relevantes del gobierno, la industria y la sociedad civil que pueden influir en las *políticasand address existing inequalities*"[35].

En coherencia con lo anterior, el MGH también viene desarrollando diversos proyectos integrados en: lineamientos de género para el sector minero energético colombiano; Programa Mujeres Líderes Emergentes; Programa "Más allá de la Extracción" o el Plan Buriticá.

En síntesis, se observa cómo, aunque paulatinamente y con un largo camino aún por recorrer, desde el plano internacional se viene trabajando y avanzando en la igualdad de género en el marco de las actividades extractivas.

---

35 DE WAZIERS, B. y MORENO, O. (2020): ¿Cómo integrar el enfoque de género en el sector de infraestructura?, Número especial de *Infraestructura para el desarrollo*, N. 2, Departamento de Infraestructura y Energía del BID.

Hoja de ruta para la Gestión Sostenible de las Materias Primas Minerales

El avance y toma de conciencia de la relevancia de atender a la igualdad de género desde una perspectiva que resulte efectivamente transversal es, sin duda alguna, todo un reto. No obstante, y aunque a paso lento, se observa cómo se avanza y ello también tiene lugar en nuestro ámbito más próximo.

Basta tomar como referente, en el contexto del Marco Estratégico de Energía y Clima, la recién aprobada "Hoja de ruta para la Gestión Sostenible de las Materias Primas Minerales"[36]. Este documento es presentado como "el resultado de la contribución de diversos agentes económicos, Administraciones y ciudadanía. Este proceso se ha canalizado a través de diferentes consultas abiertas a la participación del público en general, que han permitido identificar visiones de agentes y sociedad en su conjunto. De esta manera, en un contexto de economía circular, se han identificado las líneas de acción para garantizar el suministro de las materias primas minerales en España de una manera más sostenible, y que maximice los beneficios a lo largo de la cadena de valor contribuyendo, de este modo, a la transición energética y digital y la soberanía industrial europea y española"[37].

Esta Hoja de ruta se articula, a partir de la diagnosis del suministro de materias primas sectoriales, en particular, los desafíos y retos globales que presenta, así como las orientaciones estratégicas, en un conjunto de líneas de acción: instrumentos regulatorios para un nuevo marco normativo del sector; instru-

---

36 MINISTERIO PARA LA TRANSICIÓN ECOLÓGICA Y EL RETO DEMOGRÁFICO (2022): "Hoja de ruta para la Gestión Sostenible de las Materias Primas Minerales", Ministerio para la Transición Ecológica y el Reto Demográfico.

37 Ibid. (p. 2).

mentos sectoriales; instrumentos transversales; e impulso a la I+D+i. En este contexto, en el marco de los instrumentos sectoriales se recogen 17 medidas, englobadas en cuatro ámbitos: eficiencia en los procesos y economía circular[38]; gestión sostenible de las materias primeras minerales autóctonas[39]; seguridad de suministro e importación de materias primas minerales

---

[38] Para la que se recogen tres medidas:
M-12 Impulso de las industrias de Materias Primas Minerales como actor estratégico para la economía circular.
M-13 Aprovechamiento de escombreras mineras.
M-14 Impulso a la rehabilitación de instalaciones de residuos mineros.

[39] Las medidas previstas para la misma, son:
M 15 Puesta en valor de los huecos mineros.
M-16 Revisión y actualización del régimen administrativo del catastro minero.
M-17 Mejora del conocimiento sobre la existencia de recursos minerales en España.
M-18 Análisis de la demanda y oferta, presente y futura, de materias primas minerales en España.
M-19 Herramientas para la gestión de la biodiversidad y la compatibilidad con espacios naturales.
M-20 Desarrollo de mecanismos e iniciativas para la recuperación y puesta en valor de antiguos espacios degradados abandonados y del patrimonio cultural en las áreas mineras.
M-21 Mejora de las dotaciones de recursos humanos, materiales y tecnológicos a las administraciones mineras.
M-22 Impulso de la integración de las cadenas de valor industrial.
M-23 Desarrollo de políticas sectoriales de buen gobierno, transparencia, ética y cumplimiento normativo.
M-24 Fomento e impulso del talento y del empleo con una perspectiva de igualdad de género en la industria de las Materias Primas Minerales.
M-25 Promoción de alianzas industriales europeas y diseño de instrumentos financieros de apoyo a la industria de materias primas.
M-26 Definición de las Mejores Técnicas Disponibles para la reducción del impacto ambiental y las emisiones.

sostenibles[40]; y materias primas minerales estratégicas para la transición energética[41].

La estrecha relación entre sostenibilidad y actividades extractivas hace preciso que este documento abogue, como lo hace, por medidas concretas dirigidas a la dimensión social de la misma y, en particular, a la igualdad de género. En este sentido, dentro de estas medidas sectoriales, y en el marco de la gestión sostenible de las materias primas minerales autóctonas, la medida 24 está dirigida al “Fomento e impulso del talento del empleo con una perspectiva de igualdad de género en la industria de las Materias Primas Minerales”. Su objeto, también lo recoge el documento indicando el siguiente:

> "Desarrollar acciones para impulsar la igualdad de oportunidades y el crecimiento inclusivo, así como para fomentar e impulsar el talento y el empleo con una perspectiva de igualdad de género en la industria de las Materias Primas Minerales, incluyendo programas específicos de capacitación, políticas de igualdad e inclusión, así como la difusión de la industria como una oportunidad para el empleo".

Pese a no tratarse de un documento jurídicamente vinculante, esta hoja de ruta constituye un referente esencial en nuestro contexto nacional desde el punto y hora en que aboga por incorporar la perspectiva de igualdad de género en el concreto ámbito de las materias primas minerales.

---

40 La medida prevista en este ámbito es:
M-27 Sello o marca de calidad social y ambiental. Aplicación de las directrices e iniciativas comunes de la UE.

41 De igual manera a la anterior, conformada por una única medida:
M-28 Elaboración de un listado de materias primas minerales estratégicas para la transición energética con objeto de asegurar su suministro a la industria.

ALGUNOS REFERENTES DE LA APUESTA AUTONÓMICA POR LA INCLUSIÓN DE LA IGUALDAD DE GÉNERO EN EL SECTOR DE LAS ACTIVIDADES EXTRACTIVAS

La apuesta por la sostenibilidad en sus diferentes vertientes, social, ambiental y económica, lleva a que paulatinamente, se vayan incorporando mecanismos y acciones en aras a su consecución. Como se indicaba, uno de los grandes retos de la vertiente social de la sostenibilidad es la igualdad de género, de ahí que aunque no al ritmo que sería deseable, poco a poco, se vaya avanzando en ello. Buena muestra se recoge en que también en el ámbito de las actividades extractivas y siguiendo en cierta medida a las acciones desarrolladas a nivel estatal, también algunas Comunidades Autónomas vengan apostando por la promulgación de documentos estratégicos centrados en la consecución de actividades extractivas más sostenibles. Es aquí donde se observa cómo la igualdad de género se va incorporando como meta a conseguir y junto a otras tantas.

No en vano, se está ante un sector de actividad que, aunque con notables diferencias, tiene presencia en buena parte de las Comunidades Autónomas. La Estadística Minera de España 2021[42], publicación que recoge una completa información actualizada sobre la industria extractiva en España[43], destaca

---

42 MINISTERIO PARA LA TRANSICIÓN ECOLÓGICA Y EL RETO DEMOGRÁFICO (2023): "Estadística Minera de España 2021", Secretaría General Técnica, Centro de Publicaciones.

43 Esta publicación, como recoge el documento, se incluye en el Plan Estadístico Nacional y sus Programas Anuales, una investigación de carácter censal de periodicidad anual, elaborada por la Dirección General de Política Energética y Minas del Ministerio para la Transición Ecológica y el Reto Demográfico, a partir de datos recabados directamente de las unidades de producción, en la que se recoge información de todas y cada una de las unidades productoras del sec-

como la producción minera nacional, en el año 2021, superó los 3.443 millones de euros, lo que supone un 12,5% más que la cifra alcanzada en el ejercicio anterior.

La Estadística se encarga de analizar la distribución geográfica de la producción, indicando como prácticamente todas las Comunidades Autónomas mejoraron respecto a los valores alcanzados en el año 2020. Incluso algunas Comunidades Autónomas, como Andalucía, Castilla y León, Galicia, Asturias, Aragón, Comunidad Valenciana y Extremadura superaron las cifras alcanzadas en 2019. En relación a la distribución del valor de la producción vendible por Comunidades Autónomas continúa estando muy poco equilibrada, de esta forma, este documento, destaca la posición de Andalucía, situada en primer lugar y en una posición muy destacada sobre el resto, con el 40% del valor total de la minería, lo que achaca al notable valor de los metales extraídos. Le siguen Castilla y León, con el 10,6%; Cataluña, con el 10%; y Galicia, con el 8,2%. Las demás Comunidades Autónomas presentan porcentajes, variables, pero inferiores al 5% de la producción minera de España.

En la imagen que se incluye a continuación, extraída de la Estadística Minera de España 2021[44], se puede observar, para tener una perspectiva conjunta de la situación en el contexto español, como se distribuye porcentualmente el valor de la producción minera por Comunidades Autónomas, así como los principales minerales y rocas obtenidos en cada una de ellas.

---

tor minero existentes en el país, ya sean a cielo abierto, de interior o mixtas. Esta publicación vio la luz por primera vez en el año 1861 y se viene elaborando de forma ininterrumpida hasta la actualidad, manteniendo series históricas durante más de 150 años.

44 Imagen 9 de la Estadística Minera de España 2021, p. 16.

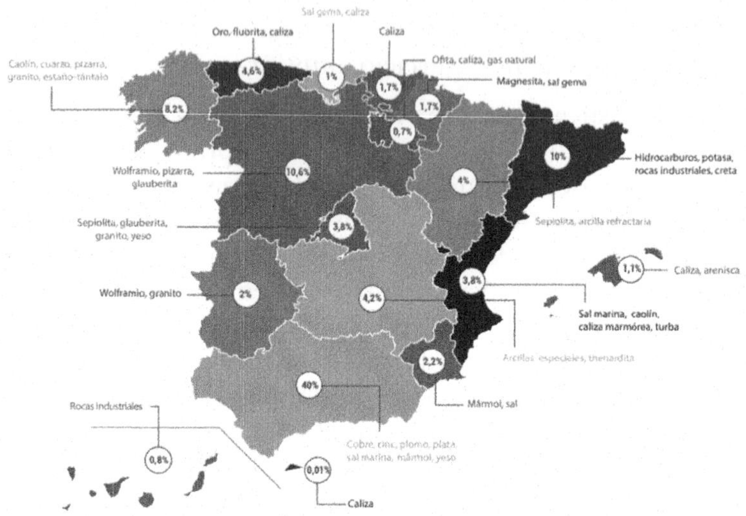

Fuente: Estadística Minera de España 2021. Gráfico "Distribución porcentual de la producción minera por CC. AA. Principales minerales y rocas obtenidos".

Su relevancia parece esencial pues se está ante una materia que en sí misma aún tiene un largo recorrido y en la que quedan múltiples cuestiones por hacer, de ahí que en su avance ya se recoja la igualdad de género como meta revierte en una cuestión de vital importancia. Se recogen a continuación, sin carácter exhaustivo, algunos ejemplos autonómicos que han apostado por ello.

Estrategia para una Minería Sostenible en Andalucía 2030

De manera muy reciente también Andalucía ha apostado por la aprobación de su Estrategia para una Minería Sostenible en Andalucía 2030[45], para siguientes menciones EMSA 2030. En coherencia con lo indicado con anterioridad y el papel que las actividades extractivas tiene en la Comunidad Autónoma, la EMSA 2030 busca el desarrollo de una minería innovadora y respetuosa con el medio ambiente en la Comunidad Autónoma andaluza, en conexión con las nuevas políticas industriales europeas. Pero, a su vez, el documento se proyecta como una importante palanca de fomento económico, que busca la sostenibilidad del sector minero andaluz con sus vertientes ambiental, económica y social, en la que las personas se sitúan en el centro de la política minera y abogando por un mayor valor añadido en el territorio[46].

EMSA 2030 se estructura en torno a siete bloques temáticos: un diagnóstico de la situación[47], en el que se analiza el estado que presenta el sector minero en Andalucía; unos principios generales que han de regir la gobernanza de la Estrategia; las bases sobre las que se fundamenta la Estrategia; la enunciación de los componentes sustanciales que determinan su desarrollo (misión, visión y objetivos), la exposición de los ejes y líneas de actuación que prevé para el despliegue de los contenidos de la misma; la concrecion de los instrumentos concretos de planifi-

---

45 JUNTA DE ANDALUCÍA (2023): *Estrategia para una Minería Sostenible en Andalucía 2030*, Consejería de Industria, Energía y Minas. Aprobada mediante Acuerdo de 25 de julio de 2023, del Consejo de Gobierno, por el que se aprueba la Estrategia para una Minería Sostenible en Andalucía 2030 (BOJA núm. 145, de 31/07/2023).

46 Véase RAMÍREZ SÁNCHEZ-MAROTO, C. (2023): "Apuntes sobre el impulso ambiental en la nueva Estrategia para una minería sostenible en Andalucía 2030", *Actualidad Jurídica Ambiental*, núm. 138, pp. 126-146.

47 En el que se tiene en cuenta el resultado de los análisis en cuatro ámbitos: información estadística y análisis documental; minería y medio ambiente, economía circular; minería y uso de la energía; y minería y territorio.

cación que han de servir para el desarrollo de la EMSA 2030; y un último apartado dedicado a la gobernanza de la Estrategia.

Ya en el marco del diagnóstico que realiza la EMSA 2030, se lleva a cabo, entre otros, un análisis de las condiciones laborales y de género, indicando que "La jornada laboral de las personas que trabajan por cuenta ajena en la minería de Andalucía es principalmente a tiempo completo (95,9%), por encima del conjunto del sector industrial andaluz (88,4%). El tipo de jornada presenta diferencias entre sexos, las mujeres trabajan en menor proporción a tiempo completo que los hombres, 9,4 puntos porcentuales de diferencia. El empleo femenino sectorial en Andalucía es del 9,5%, superior al 8,6% de la media de España. Con relación al número de horas trabajadas por persona anualmente, se pone de manifiesto que en el conjunto del estado éstas se elevan a 1.225 mientras que en Andalucía son1.265, lo que supone una diferencia de 40 horas al año, un 3,2% más"[48].

También entre las bases que establece la EMSA 2030 se contienen referencias a la igualdad de género, en concreto en la segunda de las bases que enumera aboga por "Poner en primer lugar a las personas, fomentando la cantidad, calidad, capacitación, capacidad de adaptación, seguridad en el trabajo y género del empleo del sector extractivo y de primera transformación en Andalucía"[49].

Pues bien, es en el marco de los ejes y líneas de actuación donde la Estrategia se formula como instrumento de planificación a medio-largo plazo definiendo las orientaciones que desarrollan el núcleo programático, constituido por misión/ visión y objetivos. Las orientaciones se articulan en torno a 29

---

48 JUNTA DE ANDALUCÍA (2023): *Estrategia para una Minería Sostenible...* op. cit. (p. 29).

49 Ibid. (p. 46).

líneas de actuación que se organizan en cuatro ejes. Los ejes previstos en la EMSA 2030, son:

- Refuerzo de las capacidades administrativas.
- Desarrollo del conocimiento y la tecnología.
- Impulso a la actividad sostenible.
- Impulso social y económico de la actividad y el territorio.

De esta forma se estructura el conjunto de la EMSA 2030 en cuatro bloques de intervenciones que responden a los propios objetivos generales y en las que se otorga un particular protagonismo al refuerzo de las capacidades de la Administración pública para desarrollar sus tareas, de manera tal que pueda colaborar, como señala la EMSA 2030, de la mejor forma posible en lograr un aprovechamiento óptimo del recurso mineral como bien de dominio público.

Junto al anterior y a los otros dos ejes (desarrollo del contenido y la tecnología e impulso a la actividad sostenible), el eje 4 tiene por objeto el impulso social y económico de la actividad y del territorio. El mismo se conforma por una serie de líneas de actuación que se desarrollan en medidas y, posteriormente, las mismas en actuaciones orientadas a favorecer el incremento de la cohesión y acción conjunta y las condiciones de participación de las personas en el ecosistema productivo, con especial atención a las condiciones de seguridad. Complementariamente, la EMSA 2030, entiende preciso contemplar en este ámbito un conjunto de orientaciones estratégicas para el buen funcionamiento de la actividad, consciente del interés en la actualidad de la sociedad en que las actividades extractivas y las transformadoras se realicen con la menor afección posible al capital natural y a los procesos del medio y que, además, la extracción del mineral y sus primeras transformaciones contribuyan de forma significativa a un modelo de desarrollo duradero y endógeno. En coherencia con lo anterior, se concretan diversas orientaciones dirigidas a posibilitar la consolidación de un sector extractivo bien integrado en el territorio y aceptado socialmente.

Como se indicaba, las orientaciones contenidas en la EMSA 2030 se articulan en líneas de actuación y se organizan en 29 líneas estructuradas en cuatros ejes. Y, precisamente, en el eje 4 "Impulso social y económico de la actividad y del territorio", una de sus líneas está centrada en la igualdad de género, en concreto la línea 4.4. dedicada al "Impulso del empleo en cantidad y calidad, de la igualdad de género e integración de los colectivos más vulnerables".

En síntesis la inclusión de la igualdad de género como línea de actuación en el marco de la EMSA 2030 y en un sector de actividad económica tan singular, en particular para la mujer, como lo es la minería, parece a todas luces un importante avance. Ahora bien, ello tendrá que venir completado con las oportunas acciones a implementar al objeto de lograr una efectiva inclusión de la igualdad de género en el sector minero andaluz.

Agenda de Impulso de la Minería Sostenible de Galicia 2030

De forma análoga, Galicia, también en fechas recientes, en junio de 2023, aprobaba la denominada Agenda de Impulso de la Minería Sostenible de Galicia 2030[50], consciente, como señala el documento, de la necesidad de apostar por un nuevo modelo industrial en aras a conseguir una economía descarbonizada y digitalizada, lo que requiere materias primas y procesos de producción eficientes a la par de la relevancia del sector minero en la Comunidad Autónoma gallega, un sector estratégico ya que proporciona materias primas a muchos de los sec-

50 XUNTA DE GALICIA (2023): *Agenda de Impulso de la Minería Sostenible de Galicia 2030.*

tores considerados fundamentales para la economía autonómica. Ante dichos retos, la Xunta de Galicia decide elaborar la citada Agenda de Impulso de la Minería Sostenible de Galicia, para lo que "pone el foco en el tejido empresarial y productivo gallego, otorgándole un papel protagonista para avanzar hacia el fortalecimiento del sector minero y el posicionamiento de Galicia como el epicentro del sector".

La Agenda se alinea con diversos ejes del Plan Estratégico de Galicia 22-30, en concreto, con cuatro ejes, a saber: eje 1. el reto demográfico; eje 2. Galicia verde y sostenible; eje 3. competitividad y crecimiento; eje 4. cohesión social y territorial. A partir de los anteriores, la elaboración del documento se llevó a cabo en tres fases: una primera fase, dedicada al análisis de la información, de la situación actual y del entorno; una segunda fase, de diagnóstico y elaboración de la misión de la Agenda; y una tercera fase, en la que propiamente se procedió a su elaboración, a partir de los referentes anteriores.

La Agenda de Impulso de la Minería Sostenible de Galicia 2030 parte de dos pilares esenciales como lo son su visión y su misión. En relación a la primera, la visión de la Agenda es "Convertir el sector de la minería de Galicia en el aliado estratégico para la modernización de las principales cadenas de valor industriales, asegurando que el proceso de transición ecológica y digital se abastece de manera sostenible con las imprescindibles materias primas autóctonas"[51]. Estrechamente relacionada con la misma, la segunda, esto es, la misión de la Agenda "Fortalecer la competitividad del sector a través de un proceso sostenible de innovación tecnológica y de crecimiento empresarial, para contribuir a generar riqueza y empleo de manera sostenible ambiental y económicamente"[52].

---

51 Ibid. (p. 9).

52 Ibid. (p. 9).

Alcanzar los retos que tiene por delante la Agenda precisa fijar, como lo hace el documento, un conjunto de objetivos. En este sentido, el documento opta por fijar tres objetivos estratégicos (OE), y dentro de cada uno de ellos, un conjunto de objetivos operativos. Los citados objetivos estratégicos son:

- OE.1. Alcanzar la modernización y el crecimiento del sector de la minería en Galicia de forma sostenible.
- OE. 2. Lograr el fortalecimiento del talento humano y la responsabilidad social.
- OE. 3. Alcanzar la integración ambiental, el impulso de la economía circular y la puesta en valor del patrimonio minero.

Pues bien, precisamente en el objetivo estratégico de carácter social, el OE.2., desarrolla, como se adelantaba un conjunto de objetivos operativos -un total de nueve-, el tercero de ellos dedicado, precisamente a "Articular procesos de relevo generacional, mejorar la cultura organizativa, y lograr la atracción de empleo de calidad y una efectiva igualdad de oportunidades"[53].

La Agenda, con la finalidad de contribuir a la consecución de los tres objetivos estratégicos y los nueve objetivos operativos, establece, un total de nueve ejes que, a su vez, se conforman por 29 iniciativas. Los ejes en los que se articula la Agenda de Impulso de la Minería Sostenible de Galicia 2030, son los siguientes:

1. Digitalización de la Administración minera.
2. Innovación y digitalización de las empresas.
3. Mejora de la sostenibilidad sectorial.
4. Valorización de los recursos geológicos.

---

53 Ibid. (p. 11).

5. Valorización económica y emprendimiento.
6. Seguridad y salud laboral "riesgo cero".
7. Capital humano.
8. Comunicación y difusión.
9. Gobernanza e instrumentos de la Agenda.

Pues bien, es en el eje 7 "Capital humano" en el que se contiene una iniciativa concreta dirigida a la implementación de la igualdad de género en la minería gallega. En concreto, dentro de este eje 7, la iniciativa 2 está dedicada al "Desarrollo e implementación de un plan para la formación y la incorporación de mujeres al sector de las industrias extractivas", dentro de la cual se articulan diferentes medidas, en concreto: elaboración de un plan para la formación y la incorporación de mujeres al sector de las industrias extractivas; impartición de formaciones sobre igualdad de oportunidades y corresponsabilidad; ayudas para la implementación de planes de igualdad y corresponsabilidad en las empresas del sector.

En definitiva, el interés de este documento al objeto de la materia abordada en el presente trabajo, viene dada por cómo se vislumbra paulatinamente la inclusión de medidas y actuaciones orientadas a lograr una efectiva igualdad de género en un sector económico tan singular como lo es la minería y, como paulatinamente, algunas Comunidades Autónomas ya vienen trabajando en ello, lo que a la postre, se alza en "pequeños" pero a su vez "grandes pasos" que posibiliten una efectiva inclusión de la igualdad de género de manera transversal y en los múltiples ámbitos en los que la misma está presente.

CONCLUSIONES

La puesta en común de la igualdad de género y el sector económico de las actividades extractivas, son buen ejemplo del largo camino que aún queda por recorrer para lograr la pretendida como necesaria visión transversal de la igualdad de género en los múltiples ámbitos en los que la misma se encuentra presente.

Ahora bien, pese al prácticamente silencio normativo, se observa cómo, aunque aún con pequeños pasos, se avanza, y la igualdad entre mujeres y hombres comienza a implementarse también en este sector de actividad económica. Sin duda, los referentes internacionales en la materia son el mayor acicate para su logro y para que los diferentes Estados, paulatinamente, vayan incorporando la igualdad de género en el ámbito de este sector estratégico.

Avanzar hacia la sostenibilidad, uno de los grandes retos de las actividades extractivas conlleva implementar e incorporar a la misma cada una de las manifestaciones en las que la sostenibilidad está presente, también la social, y dentro de la misma, la pretendida y repetida igualdad de género. Sólo así se podrá alcanzar el reto que en la actualidad supone contar con unas actividades extractivas respetuosas con el medio en que se incardinan y alineadas con el principio de sostenibilidad.

En este escenario, como se ha tenido ocasión de analizar, y aunque por el momento son puntuales, se observa cómo se empieza a incorporar la igualdad de género como meta y objetivo a alcanzar, en diferentes estrategias y agendas autonómicas que recientemente se han promulgado, todas ellas con las miras puestas en el logro de una minería sostenible. Pero también, a nivel estatal, se apuesta por ello, con su expresa inclusión en la propia Hoja de ruta para la Gestión Sostenible de las Materias Primas Minerales, lo que favorecerá que más Comunidades Autónomas, principalmente aquellas en las que las actividades extractivas tienen más representación, se sumen a la consecución de la meta que aún implica lograr unas actividades extractivas más igualitarias, más inclusivas y más sociales.

BIBLIOGRAFÍA

ALONSO GARCÍA, E. (1983): "El principio de igualdad del artículo 14 de la Constitución Española", *Revista de Administración Pública,* núm. 100-102, págs. 21-92.

BLASCO HEDO, E. y MUYO REDONDO, B. (2013): *La nueva Ley de residuos y suelos contaminados,* CIEMAT.

COMUNICACIÓN DE LA COMISIÓN EUROPEA (1996); "Integrar la igualdad de oportunidades entre mujeres y hombres en el conjunto de las políticas y acciones comunitarias" (COM (1996) 67 final) de 21/02/1996.

CONSEJO DE EUROPA (1998). *Mainstreaming de género: marco conceptual, metodología y presentación de «buenas prácticas»: informe final de las actividades del Grupo de Especialistas en «Mainstreaming» (EG-S-MS).* Estrasburgo (1998); Madrid: Instituto de la Mujer (1999).

DE WAZIERS, B. y MORENO, O. (2020): "¿Cómo integrar el enfoque de género en el sector de infraestructura?", Número especial de *Infraestructura para el desarrollo,* N. 2, Departamento de Infraestructura y Energía del BID.

FERNÁNDEZ DE GATTA, D. (2021): "Avances en la economía circular: nueva legislación sobre residuos y plásticos", *Actualidad Jurídica Ambiental,* N. 108, pp. 1-45.

FERNÁNDEZ-ESPINAR LÓPEZ, L.C. (2022): "Las actividades extractivas: sector crítico estratégico del nuevo modelo energético", *Actualidad Jurídica Ambiental,* N. 121, pp. 5-41.

FERNÁNDEZ SCAGLIUSI. M.A (coord.). y MONTOYA MARTÍN, E. (dir.). (2020): *Minería extractiva: planificación territorial y urbanismo,* Tirant Lo Blanch, Valencia.

FERNÁNDEZ SCAGLIUSI. M.A (coord.). y MONTOYA MARTÍN, E. (dir.). (2021): *Minería y medio ambiente en el siglo XXI: una visión global y de derecho comparado,* Navarra, Thomson Reuters Aranzadi.

GIMÉNEZ ARMENTIA, P. (2007): "Un estudio de la IV Conferencia Mundial sobre las mujeres", *Revista Comunicación y Hombre,* N. 3, págs. 82-93.

INSTITUTO DE LA MUJER (2007): "Protocolo de implantación de *Mainstreaming* de Género", Unidad Técnica Proyecto Calíope.

JUNTA DE ANDALUCÍA (2023): *Estrategia para una Minería Sostenible en Andalucía 2030,* Consejería de Industria, Energía y Minas.

MINISTERIO PARA LA TRANSICIÓN ECOLÓGICA Y EL RETO DEMOGRÁFICO (2022): "Hoja de ruta para la Gestión Sostenible de las Materias Primas Minerales", Ministerio para la Transición Ecológica y el Reto Demográfico.

MINISTERIO PARA LA TRANSICIÓN ECOLÓGICA Y EL RETO DEMOGRÁFICO (2023): "Estadística Minera de España 2021", Secretaría General Técnica, Centro de Publicaciones.

MONTOYA MARTÍN, E. (dir.), (2020): *Minería extractiva, planificación territorial y urbanística,* Tirant Lo Blanch, Valencia.

MORA RUIZ, M. (2022): "La gestión de los residuos (artículos 23 a 27)", *Revista Aragonesa de Administración Pública,* N. extraordinario 21, pp. 249-281.

MORA RUIZ, M. (2023): "Actividades extractivas, gestión y economía circular: la oportunidad de revisión de un modelo especial ante la nueva Ley de residuos y suelos contaminados para una economía circular", *Revista General de Derecho Administrativo,* N. 63.

MOREU CARBONELL, E. (2001): *Minas. Régimen jurídico de las actividades extractivas,* Tirant lo Blanch, Valencia.

NOGUEIRA LÓPEZ, A. (2022): "¿Circular o en bucle? La insuficiente transformación de la legislación de residuos?, *Revista Aragonesa de Administración Pública,* N. extraordinario 21, pp. 11-27.

ONU Mujeres (2017): "Transversalización de género en los Objetivos de Desarrollo Sostenible – Agenda 2030". ONU.

ORGANIZACIÓN INTERNACIONAL DEL TRABAJO (2021): *La mujer en la minería. Hacia la igualdad de género,* Departamento de Políticas Sectoriales, Organización Internacional del Trabajo, Ginebra.

PELTIER-HUNTLEY, J. (2019): "Closing the Gender Gap in Canadian Mining: An Interdisciplinary Mixed Methods Study", Tesina de grado, Universidad de Saskatchewan.

RAMÍREZ SÁNCHEZ-MAROTO, C. (2023): "Apuntes sobre el impulso ambiental en la nueva Estrategia para una minería sostenible en Andalucía 2030", *Actualidad Jurídica Ambiental,* núm. 138, pp. -20.

RANDO BURGOS, E. (2023): *Mujer y Administración Pública: políticas públicas e igualdad de género,* Atelier, Barcelona.

XUNTA DE GALICIA (2023): *Agenda de Impulso de la Minería Sostenible de Galicia 2030.*

ZAMORA ROSELLÓ, M.R. (2011): "Reflexiones en torno al sector minero: propuestas comunitarias sobre la industria extractiva no energética", en SÁNCHEZ BÁNCO, A. DOMÍNGUES-BERRUETA DE JUAN, M.A. y RIVERO YSERN (coords.) *El nuevo derecho administrativo: libro homenaje al prof. Dr. Enrique Rivero Ysern,* Ratio Legis Librería Jurídica, Salamanca.

ZAMORA ROSELLÓ, M.R. (2012): "Los residuos generados por la industria extractiva: virtudes y deficiencias del marco regulador", *Revista Vasca de Administración Pública. Herri-Arduralaritzako Euskal Aldizkaria,* N. 94, pp. 271-317.

ZAMORA ROSELLÓ, M.R. (2024): *Minería y Comunidades Autónomas: territorio, sostenibilidad y energía. Especial referencia a Galicia, Baleares y Andalucía,* Tirant lo Blanch, 2024

Las actividades extractivas en la economía azul[1]

CONSTANZA-BELÉN SÁNCHEZ GARCÍA
Doctoranda en el Programa de Ciencias Jurídicas y Sociales de la Universidad de Málaga

INTRODUCCIÓN

El concepto de economía azul y su ámbito de aplicación son tan amplios como las propias áreas marinas que pretenden conservar y utilizar de manera sostenible. Los océanos y los mares ocupan más del 70% de la superficie del planeta y sin embargo aún desconocemos una grandísima parte de los recursos que en ellas se encuentran. Sorprendentemente, estas mismas zonas son pobremente protegidas a nivel mundial por la legislación internacional y nacional, las organizaciones mundia-

---

1 Esta publicación es parte del proyecto "Actividades extractivas y políticas públicas: sostenibilidad, transición energética y seguridad", financiado por la Universidad de Málaga. IP: Mª Remedios Zamora Roselló

les y de ámbito supranacional, así como las administraciones y gobiernos estatales. Actualmente, únicamente un reducido 7% de los océanos está protegido por algún tipo de regulación medioambiental. El gran reto que el ser humano tiene por delante es, por tanto, ampliar esta protección a toda la extensión de los océanos, bien por medio de legislación internacional – tarea ardua y que requiere un consenso que es prácticamente imposible de alcanzar por los numerosos intereses encontrados –, bien indirectamente por medio de la aplicación de directivas, convenios, y otras normas de ámbito más reducido y con carácter medioambiental que favorezcan la protección de los mares y océanos. En este sentido, la estrategia planteada por la economía azul será de gran ayuda para la elaboración de estas directrices y leyes. Sin duda se debe producir un cambio de paradigma en nuestro modelo económico mundial, y las actividades e industrias que se ejercitan en el ámbito marino y costero deben jugar un papel clave en esta evolución hacia un desarrollo sostenible pleno.[2]

Como decíamos, la superficie acuática del planeta es inmensamente rica en recursos naturales que el ser humano lleva explotando desde el principio de los tiempos: la pesca es sin duda el recurso marino por excelencia, pero también podemos hablar de la generación de energía, la extracción de hidrocarburos, minerales y otros sedimentos, la producción de algas, el ejercicio de la acuicultura, el transporte marítimo de mercancías y personas, o las actividades recreativas, deportivas y turísticas que se realizan en la costa y en el medio marino. Asimismo, hay otros valores que aportan los mares y océanos que, si bien no son tangibles, han sido, son y serán también de

---

[2] Sobre la importancia de la economía azul en la protección de los mares y océanos: https://www.nationalgeographic.es/medio-ambiente/que-es-la-economia-azul-y-por-que-es-tan-importante, consultado el 29 de julio de 2024.

un alto valor para el ser humano. Este es el caso, por ejemplo, del mar como espacio de defensa y seguridad, como ámbito de investigación, o como esfera cultural en sí misma.

Como acabamos de comentar, el espacio marino y litoral es una fuente estratégica de recursos directos, pero es que también es a la misma vez un medio para generar otros muchos de manera indirecta. Se trata de todas los servicios e industrias derivados de las actividades económicas anteriormente citadas. Por citar algunas: construcción civil y naval, establecimiento y desarrollo de infraestructuras logísticas, hoteleras o conserveras, desarrollo de herramientas de investigación…[3]

Se puede observar a simple vista que se trata de una lista ingente de recursos, con temáticas y sectores económicos muy variados, pero siendo el tema principal de esta obra el estudio de las actividades extractivas en sus diferentes aspectos, nos centraremos a lo largo de este capítulo en el análisis de estas bajo el prisma de la economía azul, esto es, en el estudio de las actividades extractivas en el ámbito litoral y marino dentro de una economía sostenible.

LA ECONOMÍA AZUL

Los espacios marinos y litorales deben ser sin duda foros de progreso económico y centros de innovación para el desarrollo sostenible de todos los países – ya sean estos costeros o no, ya que todos están relacionados con el mar de una u otra manera. Coincidentemente, las actividades que se llevan a cabo en estos espacios deben guiarse por los principios sostenibles y respetuosos con el medio ambiente que vertebran el eje central de la

[3] Sobre las industrias del mar y su futuro: https://cincodias.elpais.com/cincodias/2014/07/15/economia/1405445612_511729.html, consultado el 29 de julio de 2024.

economía azul. El propósito de la estrategia de economía azul no es otro que la promoción del crecimiento económico de los países basándose en el respeto a los ecosistemas marinos y ejerciendo la sostenibilidad medioambiental en el consumo de los recursos naturales, actuando al igual que lo hace la propia naturaleza, en un sistema de economía circular.[4]

Se trata, sin lugar a duda, de la regla básica de reconvertir los residuos que nacen del uso de los recursos naturales, en materiales eficientes para un nuevo uso en el mismo o diferente sentido. La economía circular se basa en varios principios generales, como la eco-concepción, que considera los impactos ambientales a lo largo del ciclo de vida de un producto desde su concepción. También se encuentra dentro de sus bases la ecología industrial y territorial, que busca una gestión optimizada de los stocks y flujos de materiales, energía y servicios en un mismo territorio. Se privilegia igualmente la economía de la "funcionalidad", que favorece el uso en lugar de la posesión y la venta de servicios en lugar de bienes. Además, se busca reintroducir en el circuito económico aquellos productos que ya no se corresponden con las necesidades iniciales de los consu-

---

4 El término "economía circular" se introduce por primera vez en el vocabulario científico en 1990, dentro del modelo económico desarrollado por David W. Pearce y R. Kerry Turner en su libro "Economía de los Recursos Naturales y el Medio Ambiente" (*Economics of Natural Resources and The Environment*). Se trata de un enfoque económico que se relaciona con la sostenibilidad y tiene como objetivo mantener el valor de los productos, materiales y recursos en la economía durante el mayor tiempo posible, reduciendo al mínimo la generación de residuos. Este enfoque implica la implementación de una economía no lineal, circular, que se basa en el principio de cerrar el ciclo – el "círculo" – de vida de los productos, servicios, residuos, materiales, agua y energía. La economía circular contrasta con el modelo económico lineal tradicional, que se basa en el concepto de "usar y tirar" y requiere grandes cantidades de materiales y energía baratos y fácilmente accesibles.

midores, reutilizar ciertos residuos o partes de ellos, encontrar una segunda vida a los productos estropeados, aprovechar los materiales que se encuentran en los residuos y valorizar energéticamente los residuos que no se pueden reciclar.[5]

La economía circular se impulsa por diversas razones, entre ellas el aumento de la demanda de materias primas y la escasez de recursos. Algunas materias primas cruciales son finitas y, a medida que la población mundial crece, la demanda también aumenta. Además, algunos países de la Unión Europea (UE) dependen de otros países para sus materias primas, lo que aumenta la vulnerabilidad. Otro factor importante es el impacto en el clima. La extracción y el uso de materias primas tienen importantes consecuencias medioambientales, aumentan el consumo de energía y las emisiones de dióxido de carbono (CO2), mientras que un uso más inteligente de las materias primas puede reducir las emisiones contaminantes y contribuir a la lucha contra el cambio climático.

La implementación de medidas como la prevención de residuos, el diseño ecológico y la reutilización puede generar ahorros a las empresas de la UE y, al mismo tiempo, reducir las emisiones anuales de gases de efecto invernadero. Actualmente, la producción de los materiales que utilizamos diariamente es responsable del 45% de las emisiones de dióxido de carbono. La transición hacia una economía más circular puede tener múltiples beneficios, como reducir la presión sobre el medio ambiente, mejorar la seguridad del suministro de materias primas, estimular la competitividad, la innovación, el crecimiento económico y el empleo. A su vez, puede proporcionar

---

5 Extraído de la página web de la Fundación para la Economía Circular: https://economiacircular.org/economia-circular/, consultado el 29 de julio de 2024.

a los consumidores productos más duraderos e innovadores que brinden ahorros monetarios y una mayor calidad de vida.[6]

La economía circular se considera a nivel mundial como un modelo de desarrollo sostenible de gran importancia para ayudar a los países a alcanzar las metas establecidas en la Agenda 2030 y los Objetivos de Desarrollo Sostenible (ODS). Según la Organización de las Naciones Unidas y la Fundación Ellen MacArthur, la implementación de la economía circular tendría un impacto directo en la lucha contra el cambio climático, la prevención de residuos y la recuperación económica en el mundo posterior a la pandemia de Covid-19. Su aplicación podría reducir las emisiones de gases de efecto invernadero en el sector industrial y disminuir significativamente la generación global de residuos plásticos.[7]

El origen del concepto de economía azul o "blue economy" se encuentra en las ideas desarrolladas por el economista belga Gunter Pauli[8] en su libro "*The Blue Economy: 10 years – 100*

---

6 Extraído de la página web de noticias del Parlamento Europeo: "Economía circular: definición, importancia y beneficios": https://www.europarl.europa.eu/news/es/headlines/economy/20151201STO05603/economia-circular-definicion-importancia-y-beneficios#:~:text=La%20econom%C3%ADa%20circular%20es%20un,de%20los%20productos%20se%20extiende, consultado el 29 de julio de 2024.

7 ESPINOZA, H., A. (2023): *Economía circular: una aproximación a su origen, evolución e importancia como modelo de desarrollo sostenible*, Revista de Economía Institucional, 25(49), págs. 109-134.

8 Gunter Pauli nació en Amberes en 1956. Se licenció en Económicas por la Universidad de Loyola (Bélgica) en 1979. Fue fundador y presidente de PPA Holding y de más de 10 empresas, fundador y director general del Foro Europeo de Industrias de Servicios, secretario general de la Federación Europea de Prensa Empresarial, entre otros muchos cargos de relevancia. Sus actividades abarcan los negocios, la cultura, la ciencia, la política y el medio ambiente. Fundó la organización Zero Emissions Research and Initiatives (ZERI) en

innovations – 100 million jobs", publicado por primera vez en 2010.[9] En su obra Pauli explicaba su teoría de modelo económico respetuoso con el medio ambiente. A lo largo del libro podemos encontrar 100 ejemplos de actividades innovadoras con las que generar empleo, recursos y riqueza mientras, a su vez, se respeta, protege y pone en valor el medio ambiente.

---

la Universidad de las Naciones Unidas en Tokio, y luego estableció la Red Global ZERI como fundación, redefiniendo la producción y el consumo en grupos de industrias inspiradas en los sistemas naturales. Ha sido conferenciante y profesor invitado en universidades de todos los continentes, y miembro de consejos de administración de ONG y empresas privadas en Asia, Estados Unidos y América Latina. Ha asesorado a gobiernos, empresarios y líderes empresariales sobre cómo aplicar innovaciones revolucionarias que permitan a la sociedad satisfacer mejor las necesidades básicas de todos, empezando por el agua, los alimentos, la vivienda, la salud y la energía. Extraído de la página web: https://www.theblueeconomy.org/es/gunter-pauli/, consultado el 29 de julio de 2024.

9 Pauli propone cien innovadoras iniciativas inspiradas en la naturaleza, desde el diseño bicolor de la piel de las cebras hasta la reutilización de desechos mineros o agrícolas. Su libro, presentado como informe para el Club de Roma, expone estas iniciativas que pueden generar un beneficioso impacto en las economías de todos los países y asegurar la generación de recursos naturales para todos los seres humanos. *The Blue Economy* se divide en 14 capítulos, cada uno de los cuales investiga un aspecto de las economías mundiales y ofrece una serie de innovaciones para hacerlas más sostenibles. El libro contiene una gran variedad de proyectos, desde robótica hasta energía molecular, y propone el uso de principios físicos para ahorrar recursos a través de innovaciones de diseño, reciclaje de diversos materiales, eliminación del uso de pilas y uso de bacterias en diversas industrias. También sugiere sistemas de construcción enfriados naturalmente, sistemas de purificación y filtración sin energía, captura de metales a través de hongos y alimentos generados a partir de desechos, entre otras aplicaciones. Según el autor, todo esto puede generar cien millones de empleos en los próximos diez años y señalar una vía alternativa hacia un mundo mejor.

El libro de Gunter Pauli supuso una revolución en las ideas económicas al presentar una estrategia opuesta a los modelos tradicionales que habían fracasado en la conciliación entre generación de riqueza y protección del medio ambiente. La economía financiera, basada en el crédito y la deuda, y la "economía verde", que preserva el medio ambiente a costa de grandes inversiones, resultaron ineficaces. En cambio, la "economía azul" se basa en el conocimiento acumulado por la naturaleza durante millones de años para lograr eficacia, respetar el medio ambiente y crear riqueza. Según la teoría de Pauli, lo que propone no consistiría en algo novedoso en absoluto. No sería otra cosa que replicar en nuestro sistema económico la forma de generar, reutilizar y volver a generar recursos que tiene la propia naturaleza. Significa no categorizar los residuos como tal, sino como nuevos recursos, que pueden ser utilizados para otros usos en vez de desechados como algo totalmente inservible.

Desde los comienzos de esta teoría, y dada su caracterización como "azul"[10], esta idea ha estado ligada al uso y la conservación de los mares y océanos. Así la define por ejemplo el

---

[10] En contraposición con la denominada economía "verde", caracterizada por ser colectiva, circular, protectora del medioambiente, resiliente y resistente. Esta teoría no ofrecería soluciones definitivas y sostenibles, sino las soluciones que producen el "mal menor" al planeta. Bajo el auspicio de esta surgieron los primeros proyectos de producción de energías renovables de tipo solar y eólica. Extraído de la web: https://www.theblueeconomy.org/es/the-blue-economy/, consultado el 29 de julio de 2024.

A pesar de la popularidad de la economía verde en los últimos años, Gunter Pauli critica en su libro que este sistema de producción es prohibitivo, ya que eleva los precios y solo permite que la élite pueda acceder a lo ecológico. En cambio, la economía azul busca la accesibilidad para todo tipo de consumidores, ya que su eficiencia se basa en copiar la naturaleza y hacerla asequible. Al considerar los residuos como recursos y utilizar el ecodiseño y el medio natural

Banco Mundial, aseverando que la economía azul consiste en "el uso sostenible de los recursos oceánicos para el crecimiento económico, la mejora de los medios de vida y el empleo, al tiempo que se preserva la salud del ecosistema".

Imagen 1. Infografía "What is the Blue Economy?"[11]

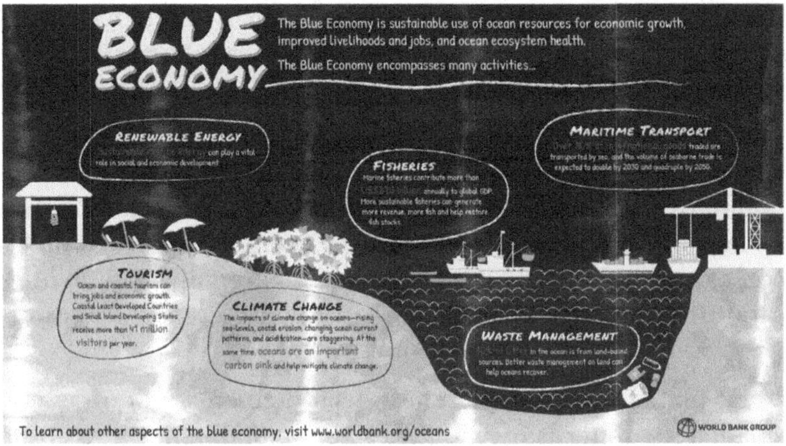

La economía azul es un concepto que se refiere a la utilización sostenible de los recursos marinos y costeros para el desarrollo económico y la conservación del medio ambiente. En la actualidad, este concepto juega un papel importante en la protección de los océanos, ya que se busca implementar proyectos de conservación que permitan el uso sostenible de sus recursos naturales. En este sentido, el estudio publicado por la revista Nature en 2021, dirigido por Enric Sala, propone una solución integral para los grandes problemas medioambienta-

como inspiración, este modelo apuesta por innovaciones de bajo coste que generen empleo y beneficios a través de la sostenibilidad.

11 Imagen extraída de la página web: https://www.worldbank.org/en/news/infographic/2017/06/06/blue-economy, consultado el 29 de julio de 2024.

les que se derivan del cambio climático. El estudio determinó las áreas oceánicas que, si estuvieran protegidas, resolverían la crisis climática, alimentaria y de biodiversidad. Según los datos de National Geographic Society, al proteger estas zonas se podría proteger más del 80% de los hábitats de especies marinas en peligro de extinción y aumentarían las capturas de pesca en más de ocho millones de toneladas métricas. En definitiva, la economía azul se presenta como una herramienta clave para la protección de los océanos y la conservación de los recursos marinos y costeros.[12]

En consonancia con lo anteriormente expuesto, nos proponemos analizar las posibilidades de aplicación de la teoría de la economía azul a las actividades económicas relacionadas con el mar y el litoral. En concreto, a lo largo de los siguientes capítulos nos centraremos en el estudio de las actividades extractivas y su encaje en la economía azul.

De igual forma, no queremos dejar de mencionar otras actividades económicas relacionadas con el medio marino y costero que evidentemente son susceptibles de aplicar los principios de la economía azul en sus actuaciones. En este sentido, es de sobra conocido que la pesca, la acuicultura y la minería marina son actividades que generan ingentes ingresos relacionados con los océanos, pero se hace necesario destacar otras actividades que, además de ser rentables en los mismos términos que las anteriormente citadas, podrían promover el ecosistema marino y tener un impacto positivo en el planeta.

Numerosas investigaciones sugieren que la energía oceánica tiene el potencial de proporcionar una cantidad significati-

---

12 Extraído de: https://www.nationalgeographic.es/medio-ambiente/que-es-la-economia-azul-y-por-que-es-tan-importante, consultado el 29 de julio de 2024.

va de nuevas fuentes de energía renovable[13] en todo el mundo. La energía marina se deriva de varias fuentes, como las olas del mar, las mareas, las corrientes marinas, la salinidad y las diferencias de temperatura del océano. Los océanos albergan una cantidad masiva de energía y están ubicados muy cerca de la mayoría de las concentraciones de población.

Existen varios tipos de energía que se pueden generar a partir de los océanos. La energía mareomotriz se obtiene del ascenso y descenso del agua del mar y sus corrientes, debido a la acción gravitatoria de la luna y el sol. La energía undimotriz u olamotriz se produce a partir del movimiento de las olas, y es una de las fuentes de energía renovable más estudiadas debido a su mayor facilidad para predecir condiciones óptimas. La energía maremotérmica utiliza las diferencias de temperatura entre el agua superficial y profunda para generar electricidad. La energía de las corrientes se obtiene a partir de la energía cinética del agua marina, principalmente de las corrientes. La energía azul o energía osmótica se basa en la diferencia de concentración salina entre el agua del mar y el agua dulce de los ríos, y aprovecha la energía liberada cuando estas dos aguas se mezclan. En resumen, los océanos ofrecen una amplia variedad de fuentes de energía renovable.

El turismo y las actividades recreativas en las zonas marinas es otra manera de generar rentabilidad gracias a los océanos, y al mismo tiempo, promover su cuidado. Un ejemplo de estas actividades relacionadas con el entorno marítimo es el buceo. Es una forma popular de turismo marino que ofrece diferentes modalidades según el propósito de la actividad, ya sea recreativo, profesional, de investigación o de construcción. El turismo de buceo se promueve como una oportunidad para que los

---

13 Sobre las energías renovables en mares y océanos: IRENA (2020): *Fostering a blue economy: Offshore renewable energy*, International Renewable Energy Agency, Abu Dhabi.

turistas puedan apreciar la biodiversidad marina, incluyendo corales y diversas especies animales.

Sin embargo, al igual que los ecosistemas marinos son frágiles, el turismo es un sector complejo y fragmentado. Por lo tanto, el ecoturismo marino debe estar estrechamente relacionado con la sostenibilidad y se deben tomar medidas para garantizarla. Es necesario establecer condiciones favorables para el desarrollo sostenible que protejan el medio ambiente y la población en general. Además, se deben fomentar escenarios comunitarios que involucren a las poblaciones locales en la causa ambiental y turística.

Por último, la biotecnología azul ofrece una amplia gama de productos y materiales de consumo, incluyendo medicamentos y sustancias importantes para la investigación científica. La biotecnología marina utiliza nuevas fuentes de organismos marinos para su uso industrial y también desarrolla terapias innovadoras para la salud. En España, la industria farmacéutica ha obtenido resultados positivos de la biotecnología azul, como el primer medicamento antitumoral desarrollado a partir de un organismo marino. La biotecnología azul también puede ayudar a mantener la salud de los animales y plantas marinas, al mismo tiempo que genera una producción rentable y reduce el impacto ambiental negativo. Según la Comisión Europea, la economía azul ya genera alrededor de 5,4 millones de empleos y un valor bruto de casi 500.000 millones de euros al año, pero aún hay margen para un mayor crecimiento si se enfoca en el desarrollo de estas áreas.[14]

---

[14] Extraído de la página web: https://www.unltdspain.org/economia-azul-para-un-planeta-mas-verde/, consultado el 29 de julio de 2024.

TIPOS DE ACTIVIDADES EXTRACTIVAS EN EL MEDIO MARINO Y LITORAL

Las industrias extractivas son definidas por la Conferencia de las Naciones Unidas sobre Comercio y Desarrollo (UNCTAD)[15] como "todas aquellas actividades primarias relacionadas con la extracción de recursos no renovables". Esta acepción distinguiría las actividades de extracción de otras, también encajadas en

---

[15] La Conferencia de las Naciones Unidas sobre Comercio y Desarrollo (UNCTAD) es un organismo intergubernamental permanente creado por la Asamblea General de las Naciones Unidas en 1964 para la llevanza de los asuntos relacionados con las inversiones, el comercio y el desarrollo. La sede principal se encuentra en Ginebra (Suiza), pero también disponen de oficinas en Nueva York (Estados Unidos) y Addis Abeba (Etiopía). La UNCTAD realiza su labor a todos los niveles – mundial, nacional y regional – con el fin de ayudar a los Estados Miembros a alcanzar los siguientes objetivos:

- Comprender las opciones para abordar los retos de desarrollo a nivel macroeconómico
- Lograr una integración beneficiosa en el sistema de comercio internacional
- Diversificar sus economías para hacerlas menos dependientes de los productos básicos
- Limitar su exposición a la volatilidad financiera y la deuda
- Atraer inversiones y hacerlas más favorables al desarrollo
- Aumentar el acceso a las tecnologías digitales
- Promover el espíritu empresarial y la innovación
- Ayudar a las empresas locales a ascender en las cadenas de valor
- Acelerar el flujo de mercancías a través de las fronteras
- Proteger a los consumidores de los abusos
- Frenar las normativas que reprimen la competencia
- Adaptarse al cambio climático y utilizar los recursos naturales de forma más eficaz

Extraído de la página web de la UNCTAD: https://unctad.org/es/about, consultado el 29 de julio de 2024.

el sector primario, en las que se obtienen recursos naturales renovables[16]: pesca, agricultura y silvicultura.

Como clasificación más detallada dentro de las actividades extractivas, que pueden obtener recursos naturales del suelo, subsuelo o aguas marinas y continentales, la Organización Internacional del Trabajo (OIT) distingue las tipologías de minería e hidrocarburos, es decir, la extracción de petróleo y gas.

Teniendo en cuenta lo anterior, y siendo las actividades extractivas uno de los numerosos recursos naturales que el ser humano obtiene de las áreas marinas y litorales del planeta, cabe extrapolar que se trata de una de las actividades económicas que mejor y más claro encaje tienen en el abanico de la economía azul.

En el ámbito de los espacios marinos y litorales, nos encontramos con tres tipos de actividades extractivas que podríamos diferenciar en extracción de minerales, extracción de hidrocarburos, y extracción de arena y áridos.

Extracción de minerales

La extracción de minerales en las áreas marinas, mayormente conocida como minería de aguas profundas, se refiere a la extracción de depósitos minerales de las profundidades marinas, es decir, la zona del océano que se encuentra por debajo de los 200 metros y que representa más del 95% de la biosfera

---

16 Es de reseñar que, en el caso de la pesca, la sobreexplotación de este recurso renovable ha disminuido la población de los océanos, factor que se une a las consecuencias nefastas que el cambio climático y otros problemas medioambientales, tales como la contaminación o la erosión, han tenido para los hábitats naturales de la fauna marina. Hablamos por tanto de recursos renovables que, por la incorrecta gestión que de ellos hace el ser humano, se están transformando poco a poco en recursos con una limitada renovación.

de nuestro planeta. Esta área abarca aproximadamente el 65% de la superficie terrestre y es el hogar de una gran variedad de especies, muchas de las cuales son desconocidas para la ciencia y están adaptadas a las condiciones ambientales más extremas. Además, estas profundidades albergan elementos geológicos únicos, como la fosa de las Marianas, que es la zona más profunda del océano registrada en el planeta.

Aunque se sabe de la existencia de grandes reservas de minerales en los fondos marinos desde hace varias décadas, la extracción comercial a estas profundidades aún no ha comenzado. Sin embargo, el aumento previsto de la demanda de minerales y metales, especialmente para su uso en los sectores de la tecnología y la energía verde, junto con el creciente interés geopolítico por asegurar reservas estratégicas de metales clave, ha aumentado el interés en la exploración de los recursos minerales en los fondos marinos. Además, el aumento de la demanda de metales en el mercado mundial ha llevado a un aumento en los precios de los mismos, lo que ha impulsado igualmente el desarrollo de la industria de la minería de los fondos marinos.

La Organización de las Naciones Unidas (ONU) identifica tres tipos principales de depósitos minerales en aguas profundas, en los cuales muchos de los elementos más valorados – níquel, zinc, manganeso, cobre, cobalto, oro y plata[17]

---

17 En términos porcentuales, los depósitos minerales bajo el mar representan una gran parte de las reservas estimadas de minerales en el planeta. Por ejemplo, se estima que estos depósitos contienen el 96% del cobalto, el 84% del níquel, el 79% del manganeso y el 35% del cobre. La localización de estos yacimientos ha sido posible gracias a la información recopilada a lo largo de numerosas campañas oceanográficas realizadas en los últimos 150 años en todos los mares y océanos, llevadas a cabo por varios países y cuyos datos han sido divulgados en informes públicos y publicaciones científicas. Esta información ha sido fundamental para la identificación y evaluación

– se encuentran juntos en concentraciones que los hacen muy atractivos para las empresas mineras[18]:

a. Sulfuros masivos del lecho marino (también conocidos como "sulfuros polimetálicos"): los metales más valiosos que se encuentran en estos depósitos son cobre, plomo, zinc y oro. En todos los océanos del mundo se han encontrado yacimientos de sulfuros masivos en el lecho marino y en chimeneas hidrotermales, siempre asociados a los límites de las placas oceánicas.

b. Nódulos polimetálicos: se trata de concreciones de hidróxidos de hierro y manganeso (normalmente de 5 a 10 centímetros de diámetro) que aparecen en extensos campos en las zonas abisales del océano, esto es, a unos 4.000-6.500 metros de profundidad. Los nódulos contienen concentraciones significativas de manganeso, hierro, níquel cobre, cobalto y otros metales en menor cantidad, como el titanio. Se han encontrado nódulos de interés comercial en diferentes zonas de los océanos Pacífico e Índico.

c. Costras de ferromanganeso ricas en cobalto: Las costras suelen crecer en superficies rocosas duras en los flancos, crestas y mesetas de los montes submarinos, a

---

de los depósitos minerales bajo el mar y ha permitido el desarrollo de la minería de aguas profundas. [E]xtraído de la página web Minaría Sostible de Galicia: https://minariasostible.gal/es/la-mineria-marina-el-caso-de-galicia/, consultado el 29 de julio de 2024.
Ver el capítulo cuarto de este libro, titulado "Los recursos minerales submarinos en la zona", en relación a la distribución de los recursos minerales en los fondos marinos del planeta

18 UNITED NATIONS ENVIRONMENT PROGRAMME FINANCE INITIATIVE (2022): *Harmful Marine Extractives: Understanding the risks & impacts of financing non-renewable extractive industries - Deep-Sea Mining*. Geneva, págs. 18-19.

profundidades de entre 400 y 7 km. Las costras contienen metales de importancia comercial como el cobalto, níquel, telurio y elementos de tierras raras. Hay unos 1.200 montes submarinos y guyots[19] que pueden tener interés comercial en el Pacífico occidental. También pueden encontrarse en los montes submarinos del Ártico y el Antártico.

La minería submarina es una actividad que surge de las nuevas tecnologías y la creciente demanda de minerales para la producción de bienes electrónicos y automóviles eléctricos. Además, se espera que las minas de cobre actuales solo permanezcan operativas durante 20-30 años, lo que obliga a las empresas a buscar nuevas zonas mineras. Los fondos marinos son una alternativa real, ya que son ricos en minerales como oro, cobre, cobalto, níquel y otros elementos raros. Evaluar el valor de estos depósitos no es fácil, pero muchos geólogos afirman que 2,3 km^2 pueden satisfacer la necesidad global de minerales preciosos durante un año. Aunque es un gran recurso, la explotación de la minería submarina requiere maquinarias que pueden destruir y contaminar los fondos marinos debido a su naturaleza.[20]

Los principales impactos de la minería submarina pueden resumirse en los siguientes puntos:[21]

---

19 Los guyots son formaciones geológicas de los fondos marino que se caracterizan por su forma de tronco de cono, teniendo su parte superior totalmente plana.

20 Sobre la minería marina y su relación con la destrucción del medio ambiente: PEACOCK, T. & ALFORD, M. H. (2023): *Is deep-sea mining worth it?*, Scientific American, Vol. 318, N° 5, págs. 72-77. ISSN 0036-8733.

21 UNITED NATIONS ENVIRONMENT PROGRAMME FINANCE INITIATIVE. Op. Cit. 23.

- Pérdida del sustrato en el lecho marino y su consecuente degradación como hábitat para la fauna marina.
- Perturbación y turbulencias en el lecho marino que conlleva nubes de polvo y resedimentación, que puede provocar puede provocar la asfixia de la biota y la obstrucción de los organismos filtradores.
- Plumas de sedimentos en suspensión producidas al descargar los materiales extraídos, que dañan la fauna pelágica y la reserva de carbono que se encuentra en los sedimentos del fondo marino.
- Contaminación acústica, lumínica y emisión de metales tóxicos, que evidentemente afectan a la fauna marina.
- Posibles daños en el patrimonio cultural sumergido.

Los fondos marinos son de manera generalizada abundantemente ricos en minerales. Se trata, por tanto, de un inestimable recurso económico, por lo que su explotación debe estar debidamente regularizada para evitar destrozos irreparables en los ecosistemas de nuestros mares y océanos.[22] La actividad extractiva requiere, por su propia naturaleza, el empleo de ma-

---

22 Sobre las consecuencias de la minería en los fondos marinos: CASSON, L. (dir.) (2019): *IN DEEP WATER The emerging threat of deep sea mining*, Greenpeace International. El informe "En Aguas Profundas" elaborado por un equipo científico de Greenpeace, analiza las consecuencias de la minería de fondos marinos, una industria emergente que inevitablemente dañará los ecosistemas vulnerables de las profundidades marinas. Actualmente, se está permitiendo la exploración minera en grandes extensiones del fondo marino, muchas de las cuales son zonas con una alta biodiversidad. Ante esta situación, Greenpeace propone una moratoria provisional sobre la minería de los fondos marinos para garantizar que se mantengan abiertas todas las opciones mientras se construye una red de santuarios marinos a partir de un Tratado Global de los Océanos en Naciones Unidas.

quinarias que perjudican y menoscaban los fondos marinos, lo que irremediablemente exige que estas labores se regularicen y supervisen por las organizaciones internacionales en las que se integren las correspondientes investigaciones científicas.

Extracción de hidrocarburos

La generación de energía es un factor clave para el desarrollo económico de todos los países. Desde la década de los sesenta, el petróleo y el gas natural han dominado el sistema energético mundial, debido a su amplia distribución y relativa facilidad de acceso. La producción de petróleo y gas se ha llevado a cabo de forma rutinaria en el entorno marino y, desde el año 2000, más de la mitad de los principales descubrimientos de petróleo y gas convencionales han sido en alta mar.[23]

La exploración *offshore* es una práctica común en la industria de los hidrocarburos que implica la búsqueda y producción de petróleo y gas en aguas marinas. Cada país tiene sus

---

[23] UNITED NATIONS ENVIRONMENT PROGRAMME FINANCE INITIATIVE (2022): *Harmful Marine Extractives: Understanding the risks & impacts of financing non-renewable extractive industries - Offshore Oil & Gas.* Geneva, pág. 20. Conscientes de que aún se invierte una cantidad significativa de recursos financieros en la explotación de recursos minerales marinos no renovables, la Iniciativa Financiera del Programa de las Naciones Unidas para el Medio Ambiente ha elaborado una serie de documentos informativos específicos para cada sector, con el objetivo de analizar sus impactos sociales y ambientales. Estos documentos abordan temas como el desarrollo, funcionamiento y cierre de cada sector, los riesgos que supone para las instituciones financieras la asociación continua con estas actividades y la gestión de una transición justa hacia alternativas más sostenibles. En este caso, el documento informativo se centra en los riesgos potenciales asociados con la exploración y producción de petróleo y gas en el mar, y cómo las instituciones financieras deben relacionarse y responder a este sector.

propias leyes y medidas de seguridad para encontrar y extraer estos recursos de los pozos ubicados en el lecho marino, utilizando plataformas o buques especializados. Se estima que el 7% de los recursos mundiales de petróleo y gas se producen mediante esta técnica. Sin embargo, la exploración *offshore* ha generado controversias debido a su impacto ambiental percibido como invasivo.

En las últimas décadas, las industrias de extracción *offshore* de petróleo y gas natural han experimentado un crecimiento vertiginoso, buscando reservas en zonas cada vez más profundas. A nivel mundial, el 34% de la demanda de crudo se satisface gracias a la extracción *offshore*, lo que la convierte en una industria en constante crecimiento. A pesar de que se ha aumentado la inversión en energías renovables, esta industria sigue siendo popular debido a los riesgos que conlleva, como el derrame accidental de sustancias contaminantes durante la construcción de las estructuras necesarias para la extracción y el almacenamiento de los recursos.[24]

La extracción de petróleo y gas natural en alta mar sigue un ciclo compuesto por varias etapas diferenciadas pero interrelacionadas entre sí. Este proceso puede durar varias décadas, con fases que pueden llevar una serie de años hasta la plena producción. En la siguiente figura se enumeran las etapas propias del ciclo productivo de las operaciones petrolíferas y de gas mar adentro:

---

24 ZANGRANDO, M. (2017): *El Crecimiento Azul como aplicación de la Economía Azul: estudios e implementaciones*. Trabajo Fin de Máster, dirigido por BRIONES PEÑALVER, A. J. Universidad Politécnica de Cartagena.

Imagen 2. Infografía "Stages in the E&P life cycle".[25]

Seismic survey	Exploration drilling	Appraisal	Development & production	Decommission
• Provides detailed information on geology	• Usually a single exploration well • Verifies the presence or absence of a hydrocarbon reservoir and quantifies the reserve	• Usually multiple appraisal wells • Determines if the reservoir is economically viable to develop.	• Produces oil and gas from the formation through formation pressure, artificial lift, and possibly advanced recovery techniques, until economically feasible reserves are depleted.	• Complete or partial removal of surface and sub-surface facilities and remediation to pre-disturbed state. Decommissioning and rehabilitation may occur for each of the above phases.

Durante la fase de exploración, los impactos físicos pueden derivarse del ruido submarino y las interacciones con los buques, así como la alteración física del lecho marino. La perforación de pozos, en particular, es una fuente de contaminación del medio marino y ha sido la causa de varios vertidos graves de petróleo en las últimas décadas.

Estas actividades de explotación *offshore* son consideradas de alto riesgo debido a la posibilidad de derrames accidentales de sustancias contaminantes durante la construcción de las estructuras necesarias para la extracción y el almacenamiento de los recursos. En este sentido, es fundamental la inversión en nuevas tecnologías para la extracción y el transporte seguros de estos materiales.

Los efectos de los vertidos de hidrocarburos en el medio ambiente pueden variar considerablemente, incluso en situaciones similares. Estas variaciones están influenciadas por

---

25 Imagen extraída del documento informativo: UNITED NATIONS ENVIRONMENT PROGRAMME FINANCE INITIATIVE (2022): *Harmful Marine Extractives: Understanding the risks & impacts of financing non-renewable extractive industries - Offshore Oil & Gas*. Geneva, pág. 25.

varios factores, como la composición química del producto vertido, el tipo de sedimento afectado, la época del año y su relación con los ciclos reproductivos y migratorios de las especies afectadas, entre otros. Además, los ecosistemas son sistemas complejos con múltiples elementos interactuando, lo que genera dinámicas no lineales difíciles de prever. Es importante tener en cuenta que los seres humanos también forman parte del ecosistema.[26]

Además de los impactos descritos anteriormente, las actividades de extracción de hidrocarburos pueden tener efectos negativos en otros sectores de la economía azul si no se regulan o gestionan eficazmente.

En el caso de la pesca, la extracción *offshore* puede producir perturbación física y daños al medio bentónico que destruyen caladeros y hábitats clave, especialmente los que sustentan la actividad de desove o las zonas de cría de las especies. El aumento de la sedimentación puede afectar a zonas situadas más allá de la zona de dragado, provocando la asfixia de los recursos del lecho marino, cambios tróficos y que las especies móviles eviten determinadas zonas. La eliminación de material de dragado contaminado también puede afectar negativamente a los caladeros de alta mar.

Por lo que respecta al transporte marítimo, la actividad de extracción puede provocar desplazamientos temporales para la navegación. Y en el caso del turismo algunos de los impactos a más largo plazo pueden incluir la pérdida de sedimentos en las playas, la erosión y los daños a infraestructuras costeras y la

---

[26] Sobre el impacto ambiental de los hidrocarburos y la recuperación de los ecosistemas: https://www.miteco.gob.es/es/costas/temas/proteccion-medio-marino/plan-ribera/contaminacion-marina-accidental/impacto_ambiental.html, consultado el 29 de julio de 2024.

pérdida de hábitats críticos para el turismo marino, como los arrecifes de coral.

A pesar de la necesidad urgente de descarbonizar la economía, es evidente que el petróleo y el gas seguirán siendo una parte importante de la combinación energética global durante muchos años. A medida que más inversores desinvierten en sus carteras de productores de petróleo y gas en línea con el Acuerdo de París[27], se insta a aquellos que aún invierten a hacer la transición a cero emisiones netas y a ser conscientes de los impactos adicionales de estas operaciones. Las instituciones financieras tienen una gran influencia y pueden abogar por una transición rápida y justa de los combustibles fósiles, así como apoyar mejoras ambientales generales y buscar nuevas oportunidades en una economía azul[28] baja en carbono.

---

27 El Acuerdo de París es un tratado internacional legalmente vinculante sobre el cambio climático. Fue adoptado por 196 Partes en la Conferencia de las Naciones Unidas sobre el Cambio Climático (COP21) en París el 12 de diciembre de 2015 y entró en vigor el 4 de noviembre de 2016. Su objetivo es limitar el calentamiento global a menos de 2 grados centígrados, y preferiblemente a 1,5 grados centígrados, en comparación con los niveles preindustriales. Para lograr este objetivo a largo plazo, los países se comprometen a reducir las emisiones de gases de efecto invernadero lo antes posible para lograr un planeta con emisiones netas cero para mediados de siglo. El Acuerdo de París es un hito en el proceso multilateral del cambio climático porque es el primer acuerdo vinculante que une a todos los países en una causa común para abordar el cambio climático y adaptarse a sus efectos de manera ambiciosa.

28 BASU, R. I. & Sharman, K. T. (2021): *The Path to The Blue Economy - Lessons from the Oil and Gas Industry,* comunicación presentada en la SNAME Maritime Convention (Providence, Rhode Island, USA).

Extracción de arena y áridos

La arena es sin lugar a duda uno de los materiales fundacionales de la economía mundial. La arena y la grava son materiales ampliamente utilizados en la industria de la construcción para la elaboración de hormigón destinado a edificios y carreteras, así como en otras aplicaciones como la fabricación de vidrio, la electrónica y la aeronáutica. Además, se utilizan áridos para la recuperación de tierras, el desarrollo costero y la construcción de terraplenes de carreteras, junto con la arena utilizada para numerosas funciones en la industria. Se usa, se extrae y se importa en todo el mundo, a un ritmo que supera la producción natural de la misma.[29]

---

[29] UNITED NATIONS ENVIRONMENT PROGRAMME (2019): *Sand and Sustainability: Finding New Solutions for Environmental Governance of Global Sand Resources.* Geneva, págs. 15-17. ISBN: 978-92-807. Este informe se elaboró tras la celebración de una mesa redonda de expertos organizada conjuntamente por el Programa de las Naciones Unidas para el Medio Ambiente / GRID-Ginebra y la Universidad de Ginebra, celebrada el 11 de octubre de 2018 en Ginebra (Suiza). Los debates que se llevaron a cabo hicieron hincapié en las posibles soluciones para mitigar los impactos de la extracción de áridos en el mundo, y en generar el apoyo adecuado para que se produzca un consumo responsable de estos recursos naturales. Los mensajes clave extraídos del encuentro fueron los siguientes:

- Las necesidades y expectativas de nuestras sociedades están impulsando la demanda de recursos arenosos, pero no se puede asumir un suministro responsable y continuado sin una mejor gobernanza de los recursos arenosos mundiales.
- Prevenir o reducir los daños a los ecosistemas fluviales, marinos y de playas, así como los riesgos sociales para los trabajadores y las comunidades en los lugares de extracción de arena puede lograrse mediante algunas soluciones ya existentes: evitando el consumo a través de la reducción de los niveles de construcción y la simplificación de los diseños constructivos; utilizando materiales reciclados y alternativos a la arena en el sector de la construc-

Como decimos, la arena y las gravas – conocidos comúnmente como "áridos" – son materiales básicos de las economías mundiales. La arena es omnipresente en la construcción y la producción industrial porque es un recurso barato, versátil y fácil de adquirir. Sin embargo, todo indica que nos acercamos a un futuro en el que el acceso a este recurso es una barrera crítica para la sostenibilidad, y se sufrirán las consecuencias de la extracción incontrolada de arena.

La arena se clasifica habitualmente por sus propiedades y por su origen. Cada tipo de arena se utiliza en diferentes industrias y para diferentes propósitos. La distinción entre arenas minerales y áridos es un buen punto de partida, puesto que los materiales y las proporciones implicadas, los métodos de extracción y su impacto en el medio ambiente son muy diferentes en cada uno de los dos casos.

La arena mineral es aquella que contiene metales y minerales como la limenita, el rutilo y el circón que se utilizan en la producción industrial de cerámica, pigmentos, plásticos y otros productos. La fuente de la que procede es la roca que,

---

ción; reduciendo el impacto de la actividad extractiva mediante la aplicación de las normas y buenas prácticas ya existentes.

- Las organizaciones internacionales, los gobiernos nacionales, las empresas del sector privado, los grupos de la sociedad civil y las comunidades locales desempeñan un papel fundamental en la gobernanza de los recursos de arena. Se recomiendan a estos grupos tres opciones principales de actuación conjunta para una aplicación más rápida y generalizada de las soluciones existentes: en primer lugar, adaptar las normas y mejores prácticas existentes a las circunstancias nacionales y ampliarlas cuando sea necesario para frenar la extracción irresponsable e ilegal. En segundo lugar, invertir en medición, seguimiento y planificación de la producción y el consumo de arena. Y en último lugar, establecer un diálogo entre los principales agentes y partes interesadas de la cadena de valor de la arena que esté basado en la transparencia y la rendición de cuentas.

tras largos procesos de erosión, se deposita en forma de arena en las riberas de los ríos y en las playas.

Los áridos son un término genérico que designa la roca triturada, la arena y las gravas, que pueden subcategorizarse según el proceso de formación (natural o manufacturado), composición y distribución granulométrica. Se pueden distinguir tres tipos de áridos según su origen:

- Áridos primarios: se trata de roca triturada, extraída en canteras de roca dura mediante voladura y trituración. Se incluyen también en las arenas y gravas, extraídas de minas mediante excavación, trituración, mediante dragados o bombeados de lagos y ríos, aquellas que son retiradas de playas, o de las riberas de lagos y ríos, y también las procedentes de dragados del lecho marino (también denominados áridos marinos).
- Áridos reciclados: es toda aquella roca triturada, arena y grava procedentes de la clasificación, trituración y cribado de materiales de construcción y demolición.
- Áridos manufacturados: son sustitutos de roca triturada, arena y grava producidos a partir de residuos de otras industrias.

La roca triturada, la arena y la grava representan el mayor volumen de recursos materiales sólidos extraídos por el ser humano para sus actividades a escala mundial. Aunque existen pocos datos públicos sobre los volúmenes de extracción, se calcula que cada año se extraen entre 40.000 y 50.000 millones de toneladas métricas en canteras, ríos, costas y fondo marino. La industria de la construcción consume anualmente más de la mitad de este volumen, y sin duda consumirá aún más en el futuro si el ritmo de las edificaciones no se reduce.

Estas materias primas, que son las segundas más consumidas en el planeta después del agua, se forman a través de procesos erosivos que tardan miles de años en desarrollarse, pero en la actualidad se extraen a un ritmo mucho más rápido de lo que se regeneran. El volumen extraído está aumentando exponencialmente. Se estima que el consumo mundial de áridos es de aproximadamente 40.000 millones de toneladas al año, lo que equivale al doble de la cantidad anual de sedimentos arrastrados por todos los ríos del mundo, según cálculos conservadores.[30]

La extracción y el uso de arena y áridos en la industria se realiza a través de un proceso que habitualmente consta de cuatro etapas: aflojamiento del material, extracción del material a la superficie, transporte, y utilización o eliminación del material. En el caso de determinados tipos de áridos marinos extraídos para la construcción, también puede tener lugar algún tipo de procesamiento primario en el buque de dragado antes del transporte. Aunque el impacto ambiental se produce en cada una de las fases, el mayor impacto se produce en la extracción, que puede durar unos días o semanas, o incluso varias décadas.

En las economías desarrolladas, los procesos de concesión de permisos y supervisión para controlar el dragado y la extracción de áridos pueden ser fácilmente regulados, ya que la mayoría de estas actividades se llevan a cabo dentro de las aguas territoriales de un Estado y, por lo tanto, están sujetas al marco normativo medioambiental del país. Sin embargo, en las economías en desarrollo, la mayoría de las cuales carecen de sólidos sistemas de permisos y supervisión para gestionar la extracción de áridos marinos, esto puede no ser posible. Esta combinación de factores puede resultar en una gestión inadecuada de la extracción de áridos marinos en estas economías,

---

30 Extraído de la página web: https://www.greenfacts.org/es/extraccion-arena/index.htm, consultado el 29 de julio de 2024.

lo que puede tener graves consecuencias para el medio ambiente y la sociedad.[31]

A pesar de nuestra creciente necesidad de grandes cantidades de arena y grava, y de las graves consecuencias ambientales de su extracción, la falta de datos reales dificulta la evaluación ambiental de esta actividad económica. Esto hace que el problema sea ignorado en numerosos países por las autoridades y prácticamente desconocido por la población en general.

En cuanto a la regulación por las autoridades, la extracción de arena suele regirse por la normativa nacional de minería de cada país. Así como la producción de áridos en grandes canteras es una actividad habitualmente controlada por la administración pública, la producción de arena y grava en canteras más pequeñas o su extracción en riberas de ríos y lagos, o en las playas, es realizada en ocasiones al margen de la normativa debido a la falta de recursos para realizar una correcta vigilancia de estos entornos. Las arenas minerales y los áridos, así como las gravas también se extraen y comercializan ilegalmente en grandes cantidades en algunas regiones del mundo, a veces por parte de "mafias de la arena"[32] del crimen organizado.

---

31 UNITED NATIONS ENVIRONMENT PROGRAMME FINANCE INITIATIVE (2022): *Harmful Marine Extractives: Understanding the risks & impacts of financing non-renewable extractive industries - Dredging & Marine Aggregate Extraction.* Geneva, pág. 24.

32 Por ejemplo, en el caso de Marruecos, la extracción ilegal de arena costera es responsable de la mitad de la arena extraída, lo que equivale a unos 10 millones de metros cúbicos al año. Los contrabandistas han transformado una gran playa en un paisaje rocoso entre Safi y Essouira. La arena se extrae de las playas para construir hoteles, carreteras y otras infraestructuras turísticas, lo que ha llevado a la destrucción de las playas en algunos lugares y a la erosión de la costa. Asilah, en el norte de Marruecos, ha sufrido una grave erosión de sus playas debido a problemas normativos y a las presiones relacionadas con el turismo, lo que ha puesto en peligro muchas de

Como mencionamos previamente, la extracción de arena y grava tiene graves consecuencias para el medio ambiente, como la degradación del paisaje, la erosión de los ríos y la pérdida de hábitats naturales. Además, la extracción de áridos puede tener efectos negativos en la calidad del agua y del aire, así como en la biodiversidad y en la salud humana. Por ejemplo, la extracción de arena en las playas puede alterar el equilibrio ecológico de los ecosistemas costeros y afectar a la fauna y flora marina. También puede contribuir a la erosión costera y a la pérdida de playas, lo que a su vez puede aumentar el riesgo de inundaciones y la vulnerabilidad de las comunidades costeras al cambio climático.

Por lo tanto, es crucial tomar medidas para reducir la extracción de áridos y fomentar su uso sostenible. Esto puede incluir la promoción de materiales alternativos y la mejora de la eficiencia en la construcción, así como la aplicación de políticas y regulaciones más estrictas para la gestión de los recursos naturales y la protección del medio ambiente. También es fundamental aumentar la conciencia pública sobre la importancia de la gestión sostenible de los recursos naturales y fomentar la participación ciudadana en la toma de decisiones relacionadas con la extracción de áridos.

Desde el Programa de las Naciones Unidas para el Medio Ambiente[33], se ha abogado por diferentes propuestas de solución que los Estados pueden implementar individual o simultáneamente:

- Reducción del consumo de arena: bien utilizando materiales alternativos en la construcción, bien mediante el

---

las estructuras cercanas a la costa. UNITED NATIONS ENVIRONMENT PROGRAMME. Op. Cit. 25.

33 Extraído del informe publicado en 2014 por el Programa de las Naciones Unidas para el Medio Ambiente (PNUMA): *Sand, rarer than one thinks - Why is this issue important?*

reciclaje y reutilización de los residuos de otros materiales tras su trituración. También se propone la optimización de las edificaciones existentes para evitar las nuevas construcciones.

- Establecimiento de tasas e impuestos a la actividad extractiva de arena.
- Reducción del impacto de la actividad extractiva de arena mediante su regulación para que se realice de manera sostenible y controlada.

MARCO NORMATIVO

Regulación internacional

Extracción de minerales

La Autoridad Internacional de los Fondos Marinos[34] (ISA) es un organismo de la ONU encargado de regular la minería en aguas profundas en áreas de fondos marinos internacionales que se encuentran fuera de la jurisdicción nacional, es decir, fuera de la Zona Económica Exclusiva (ZEE) de cualquier país. Actualmente la ISA está trabajando en la redacción del "Código de Minería"[35], un conjunto de reglas complejas para

---

34 Sobre la Autoridad Internacional de los Fondos Marinos y la explotación minera de los fondos marinos: https://www.un.org/es/chronicle/article/la-autoridad-internacional-de-los-fondos-marinos-y-la-explotacion-minera-de-los-fondos-marinos, consultado el 29 de julio de 2024.

35 El "Código de Minería" es un conjunto completo de normas, reglamentos y procedimientos emitidos por la ISA para regular la prospección, exploración y explotación de minerales marinos en el Área Internacional de los Fondos Marinos o "la Zona". Esta área se define

regular la prospección, exploración y explotación de los recursos marinos. Aunque se esperaba que el Código se completara en julio de 2020, aún no ha sido finalizado.

Del 10 al 28 de julio de 2023 se llevó a cabo la Asamblea del 28º período de sesiones de la ISA, en la que se discutieron decisiones importantes sobre el futuro de los océanos. En esta reunión, se debía decidir si se permitirá que la industria minera de aguas profundas inicie sus actividades comerciales o si se apoyaba la protección de los océanos impidiendo el inicio de esta industria, pero no se llegó a ningún acuerdo claro.

Ya en noviembre del pasado año, el Consejo de la ISA anunciaba la conclusión de una reunión en Jamaica en la que con-

---

como el fondo marino y oceánico y el subsuelo del mismo más allá de los límites de la jurisdicción nacional. Todas las reglas, regulaciones y procedimientos se emiten dentro del marco legal general establecido por la Convención de las Naciones Unidas sobre el Derecho del Mar (CONVEMAR), en particular la Parte XI sobre el Área y el Acuerdo de 1994 relacionado con la implementación de la Parte XI de la CONVEMAR. Desde 2014, la ISA ha estado desarrollando regulaciones para la explotación de recursos minerales en la Zona, a través de una serie de estudios de alcance. El objetivo de estas regulaciones es equilibrar las necesidades económicas con una rigurosa protección ambiental. Una vez que entren en vigor, se exigirá que cualquier entidad que planee realizar actividades en el área internacional del fondo marino cumpla con estrictos requisitos ambientales globales. Además, el régimen establecido requerirá que una parte de las recompensas financieras y otros beneficios económicos de la minería se paguen a la ISA, para luego ser compartidos de acuerdo con "criterios de distribución equitativa". La Comisión Jurídica y Técnica de la ISA ha preparado un proyecto de reglamento de explotación a través de un proceso transparente y amplias consultas públicas. Consecuentemente, antes de que se puedan emitir contratos de explotación mineral, el Consejo de la ISA deberá adoptar el proyecto de reglamento. Extraído de la página web de la ISA sobre el Código de Minería: https://www.isa.org.jm/the-mining-code/, consultado el 29 de julio de 2024.

tinuaban las negociaciones sobre el Código de Minería. Según el cronograma de la ISA, se espera que el borrador del Código sea aprobado en 2025. Un total de 23 países, incluyendo Brasil, Costa Rica, Chile, Ecuador, España y Francia, defienden una moratoria o incluso la prohibición de la minería submarina. El Reino Unido se sumó a esta postura el 30 de octubre durante la apertura de la reunión del Consejo. A pesar de que no hay un código minero en vigor, existe un vacío legal de dos años durante el cual las empresas mineras pueden solicitar una licencia de exploración en aguas profundas y ser aprobadas para comenzar a explotar.[36]

La Unión Internacional para la Conservación de la Naturaleza (UICN) ha denunciado que las regulaciones actuales para controlar la minería en el fondo del mar son insuficientes para prevenir daños irreparables en los ecosistemas marinos y la desaparición de especies. Según un estudio publicado por la UICN, el Código sobre minería marina actualmente en desarrollo carece de un conocimiento suficiente sobre las profundidades del mar y de una evaluación exhaustiva del impacto de la acción minera, necesaria para asegurar la protección de la vida oceánica. El director del programa marino de la UICN, Gustaf Lundin, ha alertado que se están otorgando contratos incluso en zonas que son hogar de especies únicas y ha advertido de que la explotación mineral podría destruir la riqueza marina para siempre, y solo en beneficio de unos cuantos. El informe asegura que existe un interés comercial creciente en los depósitos minerales marinos como resultado de la demanda creciente proyectada de cobre, aluminio, cobalto y otros meta-

---

36 Agencia EFE (10 de noviembre de 2023). Finalizan las negociaciones en Jamaica para regular la minería submarina. *La Voz de Galicia*. https://www.lavozdegalicia.es/noticia/somosmar/2023/11/09/finalizan-negociaciones-jamaica-regular-mineria-submarina/00031699556770761287201.htm, consultado el 29 de julio de 2024.

les, que se utilizan para productos de alta tecnología como los teléfonos inteligentes o las baterías.

Aunque no hay evidencia empírica que demuestre el impacto de la minería en las profundidades marinas, la UICN expresa su preocupación por los posibles impactos negativos. Los expertos temen que la agitación de sedimentos pueda afectar la visibilidad del agua y sofocar a los animales, y también alertan sobre la contaminación tóxica debido a fugas y derrames, así como el ruido, las vibraciones y la contaminación lumínica. En mayo de 2018, la ISA había firmado 29 contratos para la exploración del fondo marino, mientras que el desarrollo del Código de Minería sigue en proceso.[37]

Extracción de hidrocarburos

Aunque parezca sorprendente, el sector de la extracción de gas y petróleo en alta mar no se rige por ningún acuerdo o convenio internacional específico. A pesar de que suelen aplicarse normas de Derecho Internacional público y regional – como es el caso de las disposiciones pertinentes de la Convención de las Naciones Unidas sobre el Derecho del Mar, hasta la fecha no se ha adoptado ningún convenio internacional[38] sobre la

---

37 Extraído de la noticia titulada "La regulación de la minería en el fondo del mar es insuficiente, advierte UICN", publicada el 16 de julio de 2018 en la plataforma web global de noticias y periodismo ambiental de la Agencia EFE: https://efeverde.com/uicn-mineria-marina/, consultado el 29 de julio de 2024.

38 En este sentido, se pueden destacar dos intentos de acuerdo internacional fracasados. El proyecto de Convenio de 1977 sobre embarcaciones móviles mar adentro, elaborado por el Comité Marítimo Internacional (CMI), que tenía por objeto aplicar diversos convenios existentes sobre navegación a las actividades mar adentro, pero no fue aprobado por la Organización Marítima Internacional (OMI). En segundo lugar, el proyecto más reciente para desarro-

seguridad de las actividades de perforación mar adentro, y en la actualidad no hay ningún proceso en curso para colmar esta laguna.

Es importante resaltar también que actualmente no existen normas mundiales que regulen la responsabilidad y la indemnización por resultantes de las actividades de perforación en alta mar.

Extracción de arena y áridos

Tampoco en el caso de la extracción de arena y áridos nos encontramos con un marco internacional aplicable. La necesidad de normas específicas ha sido ampliamente reconocida por numerosos Estados y organizaciones internacionales. En 2019, la cuarta sesión de la Asamblea de las Naciones Unidas para el Medio Ambiente se adoptó la Resolución 19 sobre gobernanza de los recursos minerales, ordenando así al PNUMA que recopilara más información sobre prácticas sostenibles, lagunas de conocimiento y estrategias de implementación para la gestión de la arena. A su vez, una resolución de 2022 ha reiterado el deseo de la Asamblea de "fortalecer el conocimiento científico, técnico y político con respecto a la arena, y apoyar las políticas y acciones globales relativas a la extracción ambientalmente racional de la arena".[39] El reconocimiento mun-

---

llar un acuerdo internacional, debatido en el marco del G20, finalmente no avanzó más allá de los primeros debates. Estos fracasos reflejan la dificultad de la comunidad internacional para ponerse de acuerdo sobre el desarrollo de un instrumento vinculante que regule una actividad económica que se considera vital para muchos Estados. ROCHETTE, J. (2015): *Brief for GSDR 2015: Strengthening the international regulation of offshore oil and gas activities.*

39 Resolución aprobada por la Asamblea de las Naciones Unidas sobre el Medio Ambiente el 2 de marzo de 2022. Apartado 5/12: "Aspectos ambientales de la gestión de minerales y metales".

dial de la necesidad de una acción más específica demuestra los florecientes esfuerzos internacionales para tomar las medidas formativas necesarias para abordar las lagunas en la gobernanza de la arena.

Regulación comunitaria

Extracción de minerales

La Unión Europea carece de normativa específica relacionada con la minería marina ya que la gestión de los recursos minerales, la concesión de permisos y la legislación minera son competencia plena de los Estados Miembros, puesto que las materias primas suelen considerarse bienes naturales nacionales.

Sin perjuicio de lo anteriormente expuesto, las autoridades comunitarias encajan esta actividad dentro de su Política Marítima Integrada,[40] y concretamente dentro de su estrategia de crecimiento azul.

En 2012, la Comisión adoptó una estrategia a largo plazo conocida como "Crecimiento Azul"[41] que tiene como objetivo liberar el potencial de la economía azul y apoyar el desarrollo de actividades económicas marinas y marítimas sostenibles. Esta estrategia se enfoca en áreas como la acuicultura, el turismo costero, la biotecnología marina, la energía oceánica y la explotación minera de los fondos marinos. Entre sus conclusiones destacaba la siguiente tarea para la Comisión Europea: "analizar el modo de dar al sector europeo competitividad en

---

40 La PMI de la Unión Europea tiene como objetivo principal promover el desarrollo sostenible de las actividades marítimas y de las regiones costeras, a través de la coordinación de políticas que afectan a los océanos, mares, islas, regiones costeras y ultraperiféricas, y sectores marítimos, y mediante el desarrollo de instrumentos transversales.

41 (COM(2012)0494).

la extracción de minerales del lecho marino y de garantizar que esta actividad no impida a las generaciones futuras beneficiarse de ecosistemas que hasta ahora se habían mantenido vírgenes".

Extracción de hidrocarburos

El artículo 191 del Tratado de Funcionamiento de la Unión Europea establece los objetivos de conservación, protección y mejora de la calidad del medio ambiente y la utilización prudente y racional de los recursos naturales. La política de la Unión en este ámbito debe alcanzar un nivel de protección elevado basado en los principios de cautela y de acción preventiva, y bajo el principio de que quien contamina paga. Con el fin de cumplir estos objetivos, se aprobó la Directiva 2013/30/UE del Parlamento Europeo y del Consejo sobre la seguridad de las operaciones relativas al petróleo y al gas mar adentro, que modifica la Directiva 2004/35/CE. Aunque las directivas establecen objetivos que todos los países de la UE deben cumplir, corresponde a cada país elaborar sus propias leyes para alcanzarlos. Por lo tanto, se traspuso la Directiva Offshore a nuestro ordenamiento interno mediante la aprobación del Real Decreto-ley 16/2017 y el Real Decreto 1339/2018, que lo desarrolla.

Según el artículo 25 de la Directiva, los Estados miembros tienen la obligación de presentar anualmente a la Comisión Europea un informe que contenga información detallada, tal como se especifica en el anexo IX. Para cumplir con esta obligación, se aprobó el Reglamento de Ejecución (UE) N.º 1112/2014 de la Comisión, que establece un modelo común para el intercambio de información sobre indicadores de accidentes graves por parte de los operadores y propietarios de instalaciones relacionadas con el petróleo y el gas mar adentro, así como un modelo común para la publicación de información sobre los indicadores de accidentes graves por parte de los

Estados miembros. Estos informes deben incluir información sobre el número, la antigüedad y la ubicación de las instalaciones, el número y tipo de inspecciones e investigaciones realizadas, los datos sobre incidentes y accidentes ocurridos en estas instalaciones, cualquier modificación de la normativa aplicable a las operaciones en el medio marino, y el comportamiento de las operaciones de exploración y producción de hidrocarburos en el medio marino en términos de prevención de accidentes graves y limitación de las consecuencias de dichos accidentes.

Extracción de arena y áridos

En la Unión Europea no hay un marco normativo especial para la extracción de áridos y arena, ya que, como hemos visto anteriormente, la gestión de los recursos minerales y la legislación minera son competencia plena de los Estados Miembros. Pero como cualquier explotación de recursos naturales, la actividad extractiva sí que está sujeta a numerosas normativas medioambientales comunitarias relacionadas con la materia y a evaluaciones de impacto, incluidas directivas sobre la naturaleza, las emisiones industriales, los residuos y el agua.

Regulación nacional

Extracción de minerales, arena y áridos

Los Estados costeros tienen jurisdicción y derechos exclusivos sobre los recursos del lecho marino dentro de su zona económica exclusiva (ZEE) según la Convención de las Naciones Unidas sobre el Derecho del Mar (UNCLOS).

Aunque en algunos países se lleva a cabo la explotación industrial de materiales extraídos de los fondos marinos, como arenas y gravas, para su uso en la construcción, en España esta actividad está prohibida desde la implementación de la Ley de Costas en 1988.

Las únicas actividades extractivas que, de acuerdo con la legislación vigente en España, pueden realizarse son:

- Extracciones de arenas para la creación y regeneración de playas (reguladas por la propia Ley de Costas).
- Dragados portuarios necesarios para la construcción o mantenimiento de puertos y vías de navegación (regulados por la Ley de régimen económico y de prestación de servicios de los puertos de interés general, de 2003 y sujetos también a la Ley de Costas en lo que pudiera afectarles).
- Obras de dragado realizadas fuera del dominio público portuario para rellenos portuarios (regulados por las mismas normas).

Además de la normativa mencionada anteriormente, ciertos proyectos, especialmente aquellos que son de gran magnitud o que se encuentran cerca de áreas de protección ambiental, están sujetos a la legislación sobre evaluación de impacto ambiental establecida por la Administración General o las comunidades autónomas[42]. La gestión ambiental de los dragados portuarios se ha tratado en los Convenios Internacionales de Protección del Medio Marino, los cuales han desarrollado directrices específicas para esta actividad. En España, se adoptaron las Recomendaciones para la Gestión del Material Dragado en los Puertos Españoles (RGMD) del CEDEX en 1994 para asegurar la coherencia con estas directrices internacionales. En abril de 2014, estas recomendaciones fueron reemplazadas por

---

42 Sobre el necesario equilibrio entre medio ambiente y minería: ZAMORA ROSELLÓ, M.R. (2024): *Minería y Comunidades Autónomas: territorio, sostenibilidad y energía. Especial referencia a Galicia, Baleares y Andalucía,* Tirant lo Blanch. ISBN: 978-84-105-6530-2

las Directrices para la caracterización del material dragado y su reubicación en aguas del dominio público marítimo-terrestre, desarrolladas por la Comisión Interministerial de Estrategias Marinas. Sin embargo, en el caso de la extracción de arena para su uso en rellenos portuarios o regeneración de playas, en España no existe una regulación específica desde el punto de vista ambiental, a excepción de las Orientaciones de ICES para la gestión de extracciones de sedimentos marinos adoptadas por el Convenio OSPAR en 2003.

En 2004 se publicó la "Guía Metodológica para la elaboración de estudios de impacto ambiental de las extracciones de arena para la regeneración de playas"[43], como una primera aproximación para la realización de estudios de impacto ambiental. Con el objetivo de actualizar y ampliar los contenidos de los documentos anteriores, la Dirección General de Sostenibilidad de la Costa y del Mar considera importante establecer criterios generales que aseguren la integración ambiental de estas actividades y la preservación del medio marino. En enero de 2010, se elaboró la Instrucción Técnica Gestión Ambiental de las Extracciones Marinas para la Obtención de Arena, previa aprobación del grupo de trabajo de gestión del litoral del Consejo Asesor de Medio Ambiente. Esta instrucción busca incorporar de manera más efectiva la variable ambiental en los proyectos de extracción promovidos por la Dirección General, y también puede servir como referencia para otras actuaciones promovidas por otras administraciones.[44]

---

[43] ISBN 84-7790-402-2.

[44] Extraído de la página web del Ministerio para la Transición Ecológica y el Reto Demográfico: https://www.miteco.gob.es/es/costas/temas/proteccion-medio-marino/actividades-humanas/extraccion-materiales-fondo-marino.html, consultado el 29 de julio de 2024.

Extracción de hidrocarburos

A partir del 22 de mayo de 2021, con la entrada en vigor de la Ley 7/2021 de Cambio Climático y Transición Energética, y según lo establecido en su artículo 9, no se pueden otorgar nuevas autorizaciones de exploración, permisos de investigación de hidrocarburos o concesiones de explotación en el territorio nacional, incluyendo el mar territorial, la zona económica exclusiva y la plataforma continental. Estas actividades estaban reguladas en nuestro país por la Ley 34/1998 del Sector de Hidrocarburos y el Real Decreto-ley 16/2017, que establece Disposiciones de Seguridad en la Investigación y Explotación de Hidrocarburos en el Medio Marino.[45]

PROYECTOS DE ECONOMÍA AZUL RELACIONADOS CON LAS ACTIVIDADES EXTRACTIVAS

En el presente apartado se exponen brevemente algunos ejemplos de proyectos de economía azul relacionados con las actividades extractivas que se están llevando a cabo en diferentes puntos del planeta.

- Eliminación submarina de los residuos de la extracción minera en minas de Turquía.

En la mina subterránea de cobre y zinc de Çayeli, propiedad de la empresa First Quantum Minerals y situada en Turquía, dicha empresa utiliza la mitad de sus residuos de la extracción minera como relleno y descarga la otra mitad en la zona anóxica existente en el fondo del Mar Negro, ubicado cerca de la

---

45 Sobre la exploración y producción de hidrocarburos en España: https://www.miteco.gob.es/es/energia/hidrocarburos-nuevos-combustibles/petroleo/exploracion.html, consultado el 29 de julio de 2024.

explotación. El proceso de descarga se lleva a cabo de conformidad con la legislación turca, y se ha puesto en marcha un programa integral de seguimiento científico dirigido por terceros y orientado a garantizar que los residuos de la extracción minera no perjudiquen a las especies marinas. Se sabe que de esta zona se obtiene alrededor de la mitad del pescado y en torno a una cuarta parte del marisco de Turquía. Al no haber oxígeno a tales profundidades, los residuos de la extracción minera no se oxidan y, por tanto, no producen ácido. El seguimiento a largo plazo no ha registrado hasta ahora cambios en la calidad del agua a raíz de las descargas de dichos residuos.

- Protección de arrecifes de coral en una planta de gas natural licuado: el ejemplo del Yemen.

Para proteger los arrecifes de coral en su planta de procesamiento y transporte de gas natural licuado situada en el Golfo de Adén, la empresa Yemen LNG se asoció con la Unión Internacional para la Conservación de la Naturaleza y la ONG de defensa del medio ambiente Earthmind para llevar a cabo el primer trasplante de coral a gran escala en el mundo. Antes de despejar la zona destinada a la infraestructura de la planta, el grupo llevó a cabo una serie de estudios de referencia en torno al arrecife. A continuación, trasladó alrededor de 1.500 colonias de coral a una zona situada a una distancia de entre 600 y 800 metros en la que no se verían afectadas. Para proteger los corales de los sedimentos, se utilizaron grandes barreras de retención de estos, y varios equipos de buzos aspiraron los sedimentos restantes de los corales una vez concluida la construcción de la planta. Hoy en día, Yemen LNG gestiona este emplazamiento en régimen de zona marina de exclusión y zona de conservación certificada, protegiéndolo de la pesca y preservando su delicado ecosistema marino.

- Lecciones para mitigar el impacto de la extracción de arena en Surinam

Braamspunt es una zona costera de Surinam con una gran riqueza biológica, especialmente para las tortugas laúd y verdes que anidan allí. A pesar de estar designada como zona protegida, se llevó a cabo una extracción activa de arena en la playa, lo que aceleró la erosión de la zona. Aunque se impuso una prohibición temporal en 2015, el Ministerio de Recursos Naturales de Surinam otorgó concesiones para la extracción de arena a cuatro constructoras locales en 2017 sin la aprobación del Ministerio de Ordenación del Territorio, Gestión de Tierras y Bosques. Las evaluaciones de impacto ambiental y social son voluntarias en Surinam, lo que dificulta la protección de la biodiversidad de la zona. La ONG local Green Heritage Fund Surinam busca aprender de otras estrategias exitosas en la protección del medio ambiente y aplicarlas en la extracción de arena en Braamspunt. Una posible solución sería organizar a los extractores ilegales para que soliciten concesiones que ya han sido sometidas a evaluaciones de impacto ambiental y social financiadas por la UE u otros organismos gubernamentales.

CONSIDERACIONES FINALES

Como hemos visto a lo largo del presente capítulo, la economía azul se enfoca en el papel económico de los mares y océanos, y la necesidad de administrar sus recursos de manera eficiente. Esto implica desde la restauración de ecosistemas dañados hasta la introducción de innovaciones que permitan un uso sostenible de los recursos marinos y costeros en el futuro.

Para lograr este mañana sostenible en beneficio de las personas y el planeta, es fundamental conseguir que las áreas marinas y costeras se encuentren en un estado saludable. Aprovechar y gestionar los recursos de los océanos y las costas puede ser de gran ayuda para alcanzar este objetivo, pero es crucial hacerlo de manera sostenible. Un ejemplo de los efectos perniciosos que la gestión incorrecta de los recursos marinos está provocando en el medioambiente es la disminución del 50% de los arrecifes de coral en los últimos 30 años, debido a la sobrepesca, la contaminación, el desarrollo incontrolado en zonas costeras y el cambio climático. Estas circunstancias ponen en peligro, entre otras cosas, los medios de subsistencia, la capacidad de reducir el riesgo ante desastres y la biodiversidad marina, lo que sin duda es preocupante.

Como el resto de actividades económicas que se llevan a cabo en los mares y océanos, las actividades extractivas sin duda deben regirse por la estrategia de economía azul anteriormente expuesta. La extracción de minerales, hidrocarburos, áridos y arenas debe llevarse a cabo de manera respetuosa con el medio ambiente marino y costero, si queremos que estas actividades se puedan seguir desarrollando en un futuro.

Los fondos marinos albergan ecosistemas vírgenes y desempeñan un papel fundamental en la regulación del clima. Sin embargo, los planes para explotar esta área única y compleja del planeta tendrían consecuencias irreversibles en la pérdida de ecosistemas y hábitats, así como en la destrucción permanente del almacenamiento de carbono. La extracción de minerales de aguas profundas es altamente incierta y puede tener impactos ambientales devastadores, lo que ha generado preocupaciones en la sociedad civil, incluyendo a fabricantes y organizaciones privadas. Numerosos expertos en la materia coinciden en que es fundamental tomar medidas y establecer regulaciones adecuadas para proteger los fondos marinos y garantizar su sostenibilidad a largo plazo.

Los nódulos polimetálicos son una fuente importante de manganeso, níquel, cobre, cobalto y otros oligoelementos necesarios para impulsar la transición energética. Estos metales son esenciales para la fabricación de baterías de vehículos eléctricos, paneles solares, teléfonos móviles y otros dispositivos electrónicos. El cambio climático ha aumentado la presión sobre los gobiernos para reducir las emisiones, especialmente en el sector del transporte, que representa cerca del 20% de las emisiones mundiales en 2022. Según la Agencia Internacional de la Energía, se necesitará el doble de estos metales en 2040 para cumplir los objetivos de la transición energética mundial. Para alcanzar las emisiones netas cero de gases de efecto invernadero, se necesitará al menos cuatro veces la cantidad actual de estos metales. Es fundamental encontrar fuentes alternativas de estos metales para garantizar la sostenibilidad a largo plazo de la transición energética.

La creciente demanda de minerales por parte de los fabricantes de productos electrónicos pronto superará la oferta existente. Esta perspectiva ha llevado a algunos gobiernos y empresas a considerar la minería en los océanos, que cubren más del 70% de la superficie del planeta. Aunque los procesos de extracción son similares a los de la minería terrestre, son más difíciles de llevar a cabo bajo el agua, lo que hace que los nódulos sean una opción atractiva.

La industria minera ha tenido y tiene una reputación muy desigual en tierra firme. Aunque proporciona los materiales muy necesarios para nuestro día a día, también ha contribuido a la deforestación, ha generado grandes cantidades de residuos tóxicos y, en algunas partes del mundo, incluso ha impulsado el trabajo infantil. El porcentaje de minerales extraídos por cada tonelada métrica de roca ha disminuido en la última década, lo que obliga a los mineros a excavar a mayor profundidad para extraer la misma cantidad de minerales.

Estos factores hacen que la minería de aguas profundas parezca más atractiva para algunos. Cualquier país puede permitir la explotación minera de los fondos marinos en sus aguas territoriales, y en este sentido Noruega, Japón y las Islas Cook están a punto de autorizarla. La Autoridad Internacional de los Fondos Marinos no cumplió con el plazo de julio de 2023 que se había fijado para establecer normas sobre la alteración aceptable de los sedimentos, el ruido y otros factores de la minería de aguas profundas, lo que actualmente permite a cualquiera solicitar un permiso de minería comercial mientras la ISA continúa con las negociaciones.

La dependencia de los metales obtenidos de la minería puede reducirse mediante el rediseño, la reutilización y el reciclaje. Además, la investigación debe centrarse en crear alternativas más sostenibles a su uso, ya que la minería de los fondos marinos podría dañar irreparablemente los ecosistemas marinos y limitar los numerosos beneficios que los fondos marinos proporcionan a la humanidad. La transición hacia energías limpias es esencial para proteger el medio ambiente y combatir el cambio climático, pero debe hacerse de manera responsable y sostenible.

De igual manera, la disminución de las reservas de hidrocarburos en varias partes del mundo y el aumento de los precios del petróleo han llevado a las empresas petroleras, tanto nacionales como internacionales, a buscar reservas en lugares de difícil acceso, como lo son las ubicaciones marinas a gran profundidad. Consecuentemente, la extracción de petróleo y gas en alta mar se ha convertido en las últimas décadas en uno de los principales componentes de la economía marina, y se espera que siga creciendo en las próximas décadas.

La vida marina y los ecosistemas oceánicos están en peligro debido al aumento del interés en las perforaciones petrolíferas y de gas en alta mar. Este tipo de explotación aumenta el riesgo de contaminación por vertidos de petróleo tanto para la fauna y la flora como para las personas, y contribuye a grandes pérdidas económicas en caso de accidente, además de ser un factor agravante del cambio climático. Los riesgos son especialmente graves en zonas como el Ártico, un ecosistema único y frágil donde ya se lleva a cabo la explotación petrolífera y donde incluso un pequeño derrame de crudo podría resultar imposible de limpiar.

El consumo de petróleo y gas es uno de los principales causantes del cambio climático y de la acidificación de los océanos, dos graves amenazas para el entorno marino y costero. La crisis climática del planeta seguirá empeorando a pasos agigantados a menos que transitemos hacia una economía basada en energías renovables.

En relación con la actividad extractiva de arena y áridos cabe concluir que la evidente falta de datos globales sobre este tipo de extracción ha dificultado enormemente la evaluación medioambiental y ha contribuido al desconocimiento del problema. Como resultado, existe una clara discrepancia entre la magnitud del problema y la conciencia ciudadana al respecto del mismo. Es impetuosamente necesario regular la extracción de arena tanto en aguas nacionales como internacionales, y sólo debería permitirse si una evaluación científica rigurosa demuestra que las repercusiones para el medio ambiente serían mínimas. Una mayor presencia de alternativas y una explotación sostenible de los recursos podrían reducir drásticamente el impacto negativo sobre el medio ambiente.

La humanidad debe sin duda alguna reevaluar su relación con el mar y la costa. Los océanos absorben el 30% del dióxido de carbono y producen la mitad del oxígeno del planeta y, a pesar de su importancia fundamental para para limitar el cambio climático, su salud sigue empeorando a causa de la presión antropogénica. A medida que el ser humano ocupa más espacio marítimo la importancia del cumplimiento del Objetivo de Desarrollo Sostenible 14 – Conservar y utilizar sosteniblemente los océanos, los mares y los recursos marinos – debe ganar también más "espacio" en nuestras vidas.

La planificación adecuada, la gobernanza y la toma de decisiones que involucren a todas las partes interesadas pueden permitir que muchos sectores oceánicos contribuyan positivamente a una economía azul sostenible. La extracción de recursos marinos no renovables, como el petróleo y el gas en alta mar, el dragado, la extracción de arena y grava marina, la minería marina de poca profundidad y el posible desarrollo futuro de la minería de los fondos marinos, tienen evidentes consecuencias en el medio ambiente y en la sociedad, lo que a día de hoy las califica como actividades no sostenibles. Este sector económico, como otros muchos, representa un riesgo significativo para los océanos, mares y costas, y no pueden considerarse como parte activa de la economía azul sin que se adopten las medidas adecuadas para minimizar su impacto negativo. Es fundamental que se tomen decisiones encaminadas a la protección de los mares y océanos, de manera que se garantice la sostenibilidad de las actividades extractivas a largo plazo.

BIBLIOGRAFÍA

BASU, R. I. & Sharman, K. T. (2021): *The Path to The Blue Economy - Lessons from the Oil and Gas Industry*, comunicación presentada en la SNAME Maritime Convention (Providence, Rhode Island, USA).

CASSON, L. (dir.) (2019): *IN DEEP WATER The emerging threat of deep sea mining*, Greenpeace International.

ESPINOZA, H., A. (2023): *Economía circular: una aproximación a su origen, evolución e importancia como modelo de desarrollo sostenible*, Revista de Economía Institucional, N.25(49), págs. 109-134.

FERNÁNDEZ-ESPINAR LÓPEZ, L. C. (2020): *Las Actividades Extractivas: Sector Crítico Estratégico Del Nuevo Modelo Energético*, Actualidad Jurídica Ambiental, N. 121, Sección "Artículos doctrinales". ISSN: 1989-5666.

GUTIÉRREZ DÍEZ, L.A. (1997): *Los recursos geológicos y energéticos del mar*, Cuadernos de estrategia, N. 88 (Ejemplar dedicado a: El Mar en la Defensa económica de España), págs. 89-111, ISSN 1697-6924.

IRENA (2020): *Fostering a blue economy: Offshore renewable energy*, International Renewable Energy Agency, Abu Dhabi.

PEACOCK, T. & ALFORD, M. H. (2023): *Is deep-sea mining worth it?*, Scientific American, Vol. 318, Nº 5, págs. 72-77. ISSN 0036-8733.

ROCHETTE, J. (2015): *Brief for GSDR 2015: Strengthening the international regulation of offshore oil and gas activities.*

UNITED NATIONS ENVIRONMENT PROGRAMME (2019): *Sand and Sustainability: Finding New Solutions for Environmental Governance of Global Sand Resources.* ISBN: 978-92-807.

UNITED NATIONS ENVIRONMENT PROGRAMME FINANCE INITIATIVE (2022): *Harmful Marine Extractives: Understanding the risks & impacts of financing non-renewable extractive industries - Deep-Sea Mining.* Geneva. ISBN: 978-92-807-3921-3.

UNITED NATIONS ENVIRONMENT PROGRAMME FINANCE INITIATIVE (2022): *Harmful Marine Extractives: Understanding the risks & impacts of financing non-renewable extractive industries - Dredging & Marine Aggregate Extraction.* Geneva. ISBN: 978-92-807-3921-3.

UNITED NATIONS ENVIRONMENT PROGRAMME FINANCE INITIATIVE (2022): *Harmful Marine Extractives: Understanding the risks & impacts of financing non-renewable extractive industries - Offshore Oil & Gas.* Geneva. ISBN: 978-92-807-3921-3.

ZAMORA ROSELLÓ, M.R. (2024): *Minería y Comunidades Autónomas: territorio, sostenibilidad y energía. Especial referencia a Galicia, Baleares y Andalucía,* Tirant lo Blanch. ISBN: 978-84-105-6530-2

Mejoras en el acceso a los recursos mineros en Andalucía, en el marco de la transición energética y la neutralidad climática[1]

CARLOS RAMÍREZ SÁNCHEZ-MAROTO

Doctor en Derecho Ambiental, director general de AFA-Andalucía y delegado de zona de Anefa[2].

---

1 Esta publicación se enmarca en el proyecto de investigación *Actividades extractivas y políticas públicas: sostenibilidad, transición energética y seguridad* financiado por la Universidad de Málaga, IP: Mª Remedios Zamora Roselló.

2 Código ORCID https://orcid.org/0000-0002-2367-3131

INTRODUCCIÓN

La importancia social y económica que las actividades mineras revisten en el conjunto de la industria y la economía andaluza, española y europea es una realidad incuestionable. La UE depende en gran medida de las importaciones de materias primas procedentes de terceros países, y esa debilidad, combinada con el incremento de la demanda impulsada por la transición hacia una economía digital y ecológica, supone que el acceso a los recursos de materias primas se haya convertido en un asunto de seguridad europea, y por tanto de seguridad andaluza.

En este trabajo se pretende explorar y exponer que una visión jurídica más acertada a las especificidades de la minería garantizaría mejor el acceso a los recursos mineros, debido a las particularidades que caracterizan a este sector económico. En el ámbito andaluz las limitaciones a la investigación y explotación minera se encuentran, principalmente, en los ámbitos urbanístico y ambiental, para una actividad empresarial que contribuye a un mayor desarrollo económico y territorial a través de la cadena de valor que alimenta a la industria, que es un aliado estratégico en la lucha contra el cambio climático y la descarbonización de la economía, y es una fuente de empleo[3].

En la actualidad, el número de explotaciones mineras activas en Andalucía se sitúa en 465. En términos de empleo, las explotaciones mineras ocuparon en 2021 a 8.598 personas, el 29% del empleo a nivel nacional.

---

3 RIVERO YSERN, J.L. y MONTOYA MARTÍN, E., (2015): *Una nueva oportunidad para la minería metálica: la reapertura de la minería de Aznalcóllar en Sevilla,* Revista Andaluza de Administración Pública, núm. 91, p. 40. ISSN: 0034-7639. También, MONTOYA MARTÍN, E. (2020): *¿Por qué la República de Irlanda está en el top del índice de atractivo regulatorio de los permisos mineros? Un análisis del factor tiempo»,* Revista Catalana de Dret Ambiental, vol. 11, núm. 1.

ESTRATEGIAS DE LA UNIÓN EUROPEA EN EL ACCESO A LOS RECURSOS MINEROS

Para abordar la preocupación de garantizar la seguridad de suministro de materias primas en la UE, en 2008 la Comisión Europea (CE) aprobó la Iniciativa de las materias primas: Cubrir las necesidades fundamentales en Europa para generar crecimiento y empleo (Bruselas, 4.11.2008. COM (2008) 699 final). Se trata de una estrategia integrada que establece medidas específicas para garantizar y mejorar el acceso a materias primas[4], donde al menos 30 millones de puestos de trabajo dependen del acceso a las mismas[5]. En esta Comunicación se propuso la necesidad que se consensue una estrategia integrada sobre materias primas, constituyendo un pilar el establecer las condiciones adecuadas para potenciar un suministro sostenible de materias primas de fuentes europeas. En este sentido, se impulsan algunas acciones como la mejora del marco regulador ligado al acceso a los terrenos donde hay yacimientos mineros. En opinión de PRICE y ESPÍ, la publicación de la Comunicación de la Comisión se debe, a la alarma surgida ante la vulnerabilidad del suministro de ciertos minerales y metales de los que la UE carece y que son vitales para el desarrollo de sectores industriales de "alta tecnología"[6]. Al respecto, el Informe

---

4 Al respecto, Informe Anual del Banco de España, 2021, pág. 178. https://www.bde.es/f/webbde/SES/Secciones/Publicaciones/PublicacionesAnuales/InformesAnuales/21/Fich/InfAnual_2021.pdf.

5 Plan Director de la Unión Europea para las materias primas: la innovación es la clave, pág. 1, https://www.hablamosdeeuropa.es/es/Paginas/Noticias/Plan-Director-de-la-Union-Europea-para-las-materias-primas-la-innovacion-es-la-clave.aspx.(última fecha de visita 04-09-2023).

6 PRICE. J.G y ESPI. J.A. (2014): *Disponibilidad y retos actuales de los recursos minerales para la sociedad*, Boletín Geológico y Minero, 125, pág. 26. ISSN: 0366-0176.

Critical Raw Materials for Strategic Technologies and Sectors in the EUA Foresight Study[7], publicado en septiembre de 2020, indica, claramente, la situación de vulnerabilidad de la UE en su dependencia de materiales críticos[8].

Con el compromiso adquirido por la UE y sus estados miembros con la firma del Acuerdo de París en 2015 se han ido aprobando una cascada de iniciativas y estrategias para fortalecer mejor la soberanía industrial y energética. Así, en el mes de enero de 2018 se inició el proyecto europeo MIREU, para contribuir a la seguridad de abastecimiento de materias primas promoviendo la explotación de los recursos mineros en su territorio, en el marco de la Estrategia Europea sobre Materias Primas. La nueva estrategia industrial para Europa, impulsada por los efectos negativos de la crisis pandémica del COVID-19, que ha manifestado en las disrupciones de suministros en las cadenas de valor esenciales, incluye elevados objetivos de política medioambiental[9], con la finalidad de conseguir la transición ecológica hacia una economía más competitiva[10]. Se potencia así, un largo recorrido ambiental desde que las

---

7 Materias primas críticas para tecnologías y sectores estratégicos en la UE: un estudio prospectivo

8 Al respecto, el listado se indica en Comunicación de la Comisión al Parlamento Europeo, al Consejo, al Comité Económico y Social Europeo y al Comité de las Regiones, Resiliencia de las materias primas fundamentales: trazando el camino hacia un mayor grado de seguridad y sostenibilidad, de 3 de septiembre de 2020. página 6. https://eur-lex.europa.eu/legal-content/ES/TXT/PDF/?uri=CELEX:52020DC0474&from=NL ((última fecha de visita 18-10-23).

9 Al respecto, FERNADEZ DE GATTA SÁNCHEZ, D. (2020*): El ambicioso Pacto Verde Europeo,* Actualidad Jurídica Ambiental. pp 1-31. ISSN: 1989-5666; n. 101. (Fecha de último acceso 10-03-2023).

10 Al respecto, PÉREZ DE LAS HERAS, B. (2020): *La Unión Europea en la Transición hacia la neutralidad climática: Retos y Estrategias en la implementación del Acuerdo de París.* Revista Española de Derecho Internacional, Vol. 72/2,2020, págs. 139-140.ISSN: 0034-9380.

Comunidades Europeas iniciasen sus actuaciones ambientales a finales de la década de los años sesenta del siglo XX.

La Comunicación de la Comisión al Parlamento Europeo, al Consejo , al Comité Económico y Social Europeo y al Comité de las Regiones, Resiliencia de las materias primas fundamentales: trazando el camino hacia un mayor grado de seguridad y sostenibilidad, de 3 de septiembre de 2020, COM/2020/474 final, incide, como nos expresa, la profesora AVILA RODRIGUEZ[11] y la experta energética HIDALGO GARCIA[12], en que el acceso a los recursos mineros es una cuestión de seguridad estratégica para conseguir los objetivos del Pacto Verde de la UE. Además, la citada Comunicación expresa los obstáculos en los procedimientos de tramitación de materias primas fundamentales y la falta de aceptación pública de la minería[13].

El 16 de marzo de 2023 se publicó la Propuesta de Reglamento del Parlamento Europeo y del Consejo por el que se establece un marco para garantizar el suministro seguro y sostenible de materias primas fundamentales y se modifican los Reglamentos (UE) 168/2013, (UE) 2018/858, (UE) 2018/1724

---

11 AVILA RODRIGUEZ, C. Mª (2021): Las Minas y los yacimientos de hidrocarburos. Editorial Universidad de Sevilla, págs. 17-321. ISBN 978-84-472-3086-0

12 HIDALGO GARCÍA, M. (2021): Los minerales estratégicos: el ser o no ser de la descarbonización y transformación digital de la UE. Documento de Análisis IEEE, pág 3. Texto disponible en https://www.ieee.es/Galerias/fichero/docs_analisis/2021/DIEEEA03_2021_MARHID_MineralesEstrategicos.pdf.

13 Al respecto, Comunicación de la Comisión al Parlamento Europeo, al Consejo, al Comité Económico y Social Europeo y al Comité de las Regiones, Resiliencia de las materias primas fundamentales: trazando el camino hacia un mayor grado de seguridad y sostenibilidad, de 3 de septiembre de 2020. pág. 6.

y (UE) 2019/1020[14]. En esta propuesta se indican debilidades tales como que aún no está garantizado el acceso de la UE a un suministro seguro y sostenible de materias primas fundamentales; que el potencial para aumentar sus capacidades de extracción, procesamiento o reciclado sigue sin aprovecharse plenamente; y existen largos y complejos procedimientos de concesión de autorizaciones.

En el mes de mayo de 2023, la UE aprobó la Ley de Materias Primas Críticas (Critical Raw Materials Act) con el objetivo fomentar una industria de la extracción y la transformación de este tipo de elementos, reducir la dependencia comunitaria de terceros países y, a su vez, alcanzar los objetivos de sostenibilidad y de transición hacia una economía digital. Por último, con fecha de 30 de junio, el Consejo ha adoptado su posición sobre la propuesta de Reglamento de Materias Primas Fundamentales, con el que pretende favorecer la extracción de minerales europeos de forma sostenible, reciclando y garantizar las cadenas de suministro.

---

14 Propuesta de REGLAMENTO DEL PARLAMENTO EUROPEO Y DEL CONSEJO por el que se establece un marco para garantizar el suministro seguro y sostenible de materias primas fundamentales y se modifican los Reglamentos (UE) 168/2013, (UE) 2018/858, (UE) 2018/1724 y (UE) 2019/1020. https://eur-lex.europa.eu/legal-content/ES/TXT/?uri=CELEX%3A52023PC0160

LAS LIMITACIONES EN EL ACCESO A LOS RECURSOS MINEROS EN LA LEY 7/2021, DE 20 DE MAYO, DE CAMBIO CLIMÁTICO Y TRANSICIÓN ENERGÉTICA, EN ESPAÑA

La Ley española 7/2021, de 20 de mayo, de cambio climático y transición energética (en adelante, LCCTE), en vigor desde este 22 de mayo de 2021, constituye una de las nueve políticas palanca del Plan de Acción para la Implementación de la Agenda 2030, que pone en el centro de la acción política la lucha contra el cambio climático y la transición energética. Así, la LCCTE, resulta una norma repleta de obligaciones, y siguiendo el criterio del profesor LOPEZ RAMON, trata, en definitiva, de:

> *"asegurar el cumplimiento de los objetivos del Acuerdo de París (art. 1)"*[15].

Esta ley contiene los elementos reguladores del primer Plan Nacional Integrado de Energía y Clima (PNIEC) así como de los sucesivos que habrán de presentarse a la Comisión Europea, y recoge los objetivos mínimos nacionales para el año 2030, susceptibles de revisión al alza por el Gobierno[16], si bien,

---

15 LOPEZ RAMON, F. (2021): *Notas de la Ley de Cambio Climático,* Actualidad Jurídica Ambiental, n. 114, Sección "Comentarios legislativos". pág. 6. ISSN: 1989-5666.

16 Al respecto, consisten en reducir las emisiones de gases de efecto invernadero en al menos un 23% respecto a los niveles del año 1990; alcanzar una penetración de energías renovables en el consumo de energía final de al menos un 42%; alcanzar un sistema eléctrico con al menos un 74% de energías renovables; y disminuir el consumo de energía primaria en al menos un 39,5% respecto a la normativa europea.

siguiendo el criterio de, profesor FERNÁNDEZ –ESPINAR hace[17]:

> *" una mera mención muy puntual, y además en un sentido meramente prohibitivo, en la Ley de Cambio Climático y Transición Energética."*

En relación a las limitaciones de acceso a los recursos mineros, en el Título III Transición energética y combustibles, prevé la Ley una serie de prohibiciones, que vinculan a todas las comunidades autónomas, a partir de su entrada en vigor, por la que no pueden concederse en el territorio nacional, incluido el mar territorial, la zona económica exclusiva y la plataforma continental, nuevas autorizaciones de exploración, permisos de investigación o concesiones de explotación tanto de hidrocarburos (artículo 9.1), ni la investigación y aprovechamiento de yacimientos de minerales radiactivos (artículo 10.1) ni se admitirán nuevas solicitudes de autorización de instalaciones radiactivas del ciclo del combustible nuclear para el procesamiento de dichos minerales radiactivos (artículo 10.2), y tampoco se admitirán nuevas solicitudes de autorización de instalaciones de energía nuclear. La Disposición transitoria segunda, indica que lo previsto en el artículo 9 de esta ley será de aplicación a todas las solicitudes de autorizaciones de exploración y de permisos de investigación de hidrocarburos que se encuentren en tramitación en el momento de entrada en vigor de la presente ley[18].

---

17 FERNÁNDEZ- ESPINAR LÓPEZ, L. (2020): *Las actividades extractivas: Sector crítico estratégico del nuevo modelo energético.* Actualidad Jurídica Ambiental, n. 121, Sección "Artículos doctrinales". pág. 26. ISSN: 1989-5666.

18 Con el mismo criterio, y para una mayor profundidad consultar a FERNÁNDEZ DE GATTA SÁNCHEZ, D. (2021): *La Ley 7/2021, de 20 de mayo, de cambio climático y transición energética (entre expectativa y*

Además, incluye en su artículo 2 el principio de no regresión, comentado en la STS 3236/2023, de 30/06/2023, en su FJ 5º[19]:

> *"(...)En palabras de nuestra jurisprudencia, se trata de "proteger los avances de protección alcanzados en el contenido de las normas medioambientales, con base en razones vinculadas al carácter finalista del citado derecho medioambiental", carácter finalista también destacado por la doctrina constitucional al referirse a la "vertiente dinámica tendente a su mejoramiento" comprendida dentro del derecho al medio ambiente reconocido, como principio rector de la política social y económica, en el art. 45 CE.*
>
> *(...)En definitiva, el principio de no regresión no consiente una aplicación mecánica, exige un esfuerzo de ponderación de los valores en presencia que debe quedar reflejado en el expediente administrativo, en la documentación del plan, y exteriorizarse en la correspondiente motivación para explicar las razones que llevan a la adopción de determinadas medidas que puedan reducir el nivel de protección ambiental hasta ahora alcanzado y su justificación desde la perspectiva de un interés público prevalente."*

Es decir, como nos indica la profesora CASADO[20]:

> *"El Tribunal fija como doctrina casacional que la aprobación de una modificación puntual de un instrumento de planeamiento urbanístico que conlleva la modificación de usos en suelo no*

---

una cierta decepción) Foro Nueva época, Vol. 24, Nº. 2, 202. págs 113-170. ISSN 1698-5583.

19 STS 3236/2023, Nº de Resolución: 882/2023, de 30/06/2023 Nº de Recurso: 7738/2021.

20 CASADO CASADO, L. (2023): *Sentencia del Tribunal Supremo de 30 de junio de 2023(Sala de lo Contencioso –Administrativo, Sección 5º, número 7738/2021*, Actualidad Jurídica Ambiental, Jurisprudencia al día, 19 octubre de 2023. https://www.actualidadjuridicaambiental.com/jurisprudencia-al-dia-extremadura-principio-de-no-regresion-suelos-planeamiento-urbanistico/

urbanizable de protección, aun cuando mantenga la clasificación, puede vulnerar el principio de no regresión en materia de protección ambiental y determinar la invalidez del plan, tras la adecuada ponderación sobre la ausencia de razones de interés público prevalente justificativas de la modificación claramente identificadas y razonadas por el planificador. En el caso concreto, al no apreciarse la existencia un interés público prevalente, desestima el recurso de casación, al considerar que "sólo una justificación expresa y contundente basada en un interés público prevalente puede despejar la sospecha de arbitrariedad" (FJ 7°)."

Al respecto, el problema de reducir la atención desde las políticas públicas, de forma temporal a la minería, ha traído la despoblación en zonas de Asturias, León[21] o Huelva[22], a ello se ha de sumar gran número de proyectos mineros dilatados en la tramitación como son la explotación del yacimiento minero de Los Frailes (Aznalcóllar) en Sevilla; en Pedrafita do Cebreiro (monacita), Lalín (niobio, litio, tántalo), Monte Galiñeiro (monacita, tántalo, niobio), y Viano do Bolo (niobio, tántalo), en Galicia; en La Fregeneda (litio) y Domo de Tormes (tántalo, cerio), en Castilla y León; o bien paralizados judicalmente como son en Extremadura, El Cañaveral y San José de Valdeflores (litio, tántalo) y Alburquerque (niobio, litio, tántalo), y en Castilla- La Mancha, en Campo de Montiel (monacita, cobalto, neodimio) y Matamulas (monacita, cesiolo). Todos estos obstáculos suponen no cumplir debidamente las estrategias de

---

21 Al respecto un estudio detallado, LOIS, RUBEN. C., SAN ROMAN, J.M° y ANDREY J.A. (2008): *Impacto de la actividad minera en la población de los espacios de montaña. La pizarra y el carbón en las montañas galaico leonesas,* Eria 75, pp 99-112.

22 La Cuenca minera pierde el 10% de su población en la última década y a 82 personas en el último año. https://tintonoticias.com/la-cuenca-minera-pierde-al-10-de-su-poblacion-en-la-ultima-decada-y-a-82-personas-en-el-ultimo-ano/ (última fecha de visita 27-07-2023).

la UE para garantizar la cadena de suministro estimulando la minería.

Un elemento positivo que puede impulsar a la minería es la aprobación de la Hoja de Ruta para la gestión sostenible de materias primas, de agosto del año 2022 (en adelante, Hoja de Ruta), con la que se pretende reforzar la seguridad del abastecimiento de suministros. Incluye en su Reto n.º 2 el "*Suministro de materias primas minerales. Seguridad de suministro de materias primas claves para la economía*", siendo su objetivo la mejora de los procesos y procedimientos administrativos para acelerar la obtención y gestión de permisos sobre materias primas estratégicas, sin socavar los estándares de sostenibilidad de la UE. En las Líneas de Acción, punto "*4.1 Instrumentos regulatorios para un nuevo marco normativo del sector*", en su Medida Tercera," *Adecuada integración de los recursos minerales en la ordenación del territorio y compatibilidad con otros usos del suelo*", se indica, como nos expresa RAMIREZ SÁNCHEZ-MAROTO que se identificaran[23]:

> *"conjuntamente con las Comunidades Autónomas qué figuras de planeamiento urbanístico permitan la compatibilidad y el aprovechamiento de recursos minerales, y en los espacios naturales protegidos (Medida 3) y la realización conjuntamente con las CC.AA., de un análisis de la situación de las materias primas necesarias para garantizar el abastecimiento de las cadenas industriales".*

Al respecto, la Estrategia Minera 2030 de Andalucía (en adelante, EMSA2030), publicada en BOJA con fecha de 31 de julio de 2023, reconoce que:

---

23 RAMÍREZ SÁNCHEZ MAROTO, C. (2023): *Apuntes acerca de la "Hoja de ruta para la gestión sostenible de las materias primas minerales", en el marco de la descarbonización de la economía y la transición energética",* Actualidad Jurídica Ambiental, n. 133 Sección "Comentarios"; pág. 12. ISSN: 1989-5666.

> *"en los municipios mineros se registra una dinámica demográfica más favorable que en el resto de los municipios rurales, disfrutan de mejores condiciones económicas y sociales, con mejores salarios, más estables y mejores servicios"*[24].

SUPUESTOS DE COMUNICACIÓN PREVIA Y DECLARACIÓN RESPONSABLE EN EL ÁMBITO AUTONÓMICO EN NORMATIVA URBANISTICA POSTERIORES AL OTORGAMIENTO DE LOS TÍTULOS ADMINISTRATIVOS HABILITANTES SOBRE EL DOMINIO PÚBLICO MINERO

Supuestos de comunicación previa y declaración responsable en la comunidad autónoma de Galicia y comunidad de Valencia.

Siendo el urbanismo competencia de las Comunidades Autónomas desde la STC 57/2015, de 18 de marzo de 2015, son estas las que deben concretar que actividades requieren licencia urbanística u otros títulos al amparo de la ley estatal. En este sentido, la Ley 17/2009 de 23 de noviembre, sobre el libre acceso a las actividades de servicios y su ejercicio, por la que se transpone la Directiva 2006/123/CE de servicios, estableció que la autorización/licencia, pasaba a tener carácter residual, prefiriéndose siempre la comunicación previa o la declaración responsable.

---

[24] Estrategia para una minería sostenible en Andalucía 2030, pág. 32.(última fecha de visita el 25-08-2023).https://www.juntadeandalucia.es/sites/default/files/2023-07/Estrategia%20Minera_EMSA%202030_v2.1.pdf

El Real Decreto Legislativo 7/2015, de 30 de octubre, por el que se aprueba el texto refundido de la Ley de Suelo y Rehabilitación Urbana (en adelante RDL 7/2015, de 30 de octubre), establece en su artículo 11.4 a) que serán expresos por silencio administrativo negativo los actos que autoricen movimientos de tierra y explanaciones.

En el ámbito autonómico la Ley 9/2013, de 19 de diciembre, del emprendimiento y de la competitividad económica de Galicia, en su Disposición Adicional cuarta modificó la regulación de las licencias, estableciendo un régimen general de la comunicación previa junto con una reserva para la licencia en aquellos casos en que una norma estatal así lo exige. Más concretamente, el Decreto 143/2016, de 22 de septiembre, por el que se aprueba el Reglamento de la Ley 2/2016, de 10 de febrero, del Suelo de Galicia, en su artículo 360, indica los supuestos sujetos a comunicación previa:

> *"3. En particular, se someten al régimen de comunicación previa: f) La extracción de áridos para la construcción y la explotación de canteras, aunque se produzca en terrenos de dominio público y estén sujetos la concesión o autorización administrativa. g) Las actividades extractivas de minerales, líquidos, y de cualquier otra materia, así como las de vertidos en el subsuelo."*

En conclusión, la comunicación previa sustituye la licencia urbanística para las actividades de áridos para la construcción y la explotación de canteras, y las actividades extractivas de minerales, líquidos, y de cualquier otra materia

La Comunidad de Valencia aprobó la Ley 5/2014, de 25 de julio, de la Generalitat, de Ordenación del Territorio, Urbanismo y Paisaje, de la Comunitat Valenciana, que establece la declaración responsable (art 214) sustituyendo en algunos supuestos al otorgamiento licencia. Con la reforma introducida en la Ley Valenciana del Suelo por la Ley 1/2019 de 5 de febrero, se estableció el régimen de declaración responsable en el art. 214.2.f. Así, expresa el artículo 134 de la Ley 1/2019 de 5 de febrero, que el artículo 214.2 f) queda redactado como sigue:

> *"2. Están sujetas a declaración responsable de acuerdo con lo establecido en el apartado anterior y siempre que vayan acompañadas de certificación emitida por un organismo de certificación administrativa o un colegio profesional en los términos debidamente establecidos en la disposición adicional novena Entidades colaboradoras con la administración. f) La extracción de áridos y la explotación de canteras, salvo lo dispuesto en el artículo 215.1.b de esta ley."*

Y en el artículo 215.1.b) se indica que:

> *"Cuando se trate de obras auxiliares o constitutivas de una instalación sujeta a autorización ambiental integrada o licencia ambiental y la Administración verifique, en un mismo procedimiento, el cumplimiento de la normativa urbanística, además de las condiciones ambientales exigibles".*

Este régimen jurídico aclara, por tanto, para el subsector de minería de áridos, qué situaciones están sujetas a la declaración responsable, lo que a su vez favorece la seguridad jurídica, y el inversor minero que se ve favorecido por una mayor celeridad administrativa.

Ley 7/2021, de 1 de diciembre, de impulso para la sostenibilidad del territorio de Andalucía, y el Decreto 550/2022, de 29 de noviembre, por el que se aprueba el Reglamento General de la Ley 7/2021, de 1 de diciembre, de impulso para la sostenibilidad del territorio de Andalucía.

La Ley 7/2021, de 1 de diciembre, de impulso para la sostenibilidad del territorio de Andalucía (en adelante, LISTA), responde a la idea del urbanismo sostenible incorporando las orientaciones del Convenio Europeo del Paisaje[25] y de impulso los Objetivos de Desarrollo Sostenible. Así, la LISTA regula en el mismo texto, el urbanismo, de competencia municipal y la ordenación del territorio, de competencia autonómica, y en el que las dimensiones de ordenación territorial y ordenación urbanística, siguiendo el criterio de la profesora PRADOS PÉREZ:

> *"viene determinada por el principio de integración, en la medida en que la ordenación urbanística deberá actuar como instrumento de cumplimiento de los objetivos generales planteados en la ordenación territorial , de la que es deudora en razón de su carácter supramunicipal"*.[26]

A su vez, la LISTA otorga una integración de la protección del paisaje, y prevé la aprobación de un Catálogo del Paisaje (artículo 38), que servirán de base técnica para la elaboración de los instrumentos de ordenación territorial y urbanística En este sentido, sería necesario que se incluyera el paisaje temporal que ofrecen las actividades mineras hasta su restauración total, en el mencionado Catálogo.

En el Título Preliminar de la LISTA, en el Capítulo III Usos y actividades en suelo rústico, en su artículo 21.1 se incluye entre las actividades ordinarias del suelo rústico los usos mineros y cualquier otro vinculado a la utilización racional de los recursos naturales que no supongan la transformación de su naturaleza rústica, en los términos que se establezcan reglamentariamente. También son usos ordinarios del suelo rústico

---

25 Consejo de Europa en Florencia, 20 de octubre de 2000. Ratificado por España el 3 de noviembre de 2007. https://www.juntadeandalucia.es/organismos/fomentoarticulaciondelterritorioyvivienda/areas/ordenacion/paisaje/paginas/convenio-europeo-paisaje.html

26 PRADOS PÉREZ, EL. (2021*): La ordenación territorial en la Ley 7/2021 7/2021, de 1 de diciembre, de impulso para la sostenibilidad del territorio de Andalucía.* Editorial Alma Mater Libro homenaje al Prof. Dr. Felipe Rotondo Tornaría VV. AA. pág. 259. ISBN: 979- 88 -01979-36-6.

las actividades mineras. Además, se consideran actuaciones ordinarias en su apartado segundo letra a), las obras, construcciones, edificaciones, viarios, infraestructuras, instalaciones y servicios técnicos que demanden las actividades complementarias de primera transformación y comercialización de las materias primas generadas en la misma explotación que contribuyan al sostenimiento de la actividad principal, y siempre que se acredite la unidad de la misma.

Finaliza este artículo con una cierta penalización, al exigir licencia urbanística municipal sin perjuicio del resto de autorizaciones que exija la legislación sectorial.

En el Título VI, la actividad de edificación, en su Capítulo II, Medios de intervención administrativa sobre la actividad de edificación, se exige licencia urbanística municipal para actividades mineras en su artículo 137.1, sin perjuicio de la obligación de obtener, con carácter previo, las concesiones, autorizaciones o informes que sean procedentes con arreglo a esta Ley o a la legislación sectorial aplicable, y en su número 2, letra f) incluye los supuestos que no requieren previa licencia: a los usos mineros y cualquier otro vinculado a la utilización racional de los recursos naturales que no supongan la transformación de su naturaleza rústica, en los términos que se establezcan reglamentariamente, ni conlleven la realización de construcciones, edificaciones e instalaciones. Se colige de este apartado número 2 de la necesidad de licencia para las construcciones, edificaciones e instalaciones.

En la norma que desarrolla la LISTA, el Decreto 550/2022, de 29 de noviembre, por el que se aprueba el Reglamento, concretamente en su Título VI, Actividad de edificación, Capítulo II, Medios de intervención administrativa sobre la actividad de edificación en si Sección 2ª. Licencias urbanísticas, declaraciones responsables y comunicaciones previas, en el artículo 291 y siguientes se regulan los actos sujetos a licencia, comunicación previa y declaración responsable. En el artículo 291, Actos sujetos a licencia urbanística, incluye en los actos incluidos en licencia urbanística dos apartados que se refieren a la actividad minera:

> *"Los movimientos de tierra, incluidos los desmontes, abancalamientos, las excavaciones y explanaciones y aquellos otros que excedan de la práctica ordinaria de labores agrícolas, así como la desecación de zonas húmedas, la creación de vertederos de residuos y el depósito de materiales ajenos a las características del terreno o de su explotación natural."*

Y en la letra "*k) La realización de construcciones, edificaciones e instalaciones en suelo rústico vinculadas a los usos agrícolas, ganaderos, forestales, cinegéticos, mineros y cualquier otro acto constructivo vinculado a la utilización racional de los recursos naturales.*"

En relación a los actos no sujeto a licencia urbanística, el artículo 292. incluye en su letra h) a los usos que vayan a realizarse en suelo rústico precisos para la utilización y explotación agrícola, ganadera, forestal, cinegética, minera y cualquier otro vinculado a la utilización racional de los recursos naturales con la excepción de que no supongan la transformación de su naturaleza rústica, ni conlleven la realización de obras, construcciones, edificaciones e instalaciones.

En este sentido sería necesario una modificación en la LISTA conforme a los criterios previstos en la normativa urbana de Galicia para la minería de áridos. Conviene recordar, también, que las determinaciones de la Administración minera andaluza no siempre vinculan a la Administración urbanística, y como expresa GARCIA RUBIO:

> *"un permiso de investigación e incluso una concesión minera pueden ser ignorados en una evaluación ambiental del planeamiento por razones de tutela ambiental"*[27]

---

[27] GARCIA RUBIO, F. (2019) *Concesiones mineras y ordenación urbanística.* El presente artículo forma parte del proyecto La Minería Extrac-

Y todo ello, a pesar de la importancia económica de los recursos de la Sección C, como resalta el profesor DE ARCENEGUI[28]. Así, el artículo 44, in fine, de Ley 22/1973, de 21 de julio, de Minas referido al permiso de investigación debe interpretarse que se le otorga a su titular un simple derecho de prioridad para su tramitación.

Por otra parte, la Estrategia minera para la sostenibilidad de Andalucía, publicada el 31 de julio de 2023(en adelante, ESMA2030), se enmarca en varias iniciativas de planificación (Plan de Ordenación del Territorio de Andalucía, la Estrategia para la Transformación Económica de Andalucía 2022, la Estrategia de I+D+I de Andalucía, Horizonte 2027, la Estrategia de Especialización Inteligente para la Sostenibilidad de Andalucía 2021-2027) y no tiene la consideración de Plan con Incidencia en la Ordenación del Territorio, de conformidad con lo previsto en los artículos 48 y 49 de la LISTA. No obstante, los Planes de Actuación que se formulen para el desarrollo de los ejes y líneas de actuación de la ESMA2030, en razón de su contenido y alcance, podrían llegar a tener la consideración de Planes coincidencia en la Ordenación del Territorio, en cuyo caso su tramitación debería ajustarse a lo establecido en dichos artículos y someterse expresamente a informe de incidencia territorial.

---

tiva en el Siglo XXI: Retos Jurídicos y Medioambientales (DER2016-78393-R), dirigido por la profesora Encarnación Montoya Martín, del que el autor forma parte como investigador, pág. 116. ISSN: 1696-0955 (papel)/2695-6101 (digital).

28 DE ARCENEGUI, I., (2002) Derecho minero, Civitas Ediciones, SL, pág. 325. ISBN:84-470-1859-8.

SERVIDUMBRES AMBIENTALES SINGULARES, CONDICIONES INCOMPATIBILIDADES EN PLANES DE ORDENACIÓN DE RECURSOS NATURALES EN ANDALUCÍA

En este apartado se examina las limitaciones, condicionantes e, incluso, incompatibles que se contemplan en diferentes instrumentos de ordenación del territorio ambientales, respecto de la actividad minera que se realizan en los yacimientos de origen natural y recursos geológicos en su condición de dominio público. Por exceder del objeto de este trabajo no se analizan las limitaciones de la red viaria, de la red ferroviaria, legislación de costas, de dominio público hidráulico, la legislación de patrimonio cultural y la normativa de los aeropuertos.

El Tribunal Constitucional ha sentado una doctrina, que ha sido aplicada por el art. 122 de la Ley de Minas[29] a los instrumentos de ordenación, respecto que cualquier prohibición de las actividades mineras deberá ser motivada y no podrá tener un carácter genérico. Cabe recordar que la Disposición derogatoria única de la Ley 12/2007, de 2 de julio[30], indica que:

> *"Quedan derogadas cuantas disposiciones de igual o inferior rango se opongan a lo dispuesto en la presente Ley".*

---

29 La modificación realizada en la Ley de Minas por la Ley 12/2007, de 2 de julio, por la que se modifica la Ley 34/1998, de 7 de octubre, del Sector de Hidrocarburos, con el fin de adaptarla a lo dispuesto en la Directiva 2003/55/CE del Parlamento Europeo y del Consejo, de 26 de junio de 2003, sobre normas comunes para el mercado interior del gas natural.

30 Al respecto, STSJ AND 15668/2016, N° de Resolución: 1916/2016, N° de Recurso: 1120/2011, de 03/10/2016, FJ5°: "De este modo, el precepto hace traslación de la doctrina de las sentencias del TC N° 64/1982 (RTC 1982, 64) y N°170/1989 (RTC 1989, 170)". N° de Recurso: 1120/2011

Al respecto, siguiendo el criterio de RENAU FAUBELL:

> *"los instrumentos de ordenación ya aprobados que incumplan las prohibiciones del artículo 122 de la Ley de Minas, en particular en lo relativo a contener prohibiciones del uso minero de carácter genérico, constituyen disposiciones de inferior rango que se oponen a lo dispuesto en la nueva Ley, por lo que, a falta de otra previsión al respecto en el texto legal, quedan automáticamente derogadas con su entrada en vigor"*[31].

Así, el artículo 122 de la Ley de Minas establece una regla básica del régimen minero que vincula a todos los instrumentos de ordenación, y deben aceptarse los criterios del profesor RAMOS MEDRANO, que:

> *"comprenden tanto a los diversos instrumento que se tienen como finalidad la ordenación de un determinado espacio, ya sea de ordenación territorial, de recursos naturales o urbanísticos , o de una determinada actividad o sector económico"*[32].

En el ámbito autonómico, la Ley 3/2008, de 23 de mayo, de ordenación de la minería de Galicia, recoge el testigo del citado artículo 122 de Ley Minas, en el artículo 14.2 al establecer que:

> *"Artículo 14. Participación de la consejería competente en materia de minas en instrumentos de planificación. 2. Cualquier prohibición contenida en los instrumentos de ordenación sobre actividades incluidas en la Ley 22/1973, de 21 de julio, de minas, y en la presente ley habrá de ser motivada y no podrá ser de carácter genérico."*

---

31 RENAUL FAUBELL, F. ( ): El nuevo artículo 122 de la Ley de Minas, texto disponible en https://noticias.juridicas.com/conocimiento/articulos-doctrinales/4339-el-nuevo-articulo-122-de-la-ley-de-minas/

32 RAMOS MEDRANO, J.A. (2016): *La prohibición de actividades mineras en la ordenación territorial y urbanística, a la luz de la jurisprudencia*", Actualidad jurídica ambiental, pág. 5, numero 62. ISSN: 1989-5666 NIPO: 721-15-001-4.

Este artículo viene a respetar íntegramente los principios del artículo 122 de la Ley de Minas. Al respecto, cabe recordar que el artículo 4.1 del RDL 7/2015, de 30 de octubre, según el cual:

> *"el ejercicio de la potestad de ordenación territorial y urbanística deberá ser motivado, con expresión de los intereses generales a que sirve".*

Sin embargo, en el ámbito andaluz la EMSA 2030, reconoce en su página 33 que en extensas zonas del territorio existen instrumentos de planificación territorial que no satisfacen el principio general recogido en el art.122 de la Ley de Minas.

Nos centramos, ahora, en los instrumentos de ordenación previstos en la legislación medioambiental, como son la Ley 4/1989, de 27 de marzo, de Conservación de los Espacios Naturales y de Flora y Fauna Silvestre, (en adelante, Ley 4/1989), y la Ley 2/1989, de 18 de julio, por la que se aprueba el Inventario de Espacios Naturales Protegidos de Andalucía y se establecen medidas adicionales para su protección (en adelante Ley 2/1989). La Ley 4/1989, introdujo, en el artículo 4, diferentes zonas homogéneas en cuanto a su valor de conservación, características ecológicas y de uso humano, en las que se establecen niveles y tipologías de usos y aprovechamientos específicos, como son las zonas de reserva, Zonas A; las zonas de regulación especial, zonas B; y las zonas de regulación común, zonas C. Las autorizaciones que se requieran en virtud del artículo 13.1 de la Ley 2/1989, cuando tuvieren por objeto actuaciones sometidas a Autorización Ambiental Integrada o Autorización Ambiental Unificada, quedarán integradas en los citados instrumentos de prevención y control, de acuerdo con lo establecido en la Ley 7/2007, de 9 de julio, de Gestión Integrada de la Calidad Ambiental y sus normas de desarrollo (en adelante LEGICA) y se solicitarán y tramitarán conforme a lo dispuesto en su normativa específica.

Generalmente, cuando los Planes de Ordenación de los Recursos Naturales (en adelante PORN) llevan a cabo una zonificación de un parque consideran incompatibles las actividades mineras en las superficies calificadas como de valor ambiental "muy alto" o zonas de protección especial, o zona A. En otros casos, los PORN prohíben[33] la actividad minera en el territorio del parque natural, pero respetando los aprovechamientos mineros legales preexistentes sin posibilidad de ampliar la superficie o de prórroga de los derechos mineros.

A continuación, se analizan diversos planes de ordenación de recursos naturales y planes rectores de uso y gestión (en adelante PRUG)[34].

Existe un conjunto de parques naturales donde se prohíben la extracción de áridos, la investigación minera o nuevas autorizaciones, investigaciones y concesiones mineras y la aplicación de superficie minera en zonas de reserva, zona A como zonas de regulación especial, zona B. Este régimen de limitaciones se establecen en el PORN y PRUG de Parque Natural Sierra de Aracena y Picos de Aroche, zona A, 5.4.2 b)[35] como en la zona B 5.4.2,e); en el PORN y el PRUG del Parque Natural Sie-

---

33 Por ejemplo, la Ley Territorial de la Comunidad de Madrid 6/1994, de 28 de junio, que aprobó la declaración como Parque Regional establece la prohibición de la actividad extractiva en la zona B y en la franja de 50 m de protección situada en la zona D.

34 Al respecto de las Juntas Rectoras de los parques naturales ,ZAMORA ROSELLÓ, Mº, R.(2011:) *Un nuevo estilo de gestión para los espacios naturales protegidos en Andalucía,* Revista Andaluza de Administración Pública, núm. 81, págs. 139. ISNN: 0034-7639.

35 Decreto 210/2003, de 15 de julio, por el que se aprueban el Plan de Ordenación de los Recursos Naturales y el Plan Rector de Uso y Gestión del Parque Natural Sierra de Aracena y Picos de Aroche. https://www.juntadeandalucia.es/boja/2003/165/1.

rra de Huétor[36] ,en sus Normas particulares se prohíbe en las zonas A la investigación y aprovechamiento de los yacimientos minerales y otros recursos geológicos, 5.4.1.2 h), y en las zonas B , las extracciones y recogida de material geológico, 5.4.2.1. h); en el PORN del Parque Natural Sierra de Grazalema[37], en Zona A se consideran incompatibles las actividades de la investigación y aprovechamiento de los yacimientos minerales y demás recursos geológicos 5.4.1, k), y en la Zonas B se consideran incompatibles en la letra f) La investigación y aprovechamiento de los yacimientos minerales y demás recursos geológicos, prohibición que se reitera en las áreas de interés ganadero forestal, 5.4.2.2.e) . así como en la zona de Embalses y sus márgenes, B.3 2.e).; en el Parque Natural Sierras de Tejeda, Almijara y Alhama, en su Anexo 2, en las Normas Particulares 8.6.1., Zonas A, se consideran incompatibles en su letra k) las nuevas autorizaciones, permisos o concesiones de aprovechamiento, investigación o explotación de los yacimientos minerales y demás recursos geológicos, así como la ampliación

---

36 Decreto 100/2004, de 9 de marzo, por el que se aprueban el Plan de Ordenación de Recursos Naturales y el Plan Rector de Uso y Gestión del Parque Natural Sierra de Huétor (Boja nº69, de 8 de abril). https://www.juntadeandalucia.es/boja/2004/69/5.

37 Decreto 90/2006, de 18 de abril, por el que se aprueban el Plan de Ordenación de los Recursos Naturales del Parque Natural Sierra de Grazalema. Modificado por Decreto 72/2015, de 10 de febrero, por el que se modifican el Plan de Ordenación de los Recursos Naturales, el Plan Rector de Uso y Gestión y la Descripción Literaria de los límites del Parque Natural Sierra de Grazalema Decreto 2/2016, de 12 de enero, por el que se declara la Zona Especial de Conservación Sierras de Tejeda, Almijara y Alhama (ES6170007) y se aprueban el Plan de Ordenación de los Recursos Naturales y el Plan Rector de Uso y Gestión del Parque Natural Sierras de Tejeda, Almijara y Alhama. https://www.juntadeandalucia.es/boja/2006/114/2.

de los derechos existentes[38], y en la zona B aparecen similares prohibiciones[39].

En otros parques naturales solo se prohíbe la actividad minera en la zona A. En el PORN y el PRUG del Parque Natural Sierras Subbéticas[40], en las Normas particulares para la Zona de reserva A se consideran actividades incompatibles las actividades las actividades de investigación y aprovechamiento de los yacimientos minerales y demás recursos geológicos, 5.4.2. a); en el PORN del Parque Natural Sierra de Baza, en el Anexo se establece en sus Normas Particulares que en las zonas de reserva A se consideran incompatibles la investigación y aprovechamiento de los yacimientos minerales y otros recursos geológicos, 5.4.1.1. 2,k, y 5.4.1.2.h)[41]; en el PORN del Parque

---

38 Al respecto, la STSJ AND 3701/2021, Nº de Resolución: 492/2021, Nº de Recurso: 485/2017. de 11/02/2021, FJ 1º.

39 Decreto 2/2016, de 12 de enero, por el que se declara la Zona Especial de Conservación Sierras de Tejeda, Almijara y Alhama (ES6170007) y se aprueban el Plan de Ordenación de los Recursos Naturales y el Plan Rector de Uso y Gestión del Parque Natural Sierras de Tejeda, Almijara y Alhama. https://www.juntadeandalucia.es/medioambiente/portal/documents/20151/2208000/decreto_2_2016_tejeda_boja.pdf/0c8ba705-a008-cfa9-af2a-73493566f208

40 Decreto 4/2004, de 13 de enero, por el que se aprueba el Plan de Ordenación de los Recursos Naturales y el Plan Rector de Uso y Gestión del Parque Natural Sierras Subbéticas (Boja nº 38, de 25 de febrero). Al respecto, la Orden de 13 de diciembre de 2011 por la que se prorroga la vigencia de los Planes Rectores de Uso y Gestión de los Parques Naturales Sierra de las Nieves, Sierra de Andújar y Sierras Subbéticas aprobados por Decreto 344/2003, de 9 de diciembre, Decreto 354/2003, de 16 de diciembre y Decreto 4/2004, de 13 de enero, respectivamente (Boja nº 7, de 12 de enero de 2012) https://www.juntadeandalucia.es/medioambiente/portal/documents/20151/998268/decreto4subbeticasboja.pdf/494279f2-0eb2-c913-bf85-e2365ae4d8d8

41 Decreto 101/2004, de 9 de marzo, por el que se aprueban el Plan de Ordenación de Recursos Naturales y el Plan Rector de Uso y

Natural Los Alcornocales y de la Zona de Especial Protección para las Aves Los Alcornocales, en el Anexo 1 en las Normas particulares, 9.6.1, zonas de reserva. Zonas A, letra n) se consideran incompatibles las nuevas autorizaciones, permisos o concesiones de aprovechamiento, investigación o explotación de los yacimientos minerales y demás recursos geológicos, así como la ampliación de los derechos existentes, y en las zonas B, también se consideran incompatibles; y en el PORN y PRUG del Parque Natural Sierra de Baza , en Anexo del PORN en sus Normas Particulares en las zonas de reserva A se consideran incompatibles la investigación y aprovechamiento de los yacimientos minerales y otros recursos geológicos, 5.4.1.1. 2,k, y 5.4.1.2.h)[42].

En otro caso, como el del Parque Nacional de Sierra Nevada, en su Anexo II del PRUG, en su punto 5.1.4., tan solo permite la extracción de launa y piedra de taco para uso vecinal que requiere autorización de la Consejería competente en materia de medio ambiente y sólo se concederá para el mantenimiento de la arquitectura tradicional. Al respecto, la SSTJ AND 8180/2016, de 29 de septiembre de 2016[43] examina el recurso contencioso-administrativo interpuesto por una mercantil contra el Decreto 238/2011, de 12 de julio, de la Junta de Anda-

---

Gestión del Parque Natural Sierra de Baza (Boja nº 78, de 22 de abril). https://www.juntadeandalucia.es/medioambiente/portal/documents/20151/2639424/decreto101bazaboja.pdf/abad838c-bf8f-a4e4-7158-bb009a27ff46

42 Decreto 101/2004, de 9 de marzo, por el que se aprueban el Plan de Ordenación de Recursos Naturales y el Plan Rector de Uso y Gestión del Parque Natural Sierra de Baza (Boja nº 78, de 22 de abril). https://www.juntadeandalucia.es/medioambiente/portal/documents/20151/2639424/decreto101bazaboja.pdf/abad838c-bf8f-a4e4-7158-bb009a27ff46

43 STSJ AND 8180/2016, Nº de Resolución: 2454/2016, de 29/09/2016, Nº de Recurso: 2286/2011.

lucía, a través del cual se establece la ordenación y gestión de Sierra Nevada (Plan de Ordenación de los Recursos Naturales de Sierra Nevada); el Plan Rector de Uso y Gestión del Parque Nacional de Sierra Nevada; y el Plan Rector de Uso y Gestión del Parque Natural de Sierra Nevada. El propio PORN aprobado, incluye (punto 5.4.9.2.), que:

> *«[...] aquellas explotaciones que actualmente desarrollen su actividad de acuerdo con la normativa vigente y hasta la caducidad de sus autorizaciones y concesiones en vigor».*

Destacamos de la SSTJ AND 8180/2016, lo dispuesto en su FJ4º, los siguientes extractos:

> *"Por último, en cuanto al motivo de impugnación por el que se aduce que "el Decreto incurre en el vicio de nulidad de pleno derecho que contempla el artículo 62.2 de la LRJPAC, por cuanto vulnera el artículo 122 de la Ley 22/1973 de Minas, inconstitucionalidad de la prohibición genérica de actividades extractivas y mineras en el Parque Natural de Sierra Nevada", lo que guarda relación con la solicitud subsidiaria de "Nulidad de pleno derecho del Decreto, ex artículo 62.2 de la LRJPAC, por (I) la prohibición genérica de actividades extractivas y mineras en las zonas de regulación C que contempla el PORN y (II), la prohibición de la renovación de las explotaciones existentes", se ha de significar en primer término que, como se dicen en Sentencia de 19 de septiembre de 2016 dictada por la Sección 5ª de la Sala Tercera del Tribunal Supremo en recurso nº 2081/2015, (ROJ: STS 4064/2016 – ECLI:ES:TS:2016:4064), "La dificultad hermenéutica que suscita la dicción literal del citado art. 122 de la Ley de Minas reside en dilucidar cuándo una prohibición de las "actividades incluidas en la Ley de Minas" tiene un "carácter genérico". La prohibición habrá en principio de entenderse general en dos supuestos: cuando la prohibición abarca a todo el ámbito territorial del instrumento de ordenación; y cuando la prohibición alcanza a todos los tipos de actividades mineras".*
>
> *(...)En fin, el ámbito territorial y temporal de la prohibición habrá de ser el que resulte necesario en función del motivo en que se funde, y, justificada la incompatibilidad de la actividad extractiva en los términos que recoge el propio Decreto impug-*

nado, la conclusión que se impone es el rechazo de la pretensión de nulidad que ahora nos ocupa pues, obviamente, sería un contrasentido exigir al PORN un grado de permisividad que no pudiera convivir con la obligada preservación de los valores medioambientales siendo así contrarias sus previsiones al objetivo al que responde su aprobación."

Y en el PORN del Parque Natural de Cabo de Gata-Níjar, en su Anexo I, artículo 5.3.11.3.d) se prohíbe expresamente:

"Las nuevas actividades de investigación y aprovechamiento de los yacimientos minerales y demás recursos geológicos, a excepción de la actividad salinera y de aquellas explotaciones que actualmente desarrollen su actividad de acuerdo a la normativa vigente y hasta la caducidad de sus autorizaciones en vigor. No se concederán nuevos permisos, ni concesiones para este tipo de actividades."

Por último, en otros PORN y PRUG de parques naturales, se establecen además condicionantes o servidumbres como en el Anexo del PRUG Parque Natural Sierra de Aracena y Picos de Aroche se fijan uno condicionantes de un plazo de cinco años para que empresas con derechos mineros de investigación los ejecuten a partir de la aprobación del presente Plan, debiendo aportar un programa de reducción de superficie al 50%, al 75% en diez años y al 100% en 15 años. Se prohíbe la explotación que incluyan balsas o acumulaciones de materiales en cantidades o concentraciones peligrosas para el medio ambiente; en el PRUG del Parque Nacional de Sierra Nevada, en la Normativa, en su punto (4.2.5.3). Actividades de uso público en Zona A (Humedales y Turberas de Padul) se establece que se podrán realizar exclusivamente bajo las siguientes condiciones de ofrecer al visitante la interpretación de los valores naturales de este humedal.

Al respecto, cabe recordar la imposibilidad de declarar francos los terrenos y convocar concurso público de registros mineros comprendidos en zona donde un PORN prohíbe la actividad minera. Así lo determina la STSJ AND 636/2018, de

5 de abril[44]. Esta sentencia anula la resolución impugnada, en la medida en que declara francos unos terrenos y convoca concurso público de unos registros comprendidos en sectores incluidos en este parque natural, pues incurre en una contradicción insalvable con el PORN de esta zona, pues "imputar una consecuencia distinta al otorgamiento de nuevos permisos en estos sectores a la convocatoria aprobada equivaldría a admitir la esterilidad de la misma (FJ 8º)".

Resulta de interés lo dispuesto en la STSJ AND 18501/2019, que niega el derecho a ser resarcidos por la pérdida de los permisos de exploración e investigación, al quedar extinguidos con la creación y ampliación del Parque natural Sierra María-Los Vélez, pues en el supuesto de que se hubiese otorgado la concesión de dicho permiso de investigación , lo que ostentaría el solicitante sería una mera expectativa, ya que es claro que ni la titularidad de un permiso de investigación, ni la solicitud de una concesión derivada de ese permiso, atribuyen un derecho consolidado a la explotación[45].

En definitiva, la pérdida de un derecho de investigación dimanante del permiso de exploración no tiene para la Sala la consideración de lesión patrimonial, entendida, según la doctrina y jurisprudencia, como daño antijurídico, y no cabe considerar que tenía derechos consolidados a la concreta explotación ni tampoco expectativas ciertas y seguras por cuya desaparición deba indemnizarse.

Otras circunstancias con cierta controversia en el sector de la minería metálica es cuando esta actividad minera tiene que

---

44 Al respecto, STSJ AND 3877/2018, Nº de Resolución 636/2018, de 05/04/2018. Nº de Recurso: 425/2017.

45 STSJ AND 18501/2019, Nº de Resolución: 2796/2019, de 11/12/2019, Nº de Recurso: 830/2016, FJ 6º.

liberar grandes cantidades de agua[46] y sus posibles efectos negativos al entorno[47].

En relación a estas problemáticas, se debería facilitar la permanencia de las actividades mineras sostenibles, en la regulación de los PORN y de los PRUG de los parques naturales en las zonas de regulación especial, zonas B y las zonas de regulación común, zonas C. Se trata, reiterando al profesor LOPEZ MENUDO de buscar un punto de equilibrio que "armonice la protección del medio ambiente y el desarrollo del sector económico, en este caso minero"[48], teniendo en cuenta que la ubicación de los yacimientos mineros, como señala la profesora AVILA RODRIGUEZ "viene impuesta por la naturaleza sin posibilidad de alterar la localización de la actividad"[49], y que es el PORN el instrumento a través del cual puede tener acogida la regulación de usos y actividades mineras[50] en estos espacios,

---

46 HERRERA HERBET, J. (2009): *Introducción al drenaje de explotaciones mineras*, Universidad Politécnica de Madrid, Escuela Técnica Superior de Ingenieros de Minas, Madrid, págs. 7-10. DOI:10.20868/UPM.book.10404.

47 Como herramienta para calcular y comunicar el consumo de recursos hídricos, la Comunidad Autónoma de Andalucía creó el Registro de la huella hídrica de productos, servicios y organizaciones, mediante la Ley 8/2018, de 8 de octubre, de medidas frente al cambio climático y para la transición hacia un nuevo modelo energético en Andalucía.

48 LOPEZ MENUDO, F.(1991): *El Derecho a la protección del medio ambiente,* Revista del Centro de Estudios Constitucionales, Núm. 10. Septiembre-Diciembre, pág. 185.

49 AVILA RODRIGUEZ, C. Mª Las Minas y los yacimientos de hidrocarburos. Editorial EUS, p 321.

50 DIOS VIEITEZ, Mº. V. (2015): Recursos mineros y ordenación del territorio., l Atelier 2015, pág. 132. ISBN 978-84-15690-73-3.

donde es factible la permanencia de las actividades mineras sostenibles[51].

CONCLUSIONES

La minería en Andalucía es un sector económico estratégico, en pleno ascenso de producción y creación de empleo, que posibilita el cumplimiento de los compromisos ambientales europeos. La reciente crisis de recursos y materias primas y sus efectos en la economía ha puesto de manifiesto la necesidad de aprovechar de forma racional y sostenible los recursos mineros autóctonos.

En la actualidad el marco de ordenación ambiental y urbanística de Andalucía no integra debidamente el acceso a los recursos mineros, estableciendo en su marco normativo sectorial diversas limitaciones singulares, condiciones y prohibiciones genéricas.

Se necesita, así, una modificación de la normativa urbanística y de los instrumentos de ordenación de recursos naturales para que se posibilite una mejor integración de los planes de desarrollo minero en los instrumentos de ordenación urbanísticos, en PORN y en los PRUG, para facilitar un mejor y sostenible aprovechamiento de los recursos mineros existentes en consonancia con las estrategias y normativas europeas y española.

Cabe expresar un cierto optimismo en relación con las perspectivas de futuro en el sector minero en Andalucía, si se facilitan mejoras en el acceso a los recursos mineros, con lo que se

---

51 Al respecto de planes de restauración del espacio natural afectado por actividades mineras la STSJ CL 516/2019, N° de Resolución: 55/2019, de 22/02/19, N° de Recurso: 130/2015.

podrán aprovechar al máximo el potencial del ecosistema minero, en el marco de la transición energética y la neutralidad climática europea.

BIBLIOGRAFÍA

AVILA RODRIGUEZ, C. Mª (2021): Las Minas y los yacimientos de hidrocarburos. Editorial Universidad de Sevilla, págs. 17-321. ISBN 978-84-472-3086-0.

DE ARCENEGUI, I., (2002) Derecho minero, Civitas Ediciones, SL, pág. 325. ISBN:84-470-1859-8.

CASADO CASADO, L. (2023): *Sentencia del Tribunal Supremo de 30 de junio de 2023(Sala de lo Contencioso –Administrativo, Sección 5º, número 7738/2021,* Actualidad Jurídica Ambiental, Jurisprudencia al día, 19 octubre de 2023.

DIOS VIEITEZ, Mº. V. (2015): Recursos mineros y ordenación del territorio., l Atelier 2015, pág. 132. ISBN 978-84-15690-73-3.

FERNADEZ DE GATTA SÁNCHEZ, D. (2020*): El ambicioso Pacto Verde Europeo,* Actualidad Jurídica Ambiental. pp 1-31. ISSN: 1989-5666; n. 101.

FERNÁNDEZ DE GATTA SÁNCHEZ, D. (2021): *La Ley 7/2021, de 20 de mayo, de cambio climático y transición energética (entre expectativa y una cierta decepción)* Foro, Nueva época, Vol. 24, Nº. 2, 202. págs 113-170. ISSN 1698-5583.

FERNÁNDEZ- ESPINAR LÓPEZ, L. (2020): *Las actividades extractivas: Sector crítico estratégico del nuevo modelo energético.* Actualidad Jurídica Ambiental, n. 121, Sección "Artículos doctrinales". pág. 26. ISSN: 1989-5666.

GARCIA RUBIO, F. (2019) *Concesiones mineras y ordenación urbanística.* El presente artículo forma parte del proyecto La Minería Extractiva en el Siglo XXI: Retos Jurídicos y Medioambientales (DER2016-78393-R), dirigido por la profesora Encarnación Montoya Martín, del que el autor forma parte como investigador, pág. 116. ISSN: 1696-0955 (papel)/2695-6101 (digital).

HERRERA HERBET, J. (2009): *Introducción al drenaje de explotaciones mineras,* Universidad Politécnica de Madrid, Escuela Técnica Superior de Ingenieros de Minas, Madrid, págs. 7-10. DOI:10.20868/UPM.book.10404.

HIDALGO GARCÍA, M. (2021): Los minerales estratégicos: el ser o no ser de la descarbonización y transformación digital de la UE. Documento de Análisis IEEE, pág 3. Texto disponible en https://www.ieee.es/Galerias/fichero/docs_analisis/2021/DIEEEA03_2021_MARHID_MineralesEstrategicos.pdf

PRICE. J.G y ESPI. J.A. (2014): *Disponibilidad y retos actuales de los recursos minerales para la sociedad,* Boletín Geológico y Minero, 125, pág. 26. ISSN: 0366-0176

LOIS, RUBEN. C., SAN ROMAN, J.Mº y ANDREY J.A.(2008): *Impacto de la actividad minera en la población de los espacios de montaña. La pizarra y el carbón en las montañas galaico leonesas,* Eria 75, pp 99-112.

LOPEZ MENUDO, F.(1991): *El Derecho a la protección del medio ambiente,* Revista del Centro de Estudios Constitucionales, Núm. 10. Septiembre-Diciembre, pág. 185.

LOPEZ RAMON, F. (2021): *Notas de la Ley de Cambio Climático,* Actualidad Jurídica Ambiental, n. 114, Sección "Comentarios legislativos". pág. 6. ISSN: 1989-5666.

PÉREZ DE LAS HERAS, B. (2020): *La Unión Europea en la Transición hacia la neutralidad climática: Retos y Estrategias en la implementación del Acuerdo de París.* Revista Española de Derecho Internacional, Vol. 72/2,2020, págs. 139-140.ISSN: 0034-9380.

PRADOS PÉREZ, EL. (2021*): La ordenación territorial en la Ley 7/2021 7/2021, de 1 de diciembre, de impulso para la sostenibilidad del territorio de Andalucía.* Editorial Alma Mater Libro homenaje al Prof. Dr. Felipe Rotondo Tornaría VV. AA. pág. 259. ISBN: 979- 88 -01979-36-6.

RAMIREZ SANCHEZ MAROTO, C. (2023): *Apuntes acerca de la "Hoja de ruta para la gestión sostenible de las materias primas minerales", en el marco de la descarbonización de la economía y la transición energética",* Actualidad Jurídica Ambiental, n. 133 Sección "Comentarios" ISSN: 1989-5666; pág. 12.

RAMOS MEDRANO, J.A. (2016): *La prohibición de actividades mineras en la ordenación territorial y urbanística, a la luz de la jurisprudencia*", Actualidad jurídica ambiental, pág. 5 numero 62 ISSN: 1989-5666 NIPO: 721-15-001-4.

RENAUL FAUBELL, F. ( ): El nuevo artículo 122 de la Ley de Minas, texto disponible en https://noticias.juridicas.com/conocimiento/articulos-doctrinales/4339-el-nuevo-articulo-122-de-la-ley-de-minas/

RIVERO YSERN, J.L. y MONTOYA MARTÍN, E., (2015): *Una nueva oportunidad para la minería metálica: la reapertura de la minería de Aznalcóllar en Sevilla,* Revista Andaluza de Administración Pública, núm. 91, p. 40. ISSN: 0034-7639. También, MONTOYA MARTÍN, E. (2020): *¿Por qué la República de Irlanda está en el top del índice de atractivo regulatorio de los permisos mineros? Un análisis del factor tiempo»,* Revista Catalana de Dret Ambiental, vol. 11, núm. 1

ZAMORA ROSELLÓ, Mº, R.(2011:*) Un nuevo estilo de gestión para los espacios naturales protegidos en Andalucía,* Revista Andaluza de Administración Pública, núm. 81, págs. 139. ISNN: 0034-7639.

Documentos

-Informe Anual del Banco de España 2021.

https://www.bde.es/f/webbde/SES/Secciones/Publicaciones/PublicacionesAnuales/InformesAnuales/21/Fich/InfAnual_2021.pdf

-Plan Director de la Unión Europea para las materias primas: la innovación es la clave, pág. 1, https://www.hablamosdeeuropa.es/es/Paginas/Noticias/Plan-Director-de-la-Union-Europea-para-las-materias-primas-la-innovacion-es-la-clave.aspx.

-Comunicación de la Comisión al Parlamento Europeo, al Consejo, al Comité Económico y Social Europeo y al Comité de las Regiones, Resiliencia de las materias primas fundamentales: trazando el camino hacia un mayor grado de seguridad y sostenibilidad, de 3 de septiembre de 2020. página 6.

https://eur-lex.europa.eu/legal-content/ES/TXT/PDF/?uri=CELEX:52020DC0474&from=NL (última visita 18.10.23)

-Propuesta de REGLAMENTO DEL PARLAMENTO EUROPEO Y DEL CONSEJO por el que se establece un marco para garantizar el suministro seguro y sostenible de materias primas fundamentales y se modifican los Reglamentos (UE) 168/2013, (UE) 2018/858, (UE) 2018/1724 y (UE) 2019/1020.

https://eur-lex.europa.eu/legal-content/ES/TXT/?uri=CELEX%3A52023PC0160

-La Cuenca minera pierde el 10% de su población en la última década y a 82 personas en el último año.

https://tintonoticias.com/la-cuenca-minera-pierde-al-10-de-su-poblacion-en-la-ultima-decada-y-a-82-personas-en-el-ultimo-ano/

-Estrategia para una minería sostenible en Andalucía 2030, pág. 32.

https://www.juntadeandalucia.es/sites/default/files/2023-07/Estrategia%20Minera_EMSA%202030_v2.1.pdf

Consejo de Europa en Florencia, 20 de octubre de 2000. Ratificado por España el 3 de noviembre de 2007.

https://www.juntadeandalucia.es/organismos/fomentoarticulaciondelterritorioyvivienda/areas/ordenacion/paisaje/paginas/convenio-europeo-paisaje.html

-Decreto 210/2003, de 15 de julio, por el que se aprueban el Plan de Ordenación de los Recursos Naturales y el Plan Rector de Uso y Gestión del Parque Natural Sierra de Aracena y Picos de Aroche.

https://www.juntadeandalucia.es/boja/2003/165/1

- Decreto 4/2004, de 13 de enero, por el que se aprueba el Plan de Ordenación de los Recursos Naturales y el Plan Rector de Uso y Gestión del Parque Natural Sierras Subbéticas (Boja nº 38, de 25 de febrero). Al respecto, la Orden de 13 de diciembre de 2011 por la que se prorroga la vigencia de los Planes Rectores de Uso y Gestión de los Parques Naturales Sierra de las Nieves, Sierra de Andújar y Sierras Subbéticas aprobados por Decreto 344/2003, de 9 de diciembre, Decreto 354/2003, de 16 de diciembre y Decreto 4/2004, de 13 de enero, respectivamente (Boja nº 7, de 12 de enero de 2012)

https://www.juntadeandalucia.es/medioambiente/portal/documents/20151/998268/decreto4subbeticasboja.pdf/494279f2-0eb2-c913-bf85-e2365ae4d8d8

-Decreto 100/2004, de 9 de marzo, por el que se aprueban el Plan de Ordenación de Recursos Naturales y el Plan Rector de Uso y Gestión del Parque Natural Sierra de Huétor (Boja nº69, de 8 de abril)

https://www.juntadeandalucia.es/boja/2004/69/5

- Decreto 101/2004, de 9 de marzo, por el que se aprueban el Plan de Ordenación de Recursos Naturales y el Plan Rector de Uso y Gestión del Parque Natural Sierra de Baza (Boja nº 78, de 22 de abril).

https://www.juntadeandalucia.es/medioambiente/portal/documents/20151/2639424/decreto101bazaboja.pdf/abad838c-bf8f-a4e4-7158-bb009a27ff46

-Decreto 90/2006, de 18 de abril, por el que se aprueban el Plan de Ordenación de los Recursos Naturales del Parque Natural Sierra de

Grazalema. Modificado por Decreto 72/2015, de 10 de febrero, por el que se modifican el Plan de Ordenación de los Recursos Naturales, el Plan Rector de Uso y Gestión y la Descripción Literaria de los límites del Parque Natural Sierra de Grazalema

https://www.juntadeandalucia.es/boja/2006/114/2.

-Decreto 2/2016, de 12 de enero, por el que se declara la Zona Especial de Conservación Sierras de Tejeda, Almijara y Alhama (ES6170007) y se aprueban el Plan de Ordenación de los Recursos Naturales y el Plan Rector de Uso y Gestión del Parque Natural Sierras de Tejeda, Almijara y Alhama.

https://www.juntadeandalucia.es/medioambiente/portal/documents/20151/2208000/decreto_2_2016_tejeda_boja.pdf/0c8ba705-a008-cfa9-af2a-73493566f208

Jurisprudencia

-STSJ AND 8180/2016, Nº de Resolución: 2454/2016, de 29/09/2016, Nº de Recurso: 2286/2011

-STSJ AND 15668/2016, Nº de Resolución: 1916/2016, de 03/10/2016, FJ 5º:Nº de Recurso: 1120/2011.

-STSJ AND 14513/2018, Nº de Resolución: 636/2018, de 27/06/2018, Nº de Recurso: 425/2017.

-STSJ AND 3877/2018, Nº de Resolución 636/2018, de 05/04/2018. Nº de Recurso: 425/2017.

-STSJ AND 18501/2019, Nº de Resolución: 2796/2019, de 11/12/2019, FJ6º, Nº de Recurso: 830/2016.

-STSJ CL 516/2019, Nº de Resolución: 55/2019, de 22/02/19, Nº de Recurso: 130/2015

-STSJ AND 18501/2019, Nº de Resolución: 2796/2019, de 11/12/2019, Nº de Recurso: 830/2016, FJ 6º.

-STSJ AND 3701/2021, Nº de Resolución: 492/2021, de 11/02/2021, FJ1º, Nº de Recurso: 485/2017.

-STS 3236/2023, Nº de Resolución: 882/2023, de 30/06/2023 Nº de Recurso: 7738/2021

.

Actividades extractivas en la costa del sol occidental[1]

ILDEFONSO ORTEGA MORENO
Doctor en Derecho Público (Universidad de Málaga). Abogado.

INTRODUCCIÓN

Estamos inmersos en un mundo cada vez más competitivo y complejo, con una alta demanda de recursos vinculados a la minería y a la industria extractiva con fuerte impacto paisajístico y medio ambiental, con síntomas cada vez más notables de problemas en la obtención y abastecimiento a precios razonables de dichos recursos (acentuados en períodos de conflictos armados y tensiones territoriales). Además, estamos en un período de mayor proteccionismo de las potencias mundiales

---

1 Esta publicación se enmarca en el proyecto de investigación *Actividades extractivas y políticas públicas: sostenibilidad, transición energética y seguridad* financiado por la Universidad de Málaga, IP: Mª Remedios Zamora Roselló.

que usan los recursos y la economía como un arma más, con efectos negativos sobre los países miembros de la Unión Europea, lo que ha llevado a la necesidad de marcar estrategias de economía circular en la actividad extractiva minera a nivel europeo, nacional y regional. Estrategias que se basan en reducir la dependencia en la medida de lo posible de los recursos mineros, disminuir su impacto en el medio ambiente y en maximizar su aprovechamiento, observándose mucho margen de mejora[2].

Sentado lo anterior, y visto el contenido de los capítulos que anteceden al presente, en esta ocasión analizaremos las actividades extractivas en la Costa del Sol occidental desde una perspectiva transversal, abarcando cuestiones de normativa medio ambiental, características del territorio desde un punto de vista natural y sus georrecursos, así como desde el prisma económico referido a las actividades extractivas del pasado y las que aún siguen activas, para finalizar con unas consideraciones a modo de conclusión.

CONTEXTUALIZACIÓN DE LA COSTA DEL SOL OCCIDENTAL

Para la contextualización del ámbito de estudio, acudimos a la delimitación marcada por el Plan de Ordenación del Territorio de la Costa del Sol Occidental de la provincia de Málaga en trámite de audiencia (POTCSO), que se circunscribe a los

---

2 PONTIJAS CALDERÓN, J.L. (2022): *Una nueva estrategia para la Unión Europea,* Cuadernos de Estrategia, N. 215, 2022, págs. 29-82, ISBN 978-84-9091-685-8. RAMÍREZ SÁNCHEZ-MAROTO, C. (2022): *La necesaria estrategia de economía circular para la minería en España,* Administración de Andalucía: Revista Andaluza de Administración Pública, N. 112, 2022, págs. 275-305, ISSN 1130-376X. Véase Ley 3/2023, de 30 de marzo, de economía circular de Andalucía.

municipios de Manilva, Casares, Estepona, Benahavís, Istán, Ojén, Marbella, Mijas y Fuengirola. Municipios pertenecientes a la provincia de Málaga en la Comunidad Autonómica de Andalucía, la región del Reino de España más al sur de la Península Ibérica[3].

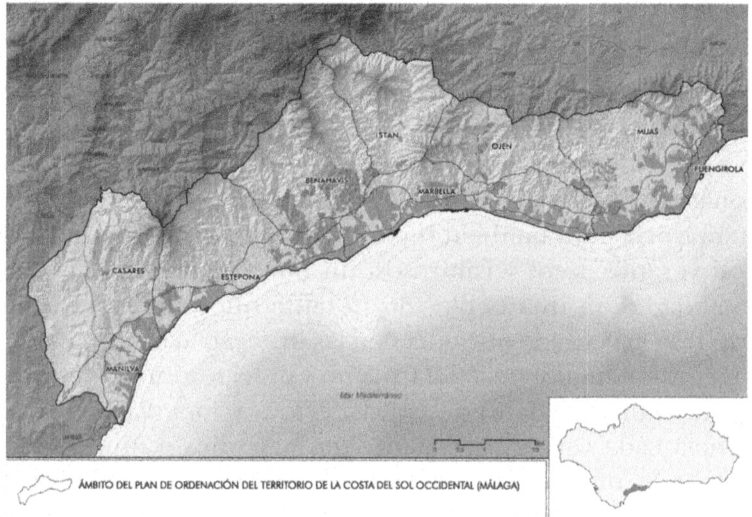

Fuente: Mapa obtenido del borrador del POTCSO, de diciembre 2020. Resalta las zonas desarrolladas urbanísticamente a lo largo del litoral, lo que se conoce como “ciudad lineal”.

---

3 Tras declarar el Tribunal Supremo la nulidad del POTCSO (aprobado por el Decreto del Consejo de Gobierno de la Junta de Andalucía 142/2006, de 18 de julio), mediante sentencia de 6 de octubre de 2015, actualmente está en trámite el nuevo POTCSO en virtud de DECRETO 143/2017, de 29 de agosto, por el que se acuerda la formulación del Plan de Ordenación del Territorio de la Costa del Sol Occidental de la provincia de Málaga. Última fecha de consulta el día 13 de octubre de 2023, en el siguiente enlace web de la Junta de Andalucía: https://www.juntadeandalucia.es/medioambiente/portal/landing-page/-/asset_publisher/4V1kD5gLiJkq/content/plan-de-ordenaci-c3-b3n-del-territorio-de-la-costa-del-sol-occidental-de-la-provincia-de-m-c3-a1laga-1/20151

El litoral de la Costa del Sol occidental se encuentra abrigado casi en su totalidad por relieves montañosos con presencia de recursos de interés para la extracción minera. Destaca el lugar de interés comunitario (LIC) de Los Reales de Sierra Bermeja, al ser el LIC de mayor interés de Andalucía en la Red Natura 2000 por su biodiversidad (sobre los municipios de Casares, Estepona, Benahavís e Istán entre otros)[4].

En su descenso hacia el mar se encuentra el paisaje característico del traspaís mediterráneo de montaña, siendo notas características la existencia de multitud de ríos, arroyos, valles, zonas de bosques, matorrales, humedales, playas de arena en su mayoría pero también rocosas en algunos tramos del litoral, con veranos secos y calurosos, un litoral edificado casi en su totalidad, con una población flotante que duplica (y a veces triplica) la censada que tensiona las infraestructuras y servicios, una gran dependencia del turismo y el sector inmobiliario que demandan materiales de construcción, y una alarmante incidencia cada vez más frecuente de incendios e inundaciones. De modo que la Costa del Sol occidental en particular, y el territorio andaluz en general, destacan por su enorme riqueza

---

4 Conclusión obtenida en el trabajo de RINCÓN, V., VELÁZQUEZ, J., GUTIÉRREZ, J., SÁNCHEZ, B., HERNANDO, A., GARCÍA-ABRIL, A., SANTAMARÍA, T., SÁNCHEZ-MATA, D. (2019): *Evaluating European Conservation Areas and Proposal of New Zones of Conservation under the Habitats Directive. Application to Spanish Territories, Sustainability*, N. 11(2) 398, 2019, https://doi.org/10.3390/su11020398 Sobre Sierra Bermeja, véase asimismo PÉREZ LATORRE, A.V. y HIDALGO TRIANA, N. (2016): *Los hábitats de Sierra Bermeja. Exclusividad en vegetación y ecosistemas a nivel europeo y mediterráneo*, Takurunna: Anuario de Estudios sobre Ronda y La Serranía, N. 6-7, 2016, págs. 89-106; o ROMÁN REQUENA, F. y RODRÍGUEZ MARTÍNEZ, D. (2016): *Sierra Bermeja. Reto y refugio para la fauna*, Takurunna: Annuario de Estudios sobre Ronda y la Serranía, N. 6-7, 2016, págs. 121-146, ISSN 2253-6191.

paisajística y ambiental dentro del sistema biogeográfico del Mediterráneo[5].

Por otra parte, es preciso de poner de manifiesto que es frecuente en todos estos sistemas montañosos, en su unión con la costa (lo que se conoce como el traspaís de montaña[6]), se observen multitud de factores que suponen un riesgo para la conservación, protección y uso sostenible de dichos territorios. Factores tales como la despoblación rural, la marginalidad económica y social del territorio y sus aprovechamientos, quemas incontroladas (agrícolas y ganaderas), incendios provocados (narcotráfico, pirómanos, etc.), presión turística, recalificación de suelos vinculados a la especulación urbanística, extensas áreas abandonadas públicas y privadas con exceso de vegetación y material orgánico inflamable, desaprovechamiento de usos forestales tradicionales vinculados a la madera y resina principalmente, etc.[7].

---

5 "Los espacios naturales protegidos constituyen uno de los sectores más antiguos del Derecho ambiental (Alenza, 2001: 303), entendido como el sistema normativo dirigido a la preservación del entorno humano mediante el control de la contaminación y la garantía de un uso sostenible de los recursos naturales (Lozano, 2011)". ÁLVAREZ GONZÁLEZ E. M. (2014*): Los espacios naturales protegidos y los Lugares de Interés Comunitario (LIC) en Andalucía,* Revista Digital de Derecho Administrativo, N. 11, 2014, pág. 28, ISSN-e 2145-2946. MORENO BORREL, S. (2019). *La naturaleza y el paisaje de Málaga través de viajeros, naturalistas y científicos,* Editorial La Serranía, Alcalá del Valle (Cádiz), ISBN 978-84-15588-28-3.

6 GÓMEZ ZOTANO, J. (2003). *El papel de los espacios montañosos como traspaís del litoral mediterráneo andaluz: el caso de Sierra Bermeja (provincia de Málaga).* Tesis doctoral. Universidad de Granada, España, ISSN 0210-5462.

7 Véase artículo del diario digital LA VANGUARDIA, de fecha 21 de septiembre de 2021, sobre entrevista al Catedrático de Geografía Juan Gómez Zotano tras incendio terrible en Sierra Bermeja de septiembre de 2021, que arrasó más de 9.000 ha., en el

De modo que la revitalización económica de dichos lugares, la recuperación de usos abandonados o la gestión de actividades que empujen a gestionar el territorio de una forma sostenible, inteligente e integrada podría conseguir un doble objetivo. Por un lado, desarrollar actividad económica, generar empleo, riqueza y atracción de población a áreas abandonas; y, por otro, contener procesos de deforestación, incendios e inundaciones con el desarrollo de infraestructuras verdes, la limpieza, mantenimiento, conservación, recuperación y mejora del territorio, como actuaciones necesarias y complementarias a las actividades principales que en dichos territorios se puedan desarrollar tanto desde el plano público como del privado o en colaboraciones público-privadas[8].

---

siguiente enlace web: https://www.lavanguardia.com/local/sevilla/20210917/7727791/incendio-sexta-generacion-sierra-bermeja-malaga-turismo-abandono.amp.html?fbclid=IwAR2KLFPZrl0PD3WUxLAg-eYjCz5wcaQfn5X13Q3c2NGqRbNFrPUroPiZJ70 [E]ra un incendio previsible por los antecedentes del área, así como por concurrir multitud de factores típicos de las montañas del litoral de la Costa del Sol occidental, que supone una de las áreas de mayor riesgo de incendios del territorio. Con especies predominantes como los pinsapos, pinares, abetos, alcornoques, quejigos, encinares, castañeras y formaciones de ribera tan relevantes como los del Valle del Genal. GÓMEZ ZOTANO, J. y OLMEDO COBO, J.A. (2021). *Los bosques de la Serranía de Ronda. Una perspectiva espacio-temporal.* Editorial La Serranía, Alcalá del Valle (Cádiz), ISBN 978-84-15588-35-1.

8 Véase al respecto Ley 42/2007, de 13 de diciembre, del patrimonio natural y de la biodiversidad y Orden PCM/735/2021, de 9 de julio, se aprobó la Estrategia Nacional de Infraestructura Verde y de la Conectividad y Restauración Ecológicas (BOE de 13 de julio de 2021). [R]ANDO BURGOS, E. (2021): "Algunas notas jurídicas sobre la infraestructura verde a la luz de la Estrategia Nacional de Infraestructura Verde y de la conectividad y restauración ecológicas", *Actualidad Jurídica Ambiental,* N. 112, 2021, ISSN: 1989-5666. [E]LORRIETA SANZ, B. y OLCINA CANTOS, J. (2021): "Infraestructura verde y Ordenación del Territorio en España", *Ciudad y Territo-*

Circunstancia de lo anterior, es preciso acudir a cuestiones jurídicas, pero también históricas y socio económicas, analizando el pasado y el presente de las actividades extractivas en el lugar, las normativas y actividades afectadas desde un punto de vista medio ambiental, algunos planes de interés en materia de ordenación del territorio y la estrategia minera de Andalucía, con breve descripción de los paisajes, accidentes geográficos y recursos naturales más relevantes del lugar de objeto de estudio.

EXPLOTACIONES MINERAS EN LA COSTA DEL SOL OCCIDENTAL

La minería es una actividad muy atractiva para la población desde un punto de vista estrictamente económico, por la riqueza en activos monetarios y empleos que genera de forma directa e indirecta allí donde se desarrolla. Sin embargo, también tiene una vertiente negativa en forma de destrucción del paisaje, contaminación del suelo, del aire y del entorno natural y, en muchas ocasiones, del urbano con implicaciones en la salud de los ciudadanos.

Antecedentes

En la zona de Sierra Bermeja, ubicada principalmente en el municipio de Estepona pero también en otros municipios limítrofes, encontramos peridotitas con minerales ferromagnésicos conocidas como serpentinas. Lo que forma el suelo serpentínico dominante sobre el cual se forma el característico bosque edafoxerófilo de pinus pinaster (pino resinero) y abies pinsapo, configurando un lugar único en el mundo de especial

---

rio. Estudios Territoriales, N. 207, 2021, ISSN(P): 1133-4762, ISSN(E): 2659-3254, DOI: https://doi.org/10.37230/CyTET.2021.207.02.

relevancia paisajística y ambiental. La toxicidad del suelo, que ha llevado a descartar usos agrícolas, ha hecho que la industria maderera y productos vinculados a la resina tuviera su auge sobre la base de los pinos resinosos (s. XIX y principios del XX), siendo notoria a nivel nacional. No obstante, el turismo y el desarrollo de inmobiliario en zonas del traspaís marginó la actividad maderera. Lo que ha supuesto de igual modo el abandono de las tareas de conservación y limpieza debidas, incrementándose considerablemente los incendios a mediados del s. XX[9].

Respecto de la actividad minera, observamos la mina del "Cardenillo" durante época romana vinculada al cobre. En la Edad Media la minería de hierro y cobre ofrece indicios de explotación superficial en diversos lugares de contacto entre las peridotitas y esquistos. Cobrando especial importancia la actividad minera a partir del s. XVIII con minas de grafito, hierro y cobre. Pero también se localizó níquel, cromo, cobalto, platino, bismuto, teluro, oro y wolframio, este último de gran relevancia a nivel peninsular y escaso a nivel mundial, con actividad identificada para su extracción en la mina "Conchita" de Estepona incluso durante la Segunda Guerra Mundial[10].

---

9 DUARTE, J. y FRAFAN, M.A. (2010). *Guía de los espacios naturales y la fauna en la Costa del Sol occidental.* Mancomunidad de municipios de la Costa del Sol occidental, Marbella, pág. 394, Depósito Legal MA 307-2020.

10 "La especie scheelita extraída de este yacimiento fue la que motivó la explotación de la mina (...). En Estepona y Marbella se han encontrado los mejores ejemplares cristalizados a nivel peninsular (...). A partir de la scheelita se obtuvo el elemento químico wolframio, también denominado tungsteno, un metal muy estratégico y codiciado (...). Además de la mina Conchita (núm. 5024 de 22 de junio de 1920) (figura 5), en años posteriores se autorizaron con licencia de "minas de scheelita", en el mismo entorno, la mina Lucía (núm. 5170 de 31 de agosto de 1925) y la mina Zapato (núm. 5535 de 10 de agosto de 1944), aunque esta última no se llegó a

En zonas de Marbella y Ojén (sobre Sierra Blanca), complementado con minas de importancia en la Serranía de Ronda, encontramos la actividad de altos hornos montados en torno al hierro magnetita ("mena magnetita" en la mina de "El Peñoncillo"), a partir de inicios del s. XIX hasta mediados del s. XX. No obstante, se presentaron desafíos mineralógicos-tecnológicos, geológicos-mineros, hidrológicos, geológicos-logísticos y empresariales. Otras minas en Marbella a principios del s. XX son la "Brillante" (amianto) y "Buenavista" (plomo). Respecto de Ojén, encontramos la mina de cromo-níquel "La Gallega" de gran interés e importancia en la época hasta su cierre en los años 60. En el término municipal vecino de Benahavís hubo una cantera de mármol, encontrando vestigios de minas de cobre en la época romana. Suponiendo un importante impacto en el medioambiente como, por ejemplo, la fuerte deforestación en las sierras y montes de Marbella[11].

---

explotar (...). En el mismo entorno de la mina Conchita y cercana al arroyo del Bosquecillo, se conocía como "mina de los alemanes", y guarda relación con el episodio anteriormente narrado sobre la "burbuja" de wolframio durante la Segunda Guerra Mundial.". En ROMERO SILVA, J.C., MARTOS MARTÍN, J. & NAVARRO GARCÍA, J.M. (2012): *La Mina Conchita de Estepona (Málaga): un raro yacimiento de metales complejos en Sierra Bermeja,* Revista Takurunna. Anuario de Estudios de Ronda y la Serranía, N. 2, 2012, págs. 9-39, ISSN 2253-6191. Al respecto, véase MARTOS MARTÍN, J., NAVARRO LUENGO, I. y SUÁREZ PADILLA, J. (2016-2017): *Sierra Bermeja. Una visión desde la arqueología y los usos tradicionales del monte,* Takurunna: Anuario de Estudios sobre Ronda y La Serranía, N. 6-7, 2016-2017, págs. 147-166, ISSN 2253-6191.

11 ROMERO SILVA, J.C. (2019): *La minería del hierro del distrito Marbella-Ojén (La Serranía de Ronda). La razón de la Málaga industrial del primer tercio de siglo XIX,* De Re Metallica, N. 32, 2019, págs. 47-60, ISSN-e 1888-8615. RUBIA OSORIO, A.M. (2014-2017): *Los orígenes de "El Cable" en Marbella,* Cilniana: Revista de la Asociación Cilniana para la Defensa y Difusión del Patrimonio Cultural, N. 26-27, 2014-2017, págs. 145-153, ISSN 1575-6416.

Por último, observamos las canteras de mármol blanco de Sierra Mijas y Alpujala-Blanca principalmente, y también en zonas de Fuengirola, que fueron objeto de explotación en los siglos I al III d.C. y que tuvo una gran importancia en la península ibérica junto con el resto de canteras malacitanas durante la época romana (en Coín, Antequera, Alhaurín de la Torre, Monda o Alhaurín el Grande). Siendo notables nuevamente a partir del siglo XVI y hasta época reciente. También se observa explotaciones de mármol rojo en Marbella[12].

Explotaciones recogidas en el Registro Minero de Andalucía

Si acudimos al mapa del Portal Andaluz de la Minería, se observa mapa con todas las explotaciones existentes fijadas sobre el territorio. El sistema permite interactuar con el mapa "clicando" directamente sobre cada explotación, obteniendo fichas que describen el estado de situación de cada derecho solicitado, activo, caducado o no prorrogado. Se constata la existencia de fichas incompletas en la mayoría de casos. Sea como fuere, a continuación, vamos a exponer un breve resumen de la información obtenida afectando al término municipal de

---

ROMERO SILVA, J.C., MARTOS MARTÍN, J., NAVARRO GARCÍA, J.M., SUÁREZ PADILLA, J. y NAVARRO LUENGO, I. (2013): Las minas de cobre y el yacimiento de época romano.republicana del cerro del Cardenillo, río Guadalmanda (Benahavís, Málaga), Takurunna: Anuario de Estudios sobe Ronda y La Serranía, N. 3, 2013, págs. 9-56, ISSN 2253-6191.

PICÓN SÁNCHEZ, A. (1997): *Minerías en Andalucía. Una perspectiva desde la historia económica.* En NAVARRO FLORES, A. y GARCÍA-ROSSELL MARTÍNEZ L.: Recursos naturales y medio ambiente en el sureste peninsular, 1997, págs. 535-554, ISBN 84-8108-121-3.

12 BELTRÁN FORTES, J. y LOZA AZUAGA, M.L. (1998): *Explotación y uso de "marmora" malacitanos en época romana*, SPAL: Revista de Prehistoria y Arqueología de la Universidad de Sevilla, N. 7, 1998, págs. 129-147, ISSN 1133-4525.

los municipios de Manilva, Casares, Estepona, Benahavís, Istán, Ojén, Marbella, Mijas y Fuengirola, en mapa del cual se comparte una captura de pantalla a continuación[13]:

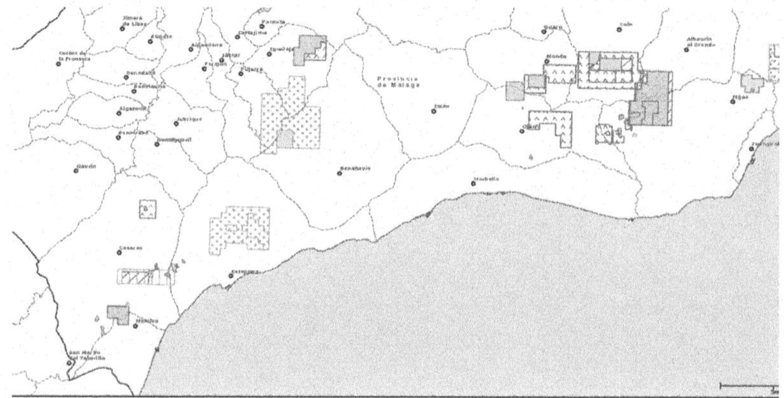

En primer lugar, acudimos a la cantera a cielo abierto en el término municipal de Casares, conocida como Cantera "La Utrera". Denominación que recibe por estar dentro del Canuto de la Utrera. Paraje de enorme riqueza paisajística y natural con presencia de un torcal muy característico, zonas boscosas, con baños medicinales de la época romana en activo, cuevas y senderos muy atractivos para el turista ocasional y para disfrute de los residentes del lugar.

Dicha explotación genera abundante polvo que se impregna en parte de las viviendas del núcleo autóctono de Manilva, situado a escasos metros de la cantera. De igual modo, la actividad de la cantera impacta en el territorio, reduciendo el espacio de una riqueza paisajística y natural incuestionables. Lo que también es un perjuicio para el turismo de naturaleza.

13 Consultado el día 13 de octubre de 2023 en el siguiente enlace web: https://www.juntadeandalucia.es/portalandaluzdelamineria/pamapps/visor/Visor.action

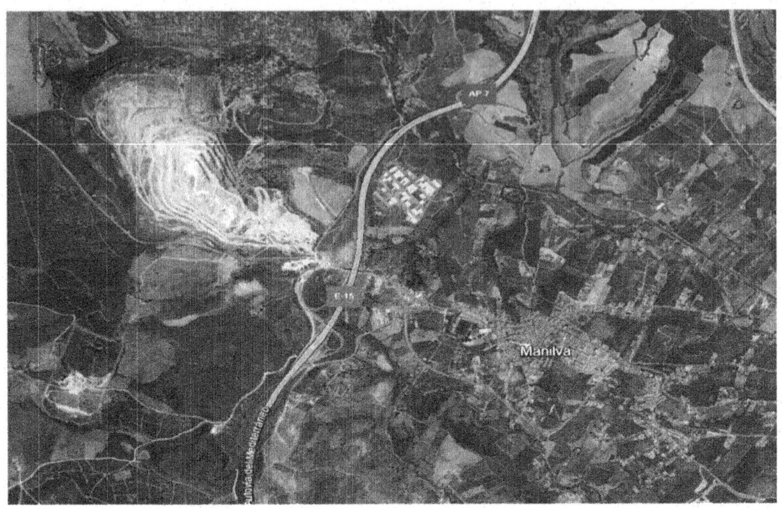

Fuente: Google Earth, a fecha de 24 de octubre de 2023.

En la imagen anterior se puede observar la cantera en la parte superior izquierda de la misma resaltada en color blanco. Está situada a escasos metros de la Autopista AP-7, dentro del torcal de la Utrera y muy cercana al núcleo poblacional tradicional de Manilva pueblo, a dos kilómetros del mar. Toda la zona en torno a la cantera, incluyendo parte de Manilva pueblo, presenta restos de partículas de color blanco procedentes de la actividad extractiva observadas in situ en trabajo de campo (escombreras, movimientos de tierras, logística de transporte con camiones de alto tonelaje, etc.) [14].

Si acudimos a la ficha de la cantera de La Utrera del Registro Estatal de Emisiones y Fuentes Contaminantes (REEFC), aparece la cantera como en estado de "En funcionamiento", no constando inspecciones en el último año. De modo que, en

---

[14] Visita realizada al lugar el día 22 de octubre de 2023.

el Registro Minero de Andalucía (RMA), consta explotación de mármol prorrogada por 30 años desde el año 2008[15].

Por otra parte, en el término municipal de Casares encontramos otras explotaciones conocidas como Albarrán (arenisca-caliza), Andrades (arenisca), Parrado (caliza), Vistamar Casares (arenisca-caliza), Las Mesas (arenisca-caliza marmórea),

---

15 Información observada el día 30 de octubre de 2023 en el siguiente enlace web oficial del Ministerio para la Transición Ecológica y el Reto Demográfico: https://en.prtr-es.es/Informes/fichacomplejo.aspx?Id_Complejo=5886 La empresa responsable de la explotación es la mercantil "Compañía General de Canteras S.A.". El CNAE-2009 es el 81.10 vinculado a servicios integrales a edificios e instalaciones, con un volumen de producción de 772.644 toneladas en tres instalaciones, con 1.800 horas de trabajos al año y 28 empleados. Su codificación, de acuerdo con RD 508/2007 y RD 815/2013, es código del tipo "3.b" con la siguiente descripción de actividad: "Explotaciones a cielo abierto y canteras, cuando la superficie de la zona en la que efectivamente se practiquen operaciones extractivas equivalga a 25 hectáreas". Otros datos de interés: Expediente nº 6.234; titular registral de la finca: 31953432-S; Anuncio de 26 de febrero de 2020 de la Delegación del Gobierno en Málaga por el que se somete a Información Pública la solicitud de Urgente Ocupación de los terrenos necesarios para el desarrollo de los trabajos de explotación de la concesión minera "La Utrera" n.º 6.234, en el término municipal de Casares. Servicio de Industria, Energía y Minas de la secretaria general de la Consejería de Hacienda, Industria y Energía. Información observada el día 30 de octubre de 2023 en BOE, en el siguiente enlace web: https://www.boe.es/diario_boe/txt.php?id=BOE-B-2020-11056 En el RMA, consultado el día 9 de noviembre de 2023 en el Sistema de Información Geológico-Minero del Servicio de Minas de la Dirección General de Industria, Energía y Minas de la Junta de Andalucía (SIGMA), observamos como sustancia explotada el mármol, en virtud de explotación vigente prorrogada desde enero de 2008 durante 30 años, en una superficie de 307,41 ha.

La Alquería (caliza), Íñigo (serpentina), La Concha (caliza) y La Barca (caliza)[16].

En cuanto al término municipal de Estepona se refiere, en el RMA observamos las explotaciones de Los Pedregales, Loma Redonda y Teja vinculadas a la caliza y caliza-arenisca. De igual modo, hay una zona muy extensa de unas 2.149 ha en el centro del término municipal de Estepona, dividida en tres sectores que están juntos denominados como Conchita, Conchita 2ª y

---

16 En el RMA consultado en el SIGMA el día 9 de noviembre de 2023, observamos la siguiente información:
- Albarrán, explotación de arenisca-caliza sobre superficie de 27,9 ha con concesión de agosto de 2003 vigente, activa, en ejecución.
- Andrades es una explotación de arenisca sobre superficie de 3,31 ha, con concesión de 2009, prorrogada en febrero de 2020 por 6 años más.
- Parrado es una explotación de caliza en superficie de 13,55 ha en concesión de septiembre de 2006 durante 15 años, no observándose prórroga concedida en el RMA.
- Vistamar Casares, explotación de arenisca-caliza, en superficie de 8,35 ha en concesión prorrogada en octubre de 2022 sin observarse en el RMA duración de la misma, siendo que la anterior lo fue por 10 años.
- Las Mesas, explotación de arenisca-caliza marmórea en superficie de 2 ha no observándose vigencia.
- La Alquería, explotación de caliza en superficie de 1,23 ha sin observarse estado de la explotación.
- Íñigo, explotación de serpentina en una superficie de 821,82 ha con concesión caducada en el año 1981, sobre término municipal de Casares, pero también parte en Estepona.
- La Concha, explotación de caliza que, según RMA con información muy sesgada, aparece estado vigente activo en ejecución, con fecha de otorgamiento de septiembre de 1995, pero no se observa duración, ni prórrogas, ni superficie. No obstante, en el mapa aparece con un símbolo de menor tamaño que las otras explotaciones.
- La Barca, explotación de caliza sobre superficie de 307,23 ha que caducó el expediente en julio de 2011, a pesar de observarse 30 años de vigencia para otorgamiento de octubre de 1994.

Conchita 3ª, con permisos de investigación concedidos en marzo de 2021[17].

En el territorio de Marbella se observan en el RMA permisos de investigación relacionados con el granito en Benahavís. También existen explotaciones en Ojén conocidas como Alegria (talco), Purla (dolomía) y Ampliación a Rafaela (talco)[18].

Actualmente no se observa en el RMA explotación registrada en Fuengirola, pero sí varias en Mijas donde destaca Dos Hermanas (talco) sobre una extensión de 1.347,67 ha. (sobre términos municipales de Mijas, Coín y Alhaurín el Grande), con prórroga de autorización concedida en 2019 durante 30

---

17 Consultado el Portal Andaluz de la Minería en el SIGMA el día 9 de noviembre de 2023, observamos la siguiente información respecto de explotaciones mineras en Estepona:
- Los Pedregales de Estepona, vinculado a la caliza. Explotación autorizada en 2001 por 10 años, con prórroga estando pendiente de solicitud en octubre de 2019 por 8 años en una superficie de 6,56 ha.
- Loma Redonda, de arenisca-caliza, concedida explotación en 2017 por 10 años en una superficie de 28,34 ha.
- Teja, en el paraje "Arroyo de En Medio", explotación de arenisca-caliza, con última concesión de febrero de 2013 por 10 años.

18 Se observa una autorización de 2019 por tres años prorrogada por otros 3 años sobre una superficie en Benahavís mayormente y en parte de Pujerra de 257,99 ha; y otra autorización de investigación de 2019, durante 3 años sin observar prórroga, sobre una zona denominada "Marbella"; y una mucho más extensa que afecta al término municipal de Benahavís, pero también de Igualeja, Júzcar y Pujerra sobre 3.004,53 ha, de nombre SW GEOMINES MARBELLA 2.
- Alegria, explotación de Talco otorgada en 1989, con prórroga solicitada no vigente de 2016, sobre superficie de 858,3 8 ha.
- Purla, explotación de Dolomia otorgada en 1983 sobre término de Ojén en su mayor parte, pero también en Monda, con prórroga durante 30 años de junio de 2013 vigente, sobre superficie de 312,34 ha.
- Ampliación a Rafaela, explotación de Talco otorgada en 1985 sobre los términos municipales de Ojén y Mijas, con prórroga solicitada en septiembre de 2013 no vigente, sobre superficie de 263,94 ha.

años, pero sin embargo aparece como "Vig. No-act. Paral.". Otras explotaciones localizadas en Mijas son las conocidas como Rafaela (esteatita), La Inesperada (talco), Esperanza (talco), María José (talco), Los Tres Amigos (talco) y Por Fin (esteatita)[19].

En definitiva, se constata una intensa actividad minera en el territorio de la Costa del Sol occidental desde la antigüedad, con cierta actividad en el presente y con potencial para el futuro. No pudiéndose descartar nuevas actuaciones conforme la existencia de permisos de investigación, lo que denota que hay interés de que así sea[20].

---

19 - Rafaela, explotación de esteatita con autorización otorgada en 1886, con prórroga solicitada de 2004, con caducidad de 2014, sobre superficie de 11,95 ha.
- La Inesperada, explotación de talco con autorización otorgada en 1967, con prórroga solicitada de 2004, con caducidad de 2014, sobre superficie de 13,99 ha.
- Esperanza, explotación de talco en dos áreas separadas con autorización otorgada en 1961, con prórroga solicitada de 2004, con caducidad de 2014, sobre superficie de 38,94 ha y 17,97 ha, total 56,91 ha.
- María José, explotación de talco con solicitud de tramitación otorgada de noviembre de 2020, sobre superficie de 96,96 ha.
- Los Tres Amigos, explotación de talco con prórroga de 2019 con estado "Vig. No-act. Paral.", sobre superficie de 273,06 ha.
- Por Fin, explotación de esteatita con autorización otorgada en 1962 durante 90 años, con estado de "Vig. Act. En ejec.", sobre superficie de 43,96 ha.

20 Las novedades, el desarrollo tecnológico y la demanda de más y nuevos minerales, supone la necesidad y el atractivo de reabrir canteras y minas abandonadas. Al respecto, veáse ZAMORA ROSELLÓ, M.R. (2024): Minería y Comunidades Autónomas: territorio, sostenibilidad y energía. Especial referencia a Galicia, Baleares y Andalucía, Tirant lo Blanch, 2024

NORMATIVA DELIMITATIVA MEDIOAMBIENTAL

Desde un punto de vista legal, es abundante la normativa concurrente tanto a nivel europeo, como estatal o autonómica, que abarca materias específicas como la minera, la seguridad minera, aguas, medio ambiente, explosivos, explotación de recursos minerales, prevención de riesgos laborales, ordenación del territorio, expropiación forzosa, etc. Siendo de especial interés las normas que delimitan y suponen un obstáculo para el desarrollo de actividades extractivas en materia de medio ambiente, sobre todo si tenemos en cuenta que los municipios de la Costa del Sol occidental están afectados por multitud de espacios protegidos y normativas que requieren ser observadas, así como identificados los lugares y su protección.[21].

A nivel europeo, la Directiva relativa a la conservación de los hábitats naturales y de la fauna y flora silvestres se ocupa de la conservación de la biodiversidad en los territorios de la UE, constituyendo la red ecológica más relevante a nivel internacional denominada "Red Natura 2000". Conformada por lugares de importancia comunitaria (LIC), zonas especiales de conservación (ZEC) y zonas especiales de protección de aves (ZEPA), debiéndose de procurar fomentar y preservar corredores ecológicos[22].

---

21 Recordemos que la normativa fundamental en el objeto de estudio es el Decreto 2857/1978, de 25 de agosto, por el que se aprueba el Reglamento General para el régimen de la minería. Para más información sobre otras normas vinculadas, puede observarse portal sobre régimen jurídico aplicable de la junta de Andalucía, consultada el día 10 de octubre de 2023 en el siguiente enlace: https://www.juntadeandalucia.es/portalandaluzdelamineria/

22 Véase al respecto Directiva 92/43/CEE del Consejo, de 21 de mayo de 1992 y Ley estatal 42/2007, de 13 de diciembre, del Patrimonio Natural y de la Biodiversidad. Los LIC, las ZEC y las ZEPA tendrán la denominación de "espacio protegido Red Natura 2000".

También es relevante la Directiva referida a la evaluación de las repercusiones de determinados proyectos públicos y privados sobre el medio ambiente (Directiva EIA), que procura la protección de espacios medio ambientales y su inclusión en los proyectos para su toma en consideración y aprobación, siendo determinante para autorizar planes y desarrollar proyectos con impacto en el territorio. En España tiene su encaje a través de la Ley 21/2013, de 9 de diciembre, de evaluación ambiental. Circunstancia de lo anterior, la evaluación ambiental estratégica será exigible en actividades como la minería o industria cuando afecte a espacios de la Red Natura 2000[23].

De igual modo, es preciso considerar la Directiva sobre la limitación de las emisiones nacionales de determinados contaminantes atmosféricos, que tiene como misión la de reducir los problemas sanitarios y el impacto ambiental de los contaminantes atmosféricos. Son objeto de la norma el dióxido de azufre, los óxidos de nitrógeno, los compuestos orgánicos volátiles no metánicos, el amoníaco y las partículas finas que tienen un impacto tanto en el medio ambiente natural como en el urbano, afectando a los recursos naturales, al paisaje y a la salud de los ciudadanos. En España se desarrolla a través de la Ley 34/2007, de 15 de noviembre, de calidad del aire y protección de la atmósfera y el Real Decreto Legislativo 1/2016, de 16 de diciembre, por el que se aprueba el texto refundido de la Ley de prevención y control integrados de la contaminación[24].

---

23 Directiva 2011/92/UE del Parlamento Europeo y del Consejo, de 13 de diciembre de 2011. Vigente (in force) a fecha de 13 de octubre de 2023.

24 Directiva (UE) 2016/2284 del Parlamento Europeo y del Consejo, de 14 de diciembre de 2016, relativa a la reducción de las emisiones nacionales de determinados contaminantes atmosféricos, por la que se modifica la Directiva 2003/35/CE y se deroga la Directiva 2001/81/CE. Vigente a fecha de 13 de octubre de 2023.

A nivel estatal destacamos asimismo la Ley 42/2007, de 13 de diciembre, del patrimonio natural y de la biodiversidad, que regula los planes de ordenación de los recursos naturales (PORN), los planes rectores de uso y gestión (PRUG) y los planes de gestión, fijando la planificación y las directrices de los recursos y espacios naturales, así como sus usos. Siendo de interés de igual modo la Ley 43/2003, de 21 de noviembre, de montes.

A nivel regional, en Andalucía, son de obligada referencia leyes tales como la Ley 7/2021, de 1 de diciembre, de impulso para la sostenibilidad del territorio de Andalucía (LISTA); la Ley 2/1992, de 15 de junio, forestal de Andalucía (LFA); o la Ley 2/1989, de 18 de julio, por la que se aprueba el inventario de espacios naturales protegidos de Andalucía entre otras.

Deteniéndonos un momento en la LFA, comprende todos los montes y terrenos forestales con una definición amplia en su ocupación de suelos rústicos que cumplan "funciones ecológicas, protectoras, de producción, paisajísticas o recreativas". Estos suelos han de ser parte de la ordenación del territorio teniendo una especial protección, vigilancia y actuación de los poderes públicos por su valor como recurso natural, social y ecológico. Excluyéndose los suelos clasificados como "urbanos, los urbanizables programados o los aptos para urbanizar", así como los vinculados a cultivos agrícolas y siembras con alguna excepción[25].

La administración regional podrá ordenar, planificar y clasificar recursos y usos forestales, limitando usos y aprovechamientos conforme se establezca en los PORN. De igual modo podrá fomentar actividades privadas, investigar, deslindar y recuperar de oficio montes públicos, expropiar dominios, etc. Debiendo de ser requerido pronunciamiento de la administra-

---

[25] Art. 1 y 2 de la LFA.

ción forestal en los instrumentos de planificación que se elaboren y afecten a terrenos sometidos a la LFA[26].

En cuanto a los usos y aprovechamiento forestal del monte, serán objeto del mismo las "maderas y leña, corcho, frutos, pastos, fauna cinegética, plantas aromáticas y medicinales, setas y los demás productos de los terrenos forestales". Pero también otras como la pesca, la caza, pastos, resinas u otras de "carácter secundario"[27].

Acudiendo a otro tipos de planes, es preciso cuanto menos señalar el Plan de Ordenación del Territorio de Andalucía (POTA); los planes de ordenación del territorio subregionales, estando en trámite el afectante sobre la Costa del Sol occidental, es decir, el POTCSO; o los planes de desarrollo integral para los entes locales, incluidos dentro de los parques naturales y en su entorno socio económico de acuerdo con el plan rector de uso y gestión, a los efectos de garantizar la estabilidad ecológica y medioambiental de dichos territorios, de forma compatible con las actividades socio económicas permitidas[28].

Observamos siete planes de desarrollo sostenibles (PDS) de los parques nacionales y naturales de la provincia de Málaga. De los cuales únicamente el PDS del Parque Natural Sierra de las Nieves afecta parcialmente en una extensión muy limitada

---

26 Art. 6 y 8 de la LFA.

27 Art. 63 y 64.3 de la LFA.
Se entienden como aprovechamientos secundarios los relacionados con la biomasa forestal (energía renovable), plantas útiles, apicultura, hongos, frutos silvestres (piña de pino piñonero, castaño, etc.) o pastos. Ver al respecto LOZANO TERRAZAS, J.L. (2017): Aprovechamientos del medio natural. Editorial Síntesis, Madrid, ISBN 9788490774830.

28 POTA vigente a 16 de octubre de 2023, aprobado por Decreto 206/2006, de 28 de noviembre, publicado en BOJA de 29 de diciembre de 2006, estando en trámite una nueva versión.

el territorio que nos ocupa, circunscribiéndose a 1.160 ha del municipio de Istán, es decir, al 11,7% del término municipal[29].

No obstante, se constata la necesidad de acometer un análisis más exhaustivo de los parques y parajes naturales como recurso natural de una riqueza en biodiversidad y ecosistemas de enorme valor, requiriendo un mayor uso e implementación de las tecnologías y la inteligencia artificial. Ello permitiría un conocimiento más exacto de lo que hay, el estado y lo que se podría hacer[30].

Como LIC, encontramos los siguientes lugares de la Costa del Sol occidental: Los Reales de Sierra Bermeja y la Propia Sierra Bermeja en su totalidad, Sierra Crestellina, Sierra Blanca, Río de Castor, Río Verde, Río Guadalmina, Río Fuengirola, Río Guadalmansa, Río del Padrón, Arroyo de La Cala, Río Manilva y Calahonda[31].

PLANES DE ORDENACIÓN DEL TERRITORIO

A modo introductorio, es preciso recordar que las competencias en materia de ordenación del territorio residen en las Comunidades Autónomas. De modo que, para el caso, estaría-

---

29 El Decreto de Andalucía 344/2003, 9 diciembre, aprueba el Plan de Ordenación de los Recursos Naturales y el Plan Rector de Uso y Gestión del Parque Natural Sierra de las Nieves.

30 VERA JURADO, D.J. (2023): Los espacios naturales protegidos: la inteligencia artificial y un nuevo escenario de soluciones. En VERA JURADO, D.J. (coord..) y ÁLVAREZ GONZÁLEZ, E. (coord.), *Espacios naturales protegidos en Andalucía. Impacto de las tecnologías de la información, de la comunicación y de la inteligencia artificial en su protección y conservación.* España: Tirant lo Blanch, ISBN 978-84-1130-763-5.

31 DUARTE, J. y FRAFAN, M.A. (2010). *Guía de los espacios naturales y la fauna en la Costa del Sol occidental.* Mancomunidad de municipios de la Costa del Sol occidental, Marbella. Págs. 20-23.

mos hablando de la CCAA de Andalucía que regula la ordenación del territorio a través de la Ley 7/2021, de 1 de diciembre, de impulso para la sostenibilidad del territorio de Andalucía, desarrollada por su reglamento. La CCAA de Andalucía ordena su territorio a través de instrumentos de ordenación como son el Plan de Ordenación del Territorio de Andalucía, planes con incidencia en la ordenación del territorio, actuaciones de interés autonómico, actuaciones con incidencia en la ordenación del territorio y planes de ordenación del territorio subregional que, para nuestro lugar de estudio, se correspondería con el Plan de Ordenación del Territorio de la Costa del Sol Occidental de la provincia de Málaga. Planes que, además de por la Ley regional en la materia, están limitados y condicionados por la normativa sectorial en materia de medio ambiente, así como por los PORN[32].

Al respecto, recordemos la definición que se hace del concepto de ordenación del territorio en la Carta Europea de la Ordenación del territorio del año 1983[33]:

> "Es a la vez una disciplina científica, una técnica administrativa y una política concebida como un enfoque interdisciplinario y global cuyo objetivo es un desarrollo equilibrado de las regiones y la organización física del espacio según un concepto rector".

---

32 Véase art. 39 y ss. sobre instrumentos de ordenación territorial, así como Decreto 550/2022, de 29 de noviembre, por el que se aprueba el Reglamento General de la Ley 7/2021, de 1 de diciembre, de impulso para la sostenibilidad del territorio de Andalucía.

33 La Carta Europea de la Ordenación del Territorio fue aprobada por la Conferencia de ministros responsables de la ordenación del territorio el 20 de mayo de 1983, en Torremolinos (España). Se puede consultar la carta en el siguiente enlace web de la Universidad de Salamanca, consultado por última vez el día 02 de noviembre de 2023: http://diarium.usal.es/imaji/files/2015/06/Carta-Europea-de-Ordenaci%C3%B3n-del-Territorio.pdf

Por lo tanto, la actividad minera se ve condicionada por los instrumentos de ordenación del territorio entre otros, lo que justifica que le dediquemos los siguientes apartados al Plan de Ordenación del Territorio de Andalucía y al Plan de Ordenación del Territorio de la Costa del Sol occidental de la Provincia de Málaga.

Plan de Ordenación del Territorio de Andalucía

El Plan de Ordenación del Territorio de Andalucía (POTA), aprobado por Decreto 206/2006, de 28 de noviembre, define el modelo y las estrategias de desarrollo del territorio de Andalucía en el marco de la Agenda Territorial Europea de 2007. En lo que a la cuestión que nos ocupa se refiere, procura evitar actuaciones que supongan expansión y consumo de recursos naturales y del territorio innecesarios, promoviendo el desarrollo económico sostenible del mundo rural[34].

Son relevantes las actividades mineras desarrolladas en el presente y en el pasado en lugares como las cuencas mineras de Río Tinto en Huelva, Alquife en Granada, Valle del Guadiato en Córdoba (carbón) o el Valle del Almanzora en Almería (mármol), detectando una tendencia creciente en la minería vinculada a la construcción. De modo que el POTA persigue profundizar en la viabilidad de dichas actividades, así como en el tratamiento adecuado del territorio donde se desarrolla la minera o finalizó[35].

---

34 Plan de Ordenación del Territorio de Andalucía: Decreto 206/2006, de 28 de noviembre de 2006, Consejería de Obras Públicas y Transportes, Sevilla, 2007, ISBN 978-84-8095-509-6. BOJA nº 250, de 29 de diciembre de 2006.

35 Pág. 67 del POTA.

El POTA nos recuerda los problemas detectados en el ámbito de la actividad minera en los siglos XIX y XX y otras actividades como la agrícola. Sitúa en el s. XIX a la época de máximo esplendor del sector textil en la región de Málaga sobre la base del carbón vegetal, que luego se ve superado por la mayor relevancia del carbón mineral de otras regiones como fuente de energía[36].

Asimismo, vemos referencias en el apartado sobre redes de ciudades y territorios mineros que se han de identificar por sus características notables, en el inventario de bienes del patrimonio industrial y minero que debe de recogerse en un instrumento de gestión e información pública y en la ordenación de las actividades mineras. Debiéndose de identificar los espacios afectados por la actividad minera, a los efectos de fijar programas coordinados para la mejora y diversificación del paisaje en dichos lugares[37].

Respecto de la ordenación de las actividades mineras (Directriz), establece que:

> "En el contexto del Plan de Ordenación de los Recursos Minerales de Andalucía la política regional abordará las siguientes cuestiones:
>
> a) Las estrategias de viabilidad de la actividad minera en las explotaciones actualmente en funcionamiento. En este senti-

---

36 Pág. 20 del POTA. En Málaga, la siderurgia sobre la base del carbón vegetal despunta en el año 1861, suponiendo el 55% de la producción nacional. Desbancado por la región de Asturias y del País Vasco sobre la base del carbón mineral, junto con otros factores, que supuso una actividad más eficiente y con menos costes, llegando a suponer en el año 1968 el 4,7% de la producción nacional. GARCÍA MONTORO, C. (1997): *Francisco A. Elorza en los comienzos de la industrialización andaluza*, Baética. Estudios de Arte, Geografía e Historia, Universidad de Málaga, 19-2, 1997, págs. 243-253, ISSN 0212-5099.

37 Págs. 112, 116, 117 y 138 del POTA.

do, será fundamental valorar la viabilidad a largo plazo de las explotaciones, previendo la necesidad de la puesta en marcha de Programas específicos de diversificación productiva y promoción de sectores alternativos en los ámbitos en los que dicha viabilidad esté comprometida: Franja Pirítica de Huelva y Sevilla, y Valle del Guadiato en Córdoba.

b) Las estrategias de puesta en valor de nuevos recursos mineros, en directa relación con los programas de investigación minera tanto para la identificación y valoración de nuevos yacimientos como para la reutilización de residuos mineros.

Las estrategias de regeneración ambiental de los espacios mineros abandonados. Se trata de un programa de gran trascendencia territorial en Sierra Morena toda vez que son muy numerosas las explotaciones sin actividad. Partiendo del inventario sistemático de las explotaciones abandonadas, el programa se centrará en los aspectos de mayor incidencia ambiental (control de lixiviados, regeneración de suelos contaminados y vertederos de residuos), y en proyectos de adecuación paisajística."

En definitiva, no se observan referencias significativas en el POTA respecto de las actividades mineras en la Costa del Sol occidental, de modo que fija las directrices a seguir para desarrollar programas de gestión que identifiquen las actividades mineras en activo y las que no están ya en funcionamiento, a los efectos de analizar la viabilidad de unas y, en todo caso, actuaciones de mejora en el paisaje de los territorios donde hubo o hay una actividad minera.

Plan de Ordenación del Territorio de la Costa del Sol occidental de la Provincia de Málaga

El Plan de ordenación del territorio de la Costa del Sol occidental de la provincia de Málaga (POTCSO) está actualmente en trámite de aprobación, tras ser declarado nulo el del año

2006 en virtud de sentencia del Tribunal Supremo de seis de octubre de 2015[38].

En este plan, observamos una descripción más detallada de los georrecursos existentes, cuyos emplazamientos son en espacios naturales de especial interés como son los LIC, zonas de protección severa o ZEC.

El informe de condicionantes ambientales del POTCSO (marzo de 2021) recoge como zonas de protección severa a los Parajes Naturales de Los Reales de Sierra Bermeja y Sierra Crestellina, así como el monumento natural de Dunas de Artola o Cabopino[39].

Son ZEC las sierras de Casares, Estepona y Marbella (Sierra Blanca, Sierras Bermeja, Los Reales de Sierra Bermeja y Sierra Crestellina), así como el Valle del río del Genal, Ríos Guadiaro y Hozgarganta, Río Manilva, el Arroyo de la Cala, Río de Castor, Río Guadaiza, Río Guadalmansa, Río del Padrón, Río Real, Río Verde y Río Guadalmina y Río Fuengirola.

Por su parte, la Sierra de Calahonda y Sierra de Las Nieves son espacios protegidos conforme art. 42.2 de la Ley 42/2007, de 13 de diciembre, del patrimonio natural y de la biodiversidad.

---

38 Véase al respecto Decreto del Consejo de Gobierno de la Junta de Andalucía 142/2006, de 18 de julio por el que se aprobaba el POTCSO declarado posteriormente nulo por el Tribunal Supremo, así como DECRETO 143/2017, de 29 de agosto, por el que se acuerda la formulación del Plan de Ordenación del Territorio de la Costa del Sol Occidental de la provincia de Málaga.

39 Documento consultado el día 16 de febrero de 2023, en el siguiente enlace web de la Junta de Andalucía: https://www.juntadeandalucia.es/medioambiente/portal/documents/20151/4488926/20210317_POT_+CSO_COND_AMB.pdf/aa67a3e1-2388-a02c-fa30-66ca916fd1f4?t=1623770104733

También tienen carácter severo la zona de protección del Embalse de La Concepción (Istán), la explotación forestal de Fuengirola y la explotación forestal de Ojén, entre otras.

En cuanto a los georrecursos indetificados por el POTC-SO, observamos los siguientes: Acantilados de la Punta de la Chullera, Angosturas de Benahavís, Cachorros del río Castor, Conglomerados de Marbella, Diques anatécticos del Puerto de Peñas Blancas, Dunas de Artola o Cabopino, Karst de la Sierra de Utrera, Layering de peridotitas del Puerto del Madroño, Mármoles del contacto de las Unidades de las Nieves, Migmatitas de Estepona, Mina de cromo-niquel la Gallega, Minas de vermiculitas de Ojén, Peridotitas de Los Reales-Sierra Bermeja, Rocas cataclásticas de Estepona, Yacimiento Plioceno de Velerín y Yacimiento Plioceno El Padrón.

En la imagen que se muestra a continuación, compartimos parte de mapa del POTCSO con inventario de georrecursos en nuestro ámbito de trabajo de marzo de 2021, ampliado sobre la zona de la cantera “La Utrera”. Se delimita un área grande con un número en su interior (625), rodeando una zona en blanco en su interior que se corresponde con la cantera a cielo abierto “La Utrera”. Lo que pone de manifiesto la viabilidad de dicha cantera en el futuro, salvo que los condicionantes ambientales u otros motivos de índole económica o administrativa lo delimiten.

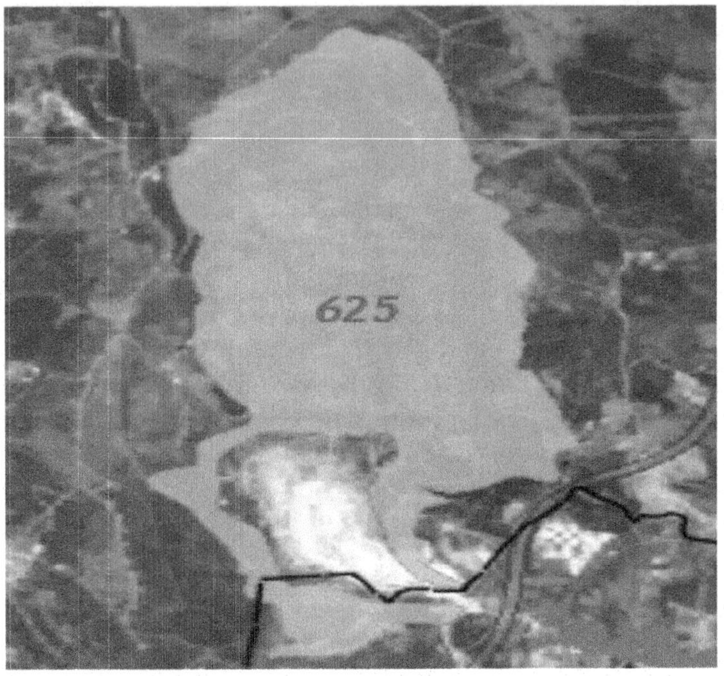

De cómo de exigentes sean las autoridades públicas en la aplicación de las normativas y protecciones existentes en materia medioambiental a la hora de ordenar, planificar y desarrollar los espacios, dependerá una mayor o menor calidad de vida de sus ciudadanos, una mayor o menor gestión responsable de los recursos mineros y forestales, así como una adecuada protección y mejora del medio ambiente natural y urbano[40].

[40] RANDO BURGOS, E. (2018): *La atención al medio ambiente desde la ordenación del territorio una visión general desde el marco legislativo autonómico*, Actualidad Jurídica Ambiental, N. 81, 2018, págs. 121-156, ISSN: 1989-5666.

IMPLICACIONES DE LA ESTRATEGIA MINERA DE ANDALUCÍA

Para realizar una aproximación a la estrategia minera de Andalucía, es preciso remitirnos al instrumento de planificación conocido como Estrategia para una Minería Sostenible en Andalucía 2030 (EMSA 2030), teniendo su antecedente en la Estrategia Minera de Andalucía 2020, desarrollada dentro del Plan de Ordenación de los Recursos Minerales de Andalucía 2010-2013 (PORMIAN)[41].

El EMSA 2030 se configura en su alcance como una actuación de fomento y sostenibilidad de la actividad minera en Andalucía, para una mejor transición ecológica y digital en Europa. Ha de procurar el máximo valor añadido del territorio, teniendo presente la sostenibilidad de la actividad desde un punto de vista económico, medioambiental y social. Y es que Andalucía cuenta con una enorme variedad de minerales y en cuantías notables, que se han de explotar de forma "racional y respetuoso con el medio ambiente y la sociedad", lo que la sitúa en una "posición de liderazgo en España"[42].

En el plano normativo se desarrollan estas estrategias con la categoría de directrices, siendo una planificación que tiene

---

[41] La formulación del EMSA 2023 fue aprobada por Acuerdo de 1 de junio de 2021, del Consejo de Gobierno de Andalucía, modificado por Acuerdo del mismo Consejo el día 2 de mayo de 2023. El PORMIAN, por su parte, fue aprobado por Decreto 369/2010, de 7 de septiembre. En cuanto a la Estrategia Minera de Andalucía de 2020, fue aprobada mediante Acuerdo de 28 de junio de 2016, del Consejo de Gobierno de la Junta de Andalucía.
El documento del EMSA 2023, fue consultado el día 9 de noviembre de 2023 en el siguiente enlace web de la Junta de Andalucía: https://www.juntadeandalucia.es/organismos/industriaenergiaym-inas/areas/minas/planificacion-minera.html

[42] Págs. 2 y 4 del EMSA 2030.

su fundamento en los artículos 49.5 y 50 del Estatuto de Autonomía de Andalucía, sobre competencia exclusiva en aguas minerales y termales, así como compartida en "la regulación y control de las minas y de los recursos mineros, así como las actividades extractivas". Y todo ello dentro de la línea seguida por los Objetivos de Desarrollo Sostenible (ODS), de la Agenda 2030 de la ONU[43].

La EMSA 2030 refiere que se desarrolla dentro del marco fijado por el POTA, así como de otras estrategias, programas y documentos como la Estrategia España Circular 2030, la Estrategia Nacional de Infraestructura Verde y de la Conectividad y Restauración Ecológicas (2021) o la "Hoja de Ruta para la gestión sostenible de las materias primas minerales" del Ministerio para la Transición Ecológica y el Reto Demográfico (2020)[44].

Desde un punto de vista económico, el empleo en el sector minero ha subido un 50% en Andalucía, con más de 2.881 trabajadores en el período del 2015 al 2021 (total de 8.598 trabajadores), lo que supone el 28,9% del empleo nacional y el 68% del aumento del empleo del sector en España. Tiene un valor de producción en 2021 cercano a los 1.543 millones de euros (la segunda región en importancia es Castilla y León, cercano a los 400 millones de euros). En cuanto a las exportaciones, Andalucía supone la mitad de las realizadas sobre todo vinculado al cobre, cinc, minerales preciosos y yeso[45].

---

43 Proceso para garantizar el abastecimiento de estos recursos a la industria europea, iniciado con la Comunicación de la Comisión al Parlamento Europeo y al Consejo sobre la Iniciativa de las Materias Primas: cubrir las necesidades fundamentales en Europa para generar crecimiento y empleo [COM (2008) 699]. Véase de igual modo Comunicación de septiembre de 2020, relativa a la Resiliencia de las materias primas fundamentales: trazando el camino hacia un mayor grado de seguridad y sostenibilidad [COM (2020) 474].

44 Págs. 5 -7 de la EMSA 2030.

45 Págs. 11-15 y 24 Ibidem.

Se observa una tendencia muy positiva al alza desde el año 2016 en términos generales. Destacan minerales metálicos, industriales, productos de cantera, yeso y rocas ornamentales aumentando mucho más el valor en su relación a la producción. Sin embargo, falta personal en las tramitaciones de licencias en la administración minera, escaso desarrollo tecnológico y normativa que necesita ser mejorada para agilizar la gestión de los derechos mineros[46].

Bajando al territorio objeto de estudio, la EMSA 2030 refiere la existencia de extracción de roca ornamental (referida a "mármoles, calizas, travertinos, etc.") en Estepona. No encontrándose referencias a otras explotaciones del lugar objeto de este capítulo[47].

Se hace alusión expresa a la prevención ambiental mediante acciones preventivas, de remediación y restauración del territorio objeto de actividad minera que ha mejorado mucho, con dotación de 247 millones de euros para el año 2021. Poniendo de manifiesto que el 32,2% de Andalucía son lugares con limitación o prohibición de la actividad minera al ser espacios incluidos en la Red Natura 2000 y venir instrumentalizados por los PORN o los PRUG[48].

Se destaca la ubicación de las explotaciones mineras sobre todo en ámbito rural, siendo un factor de crecimiento económico importante, de generación de empleo y de freno de la despoblación. De modo que la evolución del sector está siendo positivo. No obstante, se detecta falta de profundización en las distintas colaboraciones posibles entre mundo privado y el público, así como en el despliegue de mayor implementación de tecnología y de la internacionalización de la actividad, debién-

---

46 Págs. 16-17 Ibidem.

47 Pág. 19 Ibidem.

48 Págs. 28 y 29 Ibidem.

dose de plantear la actividad desde una perspectiva global y de aseguramiento del suministro a nivel europeo[49].

Se destaca la alta calidad de la roca ornamental de nuestro territorio, que la hace muy atractiva en el mercado. Sin embargo, hay demasiadas empresas transformadoras de pequeño tamaño que se considera un inconveniente al estar muchas de ellas en riesgo su viabilidad.

Pero más reseñable es la actividad en yeso donde Andalucía es potencia mundial y líder europeo con dos mercados fundamentales en EEUU y UK, donde se ha de generar valor añadido para contrarrestar la pérdida del margen de beneficios a pesar del aumento de las cuantías exportadas.

En cuanto a los áridos, es la actividad con un mayor número de explotaciones vinculadas a la construcción de edificaciones e infraestructuras, y con especial presencia en el mercado nacional que lidera junto con Cataluña. No obstante, a pesar de su creciente demanda, el incremento de los costes, el elevado número de competidores, la baja fuerza negociadora en el mercado, el escaso tamaño de la mayor parte de las empresas explotadoras y la caída de la rentabilidad de las explotaciones vinculadas a los áridos, hace que la viabilidad de muchas empresas y explotaciones estén en peligro.

Se realza la oportunidad que suponen los fondos europeos vinculados a la innovación y transformación en los "métodos de explotación y la mejora de los procesos", debiéndose de considerar la recuperación de los territorios afectados por las explotaciones mineras[50].

---

49 Pág. 33-34 Ibidem

50 En relación a los comentarios realizados sobre rocas ornamentales, yeso y áridos, véase págs. 35-37 Ibidem.

En cuanto a las fortalezas, debilidades, amenazas y oportunidades señalas en el diagnóstico de la EMSA 2030, destacamos como fortalezas la calidad de los recursos, el volumen de los recursos, las reservas sin explotar, mejora en términos generales de la productividad, avances en digitalización y robotización, así como un alto potencial de crecimiento, siendo los áridos un recurso muy abundante y muy demandando, entre otras fortalezas marcadas. Como debilidades se señala la atomización del sector, deficiente cooperación e inversión en I+D+I, complejo marco regulatorio, deficiencia en mano de obra cualificada, escasos recursos públicos, lentitud y deficiencia en la gestión pública de los derechos para el desarrollo de la actividad (iniciación, derechos caducados, etc.), limitaciones medioambientales genéricas, carencia de estrategia nacional, escasa información pública, escasa capacidad de transformación, poca participación de la Universidad, baja implementación de la economía circular, muchas canteras abandonadas, etc. Como oportunidades destacan la relevancia de algunos minerales para la transición digital y energética, políticas a nivel nacional y europeas muy beneficiosas, nuevas tecnologías, nuevos centros formativos, normativa europea para medianas y grandes empresas así como para la mejora de la cadena de valor, existencia de fondos de consideración para la actividad, fijación de Andalucía como territorio preferente, nuevos mercados y mejor acceso a los mismos, instrumentos para la fusión y colaboración de empresas, etc. Por último, se señalan pocas amenazas de las cuales destacamos la incertidumbre internacional, ordenamiento rígido, alta competencia internacional, precios de la energía, restricciones al comercio o insuficiencia de infraestructuras de logística[51].

Razón de lo anterior, se fijan ejes de actuaciones en torno al reforzamiento de la administración, el impulso del desarrollo

---

51 Págs. 39-43 Ibidem.

sostenible en todo el proceso sobre la base tecnológica y el conocimiento, así como el impulso de la actividad considerando los valores sociales y territoriales[52].

En definitiva, estamos ante un texto que, sobre la base de las políticas, estrategias, pactos y acuerdos europeos existentes, así como en atención a la necesidad existente de asegurar la autosuficiencia en minerales en un territorio con presente, pero con futuro en el sector, fija una estrategia para procurar el desarrollo de la actividad minera de forma ordenada, eficiente y eficaz desde una perspectiva inteligente y sostenible. Actividad que ha de ser respetuosa con los intereses sociales y el medio ambiente donde se desarrolla, implementando actuaciones de recuperación de los posibles daños e impactos generados, pero al mismo tiempo recuperando, iniciando o mejorando las extracciones mineras en el territorio andaluz. De modo que se procura vertebrar mejor el territorio, buscando el equilibrio entre el respeto al medioambiente y las políticas europeas y nacionales en materia de industria[53].

Diagnóstico, debilidades, amenazas, fortalezas, oportunidades y actuaciones estratégicas a implementar que son plenamente aplicables a los recursos existentes en el territorio de la Costa del Sol occidental de la provincia de Málaga, con alusión expresa a los recursos mineros del municipio de Estepona.

---

[52] Pág. 49 Ibidem que se desarrollan en las págs. 50 a la 52 del mismo texto.

[53] RAMÍREZ SÁNCHEZ- MAROTO, C. (2023): *Apuntes sobre el impulso ambiental en la nueva Estrategia para una minería sostenible en Andalucía 2030,* Actualidad Jurídica Ambiental, N. 138, 2023, págs. 126-146, ISSN-e 1989-5666.

CONCLUSIONES

Se observan deficiencias en la gestión administrativa, en la información existente sobre la materia, así como en la gestión de las autorizaciones, prórrogas o solicitudes de investigación. De modo que, por una parte, la estrategia andaluza minera refiere que hay escasez de recursos humanos para agilizar trámites burocráticos que genera multitud de problemas y, por el otro, al consultar el RMA, se observan muchas autorizaciones caducadas en fechas recientes. Desconociendo si dichas caducidades obedecen a falta de interés económico, a la incapacidad de atender los requerimientos administrativos, o a otro tipo de defectos que pudieran estar relacionados con los problemas burocráticos a la hora de prorrogar autorizaciones ya concedidas o conceder nuevas autorizaciones o investigaciones. Y, por otra parte, se observa que las fichas del RMA están incompletas en la mayor parte de las explotaciones consultadas, lo que hace difícil poder determinar el estado de situación de las explotaciones.

Por tanto, entendemos que se ha de dotar de más recursos humanos, tecnológicos y financieros a la administración pública responsable, para mejorar la información existente, reducir las barreas burocráticas y agilizar los trámites administrativos del sector.

Por otra parte, entendemos que se han de acometer planes de actuación para reducir el impacto de la actividad minera en el medio natural y urbano. Siendo Manilva un claro ejemplo de municipio y ciudadanos afectados tanto en el ambiente que se respira como por el depósito de partículas en casas, zonas de uso público y residencial procedentes de la cantera La Utrera. E incluso se debiera de vigilar la actuación de la empresa responsable de la explotación por si estuviera incumpliendo alguna de sus obligaciones respecto de su actividad, en atención a la problemática presente en el núcleo urbano pegado a la explotación.

Entendemos impulsar, desde la administración pública, la formación de cooperativas, fusión de empresas u otras fórmulas de colaboración privadas y publico privadas, para asegurar la viabilidad de la actividad donde las explotadoras sean de escaso tamaño o esté la actividad en riesgo, maximizando costes y los procesos, generando valor añadido y aprovechando la financiación de fondos públicos (incluyendo los europeos). De modo que, en la Costa del Sol occidental, se localizan numerosos lugares en explotación y otras sin actividad de áridos que, por la importancia de la creciente demanda, se recomienda profundizar en esta estrategia.

Por último, destacar las dificultades que suponen desarrollar actividades extractivas en un territorio que tiene un importante patrimonio natural y paisajístico, cuya principal fuente de riqueza está vinculada al turismo y el sector inmobiliario, junto con otras complementarias de menor importancia, pero sin impacto perjudicial sobre el territorio, como son actividades forestales, ganaderas, agricultura, ecoturismo, etc. Por lo que se ha de valorar y ponderar los intereses económicos, sociales y medioambientales para, en su caso, priorizar actividades en orden a la colmatación en su máximo exponente de las tres variables esenciales a considerar.

BIBLIOGRAFÍA

ÁLVAREZ GONZÁLEZ E. M. (2014): *Los espacios naturales protegidos y los Lugares de Interés Comunitario (LIC) en Andalucía*, Revista Digital de Derecho Administrativo, N. 11, 2014, ISSN-e 2145-2946.

BELTRÁN FORTES, J. y LOZA AZUAGA, M.L. (1998): *Explotación y uso de "marmora" malacitanos en época romana*, SPAL: Revista de Prehistoria y Arqueología de la Universidad de Sevilla, N. 7, 1998, págs. 129-147, ISSN 1133-4525.

DUARTE, J. y FRAFAN, M.A. (2010). *Guía de los espacios naturales y la fauna en la Costa del Sol occidental.* Mancomunidad de municipios de la Costa del Sol occidental, Marbella, pág. 394, Depósito Legal MA 307-2020.

ELORRIETA SANZ, B. y OLCINA CANTOS, J. (2021): "Infraestructura verde y Ordenación del Territorio en España", Ciudad y Territorio. Estudios Territoriales, N. 207, 2021, ISSN(P): 1133-4762, ISSN(E): 2659-3254, DOI: https://doi.org/10.37230/CyTET.2021.207.02.

GARCÍA MONTORO, C. (1997): *Francisco A. Elorza en los comienzos de la industrialización andaluza,* Baética. Estudios de Arte, Geografía e Historia, Universidad de Málaga, 19-2, 1997, págs. 243-253, ISSN 0212-5099.

GÓMEZ ZOTANO, J. (2003). *El papel de los espacios montañosos como traspaís del litoral mediterráneo andaluz: el caso de Sierra Bermeja (provincia de Málaga).* Tesis doctoral. Universidad de Granada, España, ISSN 0210-5462.

GÓMEZ ZOTANO, J. y OLMEDO COBO, J.A. (2021). *Los bosques de la Serranía de Ronda. Una perspectiva espacio-temporal.* Editorial La Serranía, Alcalá del Valle (Cádiz), ISBN 978-84-15588-35-1.

LOZANO TERRAZAS, J.L. (2017): Aprovechamientos del medio natural. Editorial Síntesis, Madrid, ISBN 9788490774830.

MARTOS MARTÍN, J., NAVARRO LUENGO, I. y SUÁREZ PADILLA, J. (2016-2017): *Sierra Bermeja. Una visión desde la arqueología y los usos tradicionales del monte,* Takurunna: Anuario de Estudios sobre Ronda y La Serranía, N. 6-7, 2016-2017, págs. 147-166, ISSN 2253-6191.

MORENO BORREL, S. (2019). *La naturaleza y el paisaje de Málaga través de viajeros, naturalistas y científicos,* Editorial La Serranía, Alcalá del Valle (Cádiz), ISBN 978-84-15588-28-3.

PICÓN SÁNCHEZ, A. (1997): *Minerías en Andalucía. Una perspectiva desde la historia económica.* En NAVARRO FLORES, A. y GARCÍA-ROSSELL MARTÍNEZ L.: Recursos naturales y medio ambiente en el sureste peninsular, 1997, págs. 535-554, ISBN 84-8108-121-3.

PÉREZ LATORRE, A.V. y HIDALGO TRIANA, N. (2016): *Los hábitats de Sierra Bermeja. Exclusividad en vegetación y ecosistemas a nivel europeo y mediterráneo,* Takurunna: Anuario de Estudios sobre Ronda y La Serranía, N. 6-7, 2016, págs. 89-106, ISSN 2253-6191.

PONTIJAS CALDERÓN, J.L. (2022): *Una nueva estrategia para la Unión Europea,* Cuadernos de Estrategia, N. 215, 2022, págs. 29-82, ISBN 978-84-9091-685-8.

RAMÍREZ SÁNCHEZ-MAROTO, C. (2022): *La necesaria estrategia de economía circular para la minería en España,* Administración de Andalucía: Revista Andaluza de Administración Pública, N. 112, 2022, págs. 275-305, ISSN 1130-376X.

RAMÍREZ SÁNCHEZ- MAROTO, C. (2023): *Apuntes sobre el impulso ambiental en la nueva Estrategia para una minería sostenible en Andalucía 2030,* Actualidad Jurídica Ambiental, N. 138, 2023, págs. 126-146, 2023, ISSN-e 1989-5666.

RANDO BURGOS, E. (2018): *La atención al medio ambiente desde la ordenación del territorio una visión general desde el marco legislativo autonómico,* Actualidad Jurídica Ambiental, N. 81, 2018, págs. 121-156, ISSN: 1989-5666.

RANDO BURGOS, E. (2021): "Algunas notas jurídicas sobre la infraestructura verde a la luz de la Estrategia Nacional de Infraestructura Verde y de la conectividad y restauración ecológicas", *Actualidad Jurídica Ambiental,* N. 112, 2021, ISSN: 1989-5666.

RINCÓN, V., VELÁZQUEZ, J., GUTIÉRREZ, J., SÁNCHEZ, B., HERNANDO, A., GARCÍA-ABRIL, A., SANTAMARÍA, T., SÁNCHEZ-MATA, D. (2019): *Evaluating European Conservation Areas and Proposal of New Zones of Conservation under the Habitats Directive. Application to Spanish Territories, Sustainability,* N. 11(2) 398, 2019, https://doi.org/10.3390/su11020398.

ROMÁN REQUENA, F. y RODRÍGUEZ MARTÍNEZ, D. (2016): *Sierra Bermeja. Reto y refugio para la fauna,* Takurunna: Annuario de Estudios sobre Ronda y la Serranía, N. 6-7, 2016, págs. 121-146, ISSN 2253-6191.

ROMERO SILVA, J.C., MARTOS MARTÍN, J. & NAVARRO GARCÍA, J.M. (2012): *La Mina Conchita de Estepona (Málaga): un raro yacimiento de metales complejos en Sierra Bermeja,* Revista Takurunna. Anuario de Estudios de Ronda y la Serranía, N. 2, 2012, págs. 9-39, ISSN 2253-6191.

ROMERO SILVA, J.C., MARTOS MARTÍN, J., NAVARRO GARCÍA, J.M., SUÁREZ PADILLA, J. y NAVARRO LUENGO, I. (2013): Las minas de cobre y el yacimiento de época romano republicana del cerro del Cardenillo, río Guadalmanda (Benahavís, Málaga), Takurunna: Anuario de Estudios sobe Ronda y La Serranía, N. 3, 2013, págs. 9-56, ISSN 2253-6191.

ROMERO SILVA, J.C. (2019): *La minería del hierro del distrito Marbella-Ojén (La Serranía de Ronda). La razón de la Málaga industrial del primer tercio de siglo XIX,* De Re Metallica, N. 32, 2019, págs. 47-60, ISSN-e 1888-8615.

RUBIA OSORIO, A.M. (2014-2017): *Los orígenes de "El Cable" en Marbella,* Cilniana: Revista de la Asociación Cilniana para la Defensa y Difusión del Patrimonio Cultural, N. 26-27, 2014-2017, págs. 145-153, ISSN 1575-6416.

VERA JURADO, D.J. (2023): Los espacios naturales protegidos: la inteligencia artificial y un nuevo escenario de soluciones. En VERA JURADO, D.J. (coord..) y ÁLVAREZ GONZÁLEZ, E. (coord.), *Espacios naturales protegidos en Andalucía. Impacto de las tecnologías de la información, de la comunicación y de la inteligencia artificial en su protección y conservación.* España: Tirant lo Blanch, ISBN 978-84-1130-763-5.

ZAMORA ROSELLÓ, M.R. (2024): *Minería y Comunidades Autónomas: territorio, sostenibilidad y energía. Especial referencia a Galicia, Baleares y Andalucía,* Tirant lo Blanch, 2024

TERCERA PARTE
DESAFÍOS TECNOLÓGICOS

Las tecnologías de registro distribuido e inteligencia artificial aplicadas a las actividades extractivas[1]

JOSÉ ZAPATA SEVILLA
Doctor en Derecho (Universidad de Málaga)

ÍNDICE:

---

1 Esta publicación se enmarca en el proyecto de investigación *Actividades extractivas y políticas públicas: sostenibilidad, transición energética y seguridad* financiado por la Universidad de Málaga, IP: Mª Remedios Zamora Roselló.

INTRODUCCIÓN

La Unión Europea (UE, en adelante) se encuentra inmersa en un proceso de cambio. Se trata de una doble transición, ecológica[2] y digital[3]. La industria de la UE se encuentra particularmente afectada por este proceso. Se requiere un nuevo modelo industrial que se adapte a las transformaciones propuestas[4].

Asimismo, la UE ha adquirido conciencia de su posición geopolítica en el mundo. Desde un punto de vista activo, las instituciones de la UE pretenden influir en terceros actores internacionales mediante la exportación de sus valores, principios y libertades. En este sentido, la Comunicación de la de la Comisión sobre un nuevo modelo de industria para Europa establece:

> "Al mismo tiempo, la Unión tiene que ser capaz de reforzar sus intereses estratégicos en el extranjero por medio de la proyección económica y la diplomacia. La Unión debe aprovechar el

---

2 El Pacto Verde Europeo plantea lograr la neutralidad climática en 2050. Vid. Comunicación de la Comisión al Parlamento Europeo, al Consejo Europeo, al Consejo, al Comité Económico y Social Europeo y al Comité de las Regiones (2019) *El Pacto Verde Europeo.* COM/2019/640 final.

3 La transición digital consiste en una estrategia con la que las autoridades de la UE pretenden afrontar los retos y aprovechar las oportunidades de la digitalización mediante el planteamiento de una serie de medidas para la llamada década digital. Comunicación de la Comisión al Parlamento Europeo, al Consejo, al Comité Económico y Social Europeo y al Comité de las Regiones (2021) *Brújula Digital 2030: el enfoque de Europa para el Decenio Digital.* COM/2021/118 final.

4 Comunicación de la Comisión al Parlamento Europeo, al Consejo, al Comité Económico y Social Europeo y al Comité de las Regiones (2020) *Un nuevo modelo de industria para Europa.* COM(2020) 102 final.

> impacto, el tamaño y la integración de su mercado único para establecer normas mundiales. Poder forjar unas normas mundiales de calidad que lleven el sello distintivo de los valores y principios de Europa reforzará nuestra autonomía estratégica y nuestra competitividad industrial" (Comunicación de la Comisión, "Un nuevo modelo industrial para Europa", p. 3.)

Por otro lado, paradójicamente, esta exportación de los valores, principios y normas seguidamente podría impulsarse mediante una limitación de los derechos de los inversores extranjeros. El Reglamento (UE) 2019/452 del Parlamento Europeo y del Consejo, de 19 de marzo de 2019 para el control de las inversiones extranjeras directas en la Unión[5], podría responder a esta finalidad. La idea sería condicionar la reapertura de la UE a la inversión extranjera a abrir un proceso de negociación bilateral con terceros actores internacionales que asegure la reciprocidad en cuanto a las condiciones de inversión[6].

Igualmente, esta toma de conciencia geopolítica también se proyecta en un plano interno. En particular, diversos acontecimientos habrían revelado a las autoridades de la UE los riesgos de la dependencia del exterior. Así, la interrupción de las cadenas de suministro globales respecto de determinados componentes electrónicos durante la pandemia del Covid-19 y el regreso de las tensiones geopolíticas tras la invasión de Ucrania ponen de relieve la importancia de la autosuficiencia económica en un contexto internacional marcado por un de-

---

5 DOUE (79/1, de 21.3.2019).

6 Sostiene esta interpretación del Reglamento (UE) 2019/452 STEPHAN W. SCHILL en SCHILL, S.W. (2019): *The European Union's Foreign Direct Investment Screening Paradox: Tightening Inward Investment Control to Further External Investment Liberalization*, Amsterdam Law School Legal Studies Research Paper No. 2019-17, 2019, texto disponible en https://papers.ssrn.com/sol3/papers.cfm?abstract_id=3434475. Última consulta, el 19.07.2024

bilitamiento de la globalización. Esta autosufiencia económica se denomina autonomía estratégica en el material de la UE[7].

No obstante, la proyectada nueva industria europea, descarbonizada y digital, necesita realizar un uso intensivo de una serie de bienes cuyo suministro depende de terceras jurisdicciones. En particular, merece una especial atención el caso de las materias primas. La UE denomina a las materias primas que resultan necesarias para el desarrollo del nuevo modelo industrial europeo y que presentan un elevado riesgo de suministro materias primas fundamentales[8]. Baste mencionar la importancia del litio para la industria europea del coche eléctrico, vehículo que se basa mayoritariamente en baterías de litio.

Desde 2011, la UE ha elaborado una lista de materias primas fundamentales. La estrategia de la UE para las materias primas fundamentales incluye medidas como el uso circular de los recursos, la sostenibilidad de los productos y la innovación, así como la diversificación del suministro de terceros países[9]. No obstante, de entre las medidas propuestas, esta publicación destaca el fomento del suministro de materias primas fundamentales procedentes de la UE. Y es que, a pesar de que los Estados miembros de la UE cuentan con una larga tradición minera, la falta de inversión en los últimos años ha impedido que la industria reasigne sus recursos para extraer materias pri-

---

7 Vid. Comunicación de la Comisión, "Un nuevo modelo industrial para Europa..." p. 3.

8 Comunicación de la Comisión al Parlamento Europeo, al Consejo, al Comité Económico y Social Europeo y al Comité de las Regiones(2020) *Resiliencia de las materias primas fundamentales: trazando el camino hacia un mayor grado de seguridad y sostenibilidad.* COM(2020) 474 final.

9 Vid. Comunicación de la Comisión, "Resiliencia de las materias primas fundamentales: trazando el camino hacia un mayor grado de seguridad y sostenibilidad" pp. 7-18.

mas fundamentales, en lugar de aquellos minerales que tradicionalmente han constituido el objeto de la explotación.

La maduración de esta estrategia de la UE en torno a las materias primas fundamentales ha dado como fruto el desarrollo del Reglamento (UE) 2024/1252 del Parlamento Europeo y del Consejo de 11 de abril de 2023 ("DOUE" núm. 1252, 3 de mayo de 2024) (RMPF, en adelante)[10].

En definitiva, la iniciativa europea nos revela la necesidad de dinamizar la actividad extractiva de los Estados miembros. En consecuencia, cabe analizar qué elementos del marco jurídico vigente han impedido o dificultado la modernización y reasignación de recursos de la actividad extractiva y cómo afecta al sector extractivo el esfuerzo legislativo de la UE.

Asimismo, no cabe olvidar que el nuevo modelo industrial europeo debe basarse en la tecnología y en el valor añadido, así como en el respeto a los valores sociales, culturales y medioambientales que profesa la UE. La integración de la innovación tecnológica en la supervisión y ejecución de la actividad extractiva, en consecuencia, debe constituir una prioridad. En particular, las funcionalidades de las *Tecnologías de Registro Distribuido* (*Distributed Ledger Technologies*, DLTs en adelante) y de la Inteligencia artificial (IA, en adelante) resultan de especial interés en lo que se refiere a la intervención pública sobre la actividad extractiva.

---

10 COM(2023) 160 final 2023/0079 (COD).

LA REGULACIÓN DE LAS ACTIVIDADES EXTRACTIVAS EN ESPAÑA, ¿OPORTUNIDAD PERDIDA?

La regulación de la actividad extractiva en España

España es uno de los países más atractivos para la inversión minera de la UE junto a Portugal, Irlanda, Suecia y Finlandia[11]. No obstante, la contribución de la actividad minera a la economía española ha decaído progresivamente en la década del 2010 y ha venido marcada por una reducción constante de las explotaciones[12]. Queda de manifiesto la dificultad para iniciar nuevos aprovechamientos[13]. En esta situación ha influido decisivamente la vigente regulación de la actividad extractiva.

La Ley 22/1973, de minas[14] y su reglamento de desarrollo, el Real Decreto 2857/1978, de 25 de agosto, por el que se aprueba el Reglamento General para el Régimen de la Minería[15] constituyen la normativa de referencia en materia minera en España. Asimismo, no cabe obviar que algunos recursos cuentan con una legislación específica. Este es el caso de los

---

11 En términos de concentración de la actividad minera de exploración. Vid. Comisión Europea (2021): *Raw materials Scoreboard,* 2021, p. 30. Disponible en https://op.europa.eu/en/publication-detail/-/publication/eb052a18-c1f3-11eb-a925-01aa75ed71a1 (última consulta, el 05.07.2023).

12 Vid. Instituto Geológico y Minero de España (2022), *Panorama Minero 2018-2020,* 2022, texto completo disponible en https://www.igme.es/PanoramaMinero/actual/PANORAMA%20MINERO%202019.pdf, pp. 1-14. Última consulta, el 19.07.2024

13 Vid. la frecuencia de la paralización o frustración de los proyectos en Instituto Geológico y Minero de España, "Panorama Minero...", pp. 15-17.

14 "BOE" núm. 176, de 24 de julio de 1973.

15 "BOE" núm. 295, de 11 de diciembre de 1978.

hidrocarburos, regulados en la Ley 34/1998, de 7 de octubre, del sector de hidrocarburos[16].

Se trata de una normativa preconstitucional y, por tanto, ajena tanto al Estado de las Autonomías como al acervo comunitario. En consecuencia, resulta necesario reformar la normativa de minas para que esta recoja el nuevo reparto competencial y las nuevas exigencias derivadas del Derecho de la UE. En particular, la reforma deberá procurar que la citada normativa quede coordinada con el resto de las regulaciones que afectan o condiciona la actividad minera[17].

La hoja de ruta para la gestión sostenible de las materias primas fundamentales reconoce, en relación con la necesidad de asegurar el suministro de estas materias primas, la conveniencia de adoptar nuevos instrumentos regulatorios para el sector minero. En particular, la segunda medida sobre el pilar de acción consistente en la mejora de los instrumentos regulatorios dispone:

> "La mejora del marco regulatorio de Minas buscará una reducción de las cargas administrativas, una mayor integración y transparencia de los procedimientos administrativos, la participación temprana de los agentes implicados, la eliminación de barreras, la armonización de criterios, así como la agilidad en aquellos procedimientos directamente relacionados con la transición hacia una economía neutra climáticamente, y la revisión y efectividad de los mecanismos de control, coordinación e intervención de las Administraciones Públicas, todo ello sin perjuicio del cumplimiento de los estándares medioambientales y de protección de la biodiversidad"[18].

---

16 "BOE" núm. 241, de 08 de octubre de 1998.

17 Se trata de una necesidad que se ha apuntado por la doctrina. Vid. ZAMORA ROSELLÓ, M.ª R. (2012): *Los residuos generados por la industria extractiva: virtudes y deficiencias del marco regulador*, Revista Vasca de Administración Pública, N. 94, 2012, p. 273, ISSN: 0211-9560, DOI: https://doi.org/10.47623/ivap-rvap.94.2012.08.

18 Ministerio para la Transición Ecológica y el Reto Demográfico (2022), *Hoja de ruta para la gestión sostenible de las materias primas mi-*

No obstante, la efectividad de las medidas de la Hoja de Ruta depende de la disponibilidad de una adecuada financiación[19].

El caso del litio extremeño. Una imperiosa necesidad de acción normativa.

Hay que tener en cuenta que la actividad minera queda condicionada por la normativa ambiental, la urbanística y de ordenación del territorio, de bienes públicos, etc. Diversas figuras de protección reclaman la intervención de distintos órganos administrativos que pueden determinar el resultado del procedimiento administrativo de intervención sobre la actividad extractiva. Asimismo, la minería incide sobre materias donde se reconoce una amplia participación pública, elemento que sin duda puede complicar a nivel judicial las perspectivas del proyecto estratégico.

Innegablemente, determinados planteamientos políticos, los cuales inequívocamente expresan el sentimiento de rechazo de una parte relevante de la ciudadanía hacia los proyectos

---

nerales, 2022, texto completo disponible en https://www.miteco.gob.es/content/dam/miteco/es/ministerio/planes-estrategias/materias-primas-minerales/hr-materias-primas-minerales_23-8-22_web_tcm30-544770.pdf. Última consulta, el 19.07.2024

19 El hecho de que el Plan de Recuperación, Transformación y Resiliencia no incluya la financiación directa de las actuaciones indicadas en la Hoja de Ruta constituye una debilidad de la estrategia. Vid. RAMÍREZ SÁNCHEZ-MAROTO, C. (2023) *"Apuntes acerca de la "hoja de ruta para la gestión sostenible de las materias primas minerales", en el marco de la descarbonización de la economía y la transición energética"*, Actualidad Jurídica Ambiental, N. 133, 2023, p. 14, ISSN: 1989-5666, DOI: https://doi.org/10.56398/ajacieda.00183.

mineros[20], explican en gran parte el retraso de la industria extractiva en la explotación de materias primas fundamentales en España. Una muestra de la oposición a la actividad extractiva, aunque cabe decir que en este caso sí existe justificación en la descarbonización, es la prohibición de las actividades de exploración, investigación y explotación de hidrocarburos establecida en el art. 9 de la Ley 7/2021, de 20 de mayo, de cambio climático y transición energética[21]. Es más, más allá de las preocupaciones ambientales, las autoridades locales o regionales han comenzado a plantear una mayor participación de la comunidad en los beneficios de la actividad extractiva como condición para la autorización de un proyecto minero[22].

Sin embargo, por motivos estratégicos las autoridades sí han accedido a facilitar el desarrollo de proyectos de energías renovables mediante una relajación de la evaluación ambiental exigible, aunque cabe advertir que se alega que esta flexibilización tiene carácter excepcional y transitorio. Así el Real Decreto-ley 20/2022[23], sustituye la evaluación ambiental establecida en la

---

20 La aceptación ciudadana de la actividad minera constituye así una de las principales preocupaciones del sector. Vid. Comisión Europea, "Raw materials…", pp. 27-29.

21 "BOE" núm. 121, de 21 de mayo de 2021.

22 El Decreto-ley 5/2022, de 31 de agosto, por el que se establecen medidas urgentes necesarias en la regulación del aprovechamiento de minerales de litio en Extremadura ("BOE" núm. 249 de 17 de octubre de 2022) declara de interés general el aprovechamiento del litio en Extremadura para que el otorgamiento de cualquier concesión de litio esté condicionado al cumplimiento de la obligación de que el tratamiento y el beneficio de este mineral se realice necesariamente en el territorio de la Comunidad Autónoma de Extremadura (art. 2.1).

23 Real Decreto-ley 20/2022, de 27 de diciembre, de medidas de respuesta a las consecuencias económicas y sociales de la Guerra de Ucrania y de apoyo a la reconstrucción de la isla de La Palma y a

Ley 21/2013, de 9 de diciembre[24] por un procedimiento de determinación de afección ambiental para proyectos de energías renovables menos oneroso de acuerdo con sus art. 22 y 23.

En cualquier caso, en lo que se refiere específicamente a la técnica jurídica, el desconocimiento de la Ley de Minas de esta multiplicidad de figuras de protección, trámites administrativos y órganos intervinientes puede traducirse en una falta de claridad regulatoria y dilación de plazos que obstaculiza la actividad extractiva. En este sentido, la mala integración entre la regulación minera y la normativa medioambiental ha paralizado el proyecto de extracción de litio de la mina de Valdeflorez en el municipio de Cáceres.

Así, la Sala de lo Contencioso-administrativo del Tribunal Superior de Justicia de Extremadura anula el permiso de investigación concedido a la minera porque durante el procedimiento no se había sometido el proyecto a la correspondiente evaluación ambiental. Tanto la promotora del proyecto como el órgano administrativo sustantivo habían estimado que dicha evaluación ambiental no era necesaria porque la investigación no requería de trabajos que determinen la exigencia de una evaluación ambiental. No obstante, la sala ha estimado que la finalidad del permiso de investigación se encuentra precisamente en autorizar dichos trabajos y que, si eventualmente existiese la necesidad de ejecutarlos, existe el riesgo de que la promotora iniciase las labores sin someterse a las correspondientes garantías ambientales en los siguientes términos:

> "No es de recibo que se otorgue un permiso de investigación que consiste en hacer sondeos cuando, por desconocerse su ubicación y número, no se permite hacer ni uno sólo de esos

---

otras situaciones de vulnerabilidad ("BOE" núm. 311, de 28 de diciembre de 2022).

24 Ley 21/2013, de 9 de diciembre, de evaluación ambiental ("BOE" núm. 296, de 11 de diciembre de 2013).

sondeos sin que previamente se haga una evaluación ambiental, un informe de afección a Red Natura 2000 y un estudio radiológico, siendo evidente el riesgo de que, en base a tal otorgamiento, la promotora los realice sin esperar a que se lleven a cabo.

En realidad, cabe preguntarse qué es lo que verdaderamente se había otorgado si no se podía hacer ni una sola actuación de investigación (sondeos) sin que previamente se hubiera evaluado ambientalmente la totalidad de proyecto de investigación, más la realización del informe de afección y el estudio radiológico. La respuesta es clara: se había otorgado inicialmente un permiso de exploración, que no precisa ninguno de estos estudios e informes

(...)

Por lo tanto, en el presente caso, pese a lo que indica la Resolución impugnada, es preceptivo que se realice la correspondiente evaluación ambiental, con independencia de si finalmente se usa o no maquinaria pesada, explosivos... No resulta viable que se otorgue el permiso y a posteriori se tenga que paralizar la actividad si se requiere el uso de los elementos mentados anteriormente"[25].

Con independencia de que la promotora del proyecto pretendiese o no realizar las labores sin someterse a la preceptiva evaluación ambiental mediante la tergiversación de la solicitud, lo cierto es que el caso muestra la ausencia a nivel nacional de un marco jurídico que incentive el desarrollo de esta índole de proyectos de interés general, así como el riesgo de que la complejidad del panorama normativo provoque la comisión de errores que determinen la nulidad o denegación de las necesarias autorizaciones administrativas.

---

25 Tribunal Superior de Justicia de Extremadura, (Sala de lo Contencioso-Administrativo, Sección 1ª) STSJ 253/2023, de 29 mayo.

EL REGLAMENTO (UE) 2024/1252 SOBRE MATERIAS PRIMAS FUNDAMENTALES

El siguiente epígrafe se centra en las medidas de la citada normativa con incidencia en la regulación de las actividades extractivas en España.

Creación de la figura de los proyectos estratégicos (sección segunda del capítulo III)

Los proyectos extractivos que cumplan con una serie de criterios, entre ellos la contribución a la seguridad del suministro de materias primas estratégicas a la Unión y su ejecución sostenible, podrán acceder a la condición de proyectos estratégicos previa solicitud del promotor y reconocimiento por parte de la Comisión Europea. Se crea el Consejo de Materias Primas Fundamentales, que informará acerca de si la solicitud presentada cumple los requisitos del art. 6, relativo a los criterios para el reconocimiento de proyectos estratégicos. Resulta importante destacar que, en los términos de la norma, el Estado miembro cuyo territorio esté afectado por el proyecto dispone de un derecho de veto contra el otorgamiento de la condición de proyecto estratégico.

El acceso a la condición de proyecto estratégico implica que la iniciativa reviste de interés público o está al servicio de la salud y la seguridad pública a los efectos de la normativa medioambiental. Esto significa que, en el marco de la regulación medioambiental, los proyectos extractivos podrán autorizarse como actuaciones de interés general en espacios protegidos (art. 10. 2). Incluso, precisa la disposición que: "podrá considerarse que tienen un interés público superior siempre que se cumplan todas las condiciones establecidas en dichas Directivas" (art. 7.2 *in fine*).

Así, el art. 10 de la norma dota de carácter prioritario a los proyectos considerados estratégicos.

En definitiva, el reglamento reconoce el interés público de los proyectos extractivos que contribuyen a la seguridad del suministro de materias primas estratégicas y fundamentales de la Unión. Con este régimen jurídico los proyectos estratégicos ya pueden beneficiarse de los regímenes excepcionales dispuestos en la normativa medioambiental en vigor. No obstante, sobre los Estados pesa una obligación de procurar la ejecución oportuna y efectiva de los proyectos. En consecuencia, la legislación minera debería implementar y desarrollar el régimen de los proyectos estratégicos para regular expresamente sus efectos en relación con la aplicación de las figuras de protección que resulten exigibles[26]. En el caso de Andalucía, las declaraciones de interés autonómico (art. 50 de la Ley 7/2021[27]) cumplen esta función respecto de la intervención sobre el uso del suelo por parte de la ordenación del territorio y el urbanismo para proyectos específicos. También en la normativa medioambiental podemos encontrar supuestos en los que la utilidad pública e interés general de un proyecto prevalece sobre las objeciones medioambientales tras un procedimiento de resolución de controversias[28].

---

26 Sobre la importancia de la coordinación de la normativa minera y otras políticas con incidencia en la materia vid. ZAMORA ROSELLÓ, M.R. (2024): Minería y Comunidades Autónomas: territorio, sostenibilidad y energía. Especial referencia a Galicia, Baleares y Andalucía, Tirant lo Blanch, 2024

27 Ley 7/2021, de 1 de diciembre, de impulso para la sostenibilidad del territorio de Andalucía ("BOJA" núm. 233, de 03 de diciembre de 2021)

28 Vid. art. 12 de la Ley 21/2013, de 9 de diciembre, de evaluación ambiental.

Proceso de concesión de autorizaciones (sección tercera del capítulo III)

La explotación de todas las materias primas fundamentales resulta beneficiada por la disposición de un punto de contacto único (art. 9). Así, recae sobre los puntos de contacto únicos la obligación de coordinar y facilitar el proceso de concesión de autorizaciones.

La designación de un régimen jurídico específico para las materias primas fundamentales pone de relieve la necesidad de modificar la clasificación de los minerales por secciones que realiza la vigente ley de minas. Así, con independencia de que estos beneficios se extiendan a otros recursos, las materias primas fundamentales deben disponer de una regulación específica que contenga las anteriores garantías.

Para los proyectos considerados estratégicos, además de lo anterior, el reglamento de reglamento establece una serie de medidas adicionales tendentes a facilitar su ejecución. La norma no establece un procedimiento directamente aplicable, sino una serie de reglas y principios que deberá desarrollar el Derecho nacional. En consecuencia, como anteriormente se indicó, deberá desarrollarse un régimen jurídico específico para los proyectos estratégicos.

Entre los principios y reglas que deberá desarrollar la regulación de los proyectos estratégicos se incluyen: dotar de carácter prioritario a los proyectos estratégicos (art. 10), mediante la disposición de una solución análoga a las declaraciones de interés autonómico; limitación en la duración máxima del proceso de concesión de autorizaciones (art. 11), de veinticuatro meses para los proyectos que requieran extracción y de quince meses para los que solo necesiten procesamiento o reciclado con posibilidad de prorrogar excepcionalmente los plazos; la colaboración de la autoridad nacional competente en el cumplimiento de la normativa de evaluación ambiental mediante la evacuación de un dictamen a solicitud del promotor sobre el alcance y el nivel de detalle de la información que debe incluirse en el informe de evaluación de impacto ambiental, la coordinación y refundición en la medida de lo posible por parte de la autoridad nacional de las diversas evaluaciones individuales del impacto ambiental de un proyecto estratégico cuando estas resulten exigibles y la limitación del plazo máximo para emitir la declaración de impacto ambiental y para efectuar el trámite de información pública (art. 12); la obligación de las autoridades nacionales, regionales y locales de prever en la planificación sectorial y de ordenación del territorio disposiciones para facilitar la extracción de materias primas fundamentales (art. 13), sin perjuicio en ningún caso de las obligaciones asumidas en los convenios internacionales en materia medioambiental (art. 14).

En definitiva, sin menoscabar los elevados estándares medioambientales, el reglamento persigue promover la reforma de los marcos jurídicos mineros nacionales para agilizar y racionalizar la intervención de los poderes públicos sobre las actividades extractivas.

LA APLICACIÓN DE LAS TECNOLOGÍAS DE REGISTRO DISTRIBUIDO A LAS ACTIVIDADES EXTRACTIVAS

Concepto, características y valor de las Tecnologías de Registro Distribuido

Las DLTs constituyen un conjunto de tecnologías que permiten que distintos ordenadores o servidores, también denominados nodos, conformen un registro compartido que almacena datos de forma permanente, simultánea y pública[29]. En principio, aunque en realidad el concreto diseño de cada proyecto DLT puede limitar significativamente las siguientes notas identificativas, los registros compartidos que se constituyen en virtud de las DLTs se caracterizan por su naturaliza distribuida, que implica que la información validada se distribuye entre todos los nodos que conforman la red, y descentralizada, que conlleva que la red no se mantiene en virtud de un servidor central[30].

Importa destacar, no obstante, que la distribución y descentralización en las redes de ordenadores que conforman registros distribuidos son relativas. Así, mientras los llamados registros DLT públicos y no permisionados, como Bitcoin y Ethereum, permiten la adhesión de cualquier nodo a la red y la participación de usuarios que actúan bajo pseudónimos, las llamadas redes privadas o permisionadas restringen el acceso a la red o requieren de algún tipo de autorización o validación por parte de un ente responsable del sistema. El segundo tipo de registro DLT es más adecuado para las empresas y Administraciones Públicas, en la medida en que la existencia de un

---

29 IBÁÑEZ JIMÉNEZ, J.W. (2018): *Blockchain: primeras cuestiones en el ordenamiento español*, Dykinson, Madrid, 2018, p. 15, ISBN: 9788491486763.

30 MATTHIEU QUINIOU destaca la incorrección en este caso de utilizar el término "descentralizado", porque técnicamente en una red descentralizada existe un nodo central del que dependen nodos "centralizados" de segundo nivel y así sucesivamente. Por lo tanto, es más correcto afirmar que una red DLT es distribuida y que los nodos se encuentran en un régimen de comunicación *peer-to-peer*. Vid. QUINIOU, M., *Blockchain. The Advent of Desintermediation*, John Wiley & Sons, Nueva Jersey, 2019, pp. 7-11 ISBN: 978-1-786-30403-2. No obstante, este trabajo utiliza el término descentralizado como sinónimo de *peer-to-peer* por economía del lenguaje.

mayor control sobre la red y sus participantes facilita el cumplimiento de las normas del ordenamiento jurídico[31].

La publicación del *White Paper* de Bitcoin por parte de SATOSHI NAKAMOTO presenta una solución a la imposibilidad de evitar el doble gasto en el comercio electrónico sin necesidad de recurrir a intermediarios mediante una combinación de distintas soluciones tecnológicas, como la criptografía de clave asimétrica, el sellado de tiempo, los protocolos de consenso, las redes en régimen de *peer-to-peer*, que dan lugar a la constitución del primer caso de registro DLT[32]. La infraestructura técnica que da soporte a Bitcoin es la cadena de bloques, o *Blockchain*. El término *Blockchain* goza de una popularidad muy superior al de DLTs, aunque en realidad *Blockchain* es únicamente una de las implementaciones posibles de las DLTs. *Blockchain* hace referencia a la disposición del historial de transacciones en una cadena de bloques[33], mientras que el término DLTs cubriría también registros que utilizan otras arquitecturas para estructurar las transacciones[34].

---

31 IBÁÑEZ JIMÉNEZ, J. (2019): *Tecnología blockchain en las administraciones públicas: aplicación y cuestiones legales*, Actualidad Administrativa, N. 7, 2019, p. 2 ISSN: 1130-9946.

32 Vid. NAKAMOTO, S. (2008): *Bitcoin: A Peer-to-Peer Electronic Cash System*, 2008, texto completo disponible en https://www.ussc.gov/sites/default/files/pdf/training/annual-national-training-seminar/2018/Emerging_Tech_Bitcoin_Crypto.pdf (última consulta, el 07.07-2023).

33 La inmutabilidad de las inscripciones realizadas en un historial de transacciones consistiría en la imposibilidad de modificar un bloque del historial sin alterar los bloques posteriores, ya que cada bloque incorpora una referencia, o *hash*, del bloque anterior.

34 Otro sector de la doctrina mantiene una interpretación alternativa de las diferencias entre los conceptos de *Blockchain* y DLTs. Así, para este conjunto de autores, los proyectos *Blockchain* son aquellos que se basan en redes en régimen de *peer-to-peer*, esto es, que se encuentran verdaderamente descentralizados, mientras que el resto de los

Inicialmente, los proyectos DLTs estuvieron ligados a la formación de sistemas monetarios ajenos al control estatal, como las criptomonedas bitcoin o ether. Posteriormente, la implantación de los *smart contracts* o contratos inteligentes en registros DLTs como Ethereum permitió el desarrollo de las llamadas finanzas descentralizadas, esto es, de la prestación de servicios financieros sin intermediarios y de forma automatizada. Por último, la maduración de estas tecnologías supone tanto su generalización en la industria y en las administraciones públicas como una vuelta a los orígenes descentralizados de Internet, escenario que implica una evolución desde la web 2.0 hasta la web 3.0.

Estas diferentes etapas en el desarrollo de las DLTs se conocen respectivamente como Blockchain 1.0, 2.0 y 3.0. Actualmente, las DLTs no habrían alcanzado esta última fase, ya que subsisten algunos problemas que impiden su generalización[35]. No obstante, a pesar de su estado incipiente, las DLTs podrían desempeñar un papel relevante en el desarrollo de los procedimientos administrativos de intervención sobre las actividades extractivas en los términos que a continuación se indican.

---

proyectos que hacen uso de estas tecnologías sin alcanzar dicho grado de descentralización son "DLT". Así, por ejemplo, para Chechade la descentralización absoluta presenta problemas jurídicos que a la postre redunda en ineficiencias económicas y en riesgos operativos. Por este motivo, las implementaciones de la "DLT" —frente a *Blockchain* — resultan más apropiadas para el sector bancario. Vid. CHECHADE, I. (2022): *Blockchain et DLT dans le système bancaire*, Revue d´économie financière, N. 1, 2022, pp. 254-255, eISSN 1777-5744, https://doi.org/10.3917/ecofi.145.0253.

35 Resulta necesario resolver los problemas de escalabilidad, seguridad e interoperabilidad que afectan a los registros DLT para facilitar la aplicación industrial de esta solución tecnológica. Vid. ACKERMANN, J., MEIER, M. (2018): Blockchain 3.0. The next generation of blockchain systems, 2018, p. 6, https://www.researchgate.net/publication/327672110_Blockchain_30_-_The_next_generation_of_blockchain_systems. Última consulta, el 19.07.2024

Asimismo, cabe apuntar que las DLTs permiten la implantación de "aplicaciones registrales", así como de "aplicaciones contractuales". En el primer caso, el registro DLT inscribe una información u activo (si se trata de la representación de un activo existente se habla de "tokenización") en el historial de transacciones para que lo inscrito goce de una serie de propiedades: inmutabilidad, trazabilidad, verificabilidad, etc[36]. Destaca en este sentido la utilización de las DLTs para la gestión de la identidad por parte de las Administraciones Públicas[37]. No obstante, a las anteriores aplicaciones registrales cabe añadir una serie de "funciones contractuales", en caso de que se utilicen los llamados contratos inteligentes. En esencia, los contratos inteligentes permiten automatizar la aplicación de ciertas consecuencias en cuanto reciben constancia del acontecimiento de determinadas condiciones[38].

En definitiva, el registro distribuido constituye una base de datos gestionada por múltiples ordenadores o nodos en la que se inscriben las transacciones[39] que remiten tanto los usuarios del registro como los contratos inteligentes. Así, los contratos inteligentes suponen una capa de *software* adicional

---

36 WÜST, K., GERVAIS, A. (2018): *Do you Need a Blockchain?2018 Crypto Valley Conference on Blockchain Technology (CVCBT),* 2018, p. 46, texto disponible en https://ieeexplore.ieee.org/document/8525392. Última consulta, el 19.07.2024

37 VEGA MAZA, M. (2019): *El auge de blockchain y sus posibilidades reales de aplicación en los registros de las administraciones públicas,* IDP. Revista de Internet, Derecho y Política, N. 28, 2019, pp. 111-112, ISSN 1699-8154.

38 TUR FAÚNDEZ, C.E. (2018): *Smart contracts. Análisis jurídico,* Reus, Madrid, 2018, p. 51, 978-84-290-2027-4.

39 El concepto de transacción aglutina a cualquier tipo de operación que puede procesar un registro DLT. Así, constituyen transacciones los mensajes que implican una transferencia de fondos, pero también aquellos que suponen una ejecución automatizada de las consecuencias programadas.

que aumenta las funciones que un registro distribuido puede realizar[40].

Las DLTs en la Administración Pública

En primer lugar, resulta necesario diferenciar las DLTs en la industria minera y las DLTs en los procedimientos entre administrativos de autorización de la explotación de materias primas fundamentales.

En el primer supuesto, se aplica un caso de uso de estas tecnologías, las DLTs para la mejora de las cadenas de suministro y de demanda[41], en el ámbito de la actividad minera. Se trata de una aplicación de las DLTs que podría facilitar el cumplimiento del Reglamento UE por el que se establecen obligaciones de diligencia debida en la cadena de suministro por lo que respecta a los importadores de la Unión de estaño, tantalio y wolframio, sus minerales y oro originarios de zonas de conflicto o de alto riesgo[42], tal y como indica el Dictamen del Comité Económico y Social Europeo sobre la minería digital en Europa[43].

---

40 SCHREPEL, T. (2019): *Is Blockchain the death of antitrust law? The Blockchain antitrust paradox*, Georgetown Law Technology Review, Vol. 3, N. 2, 2019, p. 295.

41 WÜST, GERVAIS, cit., pp. 47-48.

42 Reglamento (UE) 2017/821 del Parlamento Europeo y del Consejo, de 17 de mayo de 2017 por el que se establecen obligaciones en materia de diligencia debida en la cadena de suministro por lo que respecta a los importadores de la Unión de estaño, tantalio y wolframio, sus minerales y oro originarios de zonas de conflicto o de alto riesgo (L 130/1, de 19.5.2017).

43 Dictamen del Comité Económico y Social Europeo (2020) sobre *La minería digital en Europa: nuevas soluciones para la producción sostenible de materias prima* (2020/C 429/06). Apartado 5.3.1.

Cabe apuntar a la necesidad de desarrollar procedimientos que permitan garantizar la calidad de los datos cuya trazabilidad e inmutabilidad las DLTs tratan de asegurar[44]. El uso de las DLTs por sí solo no garantiza que la explotación minera en origen se desarrolle en condiciones justas; la trazabilidad requiere el complemento de procedimientos de diligencia debida practicados en el lugar donde se desarrolla la explotación[45]. Sin embargo, en este trabajo se centra la atención en la utilización de las DLTs en los procedimientos administrativos de autorización de explotación de materias primas fundamentales.

En el segundo, en cambio, nos encontramos en el ámbito de la "Administración digital"[46] como exponente de la im-

---

44 Los agentes económicos que participan en la cadena de suministro de un producto podrían introducir información falsa en el historial de transacciones de un registro DLT. La finalidad es crear la apariencia de que las DLTs certificarían que un producto cumple con ciertos estándares cuando la realidad es que solo se ha inscrito información engañosa. Por ejemplo, piénsese en el caso de un sensor aislado dentro de un frigorífico en un camión de transporte que, en lugar de captar la temperatura ambiente del lugar de almacenamiento de una mercancía, únicamente registra la temperatura del interior del electrodoméstico. Vid. WÜST, GERVAIS, cit., p. 50.

45 CALVÃO, F., GRONWALD, V. (2019): *Blockchain in the Mining Industry: Implications for Sustainable Development in Africa*, South African Institute of International Affairs, Policy Insights, N 74, 2019, pp. 6-7, texto disponible en http://www.jstor.org/stable/resrep29530. Última consulta, el 19.07.2024

46 El concepto doctrinal de "administración digital" parte de la adopción de la administración electrónica. No obstante, la pretensión de servir mejor al interés general obliga a las Administraciones Públicas a incorporar los últimos avances tecnológicos en sus procesos internos y externos. De esta manera, si la "administración digital" consistió en un primer momento en transitar desde la Administración en papel hasta la electrónica, una vez que la administración electrónica se ha consolidado, la Administración debe pasar a adoptar tecnologías disruptivas como las DLTs o la inteligencia artificial.

plementación de las tecnologías disruptivas por parte de las Administraciones Públicas. Si bien es cierto que el desarrollo de la administración electrónica ha supuesto el establecimiento de registros, sedes y plataformas de notificaciones electrónicas, verdaderamente la disposición de estos sistemas sobre estructuras centralizadas a cargo de una Administración Pública dificulta la cooperación interadministrativa y el control ciudadano sobre las decisiones públicas[47]. Asimismo, este sistema no está exento de críticas, ya que incluso degrada derechos y garantías del ciudadano en su relación con la Administración electrónica[48].

La implantación de las DLTs en las Administraciones Públicas se justifica por la sustitución de estos sistemas centralizados por otras soluciones tecnológicas que garanticen la transparencia, el control y la eficacia de la actividad administrativa. La introducción de las DLTs en el sector público permite específicamente, entre otras posibilidades: desarrollar sistemas de identidad soberana que permitan prescindir de los prestadores de servicios de confianza; asegurar la inmutabilidad, transparencia y trazabilidad de los actos y documentos inscritos en el historial de transacciones; incrementar la eficacia de los procedimientos administrativos mediante la automatización que habilitan los *smart contracts* o contratos inteligentes, y mejorar la comunicación interadministrativa mediante la pertenencia de

---

Vid. GAMERO CASADO, E. (2022): Reflexiones introductorias: de la administración electrónica a la digital (o la historia interminable) en A. CERRILLO I MARTÍNEZ (DIR.) Y S.E., CASTILLO RAMOS-BOSSINI (Coord.), *La administración digital*, 2022, Madrid, Dykinson, pp. 37-38, ISBN 9788411221597.

47 WANDEN-BERGUE LOZANO, J.L., FERNÁNDEZ DAZA, E. (2020): *Blockchain: instrumento de transparencia y control del sector público,* Revista Española de Control Externo, Vol. 24, N. 64, 2020, p. 137, ISSN: 1575-1333.

48 GAMERO CASADO, cit., p. 44.

los distintos órganos administrativos que ejercen competencias sobre una materia a plataformas o redes comunes[49].

El uso de las DLTs por parte de las Administraciones Públicas en España no es una novedad. Destaca el caso de la contratación pública en Aragón[50]. Esta Comunidad Autónoma ha previsto el desarrollo de "un Servicio de Registro Distribuido de Ofertas" para su sistema de contratación pública. En primer lugar, la solución garantiza que no se produce la apertura de la oferta hasta que concluye el plazo de presentación, de tal manera que se prescinde del acto público de apertura de ofertas. En segundo lugar, mediante *smart contracts* se produce una valoración automatizada de las ofertas presentadas, siempre que únicamente se requieran criterios objetivos.

Asimismo, la doctrina destaca que en el ámbito de la contratación pública existe la posibilidad de extender el uso de las DLTs a la llevanza del registro de licitadores, así como de elemento de control de la identidad de los contratistas y de

---

49 PEREIRO CÁRCELES, M. (2019) *La Utilización del Blockchain en los procedimientos de concurrencia competitiva,* Revista General de Derecho Administrativo, N. 50, 2019, pp. 8-13, ISNN 1696-9650.

50 En 2018 el gobierno de Aragón realizó una licitación para desarrollar una prueba de concepto sobre el uso de las DLTs para la presentación de ofertas en el ámbito de la contratación pública. El éxito del proyecto determinó que en 2021 se realizase una nueva licitación que ultimara el desarrollo y evolución del sistema de licitación electrónica con tecnología de registro distribuido (*Blockchain*) de la Comunidad Autónoma de Aragón. Vid. La licitación de 2018 en https://contrataciondelestado.es/wps/poc?uri=deeplink%3Adetalle_licitacion&idEvl=t%2FdLg%2B7SP4PnSoTX3z%2F7wA%3D%3D, y la de 2021 en https://contrataciondelestado.es/wps/poc?uri=deeplink%3Adetalle_licitacion&idEvl=d90OvAQfOw6XQV0WE7lYPw%3D%3D. Última consulta, el 19.07.2024

automatización de la ejecución de los contratos públicos[51]. De igual manera, aunque las virtudes de las DLTs se han destacado para los procedimientos administrativos de concurrencia competitiva, no existe ningún impedimento en aplicar estas tecnologías en los procedimientos administrativos de intervención.

Las DLTs en los procedimientos administrativos de intervención sobre las actividades extractivas

En el reglamento por el que se establece un marco para garantizar el suministro seguro y sostenible de materias primas fundamentales no se menciona a las DLTs (tampoco a *Blockchain*) entre las medidas para dinamizar la autorización de la extracción de materias primas fundamentales. Esta omisión tiene lugar a pesar de que el dictamen del Comité Económico y Social Europeo designara a *Blockchain* como una de las tecnologías habilitadoras de la "minería digital en Europa"[52].

¿Por qué utilizar las DLTs en los procedimientos administrativos de intervención sobre las actividades extractivas? En primer lugar, resulta necesario recordar que el cumplimiento del ordenamiento jurídico exige controlar el acceso a la condición de editor del historial de transacciones. Sin embargo, dado el interés público que subyace en el control de las actividades extractivas, la supervisión y participación por parte de terceros actores debe garantizarse. En consecuencia, resulta procedente plantear un registro DLT público y permisionado en el que cualquier ciudadano pueda participar como usuario

---

[51] QUINTANA CORTÉS, J.L. (2020): *La tecnología blockchain y su pretendida aplicación a la contratación pública como mecanismo para lograr mayor integridad*, Revista Española de Control Externo, Vol. 24, N. 64, 2020, pp. 165-170, ISSN: 1575-1333.

[52] Dictamen del Comité Económico y Social Europeo sobre "La minería digital…" cit. Apartado 5.3

con capacidad de verificar la trazabilidad de los datos en un registro transparente, al tiempo que la Administración Pública garantiza el cumplimiento del Derecho Administrativo por parte del sistema.

Se plantea la oportunidad de utilizar las DLTs para implementar una infraestructura técnica que dé soporte a una plataforma en la que deberán desarrollarse los procedimientos de autorización de las actividades extractivas de materias primas fundamentales. En la plataforma deben participar todos los órganos administrativos con competencias en la materia, además de estar abierta al escrutinio general de la ciudadanía. Así, por ejemplo, los órganos ambientales afectados podrían conocer desde un primer momento las características del proyecto y pronunciarse sobre las garantías de Derecho Ambiental que deben adoptarse en el caso. Recuérdese que una de las disputas en el conflicto del litio extremeño era un conflicto interpretativo entre el promotor y la administración ambiental acerca de la necesidad o no de realizar una evaluación de impacto ambiental[53]. En consecuencia, también deben participar las autoridades en materia de ordenación del territorio, urbanismo, bienes públicos, etc.

Es cierto que el Derecho Ambiental ya prevé cierta unificación y coordinación de la intervención administrativa sobre actividades con repercusión medioambiental mediante la crea-

---

53 La STSJ num. 253/2023 de 29 mayo, del Tribunal Superior de Justicia de Extremadura, (Sala de lo Contencioso-Administrativo, Sección 1ª) dispone:
"Con ello, la Sala no comparte el criterio de la actuación administrativa cuando entiende que no es necesaria la evaluación ambiental previa y el informe de afección " al no incluir en proyecto hasta este momento, actuaciones que provoquen impactos ambientales, como la ejecución de sondeos y otros trabajos con maquinaria pesada", por las razones expuesta con profusión y que derivan, una vez más, de la ausencia de un verdadero proyecto de investigación"

ción de figuras como la autorización ambiental integrada[54] y la autorización ambiental unificada[55]. Las actividades extractivas se encuentran sujetas a autorización ambiental unificada de acuerdo con la legislación de importantes comunidades mineras como Extremadura y Andalucía[56]. No obstante, en este caso el procedimiento que lleva a cabo el órgano sustantivo, aunque condicionado en la medida en que su resultado depende del otorgamiento de la autorización ambiental unificada, no se encuentra coordinado con la actuación del órgano ambiental, porque el procedimiento de autorización ambiental unificada

---

54 Su régimen jurídico se encuentra en el Título III del Real Decreto Legislativo 1/2016, de 16 de diciembre, por el que se aprueba el texto refundido de la Ley de prevención y control integrados de la contaminación ("BOE"núm. 316, de 31 de diciembre de 2016).

55 Se trata de un instrumento de prevención y control ambiental creado, entre otras, por la Comunidad Autónoma de Andalucía en el ejercicio de sus competencias para aprobar "normas adicionales de protección" en materia ambiental. Vid. AYLLÓN DÍAZ-GONZÁLEZ, J.M. (2020): *La autorización ambiental unificada como instrumento de prevención y control ambiental integrados en andalucía*, Actualidad Jurídica Ambiental, N. 102, 2020, p. 5, ISSN-e: 1989-5666, https://doi.org/10.56398/ajacieda.00146 Su regulación en Andalucía se encuentra en la Ley 7/2007, de 9 de julio, de Gestión Integrada de la Calidad Ambiental ("BOJA" núm. 143, de 20 de julio de 2007; BOE núm. 190, de 09 de agosto de 2007).

56 En la Comunidad Autónoma de Extremadura las actividades extractivas requieren obtener una autorización ambiental unificada cuando las instalaciones cuenten con una capacidad de tratamiento de productos minerales superior a 200.000 toneladas/año o en caso de que la instalación se encuentre a menos de 500 metros de un núcleo de población. Vid. Anexo II de la Ley 16/2015, de 23 de abril, de protección ambiental de la Comunidad Autónoma de Extremadura ("DOE" núm. 81, de 29 de abril de 2015, "BOE" núm. 119, de 19 de mayo de 2015). En Andalucía, el anexo I de la Ley 7/2007 determina que la industria extractiva requiere obtener una autorización ambiental unificada.

es independiente de la concesión de la autorización sustantiva[57].

El caso de la autorización ambiental unificada, sin perjuicio de sus méritos, muestra la necesidad de profundizar en la simplificación e incrementar la coordinación interadministrativa mediante la mejora de la técnica legislativa. Las DLTs, por su parte, permiten superar los límites de la actual administración electrónica dispuesta sobre estructuras centralizadas mediante la constitución de una plataforma que habilite una colaboración interadministrativa en tiempo real.

En definitiva, un registro que garantiza la inmutabilidad, integridad, transparencia y trazabilidad de los asientos registrales abre nuevas posibilidades en lo que se refiere a la coordinación del ejercicio de competencias administrativas sobre las actividades extractivas. En palabras de PEREIRO CÁRCELES[58]:

> "Por todo lo anterior, esta tecnología puede ser de gran aplicación en procedimientos administrativos en los que intervienen Administraciones distintas en el ejercicio de competencias concurrentes. A estos efectos, blockchain podría ser un instrumento útil en el desarrollo de los procesos de descentralización del Estado o, al menos, en la promoción de un incremento de la participación de Administraciones de distintos niveles en el ejercicio de las potestades públicas. Blockchain constituye una herramienta ideal para el fomento de la cooperación entre Administraciones de distintos niveles"

Como se ha visto anteriormente, el reglamento pretende unificar el proceso mediante la obligación de disponer de puntos de contacto únicos. Esta autoridad podría gestionar la plataforma digital para dar impulso al procedimiento y garantizar la correcta aplicación del Derecho. La "dirección" de la plataforma por parte de la autoridad nacional responsable significa

---

57 AYLLÓN DÍAZ-GONZÁLEZ, cit., pp. 33-34.

58 PEREIRO CÁRCELES, cit., p. 13.

simplemente que esta concede los permisos para constituir un nodo del sistema; el seguimiento continuo por parte del responsable se sustituye por la confianza y automatización que proporcionan las DLTs.

El proyecto mbrige constituye un ejemplo de lo que se propone. Se trata de una plataforma para pagos internacionales que soporta transacciones con distintas monedas digitales de banco central (*Central Bank Digital Currency* —CBDC—). Cada banco central gestiona un nodo que guarda una copia del registro distribuido y determina las condiciones de utilización de su moneda, a la vez que admite la participación de instituciones financieras bajo la supervisión de los bancos centrales[59], es decir, el sistema proporciona confianza entre las partes y la seguridad de que el cumplimiento regulatorio se encuentra garantizado. El interés del caso se encuentra en que las DLTs permiten coordinar bajo una única plataforma a distintos entes públicos en un régimen de igual a igual que no depende de la acción de una única entidad y que garantiza el cumplimiento regulatorio, tal y como se propone para la intervención administrativa sobre las actividades extractivas.

No obstante, también resulta necesario automatizar el procedimiento administrativo mediante *smart contracts*. Uno de los aspectos en los que incidía el reglamento era la necesidad de limitar los plazos del procedimiento. Si bien es cierto que la técnica del silencio administrativo establece consecuencias jurídicas para el incumplimiento de plazos por parte de la Administración, el uso de las DLTs permite automatizar la aplicación de dichas consecuencias con el consiguiente beneficio de acelerar la resolución del procedimiento.

---

59 Bank for International Settlements Innovation Hub, "Project mBridge. Connecting economies through CBDC", 2022, disponible en https://www.bis.org/publ/othp59.pdf (última consulta, el 16.07.2023).

LA APLICACIÓN DE LA INTELIGENCIA ARTIFICIAL A LAS ACTIVIDADES EXTRACTIVAS

Coordenadas básicas para situar el uso de la IA en el marco de los procedimientos administrativos

Una vez más, resulta necesario distinguir entre el uso de la IA en la industria minera y su utilización en los procedimientos administrativos de intervención sobre las actividades extractivas. La atención se vuelve a centrar en el segundo supuesto[60]. En cuanto al primero, cabe destacar que este escenario es ya una realidad[61].

El concepto de IA alude a un conjunto de máquinas o sistemas informáticos que tratan de replicar la inteligencia humana para realizar determinadas tareas o acciones. Las máquinas pueden llevar a cabo diversas acciones inteligentes. Sin embargo, las principales posibilidades de la IA se dan en el ámbito del aprendizaje automático, ya que se elimina la necesidad de que un programador tenga que prever todas las posibles situaciones o eventualidades que se pueden presentar para que la máquina u

---

60 El siguiente capítulo de esta obra colectiva trata minuciosamente el impacto de la IA en la evaluación ambiental, la adecuación de planes de restauración y el seguimiento de riesgos ambientales en las actividades extractivas. Vid. BERNAL BORREGO, J (2024): "Nuevas tecnologías aplicadas a la evaluación ambiental, a la adecuación de los planes de restauración y al seguimiento de los riesgos ambientales en las actividades extractivas" en R. ZAMORA ROSELLÓ (dir.) Actividades extractivas y políticas públicas: desafíos normativos y tecnológicos para el sector minero. En clave del Reglamento UE de materias primas fundamentales, 2024, Valencia, Tirant lo blanch, pp. 425-486

61 GANGULI, R., DESSUREAULT, S., ROGERS, P. (2022): *Advances in Computational Intelligence Applications in the Mining Industry*, MDPI, Basilea, 2022, ISBN 978-3-0365-3159-5.

ordenador pueda dar una respuesta autónomamente[62]. La subdisciplina de la IA dedicada al aprendizaje automático se conoce como *Machine Learning*. Uno de los algoritmos de aprendizaje automático más notorios por los resultados que ha producido recientemente viene dado por las llamadas redes neuronales. Cuando las redes neuronales adquieren cierta complejidad (disponen de más de dos capas ocultas, esto es, aquellas series de "neuronas" que se sitúan entre la capa de entrada y la de salida) se habla de aprendizaje profundo o *Deep Learning*[63].

La IA se basa en algoritmos. De acuerdo con la acepción primera del Diccionario de la Real Academia Española, un algoritmo es un: "Conjunto ordenado y finito de operaciones que permite hallar la solución de un problema"[64]. No obstante, resulta necesario distinguir entre algoritmos predictivos y no predictivos, ya que los problemas jurídicos que plantean son diversos. Los algoritmos no predictivos se limitan a automatizar de forma predeterminada la aplicación de una norma jurídica, mientras que los predictivos proporcionan resultados

---

62 El algoritmo *estático* debe realizar todas las acciones según las instrucciones realizadas por el programador; los algoritmos dinámicos tienen la capacidad de mejorar autónomamente sus propias instrucciones —un modelo matemático— mediante el análisis de los datos. Vid. PONCE SOLER, J. (2019): *Inteligencia artificial, Derecho Administrativo y reserva de humanidad: algoritmos y procedimiento administrativo debido tecnológico*, Revista General de Derecho Administrativo, N. 50, 2019, p. 7, ISSN 1696-9650.

63 Esta explicación se ha basado en GONZÁLEZ CABANES, F., DÍAZ DÍAZ, N. (2023): ¿Qué es la Inteligencia Artificial? en E. GAMERO CASADO (dir.) F.L. PÉREZ GUERRERO (coord.), *Inteligencia artificial y sector público. Retos, límites y medios*, 2023, Valencia, Tirant lo Blanch, pp. 37-72, ISBN 978-84-1345-094-0.

64 Real Academia Española (2022): Algoritmo. En el *Diccionario de la lengua española* (Actualización 2022). Recuperado el 22 de julio de 2023, de https://dle.rae.es/algoritmo

que sirven a las necesidades del ente público y que no están predefinidos en las disposiciones[65].

De acuerdo con HUERGO LORA, resulta necesario asociar a la IA con los algoritmos predictivos porque el verdadero objetivo del uso de estos sistemas se encuentra en producir predicciones mediante el hallazgo de correlaciones en los datos[66]. Asimismo, destaca este autor que el uso de la IA debe distinguirse de la actuación administrativa automatizada[67], de tal manera que el régimen jurídico de los algoritmos predictivos deberá diferenciarse del de la actuación administrativa automatizada.

El uso de algoritmos predictivos en la Administración Pública actualmente carece de un régimen jurídico específico[68], sin perjuicio de la aplicación de la regulación de la actuación administrativa automatizada (art. 41 de la Ley del Régimen Jurídico del Sector Público)[69] si el uso de esta clase de algoritmos implica una automatización subsumible en el supuesto de hecho de la norma[70]. De hecho, su naturaleza jurídica es objeto de discusión, aunque HUERGO LORA estima acertada-

---

65 BERNING PRIETO A.D. (2023): La naturaleza jurídica de los algoritmos en E. GAMERO CASADO (dir.) F.L. PÉREZ GUERRERO (coord.) *Inteligencia artificial y sector público. Retos, límites y medios,* 2023, Valencia, Tirant lo Blanch, pp. 99-100, ISBN 978-84-1169-063-8.

66 HUERGO LORA, A. (2021): *Administraciones públicas e inteligencia artificial: ¿más o menos discrecionalidad?,* El Cronista del Estado Social y Democrático de Derecho, N. 96-97, 2021, p. 93, ISSN 1889-0016.

67 HUERGO LORA, "Administraciones públicas e inteligencia…" cit., pp. 86-87.

68 BERNING PRIETO, cit., p. 105.

69 Ley 40/2015, de 1 de octubre, de Régimen Jurídico del Sector Público ("BOE" núm. 236, de 02 de octubre de 2015).

70 BERNING PRIETO, cit., p. 106. El art 41. De la ley 40/2015 dispone: "Se entiende por actuación administrativa automatizada, cualquier acto o actuación realizada íntegramente a través de medios electrónicos por una Administración Pública en el marco de un proce-

mente que ninguna categoría jurídica preexistente se adecua a la realidad de los algoritmos porque se trata de un concepto demasiado amplio[71]. Esta situación de ausencia de regulación es más acuciante que en el caso de las DLTs. Esto se debe a que, como anteriormente se destacó, las Administraciones Públicas pueden y deben configurar registros DLT permisionados que faciliten el cumplimiento normativo. En cambio, el uso de la IA plantea riesgos respecto de las garantías de los ciudadanos que requieren de un régimen jurídico específico.

Así, PONCE SOLÉ ha propuesto, en primer lugar, prohibir el empleo de sistemas de inteligencia artificial para aquellos casos en los que deba establecerse una "reserva de humanidad" para asegurar la existencia de empatía humana en aquellos supuestos en los que resulte necesario realizar una ponderación de criterios extrajurídicos[72]. En segundo lugar, para aquellos casos en los que sí se admita el uso de la IA, PONCE SOLÉ, determina la necesidad de desarrollar un procedimiento debido administrativo para la aprobación de los algoritmos; de prever el derecho a obtener una explicación comprensible del funcionamiento de los algoritmos; de garantizar la transparencia del algoritmo mediante la publicidad activa; de prevenir y controlar sus sesgos, y de establecer la evaluación de su impacto en la protección de datos[73].

---

dimiento administrativo y en la que no haya intervenido de forma directa un empleado público".

71 HUERGO LORA, A. (2020): Una aproximación a los algoritmos desde el Derecho Administrativo en HUERGO LORA, A. (dir.) *La regulación de los algoritmos*, 2020, Cizur Menor, Thomson-Reuters Aranzadi, p. 66, ISBN 978-84-1345-094-0.

72 PONCE SOLER, cit., pp. 26-24.

73 PONCE SOLER, cit., pp. 36-50.

En cualquier caso, cabe destacar que el uso de la IA por parte de las Administraciones Públicas es ya una realidad[74].

En definitiva, cualquier propuesta de implantación de la IA en un procedimiento administrativo en el que se encuentren afectados los derechos de los ciudadanos y los intereses públicos debe operar con cautela. Además, hay que tener en cuenta que los sistemas de IA basados en *Deep Leerning* resultan opacos en cuanto al conocimiento de las razones que han motivado su decisión, motivo por el que se habla de "cajas negras". Esta situación constituye un problema para las personas responsables de áreas científicas que se encuentran obligadas a justificar sus decisiones[75]. Por lo tanto, actualmente no cabe otro remedio que utilizar esta IA predictiva como un elemento de auxilio, que no puede sustituir por completo el criterio humano.

El uso de la inteligencia artificial en los procedimientos administrativos de intervención sobre las actividades extractivas.

El marco normativo de las actividades extractivas requiere de una importante revisión que justifica la regulación de la materia en una ley de nuevo cuño. Gran parte del esfuerzo legislativo consiste en unificar la regulación de la actividad extractiva mediante la toma en consideración de los aspectos medioambientales, competenciales y de las exigencias normativas de la UE que puedan afectar a la materia. No obstante, hay que tener presente que la cuestión de la regulación del uso de la IA en el sector público todavía constituye un ámbito de incertidumbre.

---

74 TORRECILLA-SALINAS, C., TANGI, L., ULRICH, P., MANZONI, M., SCHADE, S., MARTÍNEZ RODRÍGUEZ, E., PIGNATELLI, F. (2023): ¿Para qué sirve la Inteligencia Artificial en el sector público? Casos de uso y perspectivas de aplicación, *Inteligencia artificial y sector público. Retos, límites y medios*, 2023, Valencia, Tirant lo Blanch, p. 88, ISBN 978-84-1169-063-8.

75 GONZÁLEZ CABANES, DÍAZ DÍAZ, cit., p. 65.

Asimismo, el uso de la IA por parte de la Administración Pública como soporte de sus decisiones se encuentra limitado en mayor o menor medida por el principio de legalidad. Así, mientras que en los contextos escasamente regulados por el Derecho Administrativo, como la decisión de iniciar procedimientos administrativos, actuaciones materiales o instrumentales, el uso de los sistemas de IA se encuentra aceptado, las actuaciones de las Administraciones Públicas que constituyen actos administrativos no pueden sustituir la constatación del supuesto de hecho de la norma por una predicción algorítmica[76]. En consecuencia, HUERGO LORA entiende que el principio de legalidad reclama que la norma jurídica autorice expresamente el uso de la IA en los ámbitos decisorios que se encuentran estrictamente regulados por el Derecho Administrativo. Hay buenas razones para que esto sea así: la IA se basa correlaciones en lugar de relaciones de casualidad y las predicciones suelen sustentarse en la valoración de *proxies*, o información distinta pero relacionada con el objeto de la predicción y más fácil de obtener[77], todo ello sin perjuicio de que la IA resulte más eficiente que los humanos en la realización de muchas tareas. De esta manera, aunque la IA puede ser mucho más eficiente que la realización de una prueba clínica o un estudio científico[78], sus resultados resultarán cuestionables debido a las posibles imperfecciones de los algoritmos y al hecho de que las correlaciones pueden no implicar causalidad.

La vigente ley de minas, en relación con los recursos de la sección c), distingue varios títulos habilitantes según la inten-

---

[76] HUERGO LORA, A. (2022): *Gobernar con algoritmos, gobernar los algoritmos*, El Cronista del Estado Social y Democrático de Derecho, N. 100, 2022, p. 84, ISSN 1889-0016.

[77] HUERGO LORA, "Administraciones públicas e inteligencia..." cit., p. 84.

[78] HUERGO LORA, A., "Gobernar con algoritmos..." cit., p. 82.

sidad de la actuación y los derechos que se pretendan ejercer: permisos de exploración, investigación y concesión de explotación. A mayor intensidad de la actuación, mayor es la intervención del poder público. Asimismo, hay que tener en cuenta, tal y como revela el caso del litio extremeño, la exigencia de superar la evaluación de impacto ambiental y de obtener el resto de los títulos administrativos que resulten exigibles como consecuencia de la aparición de otros bienes públicos en juego. La hipotética reforma minera que implemente las exigencias de el reglamento UE también podría tener en cuenta esta división de la intervención administrativa sobre la minería en fases según el nivel de riesgo de la actividad proyectada. En este escenario, la IA podría tener un mayor protagonismo en las fases con menor repercusión ambiental. Asimismo, tampoco cabe descartar a la IA como instrumento de apoyo de las decisiones que deban presentar un mayor rigor científico respecto de las actividades que presentan más riesgos[79]. Ahora bien, en dicho caso, deberán establecerse las oportunas garantías y mecanismos de control.

REFLEXIONES FINALES Y BREVES CONCLUSIONES

Una crítica frecuente y acertada respecto de la aplicación del Derecho a través de la tecnología consiste en que los algoritmos no deben producir resultados *contra legem*. Por ese motivo, un sector doctrinal ha propuesto considerar a los algoritmos reglamentos, para aplicarles las correspondientes garantías jurídicas[80]. Aunque los algoritmos no constituyan

---

79 HUERGO LORA, "Administraciones públicas e inteligencia..." cit., p. 84.

80 BOIX PALOP, A. (2020): *Los algoritmos son reglamentos: la necesidad de extender las garantías propias de las normas reglamentarias a los programas empleados por la administración para la adopción de decisiones*, Revista de

reglamentos porque no están reconocidos como fuente del Derecho, lo cierto es que resulta necesario establecer algún tipo de control jurídico sobre su diseño y funcionamiento para evitar un grave retroceso de las garantías de los ciudadanos respecto de la aplicación de las normas jurídicas por parte del poder público[81].

No obstante, no hay que olvidar que el código fuente, que una vez compilado gobierna la aplicación informática e implementa un algoritmo, constituye un lenguaje formal sometido a unas reglas[82]. En consecuencia, cabe presumir que la fidelidad del código fuente al espíritu de la ley y la propia funcionalidad de las aplicaciones informáticas también dependerán de la propia *legibilidad* y calidad de la regulación jurídica que se implementa.

La intervención administrativa sobre las actividades extractivas constituye una materia compleja. Asimismo, conforme a lo visto, la vigente legislación de minas ha quedado desfasada porque carece de disposiciones acerca del reparto competencial en la materia, no recoge la intervención de otras figuras de protección y Administraciones Públicas y no contiene un marco que proporcione seguridad jurídica al uso de la innovación tecnológica por parte del sector público. Por lo tanto, si bien es cierto que disrupciones tecnológicas como las DLTs y la IA tienen mucho potencial en este ámbito, su aplicación requiere de la actualización y mejora del marco jurídico.

Derecho Público: Teoría y Método, Vol. 1, 2020, pp. 223-270, ISSN-e: 2695-7191, DOI: 10.37417/RPD/vol_1_2020_33.

81 DE LA CUEVA parafrasea al Conde de Romanones con la frase: "haga usted la ley y el reglamento y déjeme la aplicación informática". DE LA CUEVA GONZÁLEZ-COTERA, J. (2020): *Código fuente, algoritmos y fuentes del Derecho,* El Notario del Siglo XXI, N. 77, 2018, p. 38, eISSN 1885-009X.

82 DE LA CUEVA GONZÁLEZ-COTERA, cit., p. 36.

En definitiva, la simplificación de la regulación de la actividad extractiva debe preceder a la implementación de la innovación tecnológica en este ámbito. Asimismo, la norma debe regular el encaje de las DLTs y la IA en el marco de actuación de las Administraciones Públicas con la finalidad de garantizar los derechos y garantías de los ciudadanos.

No obstante, la elaboración de la norma que actualice, simplifique y dé cabida al uso de las DLTs e IA en los procedimientos administrativos de intervención sobre las actividades extractivas requiere de un estudio mucho más reflexivo y pausado.

Las conclusiones de este trabajo exploratorio sobre el problema de la regulación de las actividades extractivas y la introducción de tecnologías disruptivas en los procedimientos de intervención son las siguientes:

- La UE ha adquirido conciencia acerca de la necesidad de impulsar la industria extractiva en los Estados miembros para garantizar el suministro de las denominadas materias primas fundamentales.
- España dispone de potencial para la explotación de materias primas fundamentales. No obstante, los proyectos extractivos de carácter estratégico carecen en la vigente legislación minera de un régimen jurídico específico. De hecho, la dispersión y complejidad de los múltiples instrumentos de protección complican el desarrollo de estos proyectos.
- En este contexto la UE ha publicado un reglamento para garantizar el suministro seguro y sostenible de materias primas fundamentales. La eficacia de este Reglamento depende de que los Estados miembros modifiquen sus legislaciones internas para estimular la implantación de los proyectos estratégicos.
- Con motivo de la reforma, los Estados miembros podrían aplicar tecnologías disruptivas como las DLTs o

la IA en el marco de los procedimientos administrativos de intervención sobre las actividades extractivas. En cualquier caso, la protección de los derechos y garantías de los ciudadanos reclama que el legislador prevea expresamente el encaje de estas innovaciones tecnológicas en el procedimiento de intervención y su respectivo control.

- Las DLTs podrían permitir el despliegue de una plataforma que constituya la "ventanilla única" en la que se desarrolla el conjunto de intervenciones administrativas sobre el proyecto extractivo. El registro formado dispone de inmutabilidad, trazabilidad y transparencia, con la consiguiente mejora del control de la actividad administrativa. Asimismo, los *smart contracts* proporcionan la posibilidad de incrementar la eficiencia de los procedimientos mediante la automatización de la aplicación de las consecuencias jurídicas.
- Los sistemas de IA, en particular los algoritmos predictivos, tienen la capacidad de aportar indicios muy relevantes para la toma de decisiones por parte de las Administraciones Públicas con competencias sobre las actividades extractivas. Estos indicios tendrán mayor relevancia conforme menor sea la repercusión medioambiental. Igualmente, el uso de estos sistemas debe resultar transparente para facilitar su control.

BIBLIOGRAFÍA

ACKERMANN, J., MEIER, M. (2018): *Blockchain 3.0. The next generation of blockchain systems,* texto completo disponible https://www.researchgate.net/publication/327672110_Blockchain_30_-_The_next_generation_of_blockchain_systems

AYLLÓN DÍAZ-GONZÁLEZ, J.M. (2020): *La autorización ambiental unificada como instrumento de prevención y control ambiental integrados en Anda-*

lucía, Actualidad Jurídica Ambiental, N. 102, 2020, ISSN-e: 1989-5666, https://doi.org/10.56398/ajacieda.00146

Bank for International Settlements Innovation Hub (2022), *Project mBridge. Connecting economies through CBDC,* 2022, texto completo disponible en https://www.bis.org/publ/othp59.pdf (última consulta, el 16.07.2023).

BERNAL BORREGO, J (2024): "Nuevas tecnologías aplicadas a la evaluación ambiental, a la adecuación de los planes de restauración y al seguimiento de los riesgos ambientales en las actividades extractivas" en R. ZAMORA ROSELLÓ (dir.) Actividades extractivas y políticas públicas: desafíos normativos y tecnológicos para el sector minero. En clave del Reglamento UE de materias primas fundamentales, 2024, Valencia, Tirant lo blanch, pp. 425-486

BERNING PRIETO, A.D. (2023): La naturaleza jurídica de los algoritmos en E. GAMERO CASADO (dir.) y F.L. PÉREZ GUERRERO (coord.), *Inteligencia artificial y sector público. Retos, límites y medios,* 2023, Valencia, Tirant lo Blanch, pp. 95-130, ISBN 978-84-1169-063-8.

BOIX PALOP, A. (2020): Los algoritmos son reglamentos: la necesidad de extender las garantías propias de las normas reglamentarias a los programas empleados por la administración para la adopción de decisiones, Revista de Derecho Público: Teoría y Método, Vol. 1, 2020, pp. 223-270, ISSN-e: 2695-7191, DOI: 10.37417/RPD/vol_1_2020_33.

CALVÃO, F., GRONWALD, V. (2019) *Blockchain in the Mining Industry: Implications for Sustainable Development in Africa,* South African Institute of International Affairs, Policy Insights, N 74, 2019, texto disponible en http://www.jstor.org/stable/resrep29530

CHECHADE, I. (2022) *Blockchain et DLT dans le système bancaire,* Revue d´économie financière, N. 1, 2022, pp. 253-275, eISSN 1777-5744, https://doi.org/10.3917/ecofi.145.0253

Comisión Europea (2021): *Raw materials Scoreboard,* 2021, disponible en https://op.europa.eu/en/publication-detail/-/publication/eb052a18-c1f3-11eb-a925-01aa75ed71a1 (última consulta, el 05.07.2023).

Comunicación de la Comisión al Parlamento Europeo, al Consejo Europeo, al Consejo, al Comité Económico y Social Europeo y al Comité de las Regiones (2019), *El Pacto Verde Europeo.* COM/2019/640 final.

Comunicación de la Comisión al Parlamento Europeo, al Consejo, al Comité Económico y Social Europeo y al Comité de las Regiones

(2021): *Brújula Digital 2030: el enfoque de Europa para el Decenio Digital.* COM/2021/118 final.

Comunicación de la Comisión al Parlamento Europeo, al Consejo, al Comité Económico y Social Europeo y al Comité de las Regiones (2020) *Un nuevo modelo de industria para Europa.* COM (2020) 102 final

Comunicación de la Comisión al Parlamento Europeo, al Consejo, al Comité Económico y Social Europeo y al Comité de las Regiones (2020): *Resiliencia de las materias primas fundamentales: trazando el camino hacia un mayor grado de seguridad y sostenibilidad.* COM (2020) 474 final.

DE LA CUEVA GONZÁLEZ-COTERA, J., *Código fuente, algoritmos y fuentes del Derecho,* El Notario del Siglo XXI, N 77, 2018, pp. 36-39, eISSN 1885-009X.

Decreto-ley 5/2022, de 31 de agosto, por el que se establecen medidas urgentes necesarias en la regulación del aprovechamiento de minerales de litio en Extremadura ("BOE" núm. 249 de 17 de octubre de 2022).

Dictamen del Comité Económico y Social Europeo (2020) sobre *La minería digital en Europa: nuevas soluciones para la producción sostenible de materias primas* (2020/C 429/06).

GAMERO CASADO, E. (2022): Reflexiones introductorias: de la administración electrónica a la digital (o la historia interminable) en A. CERRILLO I MARTÍNEZ (dir.) y S.E., CASTILLO RAMOS-BOSSINI (coord.), *La administración digital,* 2022, Madrid, Dykinson, Madrid, pp. 33-50, ISBN 9788411221597.

GANGULI, R., DESSUREAULT, S., ROGERS, P. (2022): *Advances in Computational Intelligence Applications in the Mining Industry,* MDPI, Basilea, 2022, ISBN 978-3-0365-3159-5.

GONZÁLEZ CABANES, F., DÍAZ DÍAZ, N. (2023): ¿Qué es la Inteligencia Artificial? en E. GAMERO CASADO (dir.) F.L. PÉREZ GUERRERO (coord.), *Inteligencia artificial y sector público. Retos, límites y medios,* 2023, Valencia, Tirant lo Blanch, pp. 37-72, ISBN 978-84-1169-063-8.

HUERGO LORA, A. (2020): Una aproximación a los algoritmos desde el Derecho Administrativo, en HUERGO LORA, A. (dir.) *La regulación de los algoritmos,* 2020, Cizur Menor, Thomson-Reuters Aranzadi, pp. 23-87, ISBN 978-84-1345-094-0.

HUERGO LORA, A. (2021): *Administraciones públicas e inteligencia artificial: ¿más o menos discrecionalidad?,* El Cronista del Estado Social y Democrático de Derecho, N. 96-97, 2021, pp. 78-95, ISSN 1889-0016.

HUERGO LORA, A. (2022): *Gobernar con algoritmos, gobernar los algoritmos,* El Cronista del Estado Social y Democrático de Derecho, N. 100, 2022, pp. 80-89, ISSN 1889-0016.

IBÁÑEZ JIMÉNEZ, J. (2019): *Tecnología blockchain en las administraciones públicas: aplicación y cuestiones legales,* Actualidad Administrativa, N 7, 2019, ISSN: 1130-9946.

IBÁÑEZ JIMÉNEZ, J.W., *Blockchain: primeras cuestiones en el ordenamiento español,* Dykinson, Madrid, 2018, ISBN: 9788491486763.

Instituto Geológico y Minero de España (2022), *Panorama Minero 2018-2020,* 2022, texto completo disponible en https://www.igme.es/PanoramaMinero/actual/PANORAMA%20MINERO%202019.pdf

Ley 16/2015, de 23 de abril, de protección ambiental de la Comunidad Autónoma de Extremadura ("DOE" núm. 81, de 29 de abril de 2015, "BOE" núm. 119, de 19 de mayo de 2015.

Ley 21/2013, de 9 de diciembre, de evaluación ambiental ("BOE" núm. 296, de 11 de diciembre de 2013).

Ley 22/1973, de minas ("BOE" núm. 176, de 24 de julio de 1973).

Ley 34/1998, de 7 de octubre, del sector de hidrocarburos. ("BOE" núm. 241, de 08 de octubre de 1998

Ley 40/2015, de 1 de octubre, de Régimen Jurídico del Sector Público ("BOE" núm. 236, de 02 de octubre de 2015).

Ley 7/2007, de 9 de julio de Gestión Integrada de la Calidad Ambiental ("BOJA" núm. 143, de 20 de julio de 2007; BOE núm. 190, de 09 de agosto de 2007).

Ley 7/2021, de 1 de diciembre, de impulso para la sostenibilidad del territorio de Andalucía ("BOJA" núm. 233, de 03 de diciembre de 2021).

Ley 7/2021, de 20 de mayo, de cambio climático y transición energética ("BOE" núm. 121, de 21 de mayo de 2021).

Ministerio para la Transición Ecológica y el Reto Demográfico (2022), *Hoja de ruta para la gestión sostenible de las materias primas minerales,* 2022, texto completo disponible en https://www.miteco.gob.es/content/dam/miteco/es/ministerio/planes-estrategias/materias-primas-minerales/hr-materias-primas-minerales_23-8-22_web_tcm30-544770.pdf

NAKAMOTO, S. (2008): *Bitcoin: A Peer-to-Peer Electronic Cash System,* 2008, texto completo disponible en https://www.ussc.gov/sites/default/

files/pdf/training/annual-national-training-seminar/2018/Emerging_Tech_Bitcoin_Crypto.pdf (última consulta, el 07.07-2023).

PEREIRO CÁRCELES, M. (2019): *La Utilización del Blockchain en los procedimientos de concurrencia competitiva,* Revista General de Derecho Administrativo, N. 50, 2019, ISNN 1696-9650.

PONCE SOLER, J. (2019): *Inteligencia artificial, Derecho Administrativo y reserva de humanidad: algoritmos y procedimiento administrativo debido tecnológico,* Revista General de Derecho Administrativo, N. 50, 2019, ISSN 1696-9650.

Reglamento (UE) 2024/1252 del Parlamento Europeo y del Consejo, de 11 de abril de 2024, por el que se establece un marco para garantizar un suministro seguro y sostenible de materias primas fundamentales y por el que se modifican los Reglamentos (UE) n.° 168/2013, (UE) 2018/858, (UE) 2018/1724 y (UE) 2019/1020 (DOUE 1252, de 3 de mayo de 2024).

QUINIOU, M. (2019) *Blockchain. The Advent of Desintermediation,* John Wiley & Sons, Nueva Jersey, 2019, ISBN: 978-1-786-30403-2.

QUINTANA CORTÉS, J.L. (2020): *La tecnología blockchain y su pretendida aplicación a la contratación pública como mecanismo para lograr mayor integridad,* Revista Española de Control Externo, Vol. 24, N. 64, 2020, pp. 150-171, ISSN: 1575-1333.

RAMÍREZ SÁNCHEZ-MAROTO, C. (2023) *"Apuntes acerca de la "hoja de ruta para la gestión sostenible de las materias primas minerales", en el marco de la descarbonización de la economía y la transición energética",* Actualidad Jurídica Ambiental, N. 133, 2023, ISSN: 1989-5666, DOI: https://doi.org/10.56398/ajacieda.00183.

Real Academia Española (2022): Algoritmo. En el *Diccionario de la lengua española* (Actualización 2022). Texto disponible en https://dle.rae.es/algoritmo

Real Decreto 2857/1978, de 25 de agosto, por el que se aprueba el Reglamento General para el Régimen de la Minería ("BOE" núm. 295, de 11 de diciembre de 1978).

Real Decreto Legislativo 1/2016, de 16 de diciembre, por el que se aprueba el texto refundido de la Ley de prevención y control integrados de la contaminación ("BOE"núm. 316, de 31 de diciembre de 2016).

Real Decreto-ley 20/2022, de 27 de diciembre, de medidas de respuesta a las consecuencias económicas y sociales de la Guerra de Ucrania y de apoyo a la reconstrucción de la isla de La Palma y a otras situaciones de vulnerabilidad ("BOE" núm. 311, de 28 de diciembre de 2022).

Reglamento (UE) 2017/821 del Parlamento Europeo y del Consejo de 17 de mayo de 2017 por el que se establecen obligaciones en materia de diligencia debida en la cadena de suministro por lo que respecta a los importadores de la Unión de estaño, tantalio y wolframio, sus minerales y oro originarios de zonas de conflicto o de alto riesgo (L 130/1, de 19.5.2017).

Reglamento (UE) 2019/452 del Parlamento Europeo y del Consejo, de 19 de marzo de 2019 para el control de las inversiones extranjeras directas en la Unión. (DOUE 79/1, de 21.3.2019).

SCHILL, S.W. (2019): *The European Union's Foreign Direct Investment Screening Paradox: Tightening Inward Investment Control to Further External Investment Liberalization*, Amsterdam Law School Legal Studies Research Paper No. 2019-17, 2019, texto disponible en https://papers.ssrn.com/sol3/papers.cfm?abstract_id=3434475

SCHREPEL, T. (2019): *Is Blockchain the death of antitrust law? The Blockchain antitrust paradox*, Georgetown Law Technology Review, Vol. 3, N. 2, 2019, pp. 281-338.

TORRECILLA-SALINAS, C., TANGI, L., ULRICH, P., MANZONI, M., SCHADE, S., MARTÍNEZ RODRÍGUEZ, E., PIGNATELLI, F. (2023): ¿Para qué sirve la Inteligencia Artificial en el sector público? Casos de uso y perspectivas de aplicación", E. GAMERO CASADO (Dir.) F.L. PÉREZ GUERRERO (Coord.), *Inteligencia artificial y sector público. Retos, límites y medios*, Tirant lo Blanch, Valencia, 2023, pp. 73-91, ISBN 978-84-1169-063-8.

Tribunal Superior de Justicia de Extremadura, (Sala de lo Contencioso-Administrativo, Sección 1ª) STSJ num. 253/2023 de 29 mayo.

TUR FAÚNDEZ, C.E. (2018): *Smart contracts. Análisis jurídico*, Reus, Madrid, 2018, ISBN 978-84-290-2027-4.

VEGA MAZA, M. (2019): *El auge de blockchain y sus posibilidades reales de aplicación en los registros de las administraciones públicas*, IDP. Revista de Internet, Derecho y Política, N. 28, 2019, pp. 109-126, ISSN 1699-8154.

WANDEN-BERGUE LOZANO, J.L., FERNÁNDEZ DAZA, E. (2020): *Blockchain: instrumento de transparencia y control del sector público*, Revista Española de Control Externo, Vol. 24, N. 64, 2020, pp. 132-149, ISSN: 1575-1333.

WÜST, K., GERVAIS, A. (2018): *Do you Need a Blockchain?2018 Crypto Valley Conference on Blockchain Technology (CVCBT)*, 2018, pp. 45-54, texto disponible en https://ieeexplore.ieee.org/document/8525392.

ZAMORA ROSELLÓ, M.ª R. (2012): *Los residuos generados por la industria extractiva: virtudes y deficiencias del marco regulador*, Revista Vasca de Administración Pública, N. 94, 2012, pp. 271-317, ISSN: 0211-9560, DOI: https://doi.org/10.47623/ivap-rvap.94.2012.08.

ZAMORA ROSELLÓ, M.R. (2024): *Minería y Comunidades Autónomas: territorio, sostenibilidad y energía. Especial referencia a Galicia, Baleares y Andalucía*, Tirant lo Blanch, 2024.

Nuevas tecnologías aplicadas a la evaluación ambiental, a la adecuación de los planes de restauración y al seguimiento de los riesgos ambientales en las actividades extractivas[1]

JESSICA BERNAL BORREGO
Investigadora Doctoral en Biociencias y Ciencias Agroalimentarias (Universidad de Córdoba)

ÍNDICE:

---

1 Esta publicación se enmarca en el proyecto de investigación *Actividades extractivas y políticas públicas: sostenibilidad, transición energética y seguridad* financiado por la Universidad de Málaga, IP: Mª Remedios Zamora Roselló.

INTRODUCCIÓN

En un mundo donde la tecnología se entrelaza con prácticamente todos los aspectos de nuestra vida, las actividades extractivas no son una excepción. Estas actividades, que han sido esenciales para el desarrollo humano y económico durante siglos[2], enfrentan ahora desafíos y oportunidades sin precedentes en la era de la digitalización y la sostenibilidad ambiental. La naturaleza intrínseca de las actividades extractivas ha suscitado preocupaciones sobre sus efectos en el medioambiente[3]. No obstante, las innovaciones tecnológicas ofrecen la oportunidad de realizar operaciones más eficientes[4], optimizando también la comprensión y gestión de su impacto ambiental[5].

La integración de nuevas tecnologías en la evaluación ambiental, la restauración post-extracción y el seguimiento de riesgos no es simplemente un complemento opcional; se está convirtiendo en una necesidad. Tradicionalmente, la evaluación ambiental y la exploración mineral se han basado en técnicas de muestreo de campo y análisis de laboratorio, que, aunque rigurosos, suelen ser costosos en tiempo y recur-

---

2 Rekhibi, S., Wadi, M., & Said, A. (2015). Remote Sensing & SIG Techniques for Gold Exploration. *International Conference on Advances in Science, Engineering, Technology and Natural Resources (ICASETNR-15) Aug. 27-28, 2015 Kota Kinabalu (Malaysia).* International Conference on Advances in Science, Engineering, Technology and Natural Resources. https://doi.org/10.15242/IICBE.C0815061

3 Haeruddin, Faizin, N., Aminah, S., S., F. A. D., & Kristianta, F. X. (2020). *The use of remote sensing in mining prospecting in Situbondo, East Java, Indonesia.* 020007. https://doi.org/10.1063/5.0014683

4 Merchant, J. W., & Narumalani, S. (2009). *The SAGE Handbook of Remote Sensing.* SAGE Publications, Inc. https://doi.org/10.4135/9780857021052

5 CampBell, J. B., & Wynne, R. H. (2011). *Introduction to Remote Sensing* (Fifth Edition). Guilford press.

sos[6]. Estos métodos convencionales implican la recolección de muestras de suelo, agua y aire, seguida de un análisis detallado para identificar la presencia de minerales y evaluar el impacto ambiental de las actividades extractivas[7]. Sin embargo, tecnologías emergentes como la detección remota y los Sistemas de Información Geográfica (SIG). Permiten una evaluación más rápida, extensa y a menudo menos invasiva del paisaje. La teledetección, por ejemplo, implica el uso de sensores electromagnéticos que funcionan desde plataformas espaciales y aéreas, como satélites, aviones o Vehículos Aéreos No Tripulados (VANT), lo que facilita la toma de decisiones rápidas y precisas en la exploración mineral[5]. Además, la detección remota proporciona una visión general de grandes áreas, lo que permite la identificación de características geológicas clave y posibles zonas de riesgo ambiental sin necesidad de un desplazamiento físico exhaustivo[8]. El uso de SIG, por otro lado, facilita la superposición y análisis de múltiples capas de datos, desde patrones climáticos hasta datos socioeconómicos, creando un marco de

---

6 Sonter, L. J., Ali, S. H., & Watson, J. E. M. (2018). Mining and biodiversity: Key issues and research needs in conservation science. *Proceedings of the Royal Society B: Biological Sciences, 285*(1892), 20181926. https://doi.org/10.1098/rspb.2018.1926

7 de León, E., Rucks, J., & Nario, A. (2018). *Guía para la evaluación de impacto ambiental del sector extracción de minerales.* Ministerio de Vivienda Ordenamiento Territorial y Medio Ambiente. https://www.gub.uy/ministerio-ambiente/comunicacion/publicaciones/guia-para-evaluacion-impacto-ambiental-del-sector-extraccion-minerales

8 Sikakwe, G. U. (2023). Mineral exploration employing drones, contemporary geological satellite remote sensing and geographical information system (SIG) procedures: A review. *Remote Sensing Applications: Society and Environment, 31*, 100988. https://doi.org/10.1016/j.rsase.2023.100988

evaluación multidimensional que va más allá de lo que los métodos convencionales pueden ofrecer[4,9].

No obstante, las tecnologías emergentes en la exploración mineral y la evaluación ambiental traen consigo una serie de desafíos y limitaciones que no deben ser obviados. Por un lado, la tecnología de detección remota, aunque revolucionaria en términos de alcance y eficiencia, a menudo enfrenta obstáculos como la falta de resolución espacial y espectral en determinadas condiciones, lo que puede conducir a interpretaciones erróneas o incompletas de los datos recolectados[5]. Además, la implementación de estas tecnologías requiere una inversión significativa en infraestructura y capacitación, lo que podría ser una barrera para agentes con recursos limitados[10].

Incorporado en este marco de desafíos se encuentra también la cuestión del marco legal y ético. La recopilación y el manejo de grandes volúmenes de datos, por ejemplo, plantean preguntas sobre la privacidad y la seguridad de la información[11]. Además, la explotación de recursos en áreas sensibles puede requerir no solo evaluaciones ambientales sino también consideraciones sobre los derechos de las comunidades locales[12]. De igual forma, la transparencia en el uso y la interpreta-

---

9 Omali, T. U. (2021). Utilization of Remote Sensing and GIS in Geology and Mining. *International Journal of Scientific Research in Multidisciplinary Studies,* 7(4), 17-24.

10 Gardiner, N. J., Roberts, J. J., Johnson, G., Smith, D. J., Bond, C. E., Knipe, R., Haszeldine, S., Gordon, S., & O'Donnell, M. (2023). Geosciences and the Energy Transition. *Earth Science, Systems and Society, 3,* 10072. https://doi.org/10.3389/esss.2023.10072

11 Gil González, E. (2016). *Big Data. Privacidad y protección de datos.* Agencia Española de Protección de Datos. Imprenta Nacional de la Agencia Estatal Boletín Oficial Del Estado. https://www.researchgate.net/publication/324831404

12 Muzata, T. (2023). Environmental and social implications of sustainability and technological advancements: Contrarian considera-

ción de los datos recolectados es crucial para evitar malentendidos o manipulaciones que puedan resultar en decisiones que comprometan el bienestar público o ambiental[13]. La necesidad de regulaciones robustas se vuelve, por lo tanto, imperante para asegurar que estas tecnologías se utilicen de una manera que maximice el bienestar colectivo mientras minimiza los riesgos y externalidades negativas.

Asimismo, existen otra serie de consideraciones socioeconómicas relevantes que deben ser abordadas. Las actividades extractivas, que a menudo se realizan en regiones con diversos grados de desarrollo económico, tienen un impacto significativo en las comunidades locales y en la distribución de los recursos[6,12]. La introducción de métodos de alta tecnología podría llevar al desplazamiento de trabajadores con habilidades más tradicionales, creando tensiones dentro de las comunidades locales[8]. De igual modo, el acceso a estas tecnologías suele estar limitado por barreras económicas y de conocimiento, lo que podría ampliar aún más las brechas de desigualdad existentes[10].

La complejidad inherente a técnicas como la teledetección y SIG requiere un alto nivel de competencia para la interpretación de datos, sin el cual crece el riesgo de hacer un uso subóptimo de estas herramientas[8,10]. Esto no es simplemente una cuestión de carencia de habilidades técnicas; sino que también puede reflejar lagunas en la formación académica y programas de capacitación, que no han mantenido el ritmo con los avances tecnológicos en la evaluación y monitoreo am-

---

tions. *Journal of Governance and Regulation, 12*(3), 171-178. https://doi.org/10.22495/jgrv12i3art18

13 Cotino Hueso, L. (2019). Derecho y garantías ante el uso público y privado de inteligencia artificial, robótica y big data. En *El Derecho de las TIC en Iberoamérica*. La Ley Uruguay. https://www.researchgate.net/publication/349494500

biental[14]. Como resultado, otro desafío pendiente es cultivar una próxima generación de profesionales en geociencias con suficiente conocimiento no solo en técnicas de exploración, sino también en la aplicación e interpretación de tecnologías avanzadas en un contexto de sostenibilidad ambiental[10,15].

Este capítulo se centra en cómo las tecnologías emergentes como la teledetección, la Inteligencia Artificial (IA) y SIG están transformando la evaluación ambiental, la adecuación de planes de restauración y el seguimiento de riesgos ambientales en las actividades extractivas. Aunque cada una de estas tecnologías presentan sus particulares limitaciones, su capacidad para reducir costos y tiempo en la exploración es innegable[16]. Exploraremos las innovaciones más prometedoras, sus aplicaciones prácticas y potenciales, así como los desafíos y limitaciones que presentan a la hora de redefinir el paisaje de la extracción en armonía con el medioambiente.

---

14 Chasmer, L. E., Ryerson, R. A., & Coburn, C. A. (2022). Educating the Next Generation of Remote Sensing Specialists: Skills and Industry Needs in a Changing World. *Canadian Journal of Remote Sensing, 48*(1), 55-70. https://doi.org/10.1080/07038992.2021.1925531

15 Tagwai, M. G., Jimoh, O. A., Shehu, S. A., & Zabidi, H. (2023). Application of GIS and remote sensing in mineral exploration: Current and future perspectives. *World Journal of Engineering*. https://doi.org/10.1108/WJE-09-2022-0395

16 Caruso, A. S. (2020). *Integration of advanced remote sensing and geospatial methodologies to enhance mineral exploration: An example from the southern Gawler Ranges, South Australia.* University of Adelaide, School of Biological Sciences. https://hdl.handle.net/2440/127003

EVALUACIÓN AMBIENTAL Y NUEVAS TECNOLOGÍAS

Las actividades extractivas son fundamentales desde el punto de vista económico, por lo que, en España, su regulación ha sido objeto de especial interés desde tiempos preconstitucionales, prueba de ello es la aún vigente Ley 22/1973, de 21 de julio, de Minas[17], base sobre la que se regulan estas actividades. Originalmente, la Ley de Minas no tenía un fuerte enfoque ambiental, centrándose más en la ordenación[18]. Sin embargo, esto ha evolucionado a lo largo del tiempo, incluyendo ahora aspectos como la Evaluación de Impacto Ambiental (EIA). En este sentido, la jurisprudencia constitucional[19] confirma que no se puede prohibir la actividad extractiva como medida general para proteger el medioambiente, si bien reconoce también la necesidad de que las actividades extractivas estén sujetas a normas ambientales.

Actualmente, la legislación básica estatal en materia ambiental la constituye la Ley 21/2013, de 9 de diciembre, de Evaluación Ambiental[20], que integra en una sola norma la regulación sobre evaluación ambiental de los planes y programas y la evaluación de las repercusiones de los proyectos públicos y privados sobre el medioambiente. Esta ley incorporó al ordenamiento jurídico español la Directiva 2011/92/UE del Parlamento Europeo y del Consejo, de 13 de diciembre de 2011[21], y fue modificada posteriormente por la Ley 9/2018, de 5 de diciembre[22], con el fin de trasponer las novedades introduci-

---

17 BOE núm. 176, de 24 de julio de 1973.

18 Quintana López, T. (2013). Concesión de minas y protección del medio ambiente. *Tirant Lo Blanch, 174*. http://dx.doi.org/10.47623/ivap-rvap.97.2013.12

19 STC 64/1982 y posteriores como la Sentencia núm. 102/1995.

20 BOE núm. 296, de 11 de diciembre de 2013.

21 DOUE núm. 26, de 28 de enero de 2012: 1-21.

22 BOE núm. 294, de 6 de diciembre de 2018: 119858-119905

das por la Directiva 2014/52/UE[23]. Adicionalmente, con esta modificación, se procedió a modificar la disposición final novena de la Ley 21/2013, con el fin de que los anexos de esta se pudieran adaptar con agilidad, entre otras circunstancias, a la evolución científica y técnica.

La industria extractiva está incluida en el grupo 2 del Anexo I de la Ley 21/2013, lo que implica que todos los proyectos y actividades listados en dicho epígrafe han de someterse a EIA ordinaria, ex art. 7.1.a de la norma. Según este marco, tanto la minería a cielo abierto como la subterránea están sujetas a evaluación si cumplen ciertas condiciones. Estas pueden incluir factores como el tamaño de la superficie afectada, la proximidad a núcleos urbanos o espacios naturales protegidos, y el tipo de sustancias que se extraen, entre otros. El anexo aborda también la extracción o almacenamiento subterráneo de petróleo y gas natural, poniendo énfasis en sus dimensiones comerciales y técnicas de extracción como la fracturación hidráulica.

Adicionalmente, el Real Decreto 445/2023, de 13 de junio[24], modificó la Ley 21/2013 introduciendo nuevos criterios para la aplicación de la EIA, especialmente para proyectos en zonas de alta sensibilidad ambiental o que afectan al medio hídrico. Concretamente, se presta atención a las actividades mineras que podrían afectar la recarga de acuíferos o que se realicen cerca de cursos fluviales y zonas protegidas según la Directiva 2000/60/CE del Parlamento Europeo[25].

En lo que respecta a la gestión de residuos de la industria extractiva, el marco normativo se ha ido intentando adaptar en los últimos años a los nuevos retos ambientales. El Real Decreto 975/2009, de 12 de junio, pone el foco en la correcta dispo-

---

23 DOUE núm. 124, de 25 de abril de 2014: 1-18.

24 BOE núm. 141, de 14 de junio de 2023: 84261-84281

25 DOCE núm. 327, de 22 de diciembre de 2000: 1-73.

sición, tratamiento y minimización de los residuos generados por actividades mineras[26]. Paralelamente, la Ley 7/2022, de 8 de abril, de Residuos y Suelos Contaminados para una Economía Circular (LRSCEC)[27], se sumó al corpus normativo para impulsar la reutilización y reciclaje de residuos mineros. Ambas normativas, aun con sus espacios grises[28], en sintonía con la Ley 21/2013 de Evaluación Ambiental, recalcan la importancia de minimizar el impacto en el entorno natural y social, ofreciendo un marco regulador cada vez más integral.

Las actividades extractivas, dada su naturaleza, suelen tener impactos significativos en el medioambiente, por lo que la evaluación precisa de estos impactos es esencial para desarrollar medidas correctivas y de mitigación adecuadas. En este contexto, las tecnologías de teledetección, monitorización y modelización pueden jugar un papel clave en el cumplimiento de los requisitos de las legislaciones supracitadas. Estas herramientas, no solo aumentan la eficacia de los análisis de impacto y la gestión de los residuos, sino que también permiten su realización en tiempos mucho más reducidos y con menores costos.

Sensores remotos

La teledetección se ha establecido como una herramienta insustituible para monitorear vastas extensiones de tierra, particularmente en áreas de difícil acceso afectadas por actividades

---

26 BOE núm. 143, de 13 de junio de 2009.

27 BOE núm. 85, de 09 de abril de 2022.

28 Mora Ruiz, M. (2023). Actividades extractivas, gestión de residuos y economía circular: La oportunidad de revisión de un modelo especial ante la nueva Ley de residuos y suelos contaminados para una economía circular. *Revista General de Derecho Administrativo, 63*(26). https://produccioncientifica.uhu.es/documentos/647a2a9d31258e1eec95cbe8

extractivas como la minería y la extracción de petróleo y gas. Estas áreas suelen presentar retos únicos en términos de monitoreo, incluida la detección temprana de daños ambientales como la degradación de suelos y la contaminación de cuerpos de agua, lo que resulta crucial para mitigar los impactos negativos y tomar acciones correctivas de manera oportuna[9].

Aquí cabe destacar que las tecnologías de teledetección varían considerablemente en su funcionamiento y diseño. Por un lado, tenemos sensores activos, como los sensores LiDAR, que emiten su propia fuente de luz para recoger datos. Estos calculan la distancia a un objeto emitiendo un pulso de luz y luego midiendo el tiempo que tarda en regresar, lo que facilita la caracterización precisa de la topografía del terreno. Por otro lado, se encuentran los sensores remotos pasivos, que registran la luz reflejada de fuentes externas, generalmente la luz solar. Estos sensores captan esta luz en diferentes bandas espectrales, algunas de las cuales están fuera del rango de visión humana, como es el caso de los sensores hiperespectrales. Cada tipo de tecnología ofrece sus propias ventajas y limitaciones. A menudo, se combinan para generar una representación más completa e integrada del impacto ambiental. Por ejemplo, mientras que la información proporcionada por LiDAR se centra en la topografía basada en el tiempo de retorno del pulso de luz, la información hiperespectral nos ofrece pistas sobre la composición del terreno, basadas en los rangos espectrales que refleja y que son captados por el sensor pasivo.

La teledetección actúa fundamentalmente como una herramienta de captura de datos, y su eficacia se potencia significativamente cuando se combina con algoritmos de IA y enfoques de big data para analizar la información recolectada. La integración sinérgica de estas tecnologías facilita la segmentación y clasificación de imágenes, permitiendo identificar patrones específicos como la diferenciación de árboles, cuerpos de agua, y objetos anómalos, entre otros[29],[30].

Un buen ejemplo del uso de sensores remotos lo encontramos en el estudio de Bedini *et al.* (2022) [31]. Este equipo empleó la espectrometría AVIRIS-NG, un instrumento de teledetección que capta con gran precisión la radiación electromagnética reflejada. Utilizando esta tecnología, lograron mapear minerales secundarios y zonas de agua con niveles peligrosamente bajos de pH en el distrito minero de Río Tinto, en España. Esta tecnología de alta resolución es especialmente útil para comprender los impactos a largo plazo de las actividades mineras y tiene aplicaciones directas en la gestión de recursos naturales y en la formulación de políticas públicas destinadas a mitigar el impacto ambiental de las actividades extractivas.

Otro ámbito prometedor es el desarrollo de sensores más pequeños y asequibles que podrían instalarse en una nueva generación de satélites de menor costo. Estos satélites "nano" o "cubo" podrían ofrecer una mayor flexibilidad y accesibilidad, especialmente para regiones en desarrollo donde los recursos

---

29 Yousefi, M., Tabatabaei, S. H., Rikhtehgaran, R., Pour, A. B., & Pradhan, B. (2021). Application of Dirichlet Process and Support Vector Machine Techniques for Mapping Alteration Zones Associated with Porphyry Copper Deposit Using ASTER Remote Sensing Imagery. *Minerals, 11*(11), 1235. https://doi.org/10.3390/min11111235

30 Yuan, D., Yu, D., Qian, Y., Xu, Y., & Liu, Y. (2023). S2Former: Parallel Spectral–Spatial Transformer for Hyperspectral Image Classification. *Electronics, 12*(18), 3937. https://doi.org/10.3390/electronics12183937

31 Bedini, E. (2022). Use of NASA's AVIRIS-NG imagery for environmental mapping at the Rio Tinto mining district, southwestern Spain. *Journal of Hyperspectral Remote Sensing, 12*(4), 154. https://doi.org/10.29150/jhrs.v12.4.p154-165

son limitados[32]. Además, la integración de tecnologías de Internet de las Cosas (IoT) con teledetección podría permitir un monitoreo en tiempo real más efectivo, lo que es clave para responder a emergencias ambientales como derrames químicos o incendios forestales[33].

Estos avances tecnológicos son particularmente significativos en regiones donde los desafíos logísticos y políticos hacen que el monitoreo convencional sea costoso o impracticable. Aquí, es importante destacar la naturaleza interdisciplinaria de la teledetección en el monitoreo ambiental. Más allá de la ciencia de datos y la ingeniería, esta tecnología se encuentra en la intersección entre la ecología, la economía y las políticas públicas, toda vez que la cartografía de áreas afectadas informa directamente las políticas de manejo del suelo, los modelos económicos de uso de recursos y las estrategias de conservación[34]. En este sentido, la teledetección se convierte en una herramienta colaborativa, poniendo datos concretos y actualizados en manos de biólogos, geógrafos, legisladores y economistas. Esto facilita un enfoque más holístico en la toma de decisiones, ya sea para identificar áreas críticas que requieren

---

32 Teixera, L., Junqueira, B. C., Lau, V., Lemos, D., Costa, R. L., Diniz, G. H., Eduardo, J., & Adachi, J. (2022). *Improving space robustness and reliability on nanosatellite on-board equipment.* (Session 5 - Embedded Systems Reliability). 167-176. https://www.researchgate.net/publication/370100339

33 El-Mawla, N. A., & Nagy, A. (2020). *IoT and Civil Engineering based Solutions for Global and Environmental Risks of 2019.* Third International Conference (Eleventh Conference of Sustainable Environmental Development), Sharm El Sheikh, Egypt. https://www.researchgate.net/publication/353165463

34 Verma, T., Masood, M., & Jain, C. (2021). Applications of Remote Sensing and GIS in mineral exploration- A resource-saving technology. En *Traditions and Innovations of Resource-Saving Technologies in Mineral Mining And Processing* (Vol. 35). Universitas Publishing. https://www.researchgate.net/publication/335978112

protección legal, o para establecer protocolos de mitigación de impactos en proyectos extractivos[6].

No obstante, es imperativo mencionar que estos avances tecnológicos no están exentos de consideraciones éticas y legales. La precisión y la gran escala de la teledetección pueden potencialmente invadir la privacidad o interferir con los derechos territoriales, particularmente en comunidades rurales o áreas habitadas[35,36]. En este sentido, el Reglamento General de Protección de Datos (RGPD) de la Unión Europea[37] no está específicamente diseñado para abordar la teledetección, pero sus principios generales sobre la protección de datos personales podrían aplicarse en contextos donde la teledetección recolectara datos que pudieran llegar a identificar a individuos o violar su privacidad. Es decir, si la teledetección llegara a usarse de tal manera que capturase información susceptible de ser considerada "datos personales" bajo el RGPD (como el reconocimiento o la identificación de propiedades privadas), entonces se deberían seguir las directrices del RGPD sobre cómo se recopilan, almacenan y utilizan esos datos. Esto podría ser especialmente relevante si se utilizan VANT u otras formas de teledetección a baja altitud que podrían captar detalles a nivel del suelo capaces de identificar a personas o propiedades privadas.

Además, los datos de alta resolución recopilados a través de la teledetección pueden ser objeto de mal uso si caen en manos

---

35 Nwodo, G. O., Nwodo, L. A., & Udochukwu, O. E. (2018). Developing Countries and the Law and Politics of Remote Sensing. *Journal of Remote Sensing & GIS, 07*(04). https://doi.org/10.4172/2469-4134.1000252

36 von der Dunk, F. G. (2009). Europe and the «Resolution Revolution»: «European» Legal Approaches to Privacy and Their Relevance for Space Remote Sensing Activities. *Space and Telecommunications Law Program Faculty Publications., 35.*

37 DOUE núm. 119, de 4 de mayo de 2016: 1-88

equivocadas, lo que podría poner en riesgo tanto a los ecosistemas como a las comunidades (p. ej. Caza, recolección o tala ilegal). Estas consideraciones refuerzan la necesidad de un marco legal y ético riguroso para guiar el uso responsable de la teledetección en la evaluación ambiental. Cabe recordar lo esencial de garantizar que la sociedad de la información se base en el principio del respeto mutuo y en el cumplimiento de los derechos humanos.

Análisis de datos de gran volumen o Big Data

El término "big data" alude a conjuntos de datos de gran magnitud y complejidad que, debido a su crecimiento exponencial, son difíciles de manejar con métodos de análisis y software tradicionales. Estos datos suelen provenir de fuentes modernas como el IoT. Originalmente, el big data se definía por "las tres V": Volumen, Velocidad y Variedad de los datos. Sin embargo, recientemente se han añadido dos características más para enfatizar su importancia: Valor y Veracidad. Estas últimas hacen hincapié en la relevancia intrínseca y la fiabilidad de la información que se incorpora a las bases de datos[38].

Con la llegada de la era del big data, es posible recopilar, almacenar y analizar enormes conjuntos de datos ambientales en el contexto de la digitalización y automatización de operaciones extractivas[39]. Estos datos pueden provenir de diversas fuentes como sensores *in situ,* estaciones meteorológicas y sensores remotos. Aquí radica la importancia de la interoperabilidad de

---

[38] Consultado en https://www.oracle.com/es/big-data/what-is-big-data/ (octubre de 2023)

[39] Gosine, R., & Warrian, P. (2017). *Digitalizing extractive industries: The state-of-the-art to the art-of-the possible. Opportunities and challenges for Canada.* Munk School of Global Affairs Innovation Policy Lab White Paper Series 2017-004.

datos, que se refiere al proceso de integración y síntesis de datos heterogéneos de múltiples fuentes y formatos. Mediante técnicas como la normalización y estandarización, fusión de datos y algoritmos de alineación, es posible crear un marco más integral para el análisis ambiental[40]. Esto permite, por ejemplo, combinar datos de distintos sensores o escalas para evaluar el impacto de las operaciones mineras con mayor precisión[41].

Por otro lado, la creciente complejidad y volumen de la información ambiental hacen que la escalabilidad sea otro aspecto clave a considerar. En este sentido, la computación en la nube se está convirtiendo en un recurso valioso, ya que ofrece flexibilidad, almacenamiento prácticamente ilimitado y potencia computacional para análisis a demanda[42]. Al alojar datos y aplicaciones en servidores remotos, las organizaciones pueden acceder y escalar recursos rápidamente según sus necesidades. Este modelo de escalabilidad es particularmente útil en escenarios donde se requiere un análisis ágil para la toma de decisiones, como en la monitorización ambiental de operaciones extractivas. Una ventaja adicional de la computación en la nube es que permite la colaboración, en un mismo lugar, entre diferentes partes interesadas, incluidos científicos, ingenieros y responsables políticos, lo cual facilita una gestión más efectiva.

---

40 Ali, P. J. M., Faraj, R. H., Ali, P. J. M., & Faraj, R. H. (2014). Data Normalization and Standardization: A Technical Report. *Machine Learning Technical Reports, 1*(1), 1-6. http://dx.doi.org/10.13140/RG.2.2.28948.04489

41 Song, W., Song, W., Gu, H., & Li, F. (2020). Progress in the Remote Sensing Monitoring of the Ecological Environment in Mining Areas. *International Journal of Environmental Research and Public Health, 17*(6), 1846. https://doi.org/10.3390/ijerph17061846

42 Yang, C., Huang, Q., Li, Z., Liu, K., & Hu, F. (2017). Big Data and cloud computing: Innovation opportunities and challenges. *International Journal of Digital Earth, 10*(1), 13-53. https://doi.org/10.1080/17538947.2016.1239771

Las grandes cantidades de información manejadas en la era del big data no solo nos permiten tener más información con la que detectar posibles impactos negativos con más precisión, sino que también ofrecen una plataforma para modelar diferentes escenarios de mitigación, teniendo en consideración las realidades económicas, sociales y ambientales. Este enfoque puede ayudar a las partes interesadas a identificar estrategias que minimicen el daño ecológico a la vez que mantienen la viabilidad económica, representando un paso muy importante hacia un modelo de desarrollo de la actividad más sostenible y responsable.

Al igual que con la recopilación de datos a través de sensores remotos vistos en el punto anterior; la recopilación, interoperabilidad y normalización de bases de datos de tamaño siempre creciente pueden verse enormemente beneficiadas del progreso en análisis de datos mediante IA y algoritmos de Aprendizaje Profundo (AP), expandiendo aún más nuestra comprensión de la dinámica ambiental. Esto incluye la identificación de nuevos indicadores para la degradación del suelo, la contaminación del agua, y la pérdida de biodiversidad, lo que podrá dar un empuje a la toma de decisiones informadas en el manejo de recursos naturales[31].

Modelización e Inteligencia Artificial

La modelización es el proceso mediante el cual se recrea un sistema o fenómeno complejo del mundo real -como el comportamiento de un ecosistema ante un impacto- mediante una representación teórica, matemática o computacional. El objetivo es simple: facilitar la comprensión y el estudio de su comportamiento. En el caso de la modelización computacional, el uso de algoritmos es fundamental, constituyendo estos una serie de pasos lógicos y bien definidos diseñados para resolver problemas o ejecutar tareas. Paralelamente, la IA es una rama de la informática que se especializa en el desarrollo de sistemas que, en este contexto, podrían considerarse similares a algoritmos. Sin embargo, estos sistemas tienen la capacidad de modificar sus pasos lógicos o sus definiciones en función de la información o tareas a las que se enfrentan, mostrando así comportamientos que emulan el aprendizaje, la percepción y el razonamiento.

El uso de la IA y la modelización computacional en la evaluación ambiental de actividades extractivas representa un avance significativo en la precisión y eficiencia con que podemos anticipar y mitigar impactos adversos. Esta técnica se alimenta de datos recopilados de sensores remotos y del almacenamiento e interoperabilidad de grandes bases de datos (big data) para simular resultados en distintas condiciones ambientales. A medida que las condiciones del clima cambian debido al calentamiento global, estos modelos también deben ser capaces de incorporar variables climáticas a largo plazo para ofrecer predicciones más precisas y confiables sobre impactos ambientales. Así, las autoridades y empresas pueden tomar decisiones más informadas respecto a actividades como la minería y la extracción de petróleo, considerando no solo el estado actual de los ecosistemas sino también cómo podrían verse afectados bajo distintos escenarios de cambio climático[43].

La cumplimentación de los requisitos establecidos en el art. 21.2 y los artículos correlativos del Real Decreto 975/2009[26], específicamente en lo que respecta a la necesidad de aportar información detallada sobre las propiedades geotécnicas e hidrogeológicas del área afectada, se puede potenciar mediante la aplicación de tecnologías geoespaciales y modelización

---

43 Urban, M. C., Bocedi, G., Hendry, A. P., Mihoub, J. B., Pe'er, G., & Singer, A. (2016). Improving the forecast for biodiversity under climate change. *Science AAAS, 353*. https://doi.org/10.1126/science.aad8466

espacial. Estos enfoques técnicos permiten realizar estudios geológico-geotécnicos e hidrogeológicos precisos del emplazamiento, tal como exigen los arts. 22 y 23 del mismo decreto. Utilizando algoritmos avanzados y técnicas de Aprendizaje Automático (AA), es posible simular las dinámicas geológicas y ecológicas, lo que contribuye a una comprensión más profunda de la resistencia del terreno a las "solicitaciones de tipo mecánico e hidráulico" tal como se requiere en el art. 22. Además, estos modelos pueden servir para evaluar la interacción a largo plazo entre los suelos, las rocas naturales y los efluentes, ayudando a garantizar el cumplimiento de las normativas vigentes en materia de aguas de acuerdo con el citado art. 23.

Los modelos hidrológicos, por ejemplo, permiten evaluar cómo la extracción de un mineral afectará los acuíferos locales, mientras que los modelos de dispersión pueden prever la propagación de un derrame químico en cuerpos acuáticos[44]. Los modelos a menudo requieren la incorporación de datos climáticos, geológicos, hidrológicos, y biológicos, cada uno con sus propias resoluciones espaciales y temporales[40]. Esto plantea cuestiones tanto técnicas como metodológicas en la armonización de datos y en la gestión de incertidumbres asociadas, que, de no ser manejadas correctamente, podrían resultar en modelos que ofrecen representaciones simplificadas o erróneas de sistemas ecológicos complejos, lo que podría llevar a decisiones de gestión inapropiadas.

Por otra parte, los modelos de nicho ecológico (MNE), los modelos de uso del suelo y los modelos basados en agente

---

[44] Hajaj, S., El Harti, A., Jellouli, A., Pour, A. B., Mnissar Himyari, S., Hamzaoui, A., & Hashim, M. (2023). Evaluating the Performance of Machine Learning and Deep Learning Techniques to HyMap Imagery for Lithological Mapping in a Semi-Arid Region: Case Study from Western Anti-Atlas, Morocco. *Minerals, 13*(6), 766. https://doi.org/10.3390/min13060766

espacialmente explícitos (ABM), entre otros, constituyen un conjunto de herramientas analíticas que pueden complementar eficazmente el análisis de impactos en ecosistemas, permitiendo considerar efectos más amplios en la biodiversidad local y regional. Mientras que los MNE incorporan datos ambientales y de especies, y los modelos de uso del suelo utilizan variables como la cobertura de suelo, la vegetación y las actividades humanas, los ABM se centran en las interacciones entre agentes individuales dentro de un entorno espacialmente explícito. Estas herramientas permiten, por ejemplo, predecir áreas óptimas para la biodiversidad, incluyendo tanto a especies en peligro de extinción como a especies invasoras. De este modo, se pueden simular los posibles efectos de actividades extractivas en estos hábitats, lo que a su vez impacta en la distribución y abundancia de diversas especies. Este enfoque holístico de la modelización es esencial para la toma de decisiones informadas, ya que integra variables ecológicas clave, como interacciones entre especies, dinámicas de redes tróficas y comportamientos individuales, que a menudo son ignorados, pero tienen significativas implicaciones para la salud de los ecosistemas[45,46].

Dado que existen numerosos subconjuntos de algoritmos de IA, como el AA, un método de análisis de datos que automatiza la construcción de modelos analíticos, o el AP, una técnica de AA que utiliza algoritmos para modelar abstracciones de

---

45 Mota-Vargas, C., Encarnación-Luévano, A., Ortega-Andrade, H. M., Prieto-Torres, D. A., & Peña-Peniche, A. (2019). Una breve introducción a los modelos de nicho ecológico. En *La biodiversidad en un mundo cambiante: Fundamentos teóricos y metodológicos para su estudio.* (pp. 39-63).

46 Grimm, V., & Railsback, S. F. (2012). Pattern-oriented modelling: A 'multi-scope' for predictive systems ecology. *Philosophical Transactions of the Royal Society B: Biological Sciences, 367*(1586), 298-310. https://doi.org/10.1098/rstb.2011.0180

alto nivel[47,48], la elección del algoritmo adecuado depende de muchos factores, como el tipo de tarea que se desea realizar, la cantidad y calidad de los datos disponibles, o la complejidad del modelo que se desea construir. Por ejemplo, si se desea realizar una tarea de clasificación, se pueden utilizar algoritmos como Bosques Aleatorios (BA) o Máquinas de Soporte Vectorial (MSV). Si se desea realizar una tarea de regresión, algoritmos como Regresión Lineal o Árboles de Decisión podrían ser apropiados. Para tareas de agrupación, se pueden utilizar algoritmos como K-Medias o Agrupación Jerárquica. Haciendo un uso correcto de estos algoritmos, se pueden alcanzar análisis y clasificaciones muy precisas. El conocimiento de cómo usar estas herramientas adecuadamente es crítico para explotar la información obtenida y poder realizar análisis y clasificaciones de gran precisión[44].

Pero no solo se ha de tener en cuenta la necesidad de una selección óptima de parámetros, el tiempo de computación también puede representar obstáculos en escenarios de tiempo real[49]. Esto es especialmente así en casos en los que se trabaja con elementos como composiciones químicas y mineralógicas con firmas espectrales (radiación electromagnética emitida) muy parecidas, que puedan dificultar la clasificación[44]. En este sentido, la validación y calibración de modelos surgen como

---

47 Mahesh, B. (2018). Machine Learning Algorithms—A Review. *International Journal of Science and Research (IJSR), 9*(1). https://doi.org/10.21275/ART20203995

48 Zhang, W., Li, H., Li, Y., Liu, H., Chen, Y., & Ding, X. (2021). Application of deep learning algorithms in geotechnical engineering: A short critical review. *Artificial Intelligence Review, 54*(8), 5633-5673. https://doi.org/10.1007/s10462-021-09967-1

49 Li, S., Li, W., Cai, L., & Li, Y. (2023). Subspace multi-regularized non-negative matrix factorization for hyperspectral unmixing. *Applied Intelligence, 53*(10), 12541-12563. https://doi.org/10.1007/s10489-022-04121-y

etapas cruciales para asegurar la fiabilidad y aplicabilidad de estos enfoques avanzados. La calibración de modelos implica ajustar los parámetros para que los resultados del modelo se alineen estrechamente con los datos observados, mientras que la validación implica utilizar conjuntos de datos independientes para evaluar qué tan bien el modelo generaliza a nuevas situaciones. Estas etapas son particularmente importantes cuando se incorporan algoritmos de AA o AP, donde la selección de características y la optimización de parámetros pueden influir significativamente en la precisión del modelo. Omitir estos pasos puede llevar a resultados engañosos y a decisiones poco óptimas, comprometiendo tanto los objetivos de conservación como las metas industriales.

La ética de la modelización también es un factor clave. La precisión y la veracidad en la modelización son imperativas para evitar resultados que podrían ser manipulados o malinterpretados, lo cual tiene tanto implicaciones legales como éticas[50]. La transparencia en el uso y en la interpretación de modelos complejos es fundamental para la confianza pública y la gobernanza efectiva de los recursos naturales[51]. En conclusión, la tecnología de modelización, potenciada por algoritmos de IA, representa una herramienta valiosa pero compleja. Ofrece no solo una mayor precisión en la evaluación de impactos ambientales de actividades extractivas sino también una toma de decisiones más rápida y un monitoreo más extenso. Aunque se enfrenta a desafíos y limitaciones, su potencial para mejorar

---

[50] Wit, E., Heuvel, E. V. D., & Romeijn, J. (2012). 'All models are wrong...': An introduction to model uncertainty. *Statistica Neerlandica, 66*(3), 217-236. https://doi.org/10.1111/j.1467-9574.2012.00530.x

[51] Stoyanovich, J., Abiteboul, S., & Miklau, G. (2016). Data Responsibly: Fairness, Neutrality and Transparency in Data Analysis [dataset]. OpenProceedings.org. https://doi.org/10.5441/002/EDBT.2016.103

los procesos de análisis relacionados con la gestión ambiental es indiscutible.

Desde el punto de vista económico, las actividades extractivas son de una importancia estratégica, tanto por su contribución en el suministro de materias primas como por su relevancia en el contexto económico general[52]. No obstante, no menos importante es la restauración post-extractiva, en tanto resulta esencial para garantizar que las áreas afectadas por actividades mineras y extractivas se recuperen y rehabiliten adecuadamente. Esto no es solo una responsabilidad ética y ambiental, sino también una inversión a largo plazo en la sostenibilidad económica. Las áreas afectadas por la extracción, si se dejan sin restaurar, pueden convertirse en paisajes degradados que pierden su utilidad tanto para la comunidad como para el ecosistema circundante. Este deterioro puede tener costos económicos reales, desde la pérdida de tierras arables hasta la disminución del valor del turismo y la recreación en la región. Además, las áreas no restauradas pueden convertirse en vectores de contaminación, afectando a los recursos hídricos y la calidad del suelo, lo que requiere intervenciones costosas en el futuro. Por lo tanto, la restauración post-extractiva es esencial para mitigar estos riesgos y garantizar que los recursos naturales se mantengan disponibles y productivos para las futuras generaciones.

Dicho esto, es preciso señalar que la restauración post-extractiva no solo es una necesidad ambiental y ética, sino también un imperativo legal. Según la legislación española, en concreto por el Real Decreto 975/2009[26], en alineamiento con las directrices de la Unión Europea, particularmente con la Directiva 2006/21/CE[53], las empresas mineras tienen la obliga-

---

52 Estadística Minera de España 2021: https://energia.gob.es/mineria/Estadistica/DatosBibliotecaConsumer/2021/Estadistica_Minera_Anual_2021.pdf (última visita el 15 de octubre de 2023)

53 DOUE núm. 102, de 11 de abril de 2006: 15-33

ción de llevar a cabo un Plan de Restauración. Este plan debe considerar tanto la prevención como la mitigación de impactos negativos al medioambiente y la salud humana. En este sentido, la entidad explotadora está obligada a utilizar las mejores técnicas disponibles para gestionar los residuos y rehabilitar las áreas afectadas, no solo durante la explotación sino también después del cierre de las instalaciones.

La legislación es explícita en su prohibición del "abandono, vertido o depósito incontrolado de residuos mineros" (art. 3.2 del RD 975/2009). Además, la autorización, permiso o concesión para las labores mineras solo puede otorgarse si se presenta un Plan de Restauración aprobado que esté acompañado de garantías financieras que aseguren su cumplimiento. De esta manera, la restauración post-extractiva es una práctica que busca garantizar la sostenibilidad del recurso y del entorno, evitando impactos negativos a largo plazo y contribuyendo a la recuperación ecológica del espacio afectado. Así, la restauración post-extractiva no es solo una buena práctica empresarial, sino un requisito legal en pos de proteger el bienestar tanto ambiental como humano.

Visto el entramado normativo actual y las consideraciones prácticas, cabe destacar la sinergia y las posibles brechas entre el Real Decreto 975/2009 y la reciente Ley 7/2022[26,27]. El Real Decreto de 2009 establece medidas esenciales para la prevención y mitigación de los impactos ambientales asociados con actividades mineras, incluyendo la rehabilitación de áreas degradadas y la gestión de residuos mineros. La norma preveía un acercamiento integral que vincula la aprobación de actividades extractivas a la existencia de un Plan de Restauración, del cual forma parte el Plan de gestión de residuos. Por su parte, la Ley 7/2022 introduce una visión contemporánea centrada en la economía circular y refuerza la dimensión ambiental, poniendo énfasis en la mitigación del cambio climático y la reducción de la huella ecológica. Esta nueva ley podría servir para actualizar y robustecer el régimen jurídico ya establecido por el Real Decreto, particularmente en lo que respecta a la gestión de residuos mineros. No obstante, resulta imperativo que esta actualización no diluya la efectividad y el alcance del régimen preexistente, sino que lo complemente y potencie, de manera que la gestión de residuos mineros no se convierta en una cuestión secundaria.

Ambas normativas, junto con la Ley 21/2013[20], ofrecen una oportunidad para que las tecnologías avanzadas, como las herramientas de monitoreo ambiental y modelado espacial, sean incorporadas en los planes de restauración y gestión de residuos. Esto no sólo permitirá una acción más precisa y efectiva, sino que también facilitará la coordinación entre las autoridades competentes, maximizando el uso eficiente de los recursos naturales y minerales.

Tecnologías de monitoreo

El monitoreo en tiempo real se ha establecido como un objetivo fundamental para adaptar y afinar los planes de restauración ambiental, especialmente en el contexto de actividades extractivas. Técnicas avanzadas de SIG y teledetección, así como la implementación de Sistemas de Aeronaves No Tripuladas (SANT), son vitales para este propósito[54].

De nuevo, como se viene mencionando a lo largo de este capítulo, es importante asegurar que el uso de estas tecnologías debe sea coherente con las regulaciones éticas y legales, incluida la privacidad y el acceso a la tierra, para garantizar un moni-

---

[54] Ren, H., Zhao, Y., Xiao, W., & Hu, Z. (2019). A review of UAV monitoring in mining areas: Current status and future perspectives. *International Journal of Coal Science & Technology, 6*(3), 320-333. https://doi.org/10.1007/s40789-019-00264-5

toreo legal, responsable y socialmente aceptable[55]. La Agencia Estatal de Seguridad Aérea (AESA) es el organismo encargado de regular la tecnología de SANT en España, alineándose con las normativas europeas, como el Reglamento de Ejecución (UE) 2019/947[56] y el Reglamento Delegado (UE) 2019/945[57]. Estas regulaciones clasifican los SANT según el riesgo asociado con su uso y especifican los requisitos para volar en diferentes zonas, incluyendo áreas restringidas o Zonas de Especial Protección para las Aves (ZEPA). Específicamente, incluso para VANT de menos de 250 gramos, si estos cuentan con sensores como cámaras o micrófonos capaces de capturar datos personales, su uso debe cumplir con las directrices del reglamento europeo de SANT. Esta rigurosa estructura legal busca que la teledetección se realice de manera segura y ética, respetando tanto la privacidad como la integridad de los ecosistemas monitoreados.

Los sensores avanzados, satélites y SANT no sólo permiten recopilar datos sobre condiciones del suelo, calidad del agua y estado de la vegetación, contando con el potencial de proporcionar una vista actualizada al instante de cualquier zona de restauración[15]. Equipados con diversos sensores[54], los SANT pueden ofrecer datos en tiempo real sobre aspectos geológicos y ecológicos, desde la estabilidad de las laderas hasta la presencia de gases peligrosos, lo que a su vez puede garantizar tanto la efectividad del plan de restauración como la seguridad laboral. Sin embargo, la tecnología de SANT enfrenta desafíos, como la selección de los equipos más adecuados para cada proyecto

---

55 Mohammed, F., Idries, A., Mohamed, N., Al-Jaroodi, J., & Jawhar, I. (2014). UAVs for smart cities: Opportunities and challenges. *2014 International Conference on Unmanned Aircraft Systems (ICUAS)*, 267-273. https://doi.org/10.1109/ICUAS.2014.6842265

56 DOUE núm. 152, de 11 de junio de 2019: 45-71

57 DOUE núm. 152, de 11 de junio de 2019: 1-40

y la necesidad de una mayor integración con otras fuentes de datos para un monitoreo más holístico[54]. En este contexto, la interoperabilidad de datos emerge como un elemento necesario para optimizar los esfuerzos de restauración. Algunas plataformas de monitoreo ya permiten la integración de datos provenientes de sensores en tierra, satélites y SANT en una única interfaz para un análisis más integral. Esta integración no solo mejora la precisión de los análisis, sino que también permite una respuesta más rápida y efectiva ante cambios en las condiciones ambientales[58]. Este nivel de sincronización de datos múltiples fortalece la robustez del monitoreo en tiempo real y complementa las técnicas tradicionales como el *ground truthing* o validación de los datos obtenidos mediante observaciones y mediciones en el terreno, que no en vano es una etapa fundamental para garantizar que los datos sean tanto precisos como relevantes en el contexto de la restauración post-extractiva.

Por otro lado, es necesario evaluar la relación costo-beneficio de estas implementaciones tecnológicas. Si bien los sistemas avanzados de monitoreo pueden representar una inversión inicial significativa, los beneficios en términos de adaptabilidad en tiempo real y prevención de impactos ambientales negativos pueden resultar en ahorros sustanciales a largo plazo. Estos ahorros pueden manifestarse en forma de intervenciones más tempranas y precisas, reducción en las sanciones legales y mejoras en la eficiencia operativa, factores críticos en la compleja dinámica de las actividades extractivas.

La escalabilidad de estas tecnologías es otro factor que considerar. Las actividades extractivas a menudo se realizan en una variedad de escalas. La capacidad de escalar tecnologías

---

58 Leggieri, V., Mastrodonato, G., & Uva, G. (2022). GIS Multisource Data for the Seismic Vulnerability Assessment of Buildings at the Urban Scale. *Buildings, 12*(5), 523. https://doi.org/10.3390/buildings12050523

de monitoreo en tiempo real es esencial para asegurar que los esfuerzos de restauración sean coherentes en todo el espectro de actividades extractivas. Herramientas como sensores en tierra y SANT pueden ser más eficaces en proyectos a pequeña y mediana escala, donde la resolución de alta precisión es crítica. Por otro lado, los satélites son generalmente más adecuados para monitoreo a gran escala, donde la resolución puede ser sacrificada en favor de una cobertura más amplia. En este contexto, las tecnologías de IA son altamente escalables, pudiendo adaptarse tanto a sistemas de monitoreo de pequeña escala como a plataformas de análisis de datos a gran escala, lo que las hace particularmente útiles para adaptar los esfuerzos de restauración a diferentes tamaños y tipos de proyectos extractivos. Esto también es trasladable al análisis costo-beneficio, donde el uso de SANT resulta más rentable a pequeña escala, siendo más recomendable el uso de satélites para cubrir grandes extensiones[59].

En cualquier caso, la inmediatez en la recopilación y análisis de datos es fundamental para identificar y abordar problemas emergentes, como la alteración en la salinidad del agua o disminución de la cobertura vegetal, lo que a su vez permite una intervención rápida y precisa por parte de empresas y organismos encargados. El ritmo de avance en las aplicaciones de IA y AA están elevando estas capacidades a un nuevo nivel. Estas tecnologías permiten el análisis en tiempo real de grandes volúmenes de datos, desde identificar cambios sutiles en la vegetación hasta detectar patrones de erosión o contaminación[58,60]. Al integrar

---

[59] Elmousalami, H. H. (2021). Comparison of Artificial Intelligence Techniques for Project Conceptual Cost Prediction: A Case Study and Comparative Analysis. *IEEE Transactions on Engineering Management, 68*(1), 183-196. https://doi.org/10.1109/TEM.2020.2972078

[60] Peres, R. S., Dionisio Rocha, A., Leitao, P., & Barata, J. (2018). IDARTS – Towards intelligent data analysis and real-time supervi-

algoritmos de IA en plataformas de monitoreo, se pueden crear sistemas de alerta temprana más precisos que permiten intervenciones proactivas, especialmente útiles en entornos sensibles afectados por actividades extractivas[61]. Estos sistemas pueden entrenarse para reconocer las señales de múltiples problemas ambientales, desde desequilibrios en la biodiversidad hasta cambios en los niveles de agua subterránea, permitiendo una gestión más holística de los impactos ambientales.

El establecer y mantener un monitoreo continuo requiere, por supuesto, de una planificación y previsión concienzuda. Se han de considerar limitaciones como la corta duración de las baterías de los SANT o su inoperatividad con condiciones climáticas adversas, la dificultad de obtener imágenes satelitales si existe una gran cobertura de nubes o la resolución espacial limitante que pueden presentar para ciertos objetivos. El tipo de computación y algoritmos a usar son también elementos clave para reducir tiempos, habiéndose de considerar de considerar qué se quiere conseguir y a qué nivel de precisión para el marco de monitoreo en tiempo real.

En conclusión, tanto las tecnologías de SIG y teledetección como los SANT ofrecen un conjunto de herramientas complementarias para la adaptación en tiempo real de los planes de restauración, demostrando ser fundamentales para una gestión ambiental y de recursos más sostenible y eficiente en el contexto de actividades extractivas[15,54]. Sin embargo, el uso efectivo y ético de estas herramientas requiere una conside-

---

sion for industry 4.0. *Computers in Industry, 101*, 138-146. https://doi.org/10.1016/j.compind.2018.07.004

61 Pathik, N., Gupta, R. K., Sahu, Y., Sharma, A., Masud, M., & Baz, M. (2022). AI Enabled Accident Detection and Alert System Using IoT and Deep Learning for Smart Cities. *Sustainability, 14*(13), 7701. https://doi.org/10.3390/su14137701

ración cuidadosa tanto de las normativas y directrices legales pertinentes como de recursos y objetivos.

Herramientas de simulación y modelización

La restauración a largo plazo de áreas afectadas por actividades extractivas requiere una planificación cuidadosa y estratégica. Las herramientas de simulación y modelización son esenciales para anticipar cómo evolucionará un entorno de interés, permitiendo a los planificadores abordar desafíos y aprovechar oportunidades de forma proactiva. Sin embargo, es vital reconocer que toda modelización lleva consigo un grado de incertidumbre, lo que no le resta utilidad práctica[62]. La precisión de las predicciones depende de la calidad de los datos usados, las suposiciones inherentes al modelo, la escala y la variabilidad natural de los sistemas ecológicos y geológicos. Es esencial que estos modelos se diseñen y validen para ser escalables, garantizando que las intervenciones de restauración sean pertinentes y efectivas a múltiples niveles. La modelización es una poderosa herramienta capaz de simular escenarios futuros basados en tendencias actuales y proyecciones a largo plazo[63].

Los efectos del cambio climático añaden un nivel adicional de complejidad a la restauración de áreas afectadas por actividades extractivas. La modelización y simulación, en este

---

[62] Valga citar aquí la famosa frase de George Box: "Todos los modelos son erróneos, pero algunos son útiles", que no vino sino a decirnos que deberíamos centrarnos más en si algo se puede aplicar a la vida cotidiana de manera útil en lugar de debatir interminablemente si una respuesta es correcta en todos los casos.

[63] Chen, Z., Chen, J., Liu, T., Li, Y., Yin, Q., & Du, H. (2023). Regional Quantitative Mineral Prospectivity Mapping of W, Sn, and Nb-Ta Based on Integrated Information in Rwanda, Central Africa. *Minerals, 13*(2), 189. https://doi.org/10.3390/min13020189

contexto, deben considerar escenarios climáticos futuros. Estos cambios, que incluyen patrones climáticos impredecibles, eventos climáticos extremos y fluctuaciones estacionales, tienen el potencial de alterar o incluso revertir los esfuerzos de restauración[43]. Por ejemplo, si un área comienza a experimentar sequías más frecuentes debido a cambios en los patrones de precipitación, los esfuerzos de restauración deberían adaptarse para introducir vegetación resistente a la sequía. Del mismo modo, si se prevé que un área experimente un aumento en las inundaciones, los sistemas de drenaje y las infraestructuras deben diseñarse para manejar estos eventos[64].

Además, las actividades extractivas como la minería pueden exacerbar los efectos del cambio climático. Por ejemplo, la eliminación de la vegetación y la alteración del suelo pueden aumentar la vulnerabilidad de un área a la erosión, especialmente en condiciones climáticas cambiantes. Las herramientas de modelización deben tener en cuenta estas interacciones complejas y ofrecer soluciones adaptativas que integren tanto los impactos de las actividades extractivas como los desafíos emergentes del cambio climático[65].

En cuanto a las herramientas con las que contamos para tratar estos problemas podemos destacar el algoritmo de BA, un algoritmo de aprendizaje capaz de realizar clasificaciones certeras y operar con bases de datos de gran tamaño, muy útil

---

64 Prober, S. M., Byrne, M., McLean, E. H., Steane, D. A., Potts, B. M., Vaillancourt, R. E., & Stock, W. D. (2015). Climate-adjusted provenancing: A strategy for climate-resilient ecological restoration. *Frontiers in Ecology and Evolution, 3*. https://doi.org/10.3389/fevo.2015.00065

65 Odell, S. D., Bebbington, A., & Frey, K. E. (2018). Mining and climate change: A review and framework for analysis. *The Extractive Industries and Society, 5*(1), 201-214. https://doi.org/10.1016/j.exis.2017.12.004

como método experimental para detectar interacciones entre variables[66]. En este contexto, se usa en análisis y clasificaciones de temas tan variados como cambio climático, caracterización del suelo o análisis de biodiversidad[63]. Este método ha demostrado ser especialmente eficaz en el mapeo prospectivo y puede ser extrapolado para la planificación de la restauración, permitiendo a los planificadores anticipar problemas como la erosión del suelo y la degradación del hábitat.

La adaptabilidad y la eficiencia de estos modelos se mejoran aún más mediante el uso de datos de código abierto y teledetección. Por ejemplo, las imágenes de Landsat 8, Sentinel 2, y otras fuentes de datos geoespaciales pueden informar sobre el estado actual del entorno, proporcionando una línea de base para la simulación y la monitorización[63].

No obstante, si bien las imágenes satelitales, como las proporcionadas por Landsat 8 o Sentinel 2, son esenciales para el análisis territorial, enfrentan una limitación significativa en ciertos casos. La combinación de la complejidad del paisaje capturado y la resolución original limitada del sensor puede resultar en una superposición de objetos distintos dentro de un único píxel de la imagen, como podría ser el caso de un árbol y una roca. Sin embargo, avances recientes en algoritmos y metodologías, como el método de Factorización de Matrices No Negativas Multirregularizada por Subespacios para la Desmezcla Hiperespectral (SMRNMF, por sus siglas en inglés), están mostrando un potencial significativo para mitigar estos desafíos[49,67]. Este enfoque específico permite la descomposi-

---

66 Breiman, L. (2001). Random Forests. Machine Learning, 45(1), 5-32. https://doi.org/10.1023/A:1010933404324

67 Lu, X., Dong, L., & Yuan, Y. (2020). Subspace Clustering Constrained Sparse NMF for Hyperspectral Unmixing. *IEEE Transactions on Geoscience and Remote Sensing, 58*(5), 3007-3019. https://doi.org/10.1109/TGRS.2019.2946751

ción detallada de la información contenida en estos píxeles superpuestos, mejorando considerablemente los procesos convencionales de desmezcla hiperespectral[49]. Como resultado, es posible obtener información más granular sobre aspectos como la calidad o la composición del suelo y la vegetación en un área determinada.

Dicho esto, el método SMRNMF no está exento de sus propios desafíos. Su implementación puede ser computacionalmente intensiva, y el modelo en sí tiene múltiples parámetros que requieren ajustes cuidadosos[49]. En este contexto, un enfoque más integrado que combine SMRNMF con otros métodos y algoritmos podría ofrecer una solución más robusta y eficiente, no obstante, es vital entender que cada herramienta tiene su propio conjunto de fortalezas y limitaciones.

Mientras que la precisión y la adaptabilidad de estos modelos son esenciales, no lo es menos su validación en el campo. Es fundamental contrastar las predicciones de los modelos con observaciones y resultados reales para garantizar su eficacia. Esto no solo verifica la precisión de la herramienta, sino que también permite realizar ajustes basados en discrepancias entre las predicciones y los datos reales, refinando así el modelo para futuras aplicaciones[68]. Estos procesos de validación, cuando se llevan a cabo en el contexto de actividades extractivas, garantizan que las estrategias de restauración propuestas sean viables y se ajusten a las condiciones y desafíos específicos del área afectada.

Es esencial durante la modelización no solo considerar los aspectos ecológicos, geológicos y tecnológicos, sino también los socioeconómicos. A medida que se llevan a cabo proyec-

---

[68] Rykiel, E. J. (1996). Testing ecological models: The meaning of validation. *Ecological Modelling, 90*(3), 229-244. https://doi.org/10.1016/0304-3800(95)00152-2

tos extractivos, las comunidades locales se ven afectadas, no solo por el cambio en el paisaje, sino también por el impacto socioeconómico[12]. Las actividades extractivas pueden traer empleo y desarrollo económico a corto plazo, pero también pueden llevar a desplazamientos, alteraciones culturales y, una vez finalizada la extracción, a un vacío económico y social. Las comunidades que dependen de recursos naturales para su sustento pueden verse gravemente afectadas por los cambios en los ecosistemas debido a las actividades extractivas y el cambio climático, por lo que identificar y planificar estos escenarios socioeconómicos cambiantes es esencial para garantizar una restauración efectiva y sostenible[69]. Los modelos que consideran estas dimensiones socioeconómicas pueden ayudar a garantizar que las áreas afectadas por actividades extractivas no solo se recuperen desde una perspectiva ecológica, sino que también proporcionen oportunidades económicas sostenibles a largo plazo para las comunidades afectadas. Además, la participación de las comunidades locales en el proceso de restauración puede ser esencial para su éxito. Estas comunidades pueden aportar un conocimiento invaluable sobre el ecosistema local, las especies nativas y las prácticas tradicionales que pueden ser integradas tanto en los modelos como en los proyectos de restauración[70].

---

69 Ciscar, J.-C., Iglesias, A., Feyen, L., Szabó, L., Van Regemorter, D., Amelung, B., Nicholls, R., Watkiss, P., Christensen, O. B., Dankers, R., Garrote, L., Goodess, C. M., Hunt, A., Moreno, A., Richards, J., & Soria, A. (2011). Physical and economic consequences of climate change in Europe. *Proceedings of the National Academy of Sciences, 108*(7), 2678-2683. https://doi.org/10.1073/pnas.1011612108

70 Uprety, Y., Asselin, H., Bergeron, Y., Doyon, F., & Boucher, J.-F. (2012). Contribution of traditional knowledge to ecological restoration: Practices and applications. *Écoscience, 19*(3), 225-237. https://doi.org/10.2980/19-3-3530

Además, como ya se destacó en la *sección 2.3* de este capítulo, hay consideraciones éticas y regulatorias que no pueden ser ignoradas. A medida que se incorporan conjuntos de datos más amplios y algoritmos más sofisticados, la trazabilidad del razonamiento detrás de los resultados se vuelve cada vez más opaca. Estos procesos a menudo se perciben como "cajas negras", donde se pierde la transparencia y se diluye el conocimiento sobre las etapas intermedias entre la entrada de datos y los resultados finales[71]. Es crucial ser conscientes de las posibles consecuencias e impactos de las decisiones basadas en estos modelos, especialmente en el contexto de las actividades extractivas. Los modelos deben ser desarrollados y aplicados con integridad y transparencia, con un compromiso de respetar tanto el medioambiente como los derechos y bienestar de las comunidades circundantes. Las regulaciones, por otro lado, deben establecer estándares claros para la restauración y pueden guiar y supervisar estos esfuerzos, garantizando que las intervenciones sean tanto efectivas como éticas.

En resumen, las herramientas de simulación y modelización son elementos decisivos para una planificación de restauración efectiva, especialmente en el ámbito de las actividades extractivas. Estos métodos pueden aprovechar una variedad de datos geoespaciales y algoritmos avanzados para proporcionar visiones futuras detalladas, que a su vez informan estrategias adaptativas para el manejo sostenible y resiliente de los ecosistemas restaurados.

---

[71] Brozek, B., Furman, M., Jakubiec, M., & Kucharzyk, B. (2023). The black box problem revisited. Real and imaginary challenges for automated legal decision making. *Artificial Intelligence and Law.* https://doi.org/10.1007/s10506-023-09356-9

SEGUIMIENTO DE RIESGOS AMBIENTALES

La gestión de riesgos ambientales en proyectos mineros y extractivos en España está regida principalmente por la Ley 21/2013 y el Real Decreto 975/2009, que ofrecen directrices para una evaluación exhaustiva de riesgos y medidas específicas de prevención y mitigación[20,26]. Sin embargo, la efectividad de la implementación de estas leyes sigue siendo una preocupación. Este problema toma una relevancia especial en el contexto de las ambiciones de la Unión Europea para alcanzar la neutralidad climática en 2050, según lo articulado en el Pacto Verde Europeo y la "Ley Europea del Clima" y, especialmente, en el contexto del ya en vigor Reglamento de Materias Primas Fundamentales[72], ampliamente discutido en otros capítulos de la presente obra colectiva[73]. La creciente importancia de tecnologías como la IA y sensores remotos ofrece oportunidades sin precedentes para una supervisión más efectiva y una mitigación proactiva de riesgos ambientales, aspectos respaldados por la Ley 26/2007 de 23 de octubre, de Responsabilidad Medioambiental[74], y la Ley 7/2021, de 20 de mayo, de cambio climático y transición energética[75], que también abordan la responsabilidad y adaptación climática, respectivamente.

La extracción de recursos minerales críticos (CRM, por sus siglas en inglés) como el litio, cobalto y grafito, vitales para las tecnologías de energías renovables y el almacenamiento de baterías, plantea desafíos adicionales. Según el Banco Mundial, la demanda de estos minerales podría aumentar en hasta un 500%

---

[72] DOUE núm. 1252, de 3 de mayo de 2024: 1-67

[73] Comisión Europea. (2021). Ley Europea del Clima. Recuperado de https://climate.ec.europa.eu/eu-action/european-climate-law_es

[74] BOE núm. 255, de 24 de octubre de 2007.

[75] BOE núm. 121, de 21 de mayo de 2021.

para el año 2050[76]. Esta creciente demanda entra en conflicto con la disponibilidad de recursos hídricos y tensiones con las comunidades locales, exponiendo la necesidad de una gestión ambiental más robusta. Es más, a pesar de su importancia para la transición energética, los CRM han sido en gran parte omitidos en las políticas de cambio climático[77], lo que crea un vacío normativo que necesita ser abordado de manera urgente.

Para alinear las actividades extractivas con los objetivos de sostenibilidad, es necesario aplicar marcos regulatorios con rigor. Las nuevas tecnologías ofrecen herramientas para una evaluación ambiental más precisa y para el seguimiento de riesgos en tiempo real. Esta adopción tecnológica no solo podría reducir los impactos negativos en el medioambiente, sino que también puede ofrecer beneficios socioeconómicos. En este contexto, la coordinación efectiva entre diferentes niveles de administración es clave, y las tecnologías emergentes podrían facilitar este proceso[78].

---

76 Hund, K., Porta, D. L., Fabregas, T. P., Laing, T., & Drexhage, J. (2023). The Mineral Intensity of the Clean Energy Transition. *World Bank.*

77 En particular, en el Plan Nacional Integrado de Energía y Clima (PNIEC) y la Ley de Cambio Climático (Fernández-Espinar López, 2022)

78 Como complemento a nuestra discusión sobre el potencial de la inteligencia artificial en la evaluación ambiental, el capítulo anterior de esta obra colectiva destaca su aplicación en la mejora de los procedimientos administrativos en el sector extractivo, subrayando la necesidad de una regulación adaptativa que incorpore estas tecnologías avanzadas para una gestión más efectiva. Vid. ZAPATA SEVILLA, J (2024): "Las tecnologías de registro distribuido e inteligencia artificial aplicadas a las actividades extractivas" en R. ZAMORA ROSELLÓ (dir.) Actividades extractivas y políticas públicas: desafíos normativos y tecnológicos para el sector minero. En clave del Reglamento UE de materias primas fundamentales, 2024, Valencia, Tirant lo blanch, pp. 381-424

Uso de sensores y detección remota para monitorear riesgos en tiempo real

Con la evolución y proliferación de la tecnología de sensores y detección remota, las empresas extractivas se benefician ahora de medios más precisos y efectivos para monitorear tanto sus operaciones como el medioambiente circundante. La instalación de sensores en diversos puntos de un sitio extractivo puede revelar parámetros clave, tales como la calidad del aire o el nivel de agua. Estos sensores, que destacan por su durabilidad y bajo coste, transmiten datos en tiempo real a las estaciones de control, permitiendo intervenciones rápidas en caso de anomalías.

La ventaja de la detección remota se extiende más allá de los sensores terrestres, ofreciendo la capacidad de monitorear extensas áreas a través de sensores montados en plataformas aéreas o satelitales. Esta capacidad avanzada permite detectar cambios sutiles en el paisaje con una resolución temporal de días a horas. Li *et al.* (2019) han subrayado cómo estas técnicas están transformando el monitoreo en tiempo real en áreas de producción y exploración de hidrocarburos[79].

Las áreas de explotación a menudo se superponen con ecosistemas frágiles y hábitats críticos para especies en peligro. Los sensores satelitales y aéreos, incluyendo SANT, tienen la capacidad de identificar y monitorear ecosistemas sensibles y cambios en los patrones de vegetación, así como la presencia y movimientos de especies clave. Por ejemplo, la deforestación o el cambio en el uso del suelo pueden ser rápidamente de-

---

[79] Li, Y., Nelson, R., Jeffery, W., Foster, D., Dubucq, D., Verliac, M., Soofi, K., & Leifer, I. (2019). Recent advances in remote sensing technologies for hydrocarbon exploration and environmental evaluation. *The Leading Edge, 38*(7), 554-555. https://doi.org/10.1190/tle38070554.1

tectados, proporcionando una alerta temprana para posibles impactos adversos en la biodiversidad local[80].

Adicionalmente, al combinar los datos de detección remota con MNE y bases de datos de biodiversidad, las empresas pueden obtener un entendimiento más profundo de cómo sus operaciones podrían influir en la fauna y flora locales y, por lo tanto, tomar decisiones más informadas en sus prácticas operativas y de conservación[81].

Además de los beneficios operativos y ambientales que el monitoreo en tiempo real aporta a las empresas extractivas, estas tecnologías tienen un papel vital en fortalecer la relación con la sociedad y las partes interesadas. La inmediatez y la transparencia en la información es cada vez más demandada por las comunidades locales, organismos reguladores y el público en general. Al proporcionar datos en tiempo real, las empresas pueden demostrar que están cumpliendo con los estándares ambientales y de seguridad, lo que a su vez puede fomentar la confianza en sus operaciones. Por ejemplo, el compartir información detallada sobre la calidad del aire o el nivel de agua en áreas cercanas a operaciones extractivas puede despejar dudas o preocupaciones de las comunidades locales. A su vez, involucrar a estas comunidades en el monitoreo y la interpretación de los datos puede promover una colaboración más estrecha, permitiendo que las partes interesadas tengan un papel activo en la supervisión y toma de decisiones. Esta cohesión entre las

---

80 Turner, W., Spector, S., Gardiner, N., Fladeland, M., Sterling, E., & Steininger, M. (2003). Remote sensing for biodiversity science and conservation. *Trends in Ecology & Evolution, 18*(6), 306-314. https://doi.org/10.1016/S0169-5347(03)00070-3

81 Parra, J. L., Graham, C. C., & Freile, J. F. (2004). Evaluating alternative data sets for ecological niche models of birds in the Andes. *Ecography, 27*(3), 350-360. https://doi.org/10.1111/j.0906-7590.2004.03822.x

empresas y la comunidad no solo minimiza conflictos, sino que también abre puertas a colaboraciones más profundas, donde los conocimientos y preocupaciones locales pueden ser incorporados en la planificación y gestión de operaciones.

No obstante, la ubicación remota de muchas operaciones extractivas y sus implicaciones en telecomunicaciones, unido al equipo necesario para registrar, procesar y analizar grandes cantidades de datos, plantea obstáculos logísticos que deben ser prudentemente considerados, especialmente si se quiere mantener un ritmo continuo de análisis y comunicación.

Un desafío creciente en el ámbito del monitoreo ambiental es la gestión de contaminantes en relaves mineros. Las actividades extractivas, especialmente en la minería de oro, suelen generar residuos ricos en metales pesados, como el arsénico y el cromo, que son dañinos tanto para el medioambiente como para la salud humana[82,83]. Sin embargo, se están explorando soluciones ecológicas innovadoras, como los *biocrusts*[84], que tienen la capacidad de enriquecer o degradar metales pesados en

---

82 Buch, A. C., Niemeyer, J. C., Marques, E. D., & Silva-Filho, E. V. (2021). Ecological risk assessment of trace metals in soils affected by mine tailings. *Journal of Hazardous Materials, 403*, 123852. https://doi.org/10.1016/j.jhazmat.2020.123852

83 Khan, S., Cao, Q., Zheng, Y. M., Huang, Y. Z., & Zhu, Y. G. (2008). Health risks of heavy metals in contaminated soils and food crops irrigated with wastewater in Beijing, China. *Environmental Pollution, 152*(3), 686-692. https://doi.org/10.1016/j.envpol.2007.06.056

84 El término "biocrust" se refiere a las costras biológicas del suelo, también conocidas como "costras biológicas", "costras criptobióticas" o "costras microbianas del suelo". Estas son comunidades de organismos como líquenes, musgos, y cianobacterias que se forman en la capa superior del suelo. Desempeñan un papel ecológico importante en la prevención de la erosión del suelo y en la captación de nutrientes y humedad.

relaves mineros[85]. Estos *biocrusts,* que tienen un papel vital en la mejora de la estructura del suelo y la refinación de partículas, pueden ser monitoreados en tiempo real mediante detección remota, ayudando a investigadores y empresas a comprender mejor su impacto y eficacia en la gestión de metales pesados.

El desafío con estas soluciones ecológicas, sin embargo, es que se requiere investigación de largo alcance para garantizar su seguridad y eficacia. Si bien los *biocrusts* pueden enriquecerse con metales pesados y reducir su riesgo en el subsuelo, es crucial determinar si su acumulación continuada podría llegar a representar un riesgo ambiental[83]. El establecer métodos de monitorización a tiempo real y a largo plazo puede suponer una posible solución a este desafío, permitiendo un control continuo de áreas afectadas.

La capacidad y precisión de estas técnicas se ve ampliamente demostrada en estudios como el de Bedini *et al.* (2022) sobre el distrito minero de Río Tinto en España. Mediante captura hiperespectral, este estudio pudo mapear con precisión la composición superficial del área, detectando minerales secundarios de hierro indicativos de drenaje ácido de mina[31].

En relación con la aplicación de técnicas de IA como el AA en la detección remota, como las mencionadas en el estudio de Yousefi *et al.* (2021)[21], es evidente que estas herramientas están transformando la forma en que las empresas extractivas abordan la exploración y evaluación de riesgos. La combinación de algoritmos de AA con datos de detección remota permite una precisión sin precedentes en la identificación de zonas de alteración y riesgo. Este enfoque no solo mejora la eficiencia y

---

85 Fan, J., Bu, C., Qi, Y., Zhou, W., Wang, C., Wei, Y., & Siddique, K. H. M. (2023b). Biocrusts significantly affect the bioavailability and ecological risk of heavy metals in gold mine tailings. *Plant and Soil.* https://doi.org/10.1007/s11104-023-06218-w

precisión de las operaciones de exploración, sino que también reduce los costos y tiempos asociados a la recopilación y análisis de datos.

Para garantizar operaciones efectivas y sostenibles, es imperativo que las empresas adopten y se adapten a estas tecnologías avanzadas. Al permitir una evaluación rápida y precisa del terreno y de las operaciones en curso, la detección remota garantiza que las actividades extractivas se realicen con el menor impacto posible en el medioambiente y, al mismo tiempo, maximiza la eficiencia y seguridad operacional. Con el avance continuo en estas tecnologías y su integración en la industria extractiva, es posible no solo optimizar las operaciones, sino también anticipar y responder a desafíos ambientales y operativos de manera proactiva.

Inteligencia artificial para predecir riesgos y proponer soluciones

Como se viene indicando a lo largo de este capítulo, la IA está transformando profundamente la manera en que diversas industrias, incluida la extractiva, procesan y actúan sobre grandes volúmenes de datos. En el seguimiento ambiental, la capacidad de la IA para reconocer patrones y tendencias en conjuntos de datos masivos, recopilados por sensores y SANT, se está tornando también indispensable.

En este panorama de rápido desarrollo tecnológico, es vital reconocer la importancia de la integración multidisciplinaria. La IA, en sí misma, es una herramienta poderosa, pero su máximo potencial se desbloquea cuando se combina con el conocimiento experto de diferentes campos.

La biología, la geología y la ingeniería, por ejemplo, ofrecen una comprensión profunda de los sistemas naturales y sus interacciones, permitiendo a estos algoritmos ser ajustados y afinados para predecir con mayor precisión eventos como deslizamientos de tierra, filtraciones de contaminantes, o la propagación de especies invasoras en zonas de actividad extractiva. La geomática y el modelado espacial, por su parte, son esenciales para entender y visualizar cómo los datos se distribuyen y varían en el espacio. Esta comprensión geoespacial puede beber de todas las materias del conocimiento para mejorar la interpretación y aplicabilidad de los resultados generados por algoritmos de IA, asegurando que las soluciones propuestas sean espacialmente relevantes y viables.

El derecho ambiental, por otro lado, proporciona un marco para entender las regulaciones y responsabilidades asociadas con las actividades extractivas. La IA podría incluso ser entrenada para identificar potenciales infracciones legales o áreas donde las actividades extractivas podrían enfrentar desafíos legales basados en datos históricos y jurisprudencia[86]. La eficacia de la IA no se mide simplemente por su desempeño inicial, sino por su capacidad para adaptarse y aprender de los errores y cambios en el entorno. En este sentido, la retroalimentación continua se presenta como una componente esencial en la implementación de sistemas basados en IA.

La EIA, una herramienta vital que, como ya vimos al inicio de este capítulo, busca identificar y cuantificar los posibles impactos negativos en el medioambiente antes de que un proyecto se inicie, es otro ejemplo de aplicación potencial de algoritmos de IA llevados por equipos multidisciplinares. El potencial para mejorar y optimizar el proceso de EIA es significativo. Al integrar la IA en los procedimientos de EIA, se pueden analizar y procesar vastas cantidades de datos ambientales a una velocidad sin precedentes. Esto no solo acelera el proceso, sino que

---

[86] Pagallo, U., Ciani Sciolla, J., & Durante, M. (2022). The environmental challenges of AI in EU law: Lessons learned from the Artificial Intelligence Act (AIA) with its drawbacks. Transforming Government: People, *Process and Policy, 16*(3), 359-376. https://doi.org/10.1108/TG-07-2021-0121

también permite una evaluación más exhaustiva y precisa. Por ejemplo, los algoritmos de IA pueden analizar rápidamente datos históricos y actuales para identificar patrones o tendencias que podrían indicar vulnerabilidades ambientales o áreas de interés biológico en el sitio propuesto para la extracción[87].

Las herramientas geoespaciales también pueden combinarse con la IA para enriquecer el proceso de EIA. Al integrar algoritmos de IA con SIG y datos recopilados por sensores y SANT, es posible obtener una visión más detallada y precisa de un área específica.

Dentro del ámbito de las actividades extractivas, la clasificación de imágenes hiperespectrales es una aplicación emergente de gran relevancia. Estas imágenes ofrecen una riqueza tanto espacial como espectral, permitiendo identificar regiones de interés con precisión. Un nuevo modelo, FEW-ASSELM, propuesto por Yin y Wei (2023)[88], se vale de la IA para optimizar la clasificación de estas imágenes. Esta herramienta determina la importancia de cada banda utilizando una métrica novedosa basada en la entropía difusa, y a partir de ello, selecciona las bandas más relevantes y optimiza su agrupación. La ventaja fundamental del modelo radica en su adaptabilidad a diversas características, lo que es crucial dada la heterogeneidad de terrenos y condiciones ambientales asociados a las actividades extractivas.

---

87 Xiang, X., Li, Q., Khan, S., & Khalaf, O. I. (2021). Urban water resource management for sustainable environment planning using artificial intelligence techniques. *Environmental Impact Assessment Review, 86,* 106515. https://doi.org/10.1016/j.eiar.2020.106515

88 Yin, Y., & Wei, L. (2023). Hyperspectral image classification using ensemble extreme learning machine based on fuzzy entropy weights and auto-adapted spatial-spectral features. *Multimedia Tools and Applications, 82*(1), 217-238. https://doi.org/10.1007/s11042-022-13255-7

Otro aspecto prometedor de la IA en el ámbito de las actividades extractivas es su capacidad para simular escenarios futuros basándose en vastas cantidades de datos y patrones identificados. Estos escenarios simulados permiten a las industrias extractivas planificar de manera anticipada. Por ejemplo, si los modelos espacialmente explícitos identifican un aumento probable en la escasez de agua en una región específica en las próximas décadas, las operaciones mineras pueden adaptar sus prácticas para reducir el consumo de agua o buscar fuentes alternativas. De manera similar, si la IA prevé un aumento en la actividad sísmica o la probabilidad de eventos climáticos extremos, las infraestructuras pueden ser diseñadas para ser más resilientes ante tales eventualidades.

Estas predicciones no sólo tienen aplicaciones en la planificación a largo plazo, sino que también son fundamentales para evaluar la viabilidad a largo plazo de un proyecto. En un mundo donde el cambio climático y la alteración del paisaje juegan un papel cada vez más determinante, la capacidad de prever estos cambios y adaptarse a ellos es esencial. No se trata solo de maximizar la eficiencia y la rentabilidad, sino también de garantizar la sostenibilidad ambiental y la responsabilidad corporativa. Las decisiones tomadas hoy, basadas en escenarios futuros simulados, pueden ser la diferencia entre un proyecto extractivo que beneficia a las comunidades y al medioambiente, y uno que causa daños irreparables.

Más allá de la detección y predicción de riesgos, la IA también puede jugar un papel proactivo al proponer soluciones. Mediante la integración de bases de datos que recopilan mejores prácticas, investigaciones y estudios de caso, puede recomendar medidas correctivas adaptadas a situaciones previamente resueltas en otros contextos.

Finalmente, es fundamental que las empresas extractivas no sólo compartan los beneficios tangibles derivados de las soluciones de IA, como una gestión más eficiente y sostenible de los recursos, sino también los intangibles, como la formación y la capacitación. Las comunidades deben ser empoderadas para comprender, cuestionar y, si es necesario, co-diseñar soluciones basadas en IA, garantizando así que estas tecnologías sean utilizadas de manera justa y equitativa.

En resumen, la aplicación de algoritmos de IA a las herramientas modernas, están proporcionando a la industria extractiva nuevas formas de anticipar, identificar y gestionar de manera proactiva los riesgos ambientales. Estas no sólo tienen el potencial de proteger el medioambiente, sino también de fortalecer la sostenibilidad y eficiencia operativa de las empresas[44,86]. Es evidente que, conforme la IA continúa evolucionando, su papel en la industria extractiva seguirá siendo cada vez más indispensable, y deberá ir de la mano de los pertinentes controles de calidad y transparencia.

CASOS DE ESTUDIO

Identificación y Evaluación de Metales Pesados en Suelos Agrícolas del Terreno Kárstico del Suroeste de China. Una Aproximación Integrada

La importancia de adoptar un enfoque integrado y multidisciplinario en la evaluación y gestión de los riesgos ambientales asociados a las actividades extractivas es innegable. Un caso emblemático de la necesidad de este enfoque se refleja en el estudio de Jiang, Yang y Luo (2023) en la región de Karst, en el suroeste de China[89]. Esta área, conocida por su biodiversidad y

---

89 Jiang, Z., Yang, S., & Luo, S. (2023). Source analysis and health risk assessment of heavy metals in agricultural land of multi-mineral mining and smelting area in the Karst region – a case study of Jichan-

fragilidad del suelo, ha evidenciado niveles alarmantes de metales pesados en suelos destinados a la agricultura. Aunque la geología natural de la región es una de las causantes, las actividades mineras y de fundición han exacerbado este problema, dando lugar a niveles de contaminación superpuestos.

El estudio adoptó una metodología que combinaba el Índice Geológico de Acumulación (Igeo) y el Factor de Enriquecimiento (EF), con técnicas tradicionales como APCS/MLR y SIG, y las potenció con enfoques modernos de AA, como SOM y BA. Esta combinación permitió identificar las fuentes principales de contaminación: las actividades de minería y fundición de plomo, zinc, carbón y hierro, además de las fuentes naturales y agrícolas. Las fundiciones de hierro y carbón, si bien representaban la menor cantidad de contaminantes, constituían las de mayor riesgo para la salud, en particular para la población infantil.

Este estudio destaca no solo por su metodología innovadora, sino también por su enfoque holístico. Enfrentar los desafíos ambientales actuales requiere una amalgama de técnicas tradicionales y modernas. Además, resalta la capacidad de la inteligencia artificial y el aprendizaje automático, como se discutió en la subsección *4.2*, para enriquecer y potenciar la identificación y evaluación de riesgos, especialmente en zonas con actividades extractivas intensas.

La situación en Jichangpo, Puding County, nos confronta con las complejas interacciones entre actividades humanas y el medioambiente. La presencia de metales pesados en suelos agrícolas no solo amenaza la salud humana, sino que también plantea serios desafíos a la seguridad alimentaria, un asunto

gpo Town, Southwest China. *Heliyon, 9*(7), e17246. https://doi.org/10.1016/j.heliyon.2023.e17246

de relevancia no solo para China, sino a escala global, dada la relevancia de la región en el panorama agrícola mundial.

Por último, este caso recalca que la industria extractiva, en su continua exploración y explotación de recursos, tiene el imperativo de incorporar prácticas de monitorización y gestión ambiental eficientes. Es esencial que utilice herramientas avanzadas, incluida la IA, para asegurar operaciones que coexistan armoniosamente con el entorno, garantizando la sostenibilidad y bienestar de las generaciones actuales y venideras.

Impacto de la Contaminación por Polvo en la Vegetación

El estudio de Ma *et al.* (2020)[90] aborda un tema crítico en el ámbito de la evaluación ambiental: el impacto de la contaminación por polvo en la vegetación en áreas mineras. Este estudio es especialmente relevante en el contexto de las actividades extractivas, como las que ocurren en las minas de hierro en China.

El estudio empleó el modelo AERMOD para analizar las características de dispersión del polvo. Se centra en dos áreas específicas: una cantera y una carretera de acarreo dentro de la zona minera. Los resultados mostraron que la contaminación por polvo era especialmente severa a lo largo de la vía de transporte de material, debido a una distribución más extensa y concentrada del polvo.

Adicionalmente, el estudio utilizó el modelo DART para simular las características espectrales de la vegetación bajo condiciones de contaminación por polvo. Los hallazgos subrayan

---

90 Ma, B., Li, X., Jiang, Z., Pu, R., Liang, A., & Che, D. (2020). Dust Dispersion and Its Effect on Vegetation Spectra at Canopy and Pixel Scales in an Open-Pit Mining Area. *Remote Sensing, 12*(22), 3759. https://doi.org/10.3390/rs12223759

cómo la deposición vertical del polvo en la vegetación influye significativamente en sus características espectrales.

Este estudio es de gran valor por varias razones. Primero, ofrece una metodología robusta para estudiar la dispersión del polvo en áreas mineras, una parte fundamental de la planificación y gestión ambiental. Segundo, contribuye al entendimiento de cómo la deposición del polvo afecta las características espectrales de la vegetación, un aspecto esencial para la monitorización medioambiental a través de sensores remotos. Finalmente, estos hallazgos podrían ser beneficiosos para los responsables de la toma de decisiones o los investigadores que emplean tecnologías de sensores remotos para cartografiar y evaluar el impacto del polvo en áreas mineras.

Uso de Sistemas de Aeronaves No Tripuladas (SANT) en la Exploración y Minería

La planificación y monitorización de las áreas afectadas por actividades extractivas requieren herramientas tecnológicas avanzadas que faciliten la recolección y análisis de datos geológicos en tiempo real. En este contexto, los SANT emergen como tecnologías clave para el mapeo geológico, especialmente en zonas de difícil acceso o en las que la recolección de datos a pie podría comprometer la seguridad personal[91].

Estos sistemas, equipados con múltiples sensores, han comenzado a revolucionar la investigación geocientífica, aunque aún no se utilizan de forma rutinaria en la exploración y mi-

---

[91] Jackisch, R., Lorenz, S., Kirsch, M., Zimmermann, R., Tusa, L., Pirttijärvi, M., Saartenoja, A., Ugalde, H., Madriz, Y., Savolainen, M., & Gloaguen, R. (2020). Integrated Geological and Geophysical Mapping of a Carbonatite-Hosting Outcrop in Siilinjärvi, Finland, Using Unmanned Aerial Systems. *Remote Sensing, 12*(18), 2998. https://doi.org/10.3390/rs12182998

nería. Las reticencias se centran en la falta de confianza en su valor añadido y la falta de experiencia y orientación en la selección y combinación adecuada de VANT y sensores. Para abordar estas limitaciones, Jackisch *et al.* (2020) presentaron un enfoque basado en la integración de datos de distintas fuentes y sensores, procesados mediante algoritmos de AA y validados con mapeo geológico de campo, ofreciendo un producto comprensible y geológicamente interpretable.

Como área de estudio, los autores seleccionaron la extensión norte de la mina de apatito de Siilinjärvi, en Finlandia. Esta elección fue estratégica, dada la disponibilidad de una gran cantidad de datos previos y la cobertura parcial de vegetación en el área de estudio. Gracias a los SANT, fue posible crear un conjunto de datos de múltiples capas para investigar las propiedades del cuerpo de carbonatita-glimmerita portador de mineral. A partir de esto, se generó un mapa geológico que discrimina entre las principales unidades litológicas y distingue las rocas portadoras de mineral de las rocas de desecho.

Esta innovadora aproximación de múltiples sensores se presenta como una herramienta de gran potencial para complementar los flujos de trabajo tradicionales en la exploración mineral. No sólo permite mapear y modelar zonas con precisión, sino que también maximiza la seguridad en el proceso de extracción de recursos y minimiza los gastos y residuos incidentales. La adopción de estas herramientas, no obstante, requiere una integración cuidadosa con los métodos tradicionales y una comprensión profunda de sus capacidades y limitaciones. Por ello, es esencial que las empresas mineras y las agencias de restauración colaboren estrechamente con expertos en biología, geociencias y tecnología para aprovechar al máximo estas tecnologías emergentes.

Trabajos como los de Jiang, Yang y Luo, Ma *et al.*, y Jackisch *et al.*, ponen en relieve como la tecnología está revolucionando nuestra forma de abordar los desafíos ambientales. Sin embargo, debemos ser conscientes de las implicaciones éticas y sociales asociadas, especialmente en el ámbito de las actividades extractivas. Es crucial adoptar un enfoque holístico y ético que minimice los impactos negativos y maximice los beneficios para todas las partes involucradas. Como paso siguiente, instamos a las instituciones gubernamentales, organizaciones no gubernamentales y el sector privado a colaborar en la creación de marcos legales y directrices éticas que rijan la utilización de estas tecnologías emergentes. La legislación actual necesita adaptarse para abordar las complejidades asociadas con la aplicación de tecnologías avanzadas en la gestión y conservación del medioambiente. Solo así podremos asegurar que el avance tecnológico se traduzca en un desarrollo genuinamente sostenible.

CONCLUSIONES

En el escenario de la actual crisis climática, es imposible subestimar la influencia y responsabilidad de las actividades extractivas en la economía global y el medioambiente. Frente a este reto, la adopción de transformaciones tecnológicas y enfoques sostenibles es imperativa. Las tecnologías emergentes, particularmente la teledetección y los SIG, están reconfigurando la interacción de estas actividades con el entorno[10,12].

La demanda creciente de tierras raras, esenciales para las tecnologías sostenibles, son un ejemplo de oportunidad para el uso de estas nuevas tecnologías en la búsqueda de operaciones más seguras y sostenibles[92]. Las comunidades locales, a menudo en primera línea de los impactos negativos de las activi-

---

92 Satchwell, I., Rogers, P., Franks, D., Flomenhoft, G., Bria, E., Valenta, R., Gunter, J., McGeough, M., Gow, P., McGovern, J., Harring, T., & Mirciov, C. (2021). *Strengthening ASEAN Cooperation in Minerals: Development Prospects of ASEAN Minerals Cooperation | Public Report.*

dades extractivas, deben ser priorizadas en cualquier discusión sobre sostenibilidad y equidad en la explotación de recursos, pudiendo incluso ser una fuente invaluable de conocimiento y colaboración[12,93]. Además, las cuestiones de género, que frecuentemente son pasadas por alto, también merecen atención. Ignorar estos aspectos no solo limita la sostenibilidad de los proyectos, sino que también compromete su aceptación social y conformidad con los principios de justicia social.

Gardiner *et al.* (2023)[10] resaltan la urgente necesidad de un enfoque holístico hacia la sostenibilidad en las actividades extractivas, un punto también subrayado a lo largo de este capítulo. Esta perspectiva reitera que la transición energética hacia un balance neto cero de emisiones de carbono es esencial, y las geociencias, con su intersección de tecnología y sostenibilidad, desempeñan un papel pivotal.

Los desafíos son innegables. Desde la inversión necesaria en tecnologías hasta la capacitación y regulación adecuadas[94], las barreras pueden parecer insuperables. Pero el sector extractivo se encuentra en una encrucijada única: tiene el potencial y la responsabilidad de liderar el camino hacia un futuro sostenible[10,89]. No obstante, este liderazgo debe ir más allá de la innovación tecnológica y abordar también aspectos legales y éticos. La falta de regulaciones actualizadas puede resultar en vacíos legales que permitan prácticas insostenibles y antiéticas, poniendo en peligro tanto la integridad ambiental como los

---

93 Bélisle, A. C., Asselin, H., LeBlanc, P., & Gauthier, S. (2018). Local knowledge in ecological modeling. *Ecology and Society, 23*(2), art14. https://doi.org/10.5751/ES-09949-230214

94 Zamora Roselló, M. R. (2024). Minería y comunidades autónomas: Territorio, sostenibilidad y energía. Especial referencia a Galicia, Baleares y Andalucía. Tirant lo Blanch. https://open.tirant.com/cloudLibrary/ebook/info/9788410565319

derechos de las comunidades afectadas[95]. En un mundo cada vez más globalizado, la jurisdicción para estos asuntos puede ser problemática y requiere la colaboración transfronteriza para establecer marcos legales robustos y armonizados que guíen la conducta del sector extractivo. En este sentido, el derecho ambiental y la gobernanza ética se convierten en pilares indispensables para lograr una industria extractiva que sea verdaderamente sostenible y socialmente justa.

La aplicación de tecnologías como la teledetección y los SIG permiten una planificación y gestión más eficaz de las actividades extractivas y sus impactos ambientales[91]. En este contexto tecnológico en rápido cambio, la integración emergente de la IA en la exploración mineral y la evaluación ambiental merece una mención especial. La IA tiene el potencial de automatizar y optimizar el análisis de grandes conjuntos de datos geoespaciales, permitiendo evaluaciones más precisas del impacto ambiental de las actividades extractivas. Al combinar algoritmos de AA con SIG y teledetección, las empresas pueden identificar patrones y tendencias que de otra manera podrían pasar desapercibidos, desde anomalías geofísicas hasta cambios sutiles en los ecosistemas afectados. Esta convergencia tecnológica no solo mejora la eficiencia de las operaciones, sino que puede facilitar una monitorización en tiempo real del medioambiente, propiciando así la toma de decisiones informadas y sostenibles.

Además, esta aceleración tecnológica destaca la necesidad de formación y educación adecuadas en geociencias y tecnologías relacionadas. La rápida integración de la IA, SIG y teledetección en la industria extractiva requiere un cambio paralelo en los programas académicos y de capacitación. No se trata

---

95 Werner, T. T., Bebbington, A., & Gregory, G. (2019). Assessing impacts of mining: Recent contributions from GIS and remote sensing. *The Extractive Industries and Society*, *6*(3), 993-1012. https://doi.org/10.1016/j.exis.2019.06.011

sólo de entender las geociencias desde una perspectiva tradicional, sino de preparar a los futuros profesionales para aplicar herramientas de vanguardia de manera ética y sostenible. En este sentido, las instituciones educativas y las organizaciones profesionales deben revisar y actualizar sus currículos y programas de formación continua para incorporar estas habilidades emergentes.

Mirando hacia el futuro, la incorporación de IA y AA en exploración mineral y evaluación ambiental parece no solo plausible sino inminente. Estas tecnologías tienen el potencial de llevar la detección remota y los SIG un paso más allá, permitiendo análisis predictivos, monitorización y adaptación a condiciones cambiantes[96]. Además, el uso de big data podría posibilitar una recopilación y análisis de datos mucho más amplios, lo que resultaría en evaluaciones más robustas y precisas del impacto ambiental y la viabilidad de proyectos extractivos[77].

Para concluir, mientras el mundo busca soluciones a la crisis climática y camina hacia una era de neutralidad en emisiones de carbono, la industria extractiva debe adoptar un enfoque proactivo, basado en la innovación y colaboración. Las geociencias, dada su confluencia única de conocimientos y experiencia, están en una posición envidiable para guiar esta transformación. A medida que nos embarcamos en este viaje, es esencial que todos los actores involucrados, desde profesionales individuales hasta corporaciones multinacionales, trabajen juntos para garantizar un futuro más sostenible, justo y verde para todos.

---

96 Pour, A. B., Zoheir, B., Pradhan, B., & Hashim, M. (2021). Editorial for the Special Issue: Multispectral and Hyperspectral Remote Sensing Data for Mineral Exploration and Environmental Monitoring of Mined Areas. *Remote Sensing, 13*(3), 519. https://doi.org/10.3390/rs13030519

BIBLIOGRAFÍA

ALI, P. J. M., FARAJ, R. H., ALI, P. J. M., & FARAJ, R. H. (2014). Data Normalization and Standardization: A Technical Report. *Machine Learning Technical Reports, 1*(1), 1-6. http://dx.doi.org/10.13140/RG.2.2.28948.04489

BEDINI, E. (2022). Use of NASA's AVIRIS-NG imagery for environmental mapping at the Rio Tinto mining district, southwestern Spain. *Journal of Hyperspectral Remote Sensing, 12*(4), 154. https://doi.org/10.29150/jhrs.v12.4.p154-165

BÉLISLE, A. C., ASSELIN, H., LEBLANC, P., & GAUTHIER, S. (2018). Local knowledge in ecological modeling. *Ecology and Society, 23*(2), art14. https://doi.org/10.5751/ES-09949-230214

BREIMAN, L. (2001). Random Forests. *Machine Learning, 45*(1), 5-32. https://doi.org/10.1023/A:1010933404324

BRO⊠EK, B., FURMAN, M., JAKUBIEC, M., & KUCHARZYK, B. (2023). The black box problem revisited. Real and imaginary challenges for automated legal decision making. *Artificial Intelligence and Law.* https://doi.org/10.1007/s10506-023-09356-9

BUCH, A. C., NIEMEYER, J. C., MARQUES, E. D., & SILVA-FILHO, E. V. (2021). Ecological risk assessment of trace metals in soils affected by mine tailings. *Journal of Hazardous Materials, 403*, 123852. https://doi.org/10.1016/j.jhazmat.2020.123852

CAMPBELL, J. B., & WYNNE, R. H. (2011). *Introduction to Remote Sensing* (Fifth Edition). Guilford press.

CARUSO, A. S. (2020). *Integration of advanced remote sensing and geospatial methodologies to enhance mineral exploration: An example from the southern Gawler Ranges, South Australia* [University of Adelaide, School of Biological Sciences, 2020]. https://hdl.handle.net/2440/127003

CHASMER, L. E., RYERSON, R. A., & COBURN, C. A. (2022). Educating the Next Generation of Remote Sensing Specialists: Skills and Industry Needs in a Changing World. *Canadian Journal of Remote Sensing, 48*(1), 55-70. https://doi.org/10.1080/07038992.2021.1925531

CHEN, Z., CHEN, J., LIU, T., LI, Y., YIN, Q., & DU, H. (2023). Regional Quantitative Mineral Prospectivity Mapping of W, Sn, and Nb-Ta Based on Integrated Information in Rwanda, Central Africa. *Minerals, 13*(2), 189. https://doi.org/10.3390/min13020189

CISCAR, J.-C., IGLESIAS, A., FEYEN, L., SZABÓ, L., VAN REGEMORTER, D., AMELUNG, B., NICHOLLS, R., WATKISS, P., CHRISTEN-

SEN, O. B., DANKERS, R., GARROTE, L., GOODESS, C. M., HUNT, A., MORENO, A., RICHARDS, J., & SORIA, A. (2011). Physical and economic consequences of climate change in Europe. *Proceedings of the National Academy of Sciences, 108*(7), 2678-2683. https://doi.org/10.1073/pnas.1011612108

COTINO HUESO, L. (2019). Derecho y garantías ante el uso público y privado de inteligencia artificial, robótica y big data. En *El Derecho de las TIC en Iberoamérica.* La Ley Uruguay. https://www.researchgate.net/publication/349494500

DE LEÓN, E., RUCKS, J., & NARIO, A. (2018). *Guía para la evaluación de impacto ambiental del sector extracción de minerales.* Ministerio de Vivienda Ordenamiento Territorial y Medio Ambiente. https://www.gub.uy/ministerio-ambiente/comunicacion/publicaciones/guia-para-evaluacion-impacto-ambiental-del-sector-extraccion-minerales

EL-MAWLA, N. A., & NAGY, A. (2020). *IoT and Civil Engineering based Solutions for Global and Environmental Risks of 2019.* Third International Conference (Eleventh Conference of Sustainable Environmental Development), Sharm El Sheikh, Egypt. https://www.researchgate.net/publication/353165463

ELMOUSALAMI, H. H. (2021). Comparison of Artificial Intelligence Techniques for Project Conceptual Cost Prediction: A Case Study and Comparative Analysis. *IEEE Transactions on Engineering Management, 68*(1), 183-196. https://doi.org/10.1109/TEM.2020.2972078

FAN, J., BU, C., QI, Y., ZHOU, W., WANG, C., WEI, Y., & SIDDIQUE, K. H. M. (2023). *Biocrusts significantly affect the bioavailability and ecological risk of heavy metals in gold mine tailings* [Preprint]. In Review. https://doi.org/10.21203/rs.3.rs-2751264/v1

FERNÁNDEZ-ESPINAR LÓPEZ, L. C. (2022). Las actividades extractivas: Sector crítico estratégico del nuevo modelo energético. *Actualidad Jurídica Ambiental,* 1-35. https://doi.org/10.56398/ajacieda.00178

GARDINER, N. J., ROBERTS, J. J., JOHNSON, G., SMITH, D. J., BOND, C. E., KNIPE, R., HASZELDINE, S., GORDON, S., & O'DONNELL, M. (2023). Geosciences and the Energy Transition. *Earth Science, Systems and Society, 3,* 10072. https://doi.org/10.3389/esss.2023.10072

GIL GONZÁLEZ, E. (2016). *Big Data. Privacidad y protección de datos.* Agencia Española de Protección de Datos. Imprenta Nacional de la Agencia Estatal Boletín Oficial Del Estado. https://www.researchgate.net/publication/324831404

GOSINE, R., & WARRIAN, P. (2017). *Digitalizing extractive industries: The state-of-the-art to the art-of-the possible. Opportunities and challenges for Canada.* Munk School of Global Affairs Innovation Policy Lab White Paper Series 2017-004.

GRIMM, V., & RAILSBACK, S. F. (2012). Pattern-oriented modelling: A 'multi-scope' for predictive systems ecology. *Philosophical Transactions of the Royal Society B: Biological Sciences, 367*(1586), 298-310. https://doi.org/10.1098/rstb.2011.0180

HAERUDDIN, FAIZIN, N., AMINAH, S., S., F. A. D., & KRISTIANTA, F. X. (2020). *The use of remote sensing in mining prospecting in Situbondo, East Java, Indonesia.* 020007. https://doi.org/10.1063/5.0014683

HAJAJ, S., EL HARTI, A., JELLOULI, A., POUR, A. B., MNISSAR HIMYARI, S., HAMZAOUI, A., & HASHIM, M. (2023). Evaluating the Performance of Machine Learning and Deep Learning Techniques to HyMap Imagery for Lithological Mapping in a Semi-Arid Region: Case Study from Western Anti-Atlas, Morocco. *Minerals, 13*(6), 766. https://doi.org/10.3390/min13060766

HUND, K., PORTA, D. L., FABREGAS, T. P., LAING, T., & DREXHAGE, J. (2023). The Mineral Intensity of the Clean Energy Transition. *World Bank.*

JACKISCH, R., LORENZ, S., KIRSCH, M., ZIMMERMANN, R., TUSA, L., PIRTTIJÄRVI, M., SAARTENOJA, A., UGALDE, H., MADRIZ, Y., SAVOLAINEN, M., & GLOAGUEN, R. (2020). Integrated Geological and Geophysical Mapping of a Carbonatite-Hosting Outcrop in Siilinjärvi, Finland, Using Unmanned Aerial Systems. *Remote Sensing, 12*(18), 2998. https://doi.org/10.3390/rs12182998

JIANG, Z., YANG, S., & LUO, S. (2023). Source analysis and health risk assessment of heavy metals in agricultural land of multi-mineral mining and smelting area in the Karst region – a case study of Jichangpo Town, Southwest China. *Heliyon, 9*(7), e17246. https://doi.org/10.1016/j.heliyon.2023.e17246

KHAN, S., CAO, Q., ZHENG, Y. M., HUANG, Y. Z., & ZHU, Y. G. (2008). Health risks of heavy metals in contaminated soils and food crops irrigated with wastewater in Beijing, China. *Environmental Pollution, 152*(3), 686-692. https://doi.org/10.1016/j.envpol.2007.06.056

LEGGIERI, V., MASTRODONATO, G., & UVA, G. (2022). GIS Multisource Data for the Seismic Vulnerability Assessment of Buildings at the Urban Scale. *Buildings, 12*(5), 523. https://doi.org/10.3390/buildings12050523

LI, S., LI, W., CAI, L., & LI, Y. (2023). Subspace multi-regularized non-negative matrix factorization for hyperspectral unmixing. *Applied Intelligence, 53*(10), 12541-12563. https://doi.org/10.1007/s10489-022-04121-y

LI, Y., NELSON, R., JEFFERY, W., FOSTER, D., DUBUCQ, D., VERLIAC, M., SOOFI, K., & LEIFER, I. (2019). Recent advances in remote sensing technologies for hydrocarbon exploration and environmental evaluation. *The Leading Edge, 38*(7), 554-555. https://doi.org/10.1190/tle38070554.1

LU, X., DONG, L., & YUAN, Y. (2020). Subspace Clustering Constrained Sparse NMF for Hyperspectral Unmixing. *IEEE Transactions on Geoscience and Remote Sensing, 58*(5), 3007-3019. https://doi.org/10.1109/TGRS.2019.2946751

MA, B., LI, X., JIANG, Z., PU, R., LIANG, A., & CHE, D. (2020). Dust Dispersion and Its Effect on Vegetation Spectra at Canopy and Pixel Scales in an Open-Pit Mining Area. *Remote Sensing, 12*(22), 3759. https://doi.org/10.3390/rs12223759

MAHESH, B. (2018). Machine Learning Algorithms—A Review. *International Journal of Science and Research (IJSR), 9*(1). https://doi.org/10.21275/ART20203995

MERCHANT, J. W., & NARUMALANI, S. (2009). *The SAGE Handbook of Remote Sensing.* SAGE Publications, Inc. https://doi.org/10.4135/9780857021052

MOHAMMED, F., IDRIES, A., MOHAMED, N., AL-JAROODI, J., & JAWHAR, I. (2014). UAVs for smart cities: Opportunities and challenges. *2014 International Conference on Unmanned Aircraft Systems (ICUAS),* 267-273. https://doi.org/10.1109/ICUAS.2014.6842265

MORA RUIZ, M. (2023). Actividades extractivas, gestión de residuos y economía circular: La oportunidad de revisión de un modelo especial ante la nueva Ley de residuos y suelos contaminados para una economía circular. *Revista General de Derecho Administrativo, 63*(26). https://produccioncientifica.uhu.es/documentos/647a2a9d31258e1eec95cbe8

MOTA-VARGAS, C., ENCARNACIÓN-LUÉVANO, A., ORTEGA-ANDRADE, H. M., PRIETO-TORRES, D. A., & PEÑA-PENICHE, A. (2019). Una breve introducción a los modelos de nicho ecológico. En *La biodiversidad en un mundo cambiante: Fundamentos teóricos y metodológicos para su estudio.* (pp. 39-63).

MUSANGI, M. S. (2017). *Mapping Mineral Potential Using Geospatial Techniques: A Case Study Of Mui Basin In Kitui County.*

MUZATA, T. (2023). Environmental and social implications of sustainability and technological advancements: Contrarian considerations. *Journal of Governance and Regulation, 12*(3), 171-178. https://doi.org/10.22495/jgrv12i3art18

NWODO, G. O., NWODO, L. A., & UDOCHUKWU, O. E. (2018). Developing Countries and the Law and Politics of Remote Sensing. *Journal of Remote Sensing & GIS, 07*(04). https://doi.org/10.4172/2469-4134.1000252

ODELL, S. D., BEBBINGTON, A., & FREY, K. E. (2018). Mining and climate change: A review and framework for analysis. *The Extractive Industries and Society, 5*(1), 201-214. https://doi.org/10.1016/j.exis.2017.12.004

OMALI, T. U. (2021). Utilization of Remote Sensing and GIS in Geology and Mining. *International Journal of Scientific Research in Multidisciplinary Studies, 7*(4), 17-24.

PAGALLO, U., CIANI SCIOLLA, J., & DURANTE, M. (2022). The environmental challenges of AI in EU law: Lessons learned from the Artificial Intelligence Act (AIA) with its drawbacks. *Transforming Government: People, Process and Policy, 16*(3), 359-376. https://doi.org/10.1108/TG-07-2021-0121

PARRA, J. L., GRAHAM, C. C., & FREILE, J. F. (2004). Evaluating alternative data sets for ecological niche models of birds in the Andes. *Ecography, 27*(3), 350-360. https://doi.org/10.1111/j.0906-7590.2004.03822.x

PATHIK, N., GUPTA, R. K., SAHU, Y., SHARMA, A., MASUD, M., & BAZ, M. (2022). AI Enabled Accident Detection and Alert System Using IoT and Deep Learning for Smart Cities. *Sustainability, 14*(13), 7701. https://doi.org/10.3390/su14137701

PERES, R. S., DIONISIO ROCHA, A., LEITAO, P., & BARATA, J. (2018). IDARTS – Towards intelligent data analysis and real-time supervision for industry 4.0. *Computers in Industry, 101*, 138-146. https://doi.org/10.1016/j.compind.2018.07.004

POUR, A. B., ZOHEIR, B., PRADHAN, B., & HASHIM, M. (2021). Editorial for the Special Issue: Multispectral and Hyperspectral Remote Sensing Data for Mineral Exploration and Environmental Monitoring of Mined Areas. *Remote Sensing, 13*(3), 519. https://doi.org/10.3390/rs13030519

PROBER, S. M., BYRNE, M., MCLEAN, E. H., STEANE, D. A., POTTS, B. M., VAILLANCOURT, R. E., & STOCK, W. D. (2015). Climate-adjusted provenancing: A strategy for climate-resilient ecological restoration. *Frontiers in Ecology and Evolution, 3*. https://doi.org/10.3389/fevo.2015.00065

QUINTANA LÓPEZ, T. (2013). Concesión de minas y protección del medio ambiente. *Tirant Lo Blanch*, 174. http://dx.doi.org/10.47623/ivap-rvap.97.2013.12

REKHIBI, S., WADI, M., & SAID, A. (2015). Remote Sensing & GIS Techniques for Gold Exploration. *International Conference on Advances in Science, Engineering, Technology and Natural Resources (ICASETNR-15) Aug. 27-28, 2015 Kota Kinabalu (Malaysia)*. International Conference on Advances in Science, Engineering, Technology and Natural Resources. https://doi.org/10.15242/IICBE.C0815061

REN, H., ZHAO, Y., XIAO, W., & HU, Z. (2019). A review of UAV monitoring in mining areas: Current status and future perspectives. *International Journal of Coal Science & Technology, 6*(3), 320-333. https://doi.org/10.1007/s40789-019-00264-5

RYKIEL, E. J. (1996). Testing ecological models: The meaning of validation. *Ecological Modelling, 90*(3), 229-244. https://doi.org/10.1016/0304-3800(95)00152-2

SATCHWELL, I., ROGERS, P., FRANKS, D., FLOMENHOFT, G., BRIA, E., VALENTA, R., GUNTER, J., MCGEOUGH, M., GOW, P., MCGOVERN, J., HARRING, T., & MIRCIOV, C. (2021). *Strengthening ASEAN Cooperation in Minerals: Development Prospects of ASEAN Minerals Cooperation | Public Report.*

SIKAKWE, G. U. (2023). Mineral exploration employing drones, contemporary geological satellite remote sensing and geographical information system (GIS) procedures: A review. *Remote Sensing Applications: Society and Environment, 31*, 100988. https://doi.org/10.1016/j.rsase.2023.100988

SONG, W., SONG, W., GU, H., & LI, F. (2020). Progress in the Remote Sensing Monitoring of the Ecological Environment in Mining Areas. *International Journal of Environmental Research and Public Health, 17*(6), 1846. https://doi.org/10.3390/ijerph17061846

SONTER, L. J., ALI, S. H., & WATSON, J. E. M. (2018). Mining and biodiversity: Key issues and research needs in conservation science. *Proceedings of the Royal Society B: Biological Sciences, 285*(1892), 20181926. https://doi.org/10.1098/rspb.2018.1926

STOYANOVICH, J., ABITEBOUL, S., & MIKLAU, G. (2016). *Data Responsibly: Fairness, Neutrality and Transparency in Data Analysis* [dataset]. OpenProceedings.org. https://doi.org/10.5441/002/EDBT.2016.103

TAGWAI, M. G., JIMOH, O. A., SHEHU, S. A., & ZABIDI, H. (2023). Application of GIS and remote sensing in mineral exploration: Current and future perspectives. *World Journal of Engineering*. https://doi.org/10.1108/WJE-09-2022-0395

TEIXERA, L., JUNQUEIRA, B. C., LAU, V., LEMOS, D., COSTA, R. L., DINIZ, G. H., EDUARDO, J., & ADACHI, J. (2022). *Improving space robustness and reliability on nanosatellite on-board equipment.* (Session 5 - Embedded Systems Reliability). 167-176. https://www.researchgate.net/publication/370100339

TURNER, W., SPECTOR, S., GARDINER, N., FLADELAND, M., STERLING, E., & STEININGER, M. (2003). Remote sensing for biodiversity science and conservation. *Trends in Ecology & Evolution, 18*(6), 306-314. https://doi.org/10.1016/S0169-5347(03)00070-3

UPRETY, Y., ASSELIN, H., BERGERON, Y., DOYON, F., & BOUCHER, J.-F. (2012). Contribution of traditional knowledge to ecological restoration: Practices and applications. *Écoscience, 19*(3), 225-237. https://doi.org/10.2980/19-3-3530

URBAN, M. C., BOCEDI, G., HENDRY, A. P., MIHOUB, J. B., PE'ER, G., & SINGER, A. (2016). Improving the forecast for biodiversity under climate change. *Science AAAS, 353*. https://doi.org/10.1126/science.aad8466

VERMA, T., MASOOD, M., & JAIN, C. (2021). Applications of Remote Sensing and GIS in mineral exploration- A resource-saving technology. En *Traditions and Innovations of Resource-Saving Technologies in Mineral Mining And Processing* (Vol. 35). Universitas Publishing. https://www.researchgate.net/publication/335978112

VON DER DUNK, F. G. (2009). Europe and the «Resolution Revolution»: «European» Legal Approaches to Privacy and Their Relevance for Space Remote Sensing Activities. *Space and Telecommunications Law Program Faculty Publications., 35.*

WERNER, T. T., BEBBINGTON, A., & GREGORY, G. (2019). Assessing impacts of mining: Recent contributions from GIS and remote sensing. *The Extractive Industries and Society, 6*(3), 993-1012. https://doi.org/10.1016/j.exis.2019.06.011

WIT, E., HEUVEL, E. V. D., & ROMEIJN, J. (2012). 'All models are wrong...': An introduction to model uncertainty. *Statistica Neerlandica, 66*(3), 217-236. https://doi.org/10.1111/j.1467-9574.2012.00530.x

XIANG, X., LI, Q., KHAN, S., & KHALAF, O. I. (2021). Urban water resource management for sustainable environment planning using artificial intelligence techniques. *Environmental Impact Assessment Review, 86*, 106515. https://doi.org/10.1016/j.eiar.2020.106515

YANG, C., HUANG, Q., LI, Z., LIU, K., & HU, F. (2017). Big Data and cloud computing: Innovation opportunities and challenges. *International Journal of Digital Earth, 10*(1), 13-53. https://doi.org/10.1080/17538947.2016.1239771

YIN, Y., & WEI, L. (2023). Hyperspectral image classification using ensemble extreme learning machine based on fuzzy entropy weights and auto-adapted spatial-spectral features. *Multimedia Tools and Applications, 82*(1), 217-238. https://doi.org/10.1007/s11042-022-13255-7

YOUSEFI, M., TABATABAEI, S. H., RIKHTEHGARAN, R., POUR, A. B., & PRADHAN, B. (2021). Application of Dirichlet Process and Support Vector Machine Techniques for Mapping Alteration Zones Associated with Porphyry Copper Deposit Using ASTER Remote Sensing Imagery. *Minerals, 11*(11), 1235. https://doi.org/10.3390/min11111235

YUAN, D., YU, D., QIAN, Y., XU, Y., & LIU, Y. (2023). S2Former: Parallel Spectral–Spatial Transformer for Hyperspectral Image Classification. *Electronics, 12*(18), 3937. https://doi.org/10.3390/electronics12183937

ZAMORA ROSELLÓ, M.R. (2024): Minería y Comunidades Autónomas: territorio, sostenibilidad y energía. Especial referencia a Galicia, Baleares y Andalucía, Tirant lo Blanch, 2024.

ZAPATA SEVILLA, J (2024): "Las tecnologías de registro distribuido e inteligencia artificial aplicadas a las actividades extractivas" en R. ZAMORA ROSELLÓ (dir.) Actividades extractivas y políticas públicas: desafíos normativos y tecnológicos para el sector minero. En clave del Reglamento UE de materias primas fundamentales, 2024, Valencia, Tirant lo blanch, pp. 381-424

ZHANG, W., LI, H., LI, Y., LIU, H., CHEN, Y., & DING, X. (2021). Application of deep learning algorithms in geotechnical engineering: A short critical review. *Artificial Intelligence Review, 54*(8), 5633-5673. https://doi.org/10.1007/s10462-021-09967-1

La economía circular en las actividades extractivas: nuevas técnicas en el medio rural[1]

ANTONIO BLANCO PASTOR

INTRODUCCIÓN

El sector minero es una de las industrias con mayor impacto negativo en el medio ambiente en países desarrollados y en desarrollo. Esto es debido a varios factores, entre los que destacan: la contaminación que generan los propios minerales extraídos, los residuos que se generan en los procesos de extracción y el empleo de recursos naturales como el agua. Frente a esta realidad, la implantación de un modelo de economía

---

1 Esta publicación se enmarca en el proyecto de investigación *Actividades extractivas y políticas públicas: sostenibilidad, transición energética y seguridad* financiado por la Universidad de Málaga, IP: Mª Remedios Zamora Roselló.

circular en el sector minero puede conseguir la reducción o incluso la eliminación de los efectos nocivos que dicha industria produce en el medio ambiente.

Mientras en la actualidad, la mayor parte de las empresas que trabajan en la industria extractiva y otros sectores industriales aplican un modelo económico lineal, en el que se extraen, se transforman y se desechan las materias primas, el modelo de economía circular permite reutilizar los recursos empleados en los procesos de extracción y transformación, así como aprovechar los desechos generados para su reincorporación a los procesos de transformación de la misma empresa que los generó, o bien para su reutilización o reciclaje en otros sectores donde puedan ser aprovechados.

Para ello, es necesaria la implantación de una tecnología capaz de conseguir separar los residuos que sean potencialmente aprovechables de aquellos que no puedan serlo. En este documento se analizan distintos casos de estudio en los que se han aplicado una serie de innovaciones tecnológicas que permiten la circularidad de las materias primas extraídas en las minas, así como también permiten la circularidad de los materiales empleados para dichos procesos. Entre los países más punteros en aplicar la economía circular al sector minero se encuentran varios países del entorno Iberoamericano, como son Chile, Perú y Colombia, donde un gran número de empresas mineras están actualmente aplicando una serie de políticas y aplicaciones tecnológicas muy recientes, centradas en la reutilización y/o reciclaje de los materiales desechados en las minas.

Estos ejemplos pueden ser tomados como referencia para futuros proyectos de reapertura de minas inactivas, así como para impulsar la transición de un modelo de economía lineal a un modelo circular en minas que actualmente se encuentran en funcionamiento en España y otros países de su entorno[2]. Todo ello conllevaría a superar una serie de retos tecnológicos en aquellas empresas mineras que aún no han implantado un modelo de economía circular. No obstante, los beneficios de dicha implantación son lo suficientemente atractivos para empresas y la administración pública en términos de economía y empleo, como para promover la implementación de nuevos modelos y métodos que ayuden a reducir el impacto negativo de la industria extractiva en el medio ambiente del presente y en el del futuro.

PRINCIPALES RESIDUOS PRODUCIDOS POR LA INDUSTRIA EXTRACTIVA

La industria extractiva genera un gran número de residuos sólidos, en pasta o acuosos, tales como las colas de proceso, rechazos, estériles de mina y gangas del todo en uno, que son denominados en la normativa española como "residuos mineros"[3]. Dichos residuos mineros se generan tanto en minas subterráneas como en minas a cielo abierto, y suelen almacenarse en instalaciones de residuos mineros, ya sea en escombreras, balsas o presas mineras. Dependiendo del tipo de actividad minera, los residuos generados pueden tener un nivel distinto de peligrosidad. Mientras que, en el caso de los materiales de construcción producidos por la industria extractiva, tales como los áridos, el granito o el mármol, se consideran residuos inertes; la minería metálica produce residuos mineros que tienen

---

2 ZAMORA ROSELLÓ, M.R. (2024): Minería y Comunidades Autónomas: territorio, sostenibilidad y energía. Especial referencia a Galicia, Baleares y Andalucía, Tirant lo Blanch, 2024.

3 LEY 22/2011, de 28 de julio, de Residuos y Suelos Contaminados. BOEA-2011-13046

un nivel de peligrosidad alto, como por ejemplo son los ácidos procedentes de la transformación de sulfuros.

Aunque en la actualidad, la industria extractiva en España está principalmente centrada en el sector de los materiales de construcción y rocas ornamentales, la gran variedad geológica del territorio español ha dado lugar hasta la segunda mitad del siglo XX a la explotación de un gran abanico de depósitos minerales, produciendo así una serie de residuos minero-metalúrgicos con alto impacto en el medioambiente. Debido a ello, a partir de la década de los 50 se empiezan a desarrollar en España los primeros depósitos de residuos minero-metalúrgicos, como consecuencia de la prohibición de vertidos mineros en los cauces de los ríos[4].

No obstante, los depósitos de residuos mineros no representan en la actualidad una alternativa para paliar los efectos medioambientales de la industria extractiva, puesto que existen grandes riesgos de inestabilidad estructural de balsas, escombreras y galerías subterráneas que ponen en peligro la seguridad de personas, animales, plantas y bienes en el medio rural[5].

---

4 RODRÍGUEZ PACHECO, R. L. Y GÓMEZ DE LAS HERAS, J. (2006): *Los residuos de la industria extractiva en España. Distribución geográfica y problemática ambiental asociada.* Capítulo del libro: Los residuos mineros- metalúrgicos en el medio ambiente, págs. 3-25, IGME (Instituto Geológico y minero de Espana).

5 SORIA CARRERAS, J. (2003): *Los residuos mineros.* Capítulo XVI de publicación titulada *Los Residuos Urbanos y Asimilables.* Consejería de Medio Ambiente Junta de Andalucía, págs. 459-492, ISBN: 84-95785-83-8.

IMPACTO MEDIOAMBIENTAL DE LOS RESIDUOS DERIVADOS DE LA INDUSTRIA EXTRACTIVA

Entre los principales efectos medioambientales de los depósitos de residuos mineros y de la industria extractiva en funcionamiento, están:

- Alteración del paisaje existente.
- Modificación del hábitat ecológico.
- Destrucción del manto vegetal.
- Contaminación acústica.
- Emisiones y sedimentación de partículas de polvo.
- Modificación de cursos de agua.
- Modificación de niveles piezométricos.
- Generación de residuos.
- Contaminación de suelos.
- Contaminación de aguas superficiales y subterráneas.

Pese a que la actividad de la industria extractiva produce inevitables efectos en el medio ambiente, como son la contaminación acústica o las emisiones de partículas de polvo, gran parte del resto de efectos pueden ser minimizados e incluso eliminados, gracias a nuevas técnicas que permitan la reutilización de los residuos mineros para fines de producción, comerciales, etc.

LA ECONOMÍA CIRCULAR COMO SOLUCIÓN

A este respecto, la economía circular ofrece la posibilidad de crear un nuevo modelo económico que, según el director del centro tecnológico en economía circular CIRCULARTEC, Andreé Henríquez, busca desacoplar el crecimiento de la producción del uso de los recursos y la generación de desechos. De esta forma, la economía circular se basa en la idea de la recuperación desde el diseño, ya que no solamente se basa en reciclar, sino en rediseñar y repensar el sistema de producción para poder reutilizar los residuos generados por la industria extractiva.

Según la definición del Parlamento Europeo,

> "la economía circular es un modelo de producción y consumo que implica compartir, alquilar, reutilizar, reparar, renovar y reciclar materiales y productos existentes todas las veces que sea posible para crear un valor añadido. De esta forma, el ciclo de vida de los productos se extiende"[6].

En otras palabras, la implantación de un sistema basado en la economía circular contribuye a la reducción de los residuos al mínimo, mediante el reciclaje de todos aquellos materiales que hayan alcanzado el final de su vida. Por otro lado, el modelo de economía circular se distingue del modelo económico lineal tradicional, que se caracteriza por el concepto de "usar y tirar" y que ha llevado a repensar nuevos métodos que ayuden a reducir el impacto medioambiental de los desechos derivados de los medios de producción de los países desarrollados y en desarrollo.

Gracias al empleo de la economía circular como alternativa al modelo económico lineal, entre los beneficios más destacados se encuentran: la reducción de emisiones de gases de efecto invernadero; la reducción de la alteración del paisaje y el hábitat natural de animales y plantas; la reducción de la dependencia de materias primas; y el impulso económico de

---

6 PARLAMENTO EUROPEO. (2023): *Economía circular: definición, importancia y beneficios.* https://www.europarl.europa.eu/news/es/headlines/economy/20151201STO05603/economia-circular-definicion

diversos sectores que produzcan y necesiten los residuos que forman parte de la cadena de economía circular.

Siguiendo el enfoque de la Fundación Ellen MacArthur, dentro del listado de principios fundamentales de la economía circular existen tres principios que son necesarios cumplir. El primer principio se basa en la preservación y aumento del capital natural, reduciendo el consumo de productos finitos y fomentando flujos de recursos renovables. El segundo principio se centra en la optimización del rendimiento de los recursos, aplicando un modelo de diseño capaz de reciclar, reelaborar y renovar, con objeto de aprovechar al máximo la vida del producto. El tercer principio se basa en fomentar la efectividad del sistema, mediante el control de los daños que puede causar los productos al medioambiente, así como a las personas, animales y plantas.

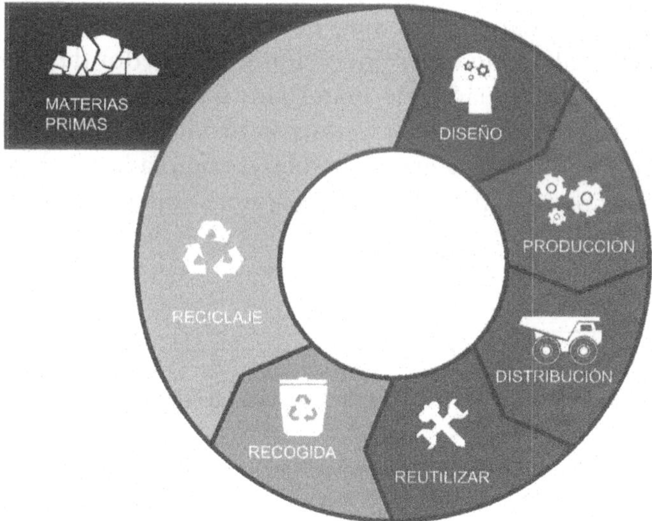

Fig. 1. Modelo de economía circular (ilustrado por el autor).

¿CÓMO APLICAR LA ECONOMÍA CIRCULAR EN LA INDUSTRIA EXTRACTIVA A NIVEL TÉCNICO?

La aplicación de la economía circular en la industria extractiva es relativamente reciente, teniendo su origen en el documento '*Mining and Metals and the Circular Economy*', publicado en 2016, donde se propone la implementación de la economía circular en el sector minero[7]. A esta publicación le han seguido una serie de proyectos y publicaciones que han explorado también la aplicabilidad de dicho modelo en la industria extractiva[8].

En el contexto actual de promoción de energías renovables y vehículos eléctricos, la minería adquiere un papel protagonista a la hora de proporcionar los materiales necesarios para la producción y funcionamiento de aquellos medios de producción energética y transporte de ahora y del futuro. A este respecto, el Banco Mundial, en sus pronósticos para el año 2050, ha calculado que se necesitarán alrededor de unos 3.000 millones de toneladas de materiales procedentes de la industria extractiva destinados tanto a la producción de energía renovable (eólica, geotérmica y solar), como a la producción de baterías para vehículos eléctricos, con objeto de alcanzar un descenso de 2°C en las temperaturas globales[9].

---

7 ICMM. (2016): *Mining and Metals and the Circular Economy.* International Council on Mining and Metals (ICMM), London, UK, ISBN: 978-1-909434-22-6.

8 LEBRE, É., CORDER, G., & GOLEV, A. (2017): *The Role of the Mining Industry in a Circular Economy: A Framework for Resource Management at the Mine Site Level.* Journal of Industrial Ecology, 21(3), 662–672. https://doi. org/10.1111/jiEC12596

9 HUND, K., LA PORTA, D., FABREGAS, T., LAING, T., & DREXHAGE, J. (2020): *Minerals for Climate Action: The Mineral Intensity of the Clean Energy Transition. In Climate Smart Mining Initiative - The World Bank Group.* http://pubdocs. worldbank.org/en/961711588875536384/

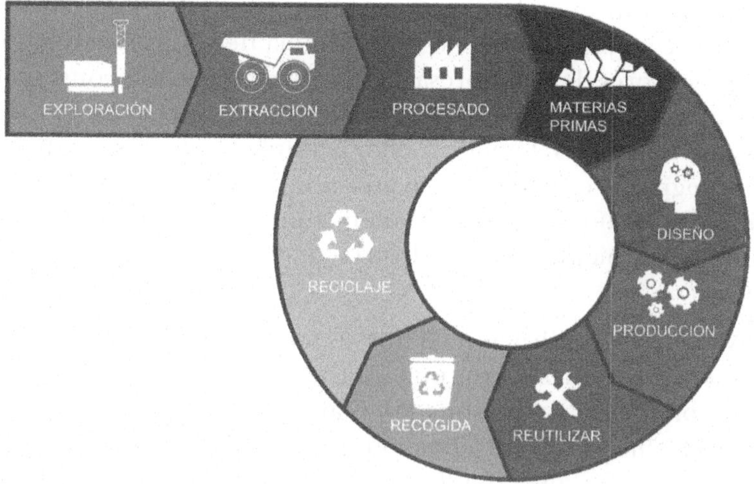

Fig. 2. La economía circular aplicada sobre la industria extractiva (ilustrado por el autor).

La aplicación de la economía circular en la industria extractiva puede representar tanto nuevos retos como nuevas oportunidades en aquellos lugares donde aún no se ha puesto en práctica. Por un lado, dicha aplicación puede ayudar a suplir la falta de recursos minerales, así como a reducir drásticamente el desperdicio de recursos y los impactos negativos de la industria extractiva en el medio ambiente. Por otro lado, el desarrollo de la economía circular en la minería puede proporcionar grandes ventajas económicas, permitiendo al sector de la industria extractiva emplear los desechos generados durante su producción para distintos fines productivos, comerciales, energéticos, etc.

Entre los principales retos de la economía circular en la industria extractiva, está el de implementar nuevas tecnologías

---

Minerals-for-Climate-ActionThe-Mineral-Intensity-of-the-Clean-Energy-Transition.pdf que permitan una clasificación exhaustiva de los minerales a extraer. Un ejemplo de ello es el sistema de clasificación basada en sensores de la empresa Tomra, el cual ayuda a conseguir una mayor eficiencia energética durante el proceso de extracción de minerales. Gracias a ello, la implementación de dicha tecnología de clasificación ayuda a optimizar la cantidad de mineral extraído al procesar menos material, reduciendo así la huella ambiental de la industria extractiva de forma significativa[10].

Mediante la aplicación de nuevas tecnologías en la industria extractiva, se podrá lograr una transición de la economía lineal tradicional a una economía circular, con la capacidad de mejorar los objetivos de producción y promover políticas públicas orientadas a fortalecer el desarrollo de una minería sostenible y en equilibrio con el medio ambiente. Por todo ello, en este documento se destaca la implementación de la economía circular en la industria extractiva, como alternativa que engloba aspectos territoriales, socioeconómicos y de planificación que pueden ayudar a conseguir un efecto positivo en términos de producción, sostenibilidad, empleo y tecnología.

EJEMPLOS RECIENTES EN DIVERSOS PAÍSES: CHILE, PERÚ Y COLOMBIA

La industria extractiva en Chile genera un gran número de recursos, así como también genera una serie de residuos que producen un impacto negativo en el medio ambiente. En este sentido, recientemente se han ido implantando distintas estrategias para reducir la cantidad de residuos procedentes de la industria extractiva en Chile, mediante el empleo de nuevas

---

10 TOMRA SYSTEMS ASA. (2023): *Accelerating toward a circular future.* https://www.tomra.com/en/about-tomra/circular-economy

tecnologías capaces de procesar dichos residuos y convertirlos en otros materiales.

Un ejemplo de ello es la Unidad de Economía Circular, creada por la División el Teniente de Codelco en 2022, cuya labor se centra en la puesta en valor de residuos generados por la industria extractiva, a través de la implementación de nuevas tecnologías en sus operaciones. De forma paralela, la empresa de Aceros AZA, que lleva desde el año 1953 fabricando acero mediante el reciclaje de residuos derivados del hierro, en el año 2023 emitió un informe en el que destacó el éxito en la implementación de nuevas tecnologías por parte de la minería estatal, contribuyendo así al reciclaje y circularidad de más de 60 mil toneladas de chatarra ferrosa[11].

Según datos cuantitativos publicados por la Red Pacto Global Chile, en el año 2019, el modelo de recuperación de recursos mineros implementado por la empresa de Aceros AZA,

> "(...) ha permitido valorizar 70 mil toneladas de chatarra ferrosa, provenientes desde los yacimientos Caserones, El Teniente y Los Bronces, generando valor ambiental y social correspondiente a 80.353 toneladas de CO2eq evitadas, equivalente a la emisión anual de 20.925 automóviles; 122.040 m3 de agua ahorrados, equivalente a la demanda de 1.949 habitantes; 198.701 MWh de energía ahorrados, equivalente a la energía demandada por 24.583 hogares chilenos; y 24 empleos directos generados")[12].

---

11 ANTÓN CERDÁ, E. (2023): *Economía circular a gran escala: tres ejemplos de valorización a partir de residuos de la minería en Chile.* Artículo publicado en la revista digital País Circular. https://www.paiscircular.cl/economia-circular/gran-mineria-en-chile-una-enorme-oportunidadpara-la-economia-circular-tres-ejemplos-de-economia-circular-en-lagran-mineria-chilena/

12 RED PACTO GLOBAL CHILE. (2019): *Economía circular en la minería.* https://conecta.pactoglobal.cl/casos-de-empresas/economia-circular-en-la-mineria/

Estos datos reflejan el impacto positivo en el medio ambiente de la implementación de la economía circular en el sector de la industria extractiva, así como también el impacto positivo en las condiciones socioeconómicas de la población local que desempeña las labores de reciclaje.

Entre las tecnologías empleadas hasta el momento en Chile destaca el empleo de tecnología centrada en la reducción del consumo de agua en los procesos de extracción, mediante la instalación de desaladoras para poder dar uso al agua del mar en dichos procesos, el espesamiento de relaves y la reducción de la evaporación de agua, por medio de la implementación de paneles solares y el uso de reactivos tensoactivos[13]. Cabe señalar que el empleo de energías limpias y renovables como los paneles solares se está actualmente incorporando a los procesos de extracción de gran parte del sector minero en Chile, lo cual está teniendo un impacto muy positivo en la reducción del empleo de energías generadoras de gases de efecto invernadero[14].

Asimismo, otra de las tecnologías empleadas en la circularidad de la industria extractiva chilena está centrada en el reciclaje de los neumáticos fuera de uso por la actividad de los equipos mineros. Dicha tecnología ayuda a proporcionar una serie de ventajas en forma de procesos y productos, ente los que destacan: la tecnología de separación para optimizar la producción de materiales industriales como el caucho, el aprovechamiento

---

13 MINERÍA CHILENA. (2021): *Expertos analizan el panorama de la minería circular en Chile.* B2B Media Group SPA. https://www.mch.cl/2021/09/29/expertos-analizan-el-panorama-de-la-mineria-circular-en-chile/#

14 COMISIÓN CHILENA DEL COBRE. (2021): *Las energías renovables en la minería chilena del cobre.* División de Estudios y Políticas Públicas Comisión Chilena del Cobre. https://www.cochilco.cl/Mercado%20de%20Metales/Las%20energias%20renovables%20en%20la%20mineria%20chilena%20del%20cobre%202021.pdf

del calor específico del caucho para la producción de energía mediante procesos pirolíticos, etc[15]. A este respecto, cabe señalar que Michelin tiene planeado desarrollar en la región de Antofagasta la instalación de su primera planta de reciclaje de neumáticos mineros que se encuentren en desuso[16].

Dentro de los materiales que forman parte de la actividad por los equipos mineros está la ropa que utilizan los trabajadores, cuya industria tiene uno de los índices más altos de impacto negativo en el medio ambiente, por la incesante y cada vez mayor generación de residuos, contaminación de agua y emisiones de gases de efecto invernadero[17]. Para mitigar estos problemas medioambientales, hay minas que están empezando a poner en práctica el reciclaje de la ropa en desuso de sus trabajadores. Un ejemplo de ello es la iniciativa "Antucoya por una tonelada de ropa", promovida por la minera Antucoya en Antofagasta, en colaboración con la empresa Ecocitex[18]. Las

---

15 CORTEZ GARIN, D. F. (2018): *Modelo de negocio para una empresa recicladora de neumáticos mineros en Chile.* Tesis doctoral en Gestión y Dirección de Empresas, Universidad de Chile, Facultad de Ciencias Físicas y Matemáticas, Departamento de Ingeniería Industrial, Santiago de Chile. https://repositorio.uchile.cl/bitstream/handle/2250/169955/Modelo-de-negocio-para-una-empresa.Recicladora-de-Neumaticos-Mineros-en-Chile.pdf

16 JULCA ZULOETA, D. (2022): *La economía circular en la minería peruana.* Documentos de Proyectos, Santiago, Comisión Económica para América Latina y el Caribe (CEPAL), LC/TS.2022/39.

17 RESIDUOS PROFESIONAL. (2021): *El impacto del sector textil y sus residuos en el medio ambiente.* https://www.residuosprofesional.com/impactosector-textil-sus-residuos/

18 ANTÓN CERDÁ, E. (2023): *Economía circular a gran escala: tres ejemplos de valorización a partir de residuos de la minería en Chile.* Artículo publicado en la revista digital País Circular. https://www.paiscircular.cl/economia-circular/gran-mineria-en-chile-una-enorme-oportunidadpara-la-economia-circular-tres-ejemplos-de-economia-circular-en-lagran-mineria-chilena/

diversas aplicaciones que tiene el reciclaje de ropa en el sector minero están directamente relacionadas con el grado de conservación de los tejidos en desuso. Por ejemplo, mientras que con la ropa en buen estado se pueden crear bolsas de tela o estuches, la ropa en mal estado se puede convertir en hilado o relleno de otros productos, dependiendo del nivel de degradación. Según los datos de la empresa Ecocitex, cada tonelada de ropa que reciclan reduce en 5,8 toneladas la huella de carbono en el medio ambiente)[19].

En el caso de Perú, la economía circular también se está promoviendo para el mejoramiento económico y medioambiental de la industria extractiva, cumpliendo con los principios recogidos en el Decreto Ley 1278 de Gestión Integral de Residuos Sólidos que fomenta la circularidad de los productos, la valorización de los residuos y la reducción de la huella ecológica de los mismos, así como también se siguen los preceptos recogidos en el Decreto Supremo 003-2020-PRODUCE, Hoja de Ruta hacia una Economía Circular en Sector Industrial 2020, que tiene por objeto el desarrollo de un modelo industrial sostenible que impulse su crecimiento económico.

Uno de los ejemplos más notables en Perú es el desarrollado por la empresa Southern Copper en la mina de Ilo, la cual está reutilizando las escorias producidas por la fundición para crear un hormigón más resistente al convencional, empleándose en la construcción de caminos que actualmente forman parte del paisaje urbano de Moquegua en Perú[20]. Este caso demuestra que el aprovechamiento de un residuo como

---

19 ECOCITEX. (2023): *Ecocitex: economía circular textil.* https://www.ecocitex.cl/pages/reciclaje-de-ropa-ecocitex

20 HUERTA, J. M. y SÁNCHEZ MEDINA, M. (2021): *Una aproximación termodinamica para la comprension de la economia circular aplicada al ámbito minero – metalúrgico.* Revista de Medio Ambiente Minero y Minería 6 (1), págs. 27-33, ISSN: 2519-5352.

las escorias de la fundición puede dar lugar al mejoramiento de otro producto, lo cual supone una gran oportunidad para el desarrollo de productos derivados de los residuos mineros.

De forma paralela, otras empresas como Nexa Resources están trabajando en la aplicación de la economía circular en la eliminación de los residuos creados en las minas de Perú. En el caso de Nexa Resources, dicha compañía tiene una larga trayectoria en la aplicación de dicho modelo en una de sus minas en Brasil, Morro Agudo, donde han conseguido reutilizar sus relaves para la industria agrícola[21].

Asimismo, Perú también está apostando por el desarrollo de proyectos de recuperación de minerales que existen en los relaves acumulados de las minas, tal y como es el caso del proyecto B2. Este proyecto, que se puso en producción en 2019, se encuentra actualmente en funcionamiento y consiste en la recuperación del estaño acumulado en los relaves existentes de la mina San Rafael de Puno, que es una de las principales productoras de concentrado de estaño a nivel mundial y referente global en minería sostenible. Con dicho proceso se estima una producción de 5.000 toneladas de estaño anuales durante un período de nueve años[22]. Para ello, la empresa Minsur está tomando los relaves de un depósito inoperativo llamado B2 y los procesa en una planta de reaprovechamiento de relaves, en la cual se separa el estaño del material residual a través de procesos de molienda, gravimetría y flotación, mientras que los residuos de este proceso están siendo transportados por una nueva red de tuberías que conectan con un nuevo depósito de relaves llamado B4, donde se acumulan dichos residuos.

---

21 NEXA. (2023): *Economía circular y residuos*. https://www.nexaresources.com/en/asg/economia-circular-y-residuos/

22 JULCA ZULOETA, D. (2022): *La economía circular en la minería peruana*. Documentos de Proyectos, Santiago, Comisión Económica para América Latina y el Caribe (CEPAL), LC/TS.2022/39.

A diferencia de los depósitos de relaves convencionales, el depósito B4 ha sido equipado con un dique principal, un dique auxiliar, un sistema de transporte de relaves y un sistema de recirculación de agua recuperada, asegurando así las condiciones de seguridad ambiental para evitar cualquier impacto en el medio ambiente circundante. Asimismo, la base sobre la que se depositan los residuos está compuesta, de abajo a arriba, por un sistema de drenaje, una capa formada por material de relleno y un revestimiento de geomembrana, con objeto de evitar cualquier tipo de filtración de elementos líquidos al terreno. Por otro lado, de los espejos de agua que se forman en la superficie del depósito B4 se capta el agua a través de tuberías que se recirculan en la planta de aprovechamiento de relaves para su funcionamiento[23]. De esta forma, el proyecto B2 no solamente está centrado en el aprovechamiento de los residuos minerales existentes en la mina de San Rafael, sino que también está comprometido a garantizar que parte de los residuos finales puedan ser reaprovechados y que el resto no produzca un impacto negativo en el medio ambiente.

Este caso de minería secundaria o de reaprovechamiento de residuos mineros no es el único en Perú. La compañía Shouxin Perú lleva procesando desde 2014 20.000 toneladas métricas diarias de los relaves de la mina Marcona para la extracción de cobre y zinc[24]. Gracias a ello, Shouxin Perú recibió en 2020 la certificación ambiental que le permite tratar relaves semisecos

---

23 MINSUR. (2017): *Proyecto B2 de la UM San Rafael de Minsur* [video]. Youtube. https://www.youtube.com/watch?v=1_YvN9Euxno

24 FAUSTINO LUIS, H. S., GUERRERO GUTIÉRREZ, D., LIMACHE-MEZA, C. S., PAYANO MANTARI, K. B., TORRES GUERRA, J. A. (2023): *Materias minerales clave para el desarrollo de la economía verde en el Perú*. Rev. Inst. investig. Fac. minas metal. cienc. geogr. vol 26 n° 51, 2023: e25270, ISSN-L:1561-0888, DOI: https://doi.org/10.15381/iigeo. v26i51.25270.

y en pulpa de otras minas, para la extracción de zinc, cobre y hierro[25].

Los relaves mineros suponen un gran problema medioambiental en la mayoría de los casos, puesto que no han sido construidos en su momento con los medios y tecnología que se dispone en la actualidad para reducir su impacto en la naturaleza. A este respecto, varias organizaciones de Chile han unido sus fuerzas para desarrollar iniciativas que sirvan para dar una segunda vida a dichos relaves. Entre las iniciativas para reducir la acumulación de relaves en minas, cabe señalar la desarrollada por el MVC junto a la empresa cementera CBB, la Universidad Católica de la Santísima Concepción y el Schwager Service S.A., quienes han creado un nuevo producto de construcción llamado "Cemtail". Dicho producto tiene multitud de aplicaciones al mundo de la construcción, tales como pavimentos, ladrillos, hormigón de baja resistencia, elementos estructurales prefabricados, pasta de relleno de minas, agregados de cemento, e incluso impresoras de hormigón 3D, entre otros productos[26]. De esta manera, los productos generados ayudan a crear un nuevo mercado, de forma sostenible y rentable para las empresas que tienen depósitos de relave en desuso.

Según el académico del Departamento de Ingeniería Civil de la UCSC, Mauricio Villagrán:

> "Nos dimos cuenta de que nuestra solución final al uso de los relaves mineros no solo tiene que ser un producto novedoso,

---

25 FAUSTINO LUIS, H. S., GUERRERO GUTIÉRREZ, D., LIMACHE MEZA, C. S., PAYANO MANTARI, K. B., TORRES GUERRA, J. A. (2023): *Materias minerales clave para el desarrollo de la economía verde en el Perú.* Rev. Inst. investig. Fac. minas metal. cienc. geogr.

26 MINERA VALLE CENTRAL. (2021): *Firma líder en gestión de relaves apuesta fuerte por la innovación tecnológica.* https://mineravallecentral.cl/firma-lider-en-gestion-de-relaves-apuesta-fuerte-por-la-innovaciontecnologica/

> sino que también tiene que crear un nuevo mercado para los productos derivados del relave, tiene que ser expandible, replicable, energéticamente eficiente, rentable y logísticamente factible. De esta manera, no limitamos la reutilización de relaves solo a nuestra propia creatividad, sino que compartimos esa responsabilidad con los usuarios finales de Cemtail" [27].

En el caso de Colombia, el Ministerio de Ambiente y Desarrollo Sostenible y el Ministerio de Comercio, Industria y Turismo presentaron en 2019 la "Estrategia Nacional de Economía Circular – Cierre de ciclos materiales, innovación, tecnología, colaboración y nuevos modelos de negocio". Dicha estrategia tiene entre sus objetivos la cooperación entre la administración pública, las empresas privadas, el sector académico y la sociedad civil para conseguir la transición de la economía lineal del presente a la economía circular del futuro, mediante la transformación de los sistemas productivos y el diseño de estos para que los futuros residuos producidos sean aprovechados por otros procesos de producción, consiguiendo así el cierre de ciclo de los materiales[28].

Como marco general de implementación de la economía circular en el sector minero de Colombia, el gobierno colom-

---

27 SCHWAGER. (2021): *Proyecto en consorcio reutilizará relave minero en aplicaciones de construcción y minería.* https://www.schwager.cl/proyecto-enconsorcio-reutilizara-relave-minero-en-aplicaciones-de-construcciony-mineria/

28 GOBIERNO DE LA REPÚBLICA DE COLOMBIA. (2019): *Estrategia nacional de economía circular. Cierre de ciclos de materiales, innovación tecnológica, colaboración y nuevos modelos de negocio.* Bogotá D.C., Colombia. Presidencia de la República; Ministerio de Ambiente y Desarrollo Sostenible; Ministerio de Comercio, Industria y Turismo, ISBN: 978-958-5551-16-9.

biano ha desarrollado seis líneas estratégicas en las que se definen los siguientes objetivos[29]:

Potencial de generación de circularidad en la etapa de Exploración

Para ello, es necesario elaborar un diagrama preliminar de circularidad, donde se determine la potencialidad de la circularidad durante el período de exploración, analizando el modelo de actividad extractiva, así como los insumos y productos que formen parte del proceso. Tras esto, hay que determinar las características físicas, mineralógicas y geoquímicas de los materiales, permitiendo así la planificación y diseño que podría desarrollarse durante la operación minera, tales como los planes que tienen por objeto la eficiencia energética y material de los recursos minerales, el aprovechamiento comercial del material secundario y la implementación de actividades de apoyo a la actividad minera, como el compostaje, el reciclaje de residuos o la recirculación del agua empleada durante el proceso de extracción.

Potencial de generación de circularidad en la etapa de Construcción y Montaje

En esta fase, el gobierno colombiano propone la ejecución de un plan de obras para el proyecto que garantice un acopio

---

[29] MINISTERIO DE MINAS Y ENERGÍA. (2022): *Propuesta de lineamientos técnicos de política de buenas prácticas para estandarizar los procesos de economía circular en la actividad minera.* Ministerio de Minas y Energía, Dirección de Minería Empresarial, Asesorías Técnicas Geológicas ATG Ltda. https://www.minenergia.gov.co/documents/9584/Cartilla_Lineamientos_T%C3%A9cnicos_de_Buenas_Pr%C3%A1cticas-Econom%C3%ADa_Circular.pdf

y empleo eficiente de estériles, material orgánico y desechos para su posterior uso y aplicación. De esta forma, dicho plan tiene la finalidad de proporcionar las condiciones idóneas para la implementación de la economía circular, según el tipo de material, su volumen y características.

Potencial de generación de circularidad en la etapa de Explotación

Durante la etapa de explotación, se propone la realización de un plan minero de optimización y reducción de pérdidas, en el que se establezcan las bases para optimizar la extracción de mineral y la reducción de las pérdidas de material y recursos a lo largo de su proceso, identificando a su vez todas las actividades desarrolladas en dicha etapa y determinando los flujos de materiales, agua, recurso humano y energía de cada una de las actividades. Una vez puesto en marcha el plan minero de optimización y reducción de pérdidas, se deben identificar los procesos en los que se puedan implementar el modelo de economía circular (reducir, reusar y reciclar), definir el tipo de aprovechamiento total o parcial sobre los sobrantes de la actividad minera para proponer posibles modelos de negocio para su reúso y/o reciclaje, así como explorar la potencialidad de nuevos minerales aún no explotados.

Potencial de generación de circularidad en la etapa de Cierre y Post cierre

En la etapa de Cierre y Post cierre, el gobierno colombiano recomienda realizar un plan de cierre del proyecto minero, mediante el desmantelamiento de las instalaciones, las adecuaciones de obras complementarias, la recuperación de áreas intervenidas y la estabilización de áreas y estructuras. Para ello, hay que determinar el tipo de recursos y residuos derivados de la etapa de cierre y post cierre que tengan la potencialidad de ser reutilizados y/o reciclados dentro del modelo de economía circular. Paralelamente, en el plan de cierre del proyecto minero se debe identificar el tipo de mineral almacenado en depósitos de relaves y escombreras que tenga potencial de ser reaprovechado. Asimismo, hay que evaluar las limitaciones y oportunidades de aprovechamiento de las instalaciones y áreas del proyecto minero en el futuro.

Desarrollo de modelos de negocio circulares

Una vez finalizado el proyecto minero, se debe elaborar una propuesta de negocio circular para los desechos producidos durante la actividad minera: estériles o relaves. Además, el proyecto minero debe dar lugar al desarrollo de otras propuestas de negocio circular basadas en otros sobrantes, tales como el agua y la energía generadas durante la actividad del proyecto minero.

De esta forma, no solamente se puede conseguir la reincorporación de materiales y otros sobrantes al sector minero, sino también establecer sinergias con la industria, a la hora de intercambiar subproductos, compartir recursos y prestar conjuntamente servicios de seguridad o limpieza.

Seguimiento y monitoreo

Finalmente, para completar la implementación de la economía circular en el sector minero colombiano, el gobierno propone la implementación de un sistema de seguimiento y monitoreo, con la capacidad de obtener datos cuantitativos y cualitativos que determinen el impacto social, económico y ambiental del proyecto de negocio circular aplicado en cada caso.

Todos estos ejemplos desarrollados y proyectados en países como Chile, Perú y Colombia ponen en relieve que la industria extractiva se está alejando del modelo de economía lineal que la caracterizaba en el pasado y va apostando cada vez más por su incorporación al modelo de economía circular. A través de la experiencia de países punteros en este sector, como los anteriormente citados, España tiene la oportunidad de hacer frente a los retos del futuro en materia de recursos y energía mediante la implementación de nuevas técnicas que hagan posible la incorporación de la economía circular en el sector de la industria extractiva española.

PRINCIPALES RETOS Y BENEFICIOS DE LA ECONOMÍA CIRCULAR EN LA INDUSTRIA EXTRACTIVA EN ESPAÑA

En el año 2020, mientras la tasa de circularidad de los minerales no metálicos en la UE fue de un 15%, el uso circular de minerales metálicos fue de un 25%[30]. Entre estos últimos, cabe señalar que más del 50% de los minerales metálicos en circularidad fueron metales como el platino, el zinc o el hierro, con los que se llegó a cubrir la demanda de la UE en un 25%[31]. Estos valores indican que el reciclaje de minerales no está alcanzando un nivel de producción notable como para sustituir a la extracción minera en Europa, pero sí puede ayudar a reducir su actividad en el futuro, ayudando así a minimizar su impacto ambiental.

---

30 EUROSTAT. (2021): *Material flow accounts and resource productivity*. https://ec.europa.eu/eurostat/statistics-explained/index.php?title=Material_flow_accounts_and_resource_productivity#Resource_productivity

31 COMISIÓN EUROPEA. (2021): *EIP on Raw Materials, Raw Materials Scoreboard 2021*. ISBN: 978-92-76-23795-2, DOI: 10.2873/680176, Catalogue number: ET-03-20-656-EN-N. https://op.europa.eu/en/publication-detail/-/publication/eb052a18-c1f3-11eb-a925-01aa75ed71a1

No obstante, el Banco Mundial, a través de su informe '*Minerals for Climate Action: The Mineral Intensity of the Clean Energy Transtition*' destaca lo siguiente:

> "(...) el reciclaje trae beneficios ambientales en varias áreas, especialmente en las emisiones de gases de efecto invernadero, siendo la huella de carbono de la producción secundaria de minerales, como el aluminio, una fracción de la producción primaria. Sin embargo, para otros minerales, el reciclaje conlleva desafíos ambientales adicionales, como el uso de energía, la emisión de gases de efecto invernadero y contaminantes atmosféricos, la huella hídrica, además de los derivados de su transporte, por lo que deben evaluarse con los beneficios ambientales" [32].

En este contexto, la UE tiene por delante una serie de retos medioambientales, tecnológicos y sociales derivados de la demanda de minerales para su industria y producción de energía. Pese a que la circularidad de materiales minerales no llega a suplir la demanda europea como para no tener que extraer minerales, la industria extractiva puede incorporar gran parte de los procesos que forman parte del modelo circular durante la actividad de las empresas de extracción minera, siguiendo las líneas estratégicas establecidas en Colombia, por ejemplo. De esta forma, la industria extractiva europea podría dar respuesta a su demanda, cumpliendo con las directrices europeas en materia de sostenibilidad, en combinación con actividades complementarias que estén diseñadas y centradas desde su origen en la reutilización y reciclaje de los recursos y desechos producidos durante su actividad. Gracias a ello, los países de la UE como España no tendrían que depender de la importación de minerales desde países que no tienen legislación medioam-

---

[32] THE WORLD BANK GROUP. (2020): *Minerals for Climate Action: The Mineral Intensity of the Clean Energy Transition.* https://pubdocs.worldbank.org/en/961711588875536384/Minerals-for-Climate-Action-The-Mineral-Intensity-of-the-Clean-Energy-Transition

biental en cuanto a la sostenibilidad de la actividad y la seguridad y salud de los trabajadores de las minas.

En el caso de España, existe un gran número de minas inactivas con alto potencial en residuos mineros, tanto metales como semimetales, los cuales podrían ayudar a reducir, según el Joint Research Centre de la Comisión Europea, la dependencia de importaciones de minerales metálicos como el niobio, el cromo o el vanadio en un 6%, 12% y 7%, respectivamente[33]. A escala europea, los residuos mineros suponen el 26,2% de la fuente residuos de los países que forman parte de la UE, siendo la segunda fuente de residuos del espacio comunitario. Gran parte de estos residuos mineros, el 96%, son residuos inertes que no suponen un problema al medioambiente, mientras que un 4% se consideran residuos peligrosos a los que hay que encontrar una solución[34].

La industria extractiva en España ocupa una superficie que alcanza el 0,15% del territorio español, representando el menor de los usos en cuanto a ocupación, aunque mayor que la media europea (0,075%). Aunque no sea una cifra elevada, al impacto respecto a ocupación territorial hay que sumarle el impacto en cuanto a recursos naturales empleados y la contaminación que genera la actividad minera. Por ejemplo,

---

33 HUYGENS, D., SAVEYN, H., TONINI, D., EDER, P. AND DELGADO SANCHO, L. (2019): *Technical proposals for selected new fertilising materials under the Fertilising Products Regulation (Regulation (EU) 2019/1009)*. EUR 29841 EN, Publications Office of the European Union, Luxembourg, 2019, ISBN 978-92-76-09887-4, doi:10.2760/551387, JRC117856.

34 GARBARINO, E., ORVEILLON, G., SAVEYN, H., BARTHE, P. AND EDER, P. (2018): *Best Available Techniques (BAT) Reference Document for the Management of Waste from Extractive Industries in accordance with Directive 2006/21/EC*. EUR 28963 EN, Publications Office of the European Union, Luxembourg, 2018, ISBN 978-92-79-77179-8, doi:10.2760/201200, JRC109657.

la industria extractiva en España consume alrededor del 1% del agua del territorio español[35], mientras que dicha industria genera el 4,5% de las emisiones de CO2[36].

Para combatir estos indicadores es necesario incorporar estrategias que se centren en la descarbonización de la economía, mediante la transición de dicha economía a una más eficiente en cuanto al uso de los recursos naturales. Para ello, es necesario superar una serie de retos en los países desarrollados como España, principalmente en lo que respecta a la sustitución de la dependencia de combustibles fósiles por otras materias primas alineadas a una transición verde. Entre las ventajas que supone dicha sustitución se encuentra la económica y medioambiental, puesto que las materias primas minerales tienen un alto potencial en ser reutilizadas y recicladas frente al único uso existente en el empleo de combustibles fósiles[37].

Según se recoge en la Estrategia Española de Economía Circular (ECC), en el año 2030 se espera una reducción del consumo nacional de materiales en un 30%, así como también la reducción de los residuos generados en un 15% y un aumento

---

35 HISPAGUA. (2021): *Sistema español de información sobre el agua.* http://hispagua.cedex.es/datos/industria

36 MINISTERIO PARA LA TRANSICIÓN ECOLÓGICA Y EL RETO DEMOGRÁFICO. (2022)a: *Hoja de ruta para la gestión sostenible de las materias primas minerales.* NIPO: 665-22-031-0. https://www.miteco.gob.es/content/dam/miteco/es/ministerio/planes-estrategias/materias-primas-minerales/hr-materias-primas-minerales_23-8-22_web_tcm30-544770.pdf

37 MINISTERIO PARA LA TRANSICIÓN ECOLÓGICA Y EL RETO DEMOGRÁFICO. (2022)b: *Hoja de ruta para la gestión sostenible de las materias primas minerales.* NIPO: 665-22-031-0. https://www.miteco.gob.es/content/dam/miteco/es/ministerio/planes-estrategias/materias-primas-minerales/hr-materias-primas-minerales_23-8-22_web_tcm30-544770.pdf

en la reutilización de los residuos en un 10%[38]. A fin de conseguir estas cifras, el Ministerio para la Transición Ecológica y el Reto Demográfico de España destaca entre los principales retos la reducción del consumo mediante el incremento de la reutilización y el reciclado en la industria extractiva, ya que es clave para cerrar el círculo de la gestión de los residuos más cuantiosos y contaminantes que existen en el territorio español, junto con los residuos de construcción y demolición. De forma paralela, las empresas deben reducir el consumo de materias primas, mediante la incorporación de materias primas secundarias al ciclo productivo y diseñando procesos para favorecer la ulterior recuperación de estos.

Asimismo, se deberá incrementar el reciclaje de materias primas minerales, superando las limitaciones actuales en materia de costes de transporte, bajas tasas de recogida de residuos, escasos incentivos económicos, etc. Además, se deberá poner el foco en la explotación de depósitos mineros existentes, con objeto de recuperar y devolver al mercado materias primas desechadas, reduciendo así los problemas medioambientales que llevan produciendo desde fueron depositadas en escombreras.

No menos importantes son las antiguas instalaciones de residuos mineros que se encuentran abandonadas, las cuales tienen ahora la oportunidad de ser reabiertas, mediante la implementación de las Mejores Técnicas Disponibles (MTD) de tratamiento y recuperación de los minerales[39]. De esta forma, se puede conseguir un mejor resultado en lo que respecta al

---

38 MINISTERIO PARA LA TRANSICIÓN ECOLÓGICA Y EL RETO DEMOGRÁFICO. (2022)c: *España Circular 2030. Estrategia española de economía circular.* https://www.miteco.gob.es/content/dam/miteco/es/calidad-y-evaluacion-ambiental/temas/economia-circular/espanacircular2030_def1_tcm30-509532_mod_tcm30-509532.pdf

39 MINISTERIO PARA LA TRANSICIÓN ECOLÓGICA Y EL RETO DEMOGRÁFICO. (2022)d: *Estrategia Española de Economía Circular y*

desarrollo e implementación de políticas medioambientales y económicas en la industria extractiva en España, completando los procesos orientados a conseguir la seguridad de suministro de materias primas claves para la economía nacional, una industria de materias primas minerales más eficiente y sostenible, contribuir a la transición de una economía verde y climáticamente neutra, e impulsar el desarrollo local y crecimiento demográfico de comunidades rurales en España.

CONCLUSIONES

La economía circular tiene un gran potencial para ser aplicada en la industria extractiva en España y el resto de los países desarrollados y en desarrollo, consiguiendo así importantes beneficios en materia de sostenibilidad, reducción de residuos, desarrollo económico y obtención de minerales que actualmente no tienen ningún tipo de aplicación. No obstante, la aplicación de la economía circular debe ser lo suficientemente amplia como para abarcar distintos modos de circularidad, desde la reutilización y reciclaje de las prendas de vestir de los mineros hasta la recuperación de material minero de los depósitos y relaves, pasando por la reutilización y reciclaje de maquinaria, recursos naturales, energía, etc.

Los casos de estudio planteados en este documento demuestran el gran impacto positivo que tiene la aplicación de la economía circular en la industria extractiva, permitiendo a su vez el desarrollo de la actividad minera mientras se reaprovechan sus desechos para reincorporarlos a la cadena de producción o bien transformarlos en otros productos para distintas finalidades. En cualquier caso, su impacto consigue ser abiertamente

---

Planes de Acción. https://www.miteco.gob.es/es/calidad-y-evaluacionambiental/temas/economia-circular/ estrategia/

multidimensional, afectando al ámbito social, medioambiental, laboral y económico de cualquier lugar y entorno donde se ponga en práctica. Asimismo, los casos analizados demuestran también que no importa el grado de abandono, contaminación y tipo material minero para ser reaprovechado en la actualidad, gracias a la implementación de nuevas tecnologías que permiten dar una nueva oportunidad a desechos mineros en el entorno rural.

De esta forma, aquellas comunidades rurales que sufren un goteo constante de migraciones externas o están en proceso irreversible de despoblación pueden beneficiarse de este escenario, puesto que la reactivación económica alrededor de una industria como la extractiva tiene un impacto directo en las comunidades rurales circundantes, en términos de tecnología de comunicación, transporte, empleo, mejoras medioambientales, diversificación económica, etc. En este sentido, la economía circular aplicada a la industria extractiva abre un abanico de oportunidades que, aplicado en cualquier momento de la actividad minera, puede reformular los procesos de extracción para hacerlos más sostenibles y rentables ahora y en el futuro.

BIBLIOGRAFÍA

ANTÓN CERDÁ, E. (2023): *Economía circular a gran escala: tres ejemplos de valorización a partir de residuos de la minería en Chile.* Artículo publicado en la revista digital País Circular. https://www.paiscircular.cl/economia-circular/gran-mineria-en-chile-una-enorme-oportunidad-para-la-economia-circular-tres-ejemplos-de-economia-circular-en-la-gran-mineria-chilena/

COMISIÓN CHILENA DEL COBRE. (2021): *Las energías renovables en la minería chilena del cobre.* División de Estudios y Políticas Públicas Comisión Chilena del Cobre. https://www.cochilco.cl/Mercado%20de%20Metales/Las%20energias%20renovables%20en%20la%20mineria%20chilena%20del%20cobre%202021.pdf

COMISIÓN EUROPEA. (2021): *EIP on Raw Materials, Raw Materials Scoreboard 2021.* ISBN: 978-92-76-23795-2, DOI: 10.2873/680176, Catalogue number: ET-03-20-656-EN-N. https://op.europa.eu/en/publication-detail/-/publication/eb052a18-c1f3-11eb-a925-01aa75ed71a1

CORTEZ GARIN, D. F. (2018): *Modelo de negocio para una empresa recicladora de neumáticos mineros en Chile.* Tesis doctoral en Gestión y Dirección de Empresas, Universidad de Chile, Facultad de Ciencias Físicas y Matemáticas, Departamento de Ingeniería Industrial, Santiago de Chile. https://repositorio.uchile.cl/bitstream/handle/2250/169955/Modelo-de-negocio-para-una-empresa.Recicladora-de-Neumaticos-Mineros-en-Chile.pdf

ECOCITEX. (2023): *Ecocitex: economía circular textil.*

https://www.ecocitex.cl/pages/reciclaje-de-ropa-ecocitex

EUROSTAT. (2021): *Material flow accounts and resource productivity.* https://ec.europa.eu/eurostat/statistics-explained/index.php?title=Material_flow_accounts_and_resource_productivity#Resource_productivity

FAUSTINO LUIS, H. S., GUERRERO GUTIÉRREZ, D., LIMACHE MEZA, C. S., PAYANO MANTARI, K. B., TORRES GUERRA, J. A. (2023): *Materias minerales clave para el desarrollo de la economía verde en el Perú.* Rev. Inst. investig. Fac. minas metal. cienc. geogr. vol 26 n° 51, 2023: e25270, ISSN-L:1561-0888, DOI: https://doi.org/10.15381/iigeo.v26i51.25270.

GARBARINO, E., ORVEILLON, G., SAVEYN, H., BARTHE, P. AND EDER, P. (2018): *Best Available Techniques (BAT) Reference Document for the Management of Waste from Extractive Industries in accordance with Directive 2006/21/EC.* EUR 28963 EN, Publications Office of the European Union, Luxembourg, 2018, ISBN 978-92-79-77179-8, doi:10.2760/201200, JRC109657.

GOBIERNO DE LA REPÚBLICA DE COLOMBIA. (2019): *Estrategia nacional de economía circular. Cierre de ciclos de materiales, innovación tecnológica, colaboración y nuevos modelos de negocio.* Bogotá D.C., Colombia. Presidencia de la República; Ministerio de Ambiente y Desarrollo Sostenible; Ministerio de Comercio, Industria y Turismo, ISBN: 978-958-5551-16-9.

HISPAGUA. (2021): *Sistema español de información sobre el agua.* http://hispagua.cedex.es/datos/industria

HUERTA, J. M. y SÁNCHEZ MEDINA, M. (2021): *Una aproximación termodinamica para la comprension de la economia circular aplicada al ámbito minero – metalúrgico.* Revista de Medio Ambiente Minero y Minería 6 (1), págs. 27-33, ISSN: 2519-5352.

HUND, K., LA PORTA, D., FABREGAS, T., LAING, T., & DREXHAGE, J. (2020): *Minerals for Climate Action: The Mineral Intensity of the Clean Energy Transition. In Climate Smart Mining Initiative - The World Bank Group.* http://pubdocs. worldbank.org/en/961711588875536384/ Minerals-for-Climate-ActionThe-Mineral-Intensity-of-the-Clean-Energy-Transition.pdf

HUYGENS, D., SAVEYN, H., TONINI, D., EDER, P. AND DELGADO SANCHO, L. (2019): *Technical proposals for selected new fertilising materials under the Fertilising Products Regulation (Regulation (EU) 2019/1009).* EUR 29841 EN, Publications Office of the European Union, Luxembourg, 2019, ISBN 978-92-76-09887-4, doi:10.2760/551387, JRC117856.

ICMM. (2016): *Mining and Metals and the Circular Economy.* International Council on Mining and Metals (ICMM), London, UK, ISBN: 978-1-909434-22-6.

JULCA ZULOETA, D. (2022): *La economía circular en la minería peruana.* Documentos de Proyectos, Santiago, Comisión Económica para América Latina y el Caribe (CEPAL), LC/TS.2022/39.

LÈBRE, É., CORDER, G., & GOLEV, A. (2017): *The Role of the Mining Industry in a Circular Economy: A Framework for Resource Management at the Mine Site Level.* Journal of Industrial Ecology, 21(3), 662–672. https:// doi. org/10.1111/jiEC12596

LEY 22/2011, de 28 de julio, de Residuos y Suelos Contaminados. BOE-A-2011-13046

MINERA VALLE CENTRAL. (2021): *Firma líder en gestión de relaves apuesta fuerte por la innovación tecnológica.* https://mineravallecentral.cl/ firma-lider-en-gestion-de-relaves-apuesta-fuerte-por-la-innovacion-tecnologica/

MINERÍA CHILENA. (2021): *Expertos analizan el panorama de la minería circular en Chile.* B2B Media Group SPA. https://www.mch. cl/2021/09/29/expertos-analizan-el-panorama-de-la-mineria-circular-en-chile/#

MINISTERIO DE MINAS Y ENERGÍA. (2022): *Propuesta de lineamientos técnicos de política de buenas prácticas para estandarizar los procesos de economía circular en la actividad minera.* Ministerio de Minas y Energía, Dirección de Minería Empresarial, Asesorías Técnicas Geológicas ATG Ltda. https://www.minenergia.gov.co/documents/9584/Cartilla_Lineamientos_T%C3%A9cnicos_de_Buenas_Pr%C3%A1cticas-Econom%C3%ADa_Circular.pdf

MINISTERIO PARA LA TRANSICIÓN ECOLÓGICA Y EL RETO DEMOGRÁFICO. (2022)a: *Hoja de ruta para la gestión sostenible de las materias primas minerales.* NIPO: 665-22-031-0.

https://www.miteco.gob.es/content/dam/miteco/es/ministerio/planes-estrategias/materias-primas-minerales/hr-materias-primas-minerales_23-8-22_web_tcm30-544770.pdf

MINISTERIO PARA LA TRANSICIÓN ECOLÓGICA Y EL RETO DEMOGRÁFICO. (2022)b: *España Circular 2030. Estrategia española de economía circular.* https://www.miteco.gob.es/content/dam/miteco/es/calidad-y-evaluacion-ambiental/temas/economia-circular/espanacircular2030_def1_tcm30-509532_mod_tcm30-509532.pdf

MINISTERIO PARA LA TRANSICIÓN ECOLÓGICA Y EL RETO DEMOGRÁFICO. (2022)c: *Estrategia Española de Economía Circular y Planes de Acción.* https://www.miteco.gob.es/es/calidad-y-evaluacion-ambiental/temas/economia-circular/ estrategia/

MINSUR. (2017): *Proyecto B2 de la UM San Rafael de Minsur* [video]. Youtube. https://www.youtube.com/watch?v=1_YvN9Euxno

NEXA. (2023): *Economía circular y residuos.*

https://www.nexaresources.com/en/asg/economia-circular-y-residuos/

PARLAMENTO EUROPEO. (2023): *Economía circular: definición, importancia y beneficios.* https://www.europarl.europa.eu/news/es/headlines/economy/20151201STO05603/economia-circular-definicion-importancia-y-beneficios#:~:text=La%20econom%C3%ADa%20circular%20es%20un,de%20los%20productos%20se%20extiende.

RED PACTO GLOBAL CHILE. (2019): *Economía circular en la minería.* https://conecta.pactoglobal.cl/casos-de-empresas/economia-circular-en-la-mineria/

RESIDUOS PROFESIONAL. (2021): *El impacto del sector textil y sus residuos en el medio ambiente.* https://www.residuosprofesional.com/impacto-sector-textil-sus-residuos/

RODRÍGUEZ PACHECO, R. L. Y GÓMEZ DE LAS HERAS, J. (2006): *Los residuos de la industria extractiva en España. Distribución geográfica y problemática ambiental asociada.* Capítulo del libro: Los residuos mineros-metalúrgicos en el medio ambiente, págs. 3-25, IGME (Instituto Geológico y minero de España).

SCHWAGER. (2021): *Proyecto en consorcio reutilizará relave minero en aplicaciones de construcción y minería.* https://www.schwager.cl/proyecto-en-consorcio-reutilizara-relave-minero-en-aplicaciones-de-construccion-y-mineria/

SORIA CARRERAS, J. (2003): *Los residuos mineros.* Capítulo XVI de publicación titulada *Los Residuos Urbanos y Asimilables.* Consejería de Medio Ambiente Junta de Andalucía, págs. 459-492, ISBN: 84-95785-83-8.

THE WORLD BANK GROUP. (2020): *Minerals for Climate Action: The Mineral Intensity of the Clean Energy Transition.* https://pubdocs.worldbank.org/en/961711588875536384/Minerals-for-Climate-Action-The-Mineral-Intensity-of-the-Clean-Energy-Transition

TOMRA SYSTEMS ASA. (2023): *Accelerating toward a circular future.* https://www.tomra.com/en/about-tomra/circular-economy

AMORA ROSELLÓ, M.R. (2024): *Minería y Comunidades Autónomas: territorio, sostenibilidad y energía.* Especial referencia a Galicia, Baleares y Andalucía, Tirant lo Blanch, 2024.